Uwe Rohland
Annegret Rohland

MIT DEM WOHNMOBIL NACH FINNLAND

Die Anleitung für einen Erlebnisurlaub

DER WOHNMOBIL-VERLAG
D-36452 Kaltennordheim
OT Mittelsdorf/Rhön

Bibliografische Information der Deutschen Bibliothek

Die Deutsche Bibliothek verzeichnet diese Publikation in der Deutschen Nationalbibliografie.
Detaillierte bibliografische Daten sind im Internet über <http://dnb.ddb.de> abrufbar.

Titelbild:
Toriseva-Schlucht

Innentitelbild:
Blick vom Ukko-Koli auf den Pielinen

7. komplett aktualisierte und erweiterte Auflage 2022

Druck:
Beltz Grafische Betriebe GmbH, 99947 Bad Langensalza

Vertrieb:
GeoCenter ILH, 70794 Filderstadt

Herausgeber:
WOMO-Verlag, 36452 Mittelsdorf/Rhön
GPS: N 50° 36' 38.2" E 10° 07' 55.6"

Fon: 0049(0)36946-20691
Fax: 0049(0)36946-20692
eMail: verlag@womo.de
Internet: www.womo.de

MIX
Papier | Fördert gute Waldnutzung
FSC® C089473

Autoren-eMail: Rohland@womo.de

ISBN 978-3-86903-417-1

EINLADUNG

Schon im Namen klingt so unendlich viel Sehnsucht mit! Probieren Sie mal selbst: **F i n n l a n d**.

Es ist gar nicht so einfach zu erklären, was genau den besonderen Reiz dieses ganz speziellen Reiseziels im fernen Nordosten Europas ausmacht.
Ist es diese Landschaft mit den unendlichen Wäldern, den unzähligen Seen und den brodelnden Stromschnellen?
Ist es dieses ganz besondere Licht, die saubere Luft, das glasklare Wasser oder der weite Himmel?
Sind es die hellen Nächte in Lappland, wo die Natur im kurzen, arktischen Sommer förmlich explodiert?
Sind es die Momente der absoluten Stille, wenn man spätabends ganz alleine im Waldsee schwimmt?
Kann man es nicht mit Fakten erklären, dann ist es wohl eher eine durch und durch emotionale Angelegenheit mit einem ganz gefährlichen Suchtpotential nach **immer öfter**, **immer länger** und vor allem **immer wieder**: **F i n n l a n d**.

Erleben Sie Natur pur bei Wanderungen in den 27 Nationalparks, tauchen Sie ein in die faszinierende Kultur der ***Sami*** im Norden und der ***Karelier*** im Osten und begegnen Sie uralten Holzkirchen wie auch moderner Architektur. Lassen Sie sich überraschen von der herzlichen Gastfreundschaft, die dem ausländischen Besucher entgegengebracht wird. Auch wenn hier niemals unnötig viel gesprochen wird, meint man es ehrlich mit dem Willkommensgruß: **Tervetuloa!**

Ein Land ohne Massentourismus, wie geschaffen für einen individuellen Urlaub mit dem Wohnmobil: **F i n n l a n d**.

Entdecken Sie Ihr neues Urlaubsparadies und lassen Sie sich verzaubern!

Ihr

Uwe Kahland

Sehr geehrte Leserinnen und Leser,
liebe WOMO-Freunde!

Reiseführer sind für einen gelungenen Urlaub unverzichtbar – das beweisen Sie mit dem Kauf dieses Buches. Aber aktuelle Informationen altern schnell, und ein veralteter Reiseführer macht wenig Freude.
Sie können helfen, Aktualität und Qualität dieses Buches zu verbessern, indem Sie uns nach Ihrer Reise mitteilen, welchen unserer Empfehlungen Sie gefolgt sind (freie Stellplätze, Campingplätze, Wanderungen, Gaststätten usw.) und uns darüber berichten (auch wenn sich gegenüber unseren Beschreibungen nichts geändert hat).
Bitte füllen Sie schon während Ihrer Reise das Info-Blatt am Buchende aus und senden Sie es uns unmittelbar nach Ihrer Rückkehr zu (gern auch als Fax oder formlos per eMail).
Dadurch helfen Sie uns und unseren Lesern – Ihren WOMO-Freunden – schneller aktualisierte Bücher zu erhalten.
Aktuelle Korrekturen finden Sie unter: forum.womoverlag.de

Um die freien Übernachtungs- und Campingplätze auf einen Blick erfassen zu können, haben wir diese im Text in einem Kasten nochmals farbig hervorgehoben und, wie auf den Karten, fortlaufend durchnummeriert. Wir nennen dabei wichtige Ausstattungsmerkmale und geben Ihnen eine kurze Zufahrtsbeschreibung. "Max. WOMOs" soll dabei andeuten, wie viele WOMOs dieser Platz maximal verträgt und nicht, wie viele auf ihn passen würden (schließlich gibt es auch Einwohner und andere Urlauber)!
Übernachtungsplätze mit Bademöglichkeit sind mit hellblauer Farbe unterlegt. Wanderparkplätze sind grün gekennzeichnet. Picknickplätze erkennen sie an der violetten Farbe. Auf Schlafplätzen, denen die gerade genannten Merkmale fehlen – also auf einfache Stellplätze – weist die Farbe Gelb hin. Empfehlenswerte Campingplätze haben olivgrüne Kästchen. Wanderungen, die wir Ihnen besonders ans Herz legen möchten, haben wir hellgrün unterlegt.

INHALT

Gebrauchsanleitung

Ein **WOMO**-Reiseführer von uns für Sie zu einem Ziel am Rande der **Europäischen Union**! Mit diesem Buch werden wir Ihnen helfen, ein ganz spezielles Reiseland zu entdecken, das nicht unbedingt zu den favorisierten Urlaubszielen der Deutschen zählt. Also genau das Richtige für einen Entdecker-Urlaub mit dem Wohnmobil! In ***Finnland*** hat sich in den vergangenen 30 Jahren eine vom restlichen Europa kaum beachtete Wandlung vollzogen. Aus dem weiten Land im fernen Nordosten, am Rande **Skandinaviens** mit seinen für viele irritierend engen Verbindungen zum großen Nachbarn, der damaligen ***Sowjetunion*** hat sich eine selbstbewusste Nation von bekennenden Europäern entwickelt. Die Wirtschaft boomt, es herrscht Wohlstand mit hohem Sozialstandard im Land und das vorbildliche Bildungswesen belegt in **PISA**-Studien regelmäßig Spitzenplätze.

Besonders erfreulich hat sich die Infrastruktur im Lande entwickelt: Meist gute Straßen auch in entlegenen Gebieten, verstärkte aber verträgliche Entwicklung des Tourismus, viele neue und spektakuläre Besucher-Magnete und mustergültig betreute Nationalparks mit einem riesigen Netz ausgebauter Wanderwege.

Urlaub mit dem Wohnmobil wird in ***Finnland*** nun auch für Einheimische immer populärer, aber es gibt auch für ***WOMO***-Urlauber aus dem Ausland viel Platz und deshalb kaum Maßnahmen gegen die fast ursprüngliche „Freiheit auf Rädern“, wobei wichtige Benimm-Regeln speziell bei der Wahl der Übernachtungsplätze gelten sollten: Niemals die Privatsphäre der Ortsansässigen stören, niemals ins unbefestigte Gelände, niemals zu laut und niemals zu lange an einem Platz.

Mit dem Wohnmobil nach Finnland reist man vorzugsweise im Zeitraum von Juni bis September, dann hat man beste Chancen auf stabiles Wetter, das uns zwar schon manchen Regentag aber auch einige heiße Sommerwochen beschert hat. In ***Lappland***, weit oben im Norden wird wohl jeder dem Zauber der hellen Nächte erliegen und sich dort nach den ersten Frösten ab Ende August dem Farbenrausch der **Ruska**-Zeit hingeben. Der überwiegende Teil der Finnen lebt im Süden des Landes in den großen Städten an der Küste, wo sich auch der Großteil des urbanen Lebens entfaltet. Am Ufer vom **Bottnischen und Finnischen Meerbusen** herrscht dann im Sommer reger Badebetrieb und inmitten der typischen Schärenlandschaft überrascht manch unverhoffter Sandstrand. Doch das typische ***Finnland*** zeigt sich im Landesinneren, wo schon rein von der Fläche her der **Wald** (65%) und das **Wasser** (10%) dominieren und diese traumhafte Mischung jene endlose Seenplatte zaubert! Doch auch hier gibt es nicht nur Natur pur, sondern gerade im Sommer entfaltet sich ein besonders vielfältiger Kulturbetrieb, allerorts Festivals und Feierlichkeiten jeder Art.

Suomi oder exakt ***Suomen Tasavalta***, also die ***Republik Finnland*** präsentiert sich heute dem Besucher als ein modernes Land mit tief verwurzelten Traditionen und einer besonders ausgeprägten Naturverbundenheit. Wir werden Sie mit diesem kleinen Buch nach ***Finnland*** locken, das wahrlich kein Urlaubsziel von der Stange ist, aber uns mit seiner Mischung aus faszinierenden Landschaften, interessanter Geschichte und seinen freundlichen, wenn auch manchmal etwas verschlossenen Menschen stets aufs Neue begeistert. ***Finnland*** ist etwas ganz Besonderes, ein Land zum Verlieben, das uns so richtig ans Herz gewachsen ist.

Dieser **WOMO**-Führer beschreibt insgesamt **15 Touren** durch ***Finnland***. Die über **8.000 Kilometer** lange Gesamtstrecke bietet Stoff für unzählige Urlaubsreisen, und die vielen Vorschläge zu Besichtigungen, Wanderungen und Ausflügen werden Sie als Normalverbraucher mit 3 bis 4 Wochen Jahresurlaub einige Zeit beschäftigen. Es ist auch nicht sinnvoll, die Touren möglichst zügig abzuspulen. Am besten, Sie suchen sich für jeden Urlaub eine spezielle Region aus und tauchen dort richtig ein. Die Tour-Routen sind so konzipiert, dass man auch einmal diese und jene Schlaufe der Streckenführung auslassen kann und sich an anderer Stelle wieder einklinkt, je nach Belieben.

Nachdem wir uns nach 10 Jahren von unserem ***„ADONIS“*** (Carthago C-Line T 3.8) getrennt haben, sind wir seit 2021 mit unserem ***„SISU“*** (Siehe auch S.154! Hat Ihr WOMO etwa keinen Namen?) unterwegs, einem mittelgroßen Wohnmobil:

HYMER ML-T 580
Baujahr: 2020
Bauart: Teilintegriert
Basis: Mercedes Sprinter
3,0 l Allrad
140 KW = 190 PS
Radstand: 3665 cm
Zul. Ges.-Gew.: 4,1 t
Höhe: 3,05 m
Breite: 2,23 m
Länge: 7,00 m

mit dem wir die beschriebenen Touren für Sie abgefahren sind. Wenn es nach unserer Einschätzung für größere Fahrzeuge zu eng wird, ist das in der Beschreibung vermerkt.

Dieser Reiseführer ist auf Basis persönlicher Erfahrungen entstanden. Bisher haben wir ***Finnland*** zehn Mal im Rahmen normaler Urlaubsreisen besucht. Verstehen Sie dieses Buch deshalb eher als einen Erlebnisbericht und nicht nur als akribische Aneinanderreihung von Fakten. Bei der Beschreibung zur Lage der schönsten Stellplätze erhalten Sie hingegen sehr genaue Hinweise (sogar mit **GPS**-Koordinaten), die Sie vor lästigen Irrfahrten auf der Suche nach einem Übernachtungsplatz bewahren sollen.

Dieses Buch begleitet Sie durch ein wunderbares Ferienparadies, wir verraten Ihnen die schönsten Strände, gehen zusammen in den Nationalparks wandern, führen Sie durch die besten Ausstellungen und Museen und sagen Ihnen, wie man es am geschicktesten anstellt, die großen Städte kennen zu lernen. Wir machen Sie mit der kulturellen Vielfalt des Landes vertraut: Von den geheimnisvollen Ursprüngen der ***Sami*** im Norden, über die orthodoxe Religion ***Kareliens*** im Osten, bis zu den Eigenheiten der ***schwedisch-sprachigen Finnen*** im Süden und dem alles verbindenden ***Kalevala-Mythos*** als Wurzel der finnischen Nation.

Finnland ist ein ausgesprochen kinderfreundliches Urlaubsland, was auch daran liegt, dass man hier regelmäßig auf Familien mit 3 bis 4 Kindern trifft. Damit sei den Lesern mit Kindern signalisiert, dass natürlich auch regelmäßig etwas für die "Kleinen" dabei ist. Bei uns in der Familie wird viel gewandert und so starten wir auch in ***Finnland*** regelmäßig zu Ausflügen und Erkundungen, besonders gerne durch die Wälder, natürlich auf die Berge und auch zu einer 3-Tage-Kanutour in Karelien. Wir zeigen Ihnen, wie Sie ohne Campingplatz durch ***Finnland*** reisen können, doch auch die empfehlenswerten **Campingplätze** an den Routen werden beschrieben, auf denen man es sich bei einem längeren Aufenthalt gemütlich machen sollte.

Am Anfang jeder Tourenbeschreibung finden Sie eine Übersichtskarte mit der **Streckenführung in rot** und den Badeplätzen, Picknickplätzen, Wanderparkplätzen und sonstigen Stellplätzen, von denen die farbig markierten als Übernachtungsplätze geeignet sind. Im Text wird mit entsprechend farbigen Kästchen dann unübersehbar noch einmal auf diese Plätze hingewiesen. Unter der Kategorie **„Max. Womos"** ist nicht die Kapazität der Übernachtungsplätze gemeint, sondern die nach unserer Meinung vor Ort vertretbare Belegung, also die Toleranz-Schwelle, dass es möglichst keinen stört.

Natürlich brauchen Sie trotz unserer recht präzisen Tourenkarten und Beschreibungen noch Kartenmaterial. Lesen Sie dazu bitte die **Tipps von A bis Z** am Ende dieses Buches. Die Lektüre dieses Kapitels empfiehlt sich auch deshalb zu Beginn ganz besonders, da Sie dort nicht nur alle wichtigen Informationen erhalten, sondern auch an die „Spielregeln" zu den Themen **Übernachten** und **Entsorgen** herangeführt werden. Bitte tragen Sie mit Ihrem rücksichtsvollen, freundlichen und dezenten Auftreten mit dazu bei, dass uns allen der Spaß am **WOMO**-Urlaub in ***Finnland*** lange erhalten bleibt! Hinterlassen Sie keine Müllberge, bleiben Sie möglichst nicht länger als 2-3 Tage an einem Platz und entfalten Sie kein campingartiges Leben auf solchen Übernachtungsplätzen, die dafür nicht geeignet sind!
Für die 7. Auflage dieses **WOMO**-Führers wurden in den Jahren 2020/21 alle Touren des Buches gründlich vor Ort aktualisiert, doch es wird vorkommen, dass Sie die von uns beschriebenen örtlichen Gegebenheiten verändert vorfinden. Bitte teilen Sie uns Ihre, möglicherweise abweichenden Erfahrungen zu einzelnen Stellplätzen mit. **Herzlichen Dank** an alle Leser und Freunde, die uns mit ihren Erfahrungsberichten wertvolle Hinweise gegeben haben. Vielleicht kennen auch Sie noch weitere, viel schönere Plätzchen, die uns bislang verborgen blieben, dann schreiben Sie uns bitte:

Uwe und Annegret Rohland
14413 Potsdam
Postfach 60 13 45

Hier sei vorsichtshalber noch angemerkt, dass weder der Verlag noch wir als Autoren dafür garantieren können, dass das freie Übernachten auf den von uns besuchten Plätzen künftig auch jederzeit erlaubt und erwünscht ist. Die Toleranz gegenüber Wohnmobil-Gästen muss nicht von Dauer sein, deshalb sind alle Angaben in diesem Reiseführer ohne Gewähr.
Finnland ist ungefähr 1.200 km lang, 550 km breit, flächenmäßig in etwa so groß wie ***Deutschland*** und mit insgesamt etwa 5,5 Millionen Einwohnern eher dünn besiedelt. Also Platz genug für einen Aktiv-Urlaub für fast jeden Geschmack!
Nehmen Sie sich ruhig richtig Zeit für dieses wunderbare Stück **Europa**, Sie fahren bestimmt bald wieder hin.
Wir wünschen Ihnen viele unvergessliche und erholsame Reisen nach ***Finnland***!

Anreise

Es gibt eine Fülle von Möglichkeiten, um nach ***Finnland*** und wieder zurück zu kommen. Zwischen den beiden Extrem-Varianten **„Ohne Fähre“** und **„Nur Fähre“** sind jede Menge Kombinationen zu prüfen. Dabei geht es für alle Kandidaten immer im Norden ***Deutschlands*** los, egal ob mit oder ohne Fähre.

Fahren Sie lieber lange Auto oder lieber lange Fähre?
Manche finden eine längere Schiffspassage gleich zu Beginn des Urlaubs entspannend, manche macht das richtig kribblig. Selbst mitreisende Kinder sind da ganz verschieden. Die einen sind auf dem Schiff immer unterwegs auf Entdeckung, die anderen werden bald nörgelig und langweilen sich fürstlich. Das kann dann schön stressig werden. Längere Anfahrtsstrecken mit dem **WOMO** steckt so mancher Fahrer/manche Fahrerin locker weg, andere macht das richtig kaputt. Nach unseren Erfahrungen fühlen sich **WOMO**-trainierte Kinder auf den „langen Kanten“ in ihrem vertrauten Refugium wohl, doch auch der Gedanke, an Bord einer Nacht-Fähre dem Urlaubsziel „entgegenzuschlafen“, hat zweifellos seinen Reiz.
Generell ist festzustellen, dass **Fähre** fahren mehr kostet als **WOMO** fahren. So hat also jede der folgenden Varianten seine Vor- und Nachteile und jeder kann für sich das Optimum zwischen Komfort und Preis selbst festlegen.

Ohne Fähre

Wer nun bei seiner Anreise nach ***Finnland*** wirklich gar keine Lust auf noch so kurze Fährpassagen hat, dem kann geholfen werden. Der darf dann aber keine Angst vor langen Brücken und einem schier endlosen Tunnel haben. Dann wäre die Brücke-Tunnel-Verbindung von ***Dänemark*** nach ***Schweden*** über den ***Storebælt*** und den ***Öresund*** wohl haargenau das Richtige (storebaelt.dk, oeresundsbron.com).
Vorteil: Man kann losfahren, wann man will, keine Warterei am Hafen, keine Eincheckzeiten.
Nachteil: Für **WOMOs** bis 6 m Länge und 3,5 t noch ganz erschwingliche Preise, für längere und vor allem für schwerere Fahrzeuge wird es hier ziemlich teuer.
Auf diese Weise fährt man aber auch die meisten Kilometer und erreicht ***Finnland*** in **Tornio**, kurz vor dem Polarkreis.

Berlin - Flensburg - Kopenhagen - Malmö - Tornio: 2.470 km

Viel Fahren und wenig Fähre

Statt des Umweges über **Kolding (DK)** kann man mit kurzen preiswerten Fähren abkürzen und spart sich den „Brücken-

Tunnel". Weiter geht's dann wieder durch ***Schweden*** nach **Tornio (FIN)**.

Scandlines (scandlines.de; +49(0)381-77887766)
Rostock - Gedser (DK) (alle 2 Stunden)
Puttgarden - Rødby (DK) (alle 30 min)
Helsingør (DK) - Helsingborg (S) (alle 20 min)

Landpassage über ***Polen***, die ***„Via Baltica"*** durch das ***Baltikum***, also ***Litauen***, ***Lettland*** und ***Estland*** und Kurzfähre über den ***Finnischen Meerbusen***.

Helsinki (FIN) - Tallinn (EST)

Viking Line (vikingline.de; +49(0)451 384630),
Tallink Silja Line (tallinksilja.de; +49(0)40547 541222)
Eckerö Line (eckeroline.fi; 0600 4300. !1,75 EUR pro Anruf!)

Berlin - Suwalki - Kaunas - Riga - Pärnu - Tallinn: 1.500 km

Fahren und Fähre

Vormals hatten verschiedene Fähr-Gesellschaften **Kombi-Tarife** über ***Schweden*** nach ***Finnland*** im Angebot, heute kombiniert man halt selbst. Bei nachfolgenden Varianten sollte man bei der Berechnung von Kosten und Anreisedauer nicht die Strecke (**Göteborg/Trelleborg - Stockholm** 500/650 km) durch ***Schweden*** außer Acht lassen.

TT-Line (ttline.com; 0180 66 66 600)
Rostock (D) - Trelleborg (S)
Travemünde (D) - Trelleborg (S)
Swinemünde/Swinoujscie (PL) - Trelleborg (S)

Stena Line (stenaline.de; 0180 6020100)
Kiel (D) - Göteborg (S)
Rostock (D) - Trelleborg (S)
Grenå (DK) - Halmstad (S)
Frederikshavn - Göteborg (S)

Scandlines (scandlines.de; +49(0)381-77887766)
Rostock - Gedser (DK) (alle 2 Stunden)
Puttgarten - Rødby (DK) (alle 30 min)
Helsingør (DK) - Helsingborg (S) (alle 20 min)

FSR Baltic (fsr-baltic.com; +49(0)461 864-608)
Sassnitz (D) - Ystad (S) Katamaran-Fähre: 2½ h.

Polferries (polferries.pl; +48 22 230 2222)
Swinemünde/Swinoujscie (PL) - Ystad (S)

Unity Line (unityline.pl; +48 91 88 02 909)
Swinemünde/Swinoujscie (PL) - Ystad (S)

Übersicht Anreise

Viking Line (vikingline.de) und
Tallink Silja Line (tallinksilja.de)

Stockholm (S) - Turku (FIN)
Stockholm (S) - Helsinki (FIN)

Finnlines (finnlines.com; +49 451 1507 443)

Travemünde (D) - Malmö (S)
Kapellskär (S) - Åland Inseln - Naantali (FIN)

Wasaline (wasaline.com; Finnland: +358 207 716 810
oder Schweden: +46 90 185 200)

Umeå (S) - Vaasa (FIN)

Nur Fähre

Die Direktfähre von ***Deutschland*** nach ***Finnland*** ist zweifellos die eleganteste, aber auch die teuerste Anreisevariante.

Finnlines (finnlines.com; +49 451 1507 443)

Travemünde (D) - Helsinki (FIN) in 27/ 36 Stunden

Wie nun?

Viele Varianten stehen zur Auswahl, alle Schattierungen von **„Ohne Fähre“** bis **„Nur Fähre“** sind genannt! Je nach Reiseroute, Zeitlimit und Geldbeutel wird nun jeder zuerst einmal Prospekte und Fahrpläne wälzen, so sein eigenes Optimum ermitteln und sich seine Anreise selbst zusammenstellen.

Die Traditionsroute

Die 230 bequemen Anfahrt-Kilometer auf **A10/A19/A24** von **Potsdam** zum Überseehafen **Rostock** sind in 3 Stunden vergessen, wir haben das klassische Fähr-Paket **Rostock-Gedser + Helsingør-Helsingborg** bei ***Scandlines*** gebucht und starten mit dem 9-Uhr-Schiff nach **Gedser**. Wir bleiben bis **Warnemünde** zum Gucken draußen, gönnen uns dann an Bord ein zweites Frühstück, sitzen anschließend noch eine Weile auf dem Sonnendeck und sehen schon die Windräder vor **Gedser**, wo wir um 11 Uhr von Bord rollen. Dort geht es nach 34 km auf die Autobahn, dann immer Richtung **Kopenhagen** und dann nach **Helsingør** weiter. Für die 194 km durch ***Dänemark*** braucht man 2½ Stunden, es sei denn, man hat unterwegs eine längere Pause beim **WOMO-Picknickplatz Farø** [N 54° 56' 57.7" E 11° 59' 09.1"] eingeplant, gleich hinter der ersten Groß-Brücke übers weite Wasser, an der zweiten Autobahn-Abfahrt, mit Gastronomie und Ver-/Entsorgung.

Auf der Fähre zum schwedischen **Helsingborg** hinüber schafft man kaum seinen Kaffee, schon öffnet sich das Bugvisier. Sie könnten sich nun direkt Richtung **Stockholm** zur ***Finnland-Fähre* nach Turku** in die Spur begeben und sich unterwegs im ***WOMO-Band 54 „Mit dem Wohnmobil nach Süd-Schweden“*** einen Übernachtungsplatz aussuchen. Oder Sie kommen halt mit zu unserem angestammten **Transitplatz am Ranarpstrand** [N 56° 21' 10.3" E 12° 44' 28.3", nunmehr kostenpflichtig], nur 40 Minuten nördlich von **Helsingborg** und sparen sich die Tour quer durch ***Schweden*** für morgen auf. Am nächsten Tag gehen wir die 560 km nach **Stockholm** beherzt an, sind ruckzuck wieder auf der **E4** Richtung Ziel und rollen und rollen. Diese Autobahn-Strecke kann man flott absolvieren, sollte jedoch nicht nur zum Tanken pausieren. Wir tun das immer auf unserem Lieblingsplatz am riesigen ***Vättern***, dem gepflegten **Rastplatz Gyllene Uttern** [N 57° 59' 48.5" E 14° 26' 34.9"] mit Seeblick, Gastronomie und sogar einem Latrin-Häuschen zur Klo-Entleerung.

Bei unseren Recherche-Reisen nach ***Finnland*** haben wir regelmäßig die Über-Nacht-Fähren von **Stockholm** nach **Turku** genutzt, wo unsere **Tour 1** beginnt und schon beide Anbieter, ***Viking Line*** und ***Tallink Silja Line***, getestet. Nun ist es Ihre Wahl, welcher Gesellschaft Sie das Vertrauen schenken. Der Standard ist vergleichbar und auf gutem Niveau. Beide Häfen

in **Stockholm** sind nicht gut ausgeschildert und dehalb etwas schwer zu finden, die Schiffe beider Flotten sind gepflegt und gastronomisch gut versorgt. Bei ***Tallink Silja Line*** beeindruckt das riesige Schiff mit Kreuzfahrt-Format, die ***„Silja Europa“***. Auf Nachfrage gab es hier Stromanschlüsse auf dem Autodeck, man sollte das Verlängerungskabel bereit halten.
Schauen Sie sich also die aktuellen Fahrpläne an, checken mögliche (günstige) Kombi-Tarife und vergleichen die Preise! Für unsere Rückreise geht es auf gleicher Route retour, für Sie könnte aber auch nachfolgende Variante interessant sein.

Alternative: Reise durchs Baltikum und Polen

Wir haben **2001** die Landpassage über das ***Baltikum*** und ***Polen*** getestet. Dafür braucht man nur eine kurze Fährpassage von **Helsinki** nach **Tallinn** und ein wenig Know-how für die 4 Länder, durch die man fährt. Auch damit kann der **WOMO-Verlag** dienen und so verweisen wir gerne auf **WOMO-Band 68 *„Mit dem Wohnmobil ins Baltikum“*** und **WOMO-Band 61 *„Mit dem Wohnmobil nach Polen - Der Norden“***.

Unsere Favoriten-Route 2020/2021 mit *Finnlines*

Für unsere **Anreise** nach ***Finnland*** haben wir uns in den vergangenen Jahren (...in Corona-Zeiten ist es nicht sinnvoll, ohne Not mehrere Ländergrenzen zu passieren...) für die Direktfähre von **Travemünde** nach **Helsinki** entschieden. Für Familien mit Kindern ist das jedoch etwas anstrengend: Abfahrt 3 Uhr, man rollt erst gegen 1 Uhr nachts auf das Schiff. Stromversorgung auf dem Autodeck ist gegeben, man kann das gleich mit buchen. Der lange Tag auf See beginnt mit einem üppigen Brunch-Büfett am späten Vormittag, setzt sich auf dem windigen Sonnendeck der ***„Finnstar"*** fort und endet nach einem Abend-Imbiss mit der zweiten Übernachtung an Bord. Wir haben das Frühstücks-Büfett für den Ankunftstag nicht gebucht und begnügen uns mit Croissant, Marmelade und Kaffee aus dem Bistro, bevor wir gegen 9 Uhr den neuen Hafen östlich von **Helsinki** erreichen.

Fazit: Sehr komfortabel und herrlich entschleunigend!

Für den ersten Abschnitt der **Rückreise** haben wir die Tagespassage mit ***Finnlines*** von **Naantali (FIN)** nach **Kapellskär (S)** gewählt, eine kurzweilige, weil hochinteressante 8-Stunden-Reise bei Prachtwetter durch die wunderschöne Schärenwelt mit Zwischenstopp auf den ***Åland***-Inseln. Die riesige ***„Finnfellow"*** ist ziemlich leer, die preiswerte Passage enthält überraschenderweise sogar noch 2 Mahlzeiten an Bord und auch die Stromversorgung (Gleich mit buchen!) auf dem Autodeck ist gewährleistet.

Fazit: Super! Unbedingt zu empfehlen!

Die finale Rückreise führt uns zunächst quer durch ***Schweden*** analog der ***„Traditionsroute"***. Schließlich haben wir mit dem Kombiticket von ***Scandlines*** die ***Öresund-Brücke*** und die ***Fähre Gedser - Rostock*** als Vorteils-Paket gebucht, das uns erstmal zeitlich unabhängig nach ***Dänemark*** und dann 13.30 Uhr mit der riesigen Hybrid-Fähre ***F/S Berlin*** von ***Gedser*** nach ***Rostock*** bringt.

TOUR 1
25 km
Bottnischer Meerbusen
N
Reposaari
Mäntyluoto
Yyteri
Pihlava
Huhtala
Pori
Kokemäenjoki
Harjavalta
Kokemäki
Lapijoki
Rauma
Vanha Rauma
Pyhämaa
Raulio
Uusikaupunki
Bonk
Saloranta
Kustavi
Taivassalo
Jumo
Kannvik
Iniö
Dalen
Fähre
Mossala
Björko
Houtskär
Kittuis
Galtby
Korpo
Nagu
Naantali - Kapellskär
Stockholm - Turku
Pargas
Ruissalo
Naantali
Aurajoki
Turku
WC
B
L

TOUR 1: An der Schärenküste (400 km)

Turku/Åbo - Skärgårdens Ringväg/Saariston Rengastie - Uusikaupunki - Rauma - Pori - Yyteri

Freie Übernachtung:	Turku, Naantali, Lenholma, Nagu, Kittuis, Jumo, Kannvik, Uusikaupunki, Raulio, Santtio, Rauma, Pori, Huhtala, Merimesta.
Campingplätze:	Turku, Pargas, Kittuis, Mossala, Rairanta, Yyteri, Reposaari.
Baden:	Skärgården, Raulio, Pori, Yyteri.
Besichtigen:	Turku, Kirchen in Pargas und Korpo, Bonk, Uhrikirkko Pyhämaa, Vanha Rauma, Lapijoen silta, Pori.

Ganz egal, ob Sie gerade mit ***Viking Line*** oder ***Silja Line*** in **Turku/Åbo** angelandet sind, haben Sie vom Schiff aus nur etwa 2 km zum innerstädtischen „Basislager" zu fahren. Man hält sich Richtung **Keskusta** (Zentrum), biegt dann von der ***Linnankatu*** nach **rechts** auf die ***Wechterinkuja*** und kurz darauf **links** auf die Uferstraße ***Läntinen Rantakatu*** ab, wo man nach 100 m einen geeigneten Parkplatz mitten in der Stadt findet, der auch als Übernachtungsplatz taugt.

(001) WOMO-Stellplatz: Turku

GPS: N 60° 26' 31.9" E 22° 14' 55.2"; Läntinen Rantakatu.

Max. WOMOs: 3-5.
Ausstattung: Park mit Spielplatz sowie Gastronomie anbei.
Beschreibung: Zentrumsnaher, kostenloser Parkplatz mit 12-Stunden-Begrenzung, lange Parkbuchten, direkt am ***Aurajoki***, nachts nicht immer ganz ruhig.
Zufahrt: Siehe Text.

Von hier aus kann man alle Sehenswürdigkeiten gut zu Fuß ablaufen, man ist ja mitten drin in der alten Hauptstadt. Nach den Jahrhunderten unter schwedischer Herrschaft wurde im 18. Jahrhundert immer mehr Territorium des heutigen ***Finnland*** von ***Russland*** erobert, das damit auch zunehmend Einfluss im Land gewann. Im Ergebnis des ***„Finnischen Krieges“*** musste das besiegte ***Schweden*** schließlich ***Gesamt-Finnland*** an ***Russland*** abtreten. ***Zar Alexander I.*** war am Ziel, ***Finnland*** wurde aber gut behandelt und erhielt 1809 sogar so etwas wie die Autonomie als Großfürstentum ***Russlands***. Um den weiterhin bestehenden schwedischen Einfluss abzuschwächen, wurde 1812 **Helsinki** zur Hauptstadt erhoben. Die damals eher unbedeutende Stadt lag viel dichter bei ***Russland*** und viel weiter weg von ***Schweden*** als **Turku/Åbo**. Heute gilt die quirlige Hafenstadt am ***Aurajoki***, wo sich die Restaurant- und Ausflugsschiffe entlang der Uferboulevards mittlerweile fast wie die Perlen einer Kette aneinander reihen, als Besuchermagnet für Touristen aus nah und fern, vor allem auch aus ***Schweden***. Unterdessen haben Sie bestimmt schon einen City-Plan oder sogar die überaus nützliche Info-Broschüre dieser Stadt ergattert! Nein? **Touri-Info** besuchen! ***Aurakatu 4***, 3 Straßenbrücken flussaufwärts gleich links.
Dann gehen Sie auf Erkundung oder kommen Sie mit zu einigen unserer Ziele:

Forum Marinum, Meereszentrum und Schifffahrtsmuseum (forum-marinum.fi) *Linnankatu 72*, 30.5. bis 30.8. tgl. 10-19 Uhr, sonst nur Di-So, Schiffe: 30.5. bis 30.8. tgl. 10-19 Uhr, Eintritt, am Ufer von **(001)** ein Stück stadtauswärts. Der Parkplatz (N 60° 26’ 11.2” E 22° 14' 06.0") des ***Forum Marinum*** ist leider nicht mehr als Übernachtungsplatz zu gebrauchen: maximale Parkdauer 4 Stunden.
Die ***„Sigyn“*** (Bj. 1887), die weltweit einzige 3-Mast-Bark aus Holz, und die ***„Suomen Joutsen“*** („Schwan von Finnland“, Bj. 1902), der riesige weiße Dreimaster aus Stahl am anderen Ufer, gehören zum Museum und können besichtigt werden.

Turun linna, Burg von **Turku** (turku.fi/turun-linna)
Linnankatu 80, 1.6. bis 30.8. tgl. 10-18 Uhr, sonst nur Di-So, Eintritt.
Noch ein Stück stadtauswärts weiter, beim Fährhafen. Feldsteinburg mit Ursprüngen aus dem Jahre 1280, Blütezeit im 16. Jahrhundert, gehört zu den wichtigsten historischen Bauten ***Finnlands***, verschiedene Ausstellungen.

Turun Kauppahalli, Markthalle von **Turku**
Eerikinkatu 16, Mo-Fr 8-18 Uhr, Sa 8-16 Uhr
Bei der 3. Autobrücke stadteinwärts nach links, 2. Querstraße links, Nähe **Tourist-Info.**
Schönes Gebäude aus dem Jahre 1896, bietet Platz für 122 örtliche Händler, vor allem frische Lebensmittel aller Art, nette Bäcker- und Fleischer- Stände mit Imbiss. Zum Erst-Frühstück nach Fährankunft in Turku zieht es uns regelmäßig ins ***„asch-an“***. Hier sitzt man wie früher in der Eisenbahn.

„Puutorin Vessa“, „Das erste Klo mit Alkoholausschank“ *Puutori*, im nördlichen Bereich der City, ein Stück zu gehen. Ein Engländer hatte es einst gekauft und es zu einem Sport- und Musik- Pub namens ***„The WaterLoo“*** umgebaut. Unter einem neuen Besitzer erhielt diese witzige Kneipe 2019 seinen alten Namen zurück. Dieses kreisrunde Gebäude war lan-

ge Jahre eine öffentliche Toilette und steht unter Denkmalschutz. Allerlei (gut geputzte) Accessoires erinnern an die ehemalige Nutzung, aber es riecht nicht mehr! Kult in **Turku**.
Bei unserem letzten Besuch 2020 wurde diese spezielle Kneipe nicht mehr ganz so druckvoll bespielt, wie wir sie kannten. Viel spielte sich im Außenbereich ab.

„Uusi Apteekki“, Neue Apotheke (uusiapteekki.fi)
Kaskenkatu 1, tgl. 10-03 Uhr, auf der anderen Fluss-Seite in der Nähe der *Auransilta*
Noch eine Kneipe! Viele Sorten Bier vom Fass und Whiskey in den Räumen einer alten Apotheke mit entsprechender Ausstattung; urige, nicht allzu feine Tränke für den kleinen Durst zwischendurch oder auch für länger.

Luostarinmäen Käsityöläismuseo, Handwerksmuseum auf dem Klosterberg (turku.fi/luostarinmaki), *Vartiovuorenkatu 2*, 1.6.-30.8. tgl. 10-18 Uhr, sonst Mo geschlossen, Führungen, Eintritt, Hunde- und Rauchverbot!

Beim großen Stadtbrand 1827 verschont geblieben, sollte das Viertel einer damals zeitgemäßen Bebauung weichen, geriet aber in Vergessenheit. Als es schließlich 1900 abgerissen werden sollte, erkannte man den historischen Wert der Holzhäuser. Einblick in die Zeit der Zünfte, Gebäude und Ausstattung der Bäckerei, des Kamm-Machers, der Kautabak-Werkstatt und vieler anderer Gewerke fast original erhalten.

Turun Tuomiokirkko, Dom von **Turku** (ev.-luth.) (turuntuomiokirkko.fi) *Tuomiokirkkokatu,* Ständig im Stadtbild präsent, überragt alles, gilt als Nationalheiligtum ***Finnlands***, geweiht 1300. Der Turmuhr genügt ein Stundenzeiger! Geöffnet tgl. 9-18 Uhr, Juni bis August Musik: Dienstag 20 Uhr und Mittwoch 14 Uhr.

Wer nun seine mitreisenden (Klein-)Kinder einmal richtig glücklich machen will und nebenher selbst Lust auf einen Schiffsausflug durch den Schärenarchipel verspürt, der kann beides miteinander verknüpfen und mit dem Dampfschiff ***„Ukkopekka“*** (ukkopekka.fi) nach **Naantali** tuckern und dort das Kinderparadies ***Muumimaailma*** = ***Muminwelt*** auf der Insel ***Kailo*** besuchen. Falls diese Schiffs-Anreise 2022 noch angeboten wird, findet man den Anleger in **Turku** direkt neben dem WOMO-Parkplatz **(001)**.
Bevor wir nun mit dem WOMO auf einen kurzen Abstecher nach **Naantali** fahren, empfehlen wir noch 3 Quartiere auf der Insel ***Ruissalo*** vor den Toren Turkus: zwei einfache und ein komfortables.

(002) WOMO-Stellplatz: Botanischer Garten

GPS: N 60° 25' 58.9" E 22° 10' 46.8". **Max. WOMOs**: 2-3.
Ausstattung: Müllbehälter, Buslinie 8 ins Zentrum.
Beschreibung: Asphalt-Parkplatz vom Botanischen Garten, Grünrand, straßennah, abends halbwegs ruhig.
Zufahrt: 5 km vor **(004)** von der *Ruissalon puistotie* nach links auf die *Kansanpuistontie* abzweigen, dann gleich rechts.

(003) WOMO-Stellplatz: Kansanpuisto/Folkparken

GPS: N 60° 25' 42.6" E 22° 10' 40.4". **Max. WOMOs**: >5.

Ausstattung: Buslinie 8 ins Zentrum
Beschreibung: Schotter-Parkplatz und Wiese bei einem Naherholungsgebiet, Grünrand, abends sehr ruhig. Spektakulär: Fährschiffe fahren in Sichtweite vorbei. .
Zufahrt: Die Straße *Kansanpuistontie* von **(002)** noch 500 m weiter fahren.

(004) WOMO-Campingplatz: Ruissalo

GPS: N 60° 25' 33.2" E 22° 05' 53.8". **Öffnungszeiten**: 1.6. bis 31.8.
Ausstattung: Gute Ausstattung, Restaurant, Sauna, Badestelle, Entsorgung, Buslinie 8 ins Zentrum.
Beschreibung: Am letzten Zipfel der grünen Insel Ruissalo in Saaroniemi, recht groß, viel Wiese.
Zufahrt: Ab dem Stadtzentrum von Turku gründlich ausgeschildert, 11 km ab SP **(001)**.

Ein Abstecher in die idyllische Ostseestadt **Naantali** ist sehr zu empfehlen. Noch vor Jahren haben wir dieses Ziel schlicht übersehen und waren bei unserer ersten Stippvisite sofort begeistert vom speziellen maritimen Charme dieses Kleinods.

Naantali gilt noch immer als die Sommerhauptstadt Finnlands, denn über der Hafenbucht thront ***Kulturanta***, der Sommersitz des finnischen Staatspräsidenten. Wir fahren also in **Turku** zuerst wieder hoch auf die ***Linnankatu*** und rollen auf dieser stadteinwärts, biegen links auf die ***Koulukatu*** ab, folgen dann der **E 8**, später der **185/Naantali** und dort schließlich den Hinweisen **Keskusta**. Oder aber Sie geben einfach die Koordinaten von nachfolgendem Parkplatz ein und lassen sich die knapp 16 km elegant führen:

(005) WOMO-Stellplatz: Naantali

GPS: N 60° 28' 08.9" E 22° 01' 02.8"; Kaivokatu. **Max. WOMOs**: 3-5.

Ausstattung: Öffentliches WC (7.00-21.30 Uhr) in der Nähe, reichlich Gastronomie anbei.
Beschreibung: Parkplatz in Hafennähe, 9 bis 18 Uhr gebührenpflichtig, tagsüber sehr gut besucht. Abends ist lange Leben auf dem Parkplatz. Dezente Nutzung, kein Camping! **Zufahrt**: Siehe Text.

In der historischen Holzstadt beim Yachthafen schlendern die Urlauber durch die Gassen, wo man überraschend anspruchsvolle Kunstgewerbeläden und ein breites Spektrum an Gastronomie mit vielen interessanten Lunch-Angeboten findet. Auch für Kinderbelustigung ist gesorgt. Das erste (schon erwähnte) Traumziel der Minis liegt gleich jenseits der hölzernen Fußgängerbrücke: ***Muumimaailma*** = ***Die Mumin-Welt***, die Abenteuer verheißende Spiel-Insel ***Kailo***. Für uns reicht heute ein gemütliches Kaffeehaus, die Wahl fällt auf das plüschige ***Café Antonius***, wo wir uns mit hausgebackenen Kuchen- und Tortenkreationen verwöhnen lassen.
Bei unserer 2020er und 2021er Recherche-Reise beginnt im (Industrie-) Hafen von **Naantali** die Rückfahrt nach ***Schweden*** mit der Tagesfähre der ***Finnlines*** durch die Schärenwelt über die ***Åland-Inseln*** nach **Kappelskär**. Sehr zu empfehlen! Siehe auch Kapitel „Anreise“!

Als Übernachtungsplatz vor oder nach der Schären-Fähre bietet sich der **Camingplatz Naantali** [**006**:N 60° 27' 43.2" E 22° 01' 42.5"] in Hafennähe an, der aber weder besonders geräumig (Reservierung empfohlen: camping@visitnaantali.com) noch angenehm leise ist.
Wer in **Naantali** nach einem wirklich stillen Übernachtungsplatz sucht, der findet ihn nördlich der Stadt bei einem „Musterfriedhof“ [**007**: N 60° 29’ 58.6” E 22° 01’ 25.3”].
Nun wollen wir einmal gründlich nachschauen, welche Reize der berühmte ***Turkuer Schärengarten*** so bereithält. Dazu nehmen wir die **E18/Turku**, dann die **E18/Helsinki**, die wir bei Ausfahrt Nr. 6 verlassen und der **180/Korpo/Korppoo** folgen. In den nächsten 2 Tagen erkunden wir den ***Skärgårdens Ringväg/Saariston Rengastie*** in seiner vollen Länge, eine spannende Reise im großen Bogen durch den Inselarchipel, eine Tourstrecke mit vielen Brücken und Fähren und das bis auf eine Überfahrt komplett kostenlos. Zur Vorbereitung besorgt man sich die ***Schären Touristenkarte*** (visitarchipelago.com) und schaut sich die Fahrpläne an (lautta.net). Die ersten Brücken lassen nicht lange auf sich warten, es bieten sich nun regelmäßig schöne Ausblicke auf jede Menge Wasser, bewaldete Uferzonen und baumbestandene Inselchen. Doch **Pargas** begrüßt uns erst einmal mit seinem Industriegebiet. Am anderen Ende des Städtchens gibt es sogar den größten Tagebau ***Finnlands***, eine riesige Kalkgrube! Doch davon sieht man nichts, höchstens in der Ferne die Schlote der weiterverarbeitenden Firmen. Manchmal stört aber feiner Kalkstaub in der Luft. Die erste Kreuzung verweist nach rechts auf den **Campingplatz** und am folgenden „Segel“-Kreisverkehr wird man nach links an einem Kanal entlang zur Ortsmitte geführt.

(008) WOMO-Campingplatz: Solliden***

GPS: N 60° 18' 59.5" E 22° 18' 06.3"; Aurinkoranta 7.
Öffnungszeiten: 11.5 bis 30.9. **Ausstattung**: Cafeteria bei der Rezeption, Felsen-Badestelle und Bootssteg, Kochhütte, Aufenthaltsraum, Sauna, Picknickhütte mit Feuerstelle, ordentliche Ver-/Entsorgung.
Beschreibung: Unten Hütten, im oberen Bereich im lichten Hochwald Plätze für WOMOs, Caravans und Zelte. Sehr gepflegte Anlage!
Zufahrt: Siehe Text, von der Kreuzung 900 m.

In **Pargas** parken wir entspannt in der *Runeberginkatu* (N 60° 18' 01.9" E 22° 18' 12.2") beim liebevoll bepflanzten Uferpark in Sichtweite einer sehr romantischen, vormals blütenweiß lackierten hölzernen Bogenbrücke und starten unseren Erkundungsgang. In Ermangelung sonstiger Sehenswürdigkeiten stapfen wir hinauf zur stämmigen ***Feldsteinkirche*** aus dem 14. Jahrhundert (geöffnet 10-19 Uhr). Die alten Kalkmalereien sind hübsch restauriert, die außen wehrhaft anmutende

Kirche ist innen wunderschön.
Nun aber weiter nach **Korpo**: Die gut ausgebaute **180** windet sich durch Wald und Feld, links schimmert das Wasser, alte Bäume prägen die Landschaft und man vergisst beinahe, dass man sich hier zum „Insel-Springen" in die Schärenwelt begeben hat. Dazu zeigt sich ganz überraschend links ein einladender Parkplatz am Waldesrand.

(009) WOMO-Wanderparkplatz: Naturstig Lenholma

GPS: N 60° 14' 40.1" E 22° 12' 46.3". **Max. WOMOs**: 3-5.

Ausstattung: Luontopolku = Naturlehrpfad mit Lintutorni = Vogelbeobachtungsturm, sonst ohne alles.
Beschreibung: Feinschotter, ruhig, außerorts.
Zufahrt: 11 km nach dem „Segel-Kreisel", 1900 m hinter dem Abzweig nach **Attum/Granvik**, dann 100 m Schotterstraße von der **180** nach links.

Doch 6 km später weiß man wieder ganz genau wo man ist, denn es steht die erste Fährpassage an. Das ist doppelt gut, denn erstens sieht man während der 10-minütigen Überfahrt mal richtig was von der bezaubernden Gegend, was besonders beim heutigen Prachtwetter zum unvergesslichen Erlebnis wird, und zweitens ist die Nutzung dieser **gelben** Fähren mit dem „L" („Lossi" bzw. „Lautta") kostenlos. Sie unterstehen dem staatlichen Straßenwesen, sind quasi mobile Brücken.
Auf der Weiterfahrt nach **Nagu/Nauvo** durch Landschaft mit Felsen hat man auch immer wieder herrliche Ausblicke, spe-

ziell beim Passieren der Riesenbrücke über den ***Norrströmmen***, 11,5 km nach der Fähre, wo man am liebsten mitten drauf anhalten möchte, um sich ausführlich umzuschauen. Das Örtchen **Nagu/Nauvo** präsentiert sich als quirlige Sommerfrische und bietet alle notwendige Versorgung von K-Market (mit Außenwasserhahn seeseitig), über Bank, Spielplatz, Tankstelle und Sportboothafen [**010**: N 60° 11' 30.5" E 21° 54' 43.2"]. Doch das was man als Durchreisender vom Ort sieht, ist noch lange nicht alles. Fahren Sie mal gegenüber vom K-Market in die *Puistotie* („Gästehamn") hinein! Hier steppt der Bär! Neben der Marina und einem Fähranleger („Kleine Schärenrunde") findet man hier alles, was das Urlauberherz begehrt: Vielfältige Gastronomie, Fahrrad-, Boot- und SUP-Verleih, einen Badestrand und anbei eine große Parkfläche im Hochwald.

(011) WOMO-Badeplatz: Nagu

GPS: N 60° 11' 45.9" E 21° 54' 31.2".
Max. WOMOs: 3-5.
Ausstattung: Badestelle, Picknickbänke, Müllbehälter, Spielplatz, Touri-Läden sowie Gastronomie. WC und Duschen bei der Marina gegen Geld.
Beschreibung: Viel Parkraum im Hochwald (Foto Bildmitte) mit Strandblick, nicht ganz ebener Grund. No Camping!
Zufahrt: Siehe Text. Der Puistotie folgen, 400 m ab Abzweig von der Durchgangsstraße.

Wir fahren weiter und erreichen nach 12 km auf der **180** in **Pärnäs** die nächste Fähre. Diese Passage dauert etwa 3 Mi-

nuten, und nachdem wir am Abzweig zur nun folgenden Fähre (**Galtby**) erst einmal vorbei fahren, erreichen wir **Korpo** und können das „Zentrum“ kaum verfehlen. Hier ist alles dicht beieinander: Ein kleiner Markt auf der Wiese vor allem mit Erdbeeren, Erbsenschoten und anderem Gartengemüse, Fisch, Textilien und natürlich „Nachrichtenbörse“, außerdem Supermarkt, ***Hjalmar's Restaurant*** mit sehr ordentlichem Mittags-Lunch und die robuste ***Feldsteinkirche „St. Michael“*** (Foto rechts, geöffnet 10-17 Uhr) aus dem 14. Jahrhundert mit sehenswertem Innenleben samt Gewölbemalereien. Nun aber ein kurzes Stück zurück und links weg nach **Galtby Hamn**, wo wir eine ganze Weile auf die Fähre nach ***Houtskär*** warten. Das ist gut fürs Geschäft des kleinen Hafen-Ladens. Die Fähre bringt uns schließlich in 30 Minuten nach **Kittuis** auf ***Houtskär*** hinüber und ist dabei laut Bord-Navi mit 20 km/h unterwegs. Jetzt kreuzt unsere kleine gelbe Fähre den Kurs der großen Ostsee-Fähren von und nach **Turku**. Auch in **Kittuis** gibt es WOMO-Quartiere: Hinter dem Anleger rechts auf Asphalt [**012**: N 60° 11' 15.4" E 21° 26' 18.1"] und genau gegenüber davon.

(013) WOMO-Campingplatz: Kittuis

GPS: N 60° 11' 13.9" E 21° 26' 14.1".
Öffnungszeiten: 1.5. bis 31.9.
Ausstattung: Neue Sanitäranlagen, Hütten, Zeltwiese, Café, Picknickbänke, Feuerstelle, Badestelle.
Beschreibung: 5-6 schöne WOMO-Stellplätze mit Strom und Seeblick auf gepflegtem Rasen.
Zufahrt: Kurz hinter dem Fähranleger links.

Wir queren diese Insel auf der **1800**, die asphaltierte Schlängel-Straße führt uns durch bezaubernde Landschaft mit felsiger Heide, Wald und Wiese, passieren die Örtchen **Träsk** und **Roslax** und stehen schon wieder an der Fährschranke. Nun geht es nach **Kivimo** rüber, der „gelbe Engel“ kommt sogleich herbei und bringt uns in handgestoppten 90 Sekunden zum anderen Ufer. Nach 8 km auf schmaler Straße durch Wald und Felder kriegen wir am Abend noch eine späte 3-Minuten-Fähre von **Björko** nach **Mossala**, wo wir noch 3 km auf gut ausgebauter Piste zu unserem Tagesziel rollen, direkt bis zum nächsten Fähranleger:

(014) WOMO-Campingplatz: Mossala Island Resort

GPS: N 60° 17' 09.7" E 21° 26' 23.6".
Öffnungszeiten: 1.5. - 31.10.
Ausstattung: Gaststätte mit Rezeption, Badestelle und Ufersauna gegenüber, Anzahl WC/Duschen bei Vollbetrieb knapp bemessen, Grill-Hütte, Abwasser-Entsorgung untauglich, Trinkwasser-Versorgung schwierig. Disk Golf. mossala.fi
Beschreibung: Sehr schön angelegter Platz mit Abteilungen und Heckenrosen rechts vor dem Fähranleger, sehr ruhig. Lohnende Kurzwanderung zum Aussichtsturm.
Zufahrt: Siehe Text.

Heute startet unsere Tour mit einer weißen „Bezahlfähre“ von ***FinFerries*** nach **Dalen** auf ***Iniö***, die nur 4mal am Tag (2021: Mo-Sa: 9.00, 12.15, 14.15 und 16.15 Uhr. So: 10.15, 12.15, 15.15 und 17.15 Uhr) verkehrt. Wer also am späten Nachmittag hier landet muss bis zum nächsten Tag pausieren. Die Überfahrt dauert ca. 45 Minuten und kostet 2021 für ein WOMO mit 2 Erwachsenen inzwischen ziemlich happige 75 EUR (VISA-Zahlung möglich). Immerhin ist der Preis seit einigen Jahren stabil. Bei Prachtwetter wie bei uns zuletzt ist diese

Passage ein unvergessliches Erlebnis. Ein frischer Wind weht und treibt kurzärmelige Gäste schnell unter Deck, wir bleiben draußen, trinken Kaffee aus Papp-Bechern, verzehren dazu frische Munkki und genießen die Reise durch diese faszinierende wie unübersichtliche Schärenwelt. Nach kurzweiliger Überfahrt

bringt uns die ***„Antonia“*** wieder an Land, es geht auf leicht rumpliger Straße weiter, wir folgen der Ringstraßen-Beschilderung und stoppen in **Norrby**, um uns die örtliche Kirche anzuschauen. Die zeigt sich außen wehrhaft und glänzt innen mit würdevoller Schlichtheit: weiß getüncht, kleine Orgel, kleiner Altar, schönes Altarbild.
Die Landschaft bietet Wald wie auch duftende Kräuterwiesen und strahlt Frieden und Ruhe aus. Jetzt folgen wieder **gelbe** Frei-Fähren, die nächste braucht nur 5 Minuten zur Insel ***Jumo***, wo wir rechts gleich einen sichtgeschützten Not-Platz auf Schotter mit Grünrand registrieren [**015**: N 60° 24' 57.4" E 21° 22' 35.0"], bevor wir uns wiederum in **Kannvik** - kurz vor dem Anleger rechts notieren wir noch einen asphaltierten WOMO-Parkplatz [**016**: N 60° 26' 19.4" E 21° 23' 30.3"] - mit der finalen ***Schärengarten-Ringstraßen-Lossi*** gen Festland verabschieden. Das Wetter hält, wir genießen die letzte halbe Stunde unserer Rundreise durch den Turkuer Archipel auf dem Deck der ***„Aura“*** mit Kaffee und Zimtschnecken und können diesen wunderschönen „Umweg“ namens ***Skärgårdens Ringväg/Saariston Rengastie*** nur wärmstens empfehlen.
Nunmehr unterwegs auf den Straßen **1922/192/Taivassalo** geht es zunächst durch Wald und Felder, dann aber über eine prächtige Bogenbrücke namens ***Kaitaisten silta*** und über Dämme wieder durch Schärenlandschaft wie aus dem Bilderbuch. Schließlich nehmen wir die **196/Uusikaupunki** nach links, haben noch 32 km zu diesem, unserem nächsten Ziel und durchqueren dabei quietschgelbe Rapsfelder, dann aber unterbrochen von einer ausgedehnten Erdbeerplantage, wo uns eindeutige Beschilderung nach links von der Piste lockt. Ziel: Hofladen ***Saloranta*** (N 60° 36' 19.1" E 21° 32' 36.5"). Köstliche finnische Erdbeeren satt samt Spielplatz und sonstiger Kinderbespaßung.

Wer vor **Uusikaupunki** noch ein WOMO-Quartier benötigt, biegt 21 km hinter dem Saloranta-Abweig nach links ab.

(017) WOMO-Campingplatz: Rairanta

GPS: N 60° 45' 48.5" E 21° 25' 27.9". **Öffnungszeiten**: 1.5. bis 31.9.
Ausstattung: Ordentliche Sanitäranlagen, Sauna, Tanz-Pavillon, Feuerstelle, Grillhütten, Badestrand, Bootsverleih, Spielplätze, Küche, TV-Raum.
Beschreibung: SF-Clubplatz mit einem großen Anteil an Dauer-Campern, aber auch mit einem Areal für Touring-Gäste. rairanta.fi.
Zufahrt: Etwa 7 km vor Uusikaupunki links den Hinweisen nach. Insgesamt 2,7 km ab Abzweig, unterwegs erst rechts, dann links halten.

Als Angler hat man in **Uusikaupunki** wohl gute Chancen, denn das Wappen des Städtchens am Meer, wo es von Sportbooten nur so wimmelt, wird von 2(!) Hechten dominiert. **Achtung!** Wenn sich die Straßenbrücke am Ortsanfang anschickt, mit kühnem Schwung die Bahngleise zu überwinden, **vorher** links (Krankenhaus-Zeichen) und **nach 10 m** sofort wieder rechts abbiegen. Schon bald sieht man einen großen Spielplatz mit viel Grün drum herum und einen der Bootshäfen. Hier findet sich auch ein halbwegs lauschiges Plätzchen für die Nacht, das man mit 2-mal rechts Abbiegen erreicht.

(018) WOMO-Stellplatz: Uusikaupunki 1

GPS: N 60° 47' 53.0" E 21° 24' 52.4".
Max. WOMOs: 3-5.
Ausstattung: Aufwändiger Spielplatz, Skater-Bahn, Fitness-Park, kostenfreies, behindertengerechtes Automaten-Klo, Wasserhahn, Müllbehälter.
Beschreibung: Feinschotterparkplatz, am Rand mit Rasen und Bäumen, citynah.
Zufahrt: Siehe Text.

Gerade sind wir schon beim ***Dynamokeskus BONK*** (*Siltakatu 2*, 28.6.-11.8. tgl. 10-18 Uhr, sonst verkürzt, Eintritt, bonkcentre.fi) vorbeigefahren, einem ganz speziellen Museum, bei dem alle noch so ehrgeizigen Erfindungen und ausgestellten Exponate eines gemein haben: Sie funktionieren nicht, sind völliger Nonsens! Wer solchen Unfug mag, ist hier genau richtig! Die Geschichten über die ***Familie Bonk***, die mit ihren innovativen Konstruktionen die Menschheit glücklich machen wollte, sind alle liebevoll erstunken und erlogen, aber nicht ohne Raffinesse. Eine der Grundideen entspringt dem

Phänomen, das schwimmende Anchovis in einem speziellen Becken Strom erzeugen. Dafür müssen sie aber regelmäßig gefüttert werden. So könnte jeder Haushalt sein Elektrizitätsfass, also sein eigenes Kraftwerk betreiben, aber es stinkt halt und wenn man im Winter im Fass baden will, gibt es Stromschläge! Glauben Sie nicht? Wir auch nicht! Der talentierte Nachwuchs kann im Bastelschuppen gegenüber mit echtem Installationsmaterial und Werkzeug selbst kreativ werden. Einige fantasievolle Exemplare à la ***Bonk*** sind schon zu bewundern.

Im Städtchen gibt es noch mehr zu besichtigen: Historische Windmühlen auf dem ***Myllymäki*** oder das ***Automuseo*** bei den Saab-Werken etwas außerhalb. Vielleicht reicht aber auch schon ein kleiner Gang über den Wochenmarkt zu Füßen der Kirche oder eine Stippvisite im Trödelladen in einem der roten Holzhäuser am Kanal gleich bei der Brücke, schon in Sichtweite zur örtlichen Stellplatz-Alternative.

(019) WOMO-Stellplatz: Uusikaupunki 2

GPS: N 60° 47' 51.7" E 21° 24' 25.7".
Max. WOMOs: 2-3.
Ausstattung: Wasserhahn, Gastronomie in der Nähe.
Beschreibung: Feinschotter-Geviert mit Rasenrand mit Blick auf den Fluss samt Sportboothafen.
Zufahrt: Von **(018)** kommend die Straße queren und noch 250 m auf der *Aittaranta* durch den 4-h-Parkplatz zum Ziel.

Auf dem weiteren Weg der **196/Rauma** bleiben wir dicht an der Küstenlinie und empfehlen dringend, uns auf den Abstecher nach links auf die etwas schmale **1973** zur Halbinsel ***Pyhämaa*** und dort zum gleichnamigen Dorf zu begleiten. Vielleicht lockt Sie ja schon einmal eine Badestelle unterwegs?

(020) WOMO-Badeplatz: Raulio

GPS: N 60° 53' 51.1" E 21° 24' 05.2". **Max. WOMOs**: 1-2.
Ausstattung: Trockenklo, Mülleimer, Umkleide-Kabinen, Grillhütte, Badesteg, Wasserzertifikat; straßennah, Caravans, Zelte und Hunde verboten.
Beschreibung: Kleiner, gerader Parkplatz auf dem ehemaligen Volleyballfeld.
Zufahrt: 3,1 km nach dem Abzweig auf die **1973**, kurz hinter dem langgestreckten Örtchen **Raulio**; Hinweisschild „Uimaranta“ nach links.

Nun aber zur Kultur! Anfangs waren wir ja von der berühmten Opferkirche ***Uhrikirkko*** (Parken: N 60° 57' 04.9" E 21° 22' 13.1") in **Pyhämaa** (2021 geöffnet: Mi-Sa 11-17 Uhr, So 12-16 Uhr) herb enttäuscht! Warum? Wir haben uns zuerst mit

entsprechender Erwartungshaltung in der großen Kirche mit dem eigenwilligen Silberturm umgeschaut, doch die üppigen Kirchenmalereien in den Farben Rot und Schwarz an Wänden und der Decke findet man im unscheinbaren roten Scheunenkirchlein nebenan. Auf Wunsch gibt es drinnen sogar deutsche Erläuterungen zu diesem nationalen Kulturschatz vom Tonbandgerät, wenn auch aus leicht krächzenden Boxen.
Wir kehren zürück zur **196**, es geht nordwärts weiter nach **Pyhäranta**, dort auf der **1960** in Ufernähe weiter und dann in **Santtio** nach rechts in den Wald zu einem speziellen Übernachtungsplatz.

(021) WOMO-Picknickplatz: Waldgrillplatz Santtio

GPS: N 60° 59' 56.0" E 21° 26' 00.1".
Max. WOMOs: 1-2.
Ausstattung: Grillhütte, Holzvorrat, Trockenklo.
Beschreibung: Ziemlich schiefer Schotter-Parkraum, die geraden Plätze findet man ganz unten. Einsam im Wald.
Zufahrt: In **Santtio** dem Schild **„Santtionmetsätie“** nach rechts folgen, nach insgesamt 2,6 km Naturpiste am Ziel rechts unterhalb.

Wieder zurück auf der **1960** geht es nach rechts weiter nordwärts und nach 17 km erreichen wir die **8**, die uns nach **Rauma** bringt. Hier interessiert uns ganz besonders die Altstadt ***Vanha Rauma***, die mit ihren 600 Häusern aus 4 Jahrhunderten sogar unter den Schutz des ***UNESCO-Weltkulturerbes*** gestellt wurde. Am Rande des historischen Stadtviertels gibt es 2 Parkplätze, die wir empfehlen können.

(022-023) WOMO-Stellplätze: Vanha Rauma

(022) Vanha Rauma 1

GPS: N 61° 07' 31.1" E 21° 30' 41.9"; Eteläkatu. **Max. WOMOs**: 1-2.
Ausstattung: Feinschotterparkplatz mit 24-h-Begrenzung, Spielplatz.
Beschreibung: Sehr straßennah, innerorts, an der Südseite des Altstadt-Bezirks, nachts wohl nicht ganz ruhig.
Zufahrt: Vor Ort ausgeschildert.

(023) Vanha Rauma 2

GPS: N 61° 07' 39.4" E21° 31' 07.9"; Kaunisjärvenkatu.
Max. WOMOs: 2-3.
Ausstattung: Geräumiger Schotter-Parkplatz mit 24-h-Begrenzung, Info-Tafel, Picknickwiese, Bäume.
Beschreibung: An der Ostseite der Altstadt, straßennah.
Zufahrt: Vor Ort ausgeschildert.

Für den Stadtrundgang sind stabile Schuhe angeraten: Katzenkopfpflaster flächendeckend! Beim wiederholten Besuch erschließt sich uns zunehmend der besondere Charme dieses Holzstadt-Karees, bedingt wohl auch durch fortschreitende Sanierungsarbeiten und deren vorzeigbare Ergebnisse. Das

Erfolgsgeheimnis: Die Altstadt lebt, denn hier wohnen und arbeiten Leute, die sich der historischen Dimension dieses Ortes bewusst sind. Die umfassenden Umbauarbeiten sind nun abgeschlossen, allerorts wurde historisch gepflastert, doch die Verkehrswende hat man hier nicht hinbekommen, denn nun dürfen sich Autos jeder Größe durch die engen Straßen schieben und dort sogar parken. Der Markt mit der sicher praktischen Überdachung der Marktstände hat vor Ort auch nicht nur Begeisterung ausgelöst. Es gibt dies und jenes an Gastronomie vor Ort, wobei auch hier einiges im Wandel ist. In dem von uns geliebten Jugendstil-Café ist ein Asiatisches Restaurant eingezogen. Das Rathaus mit dem sehenswerten Uhrturm zieht uns jedes Mal magisch an, und auch die Besichtigung

Pyhän Ristin Kirkko im Detail

der wunderschönen **Pyhän Ristin Kirkko** (Kirche des Heiligen Kreuzes) nördlich der Altstadt ist immer wieder ein beeindruckendes Erlebnis. Am Ende unseres Rundganges kommen wir noch am **Taide-Museum** (dem Kunst-Museum) vorbei. Auf der Bank davor sitzt eine offensichtlich kontaktfreudige Dame, ein Fotomotiv, das man nicht auslassen kann.

Unser aktuelles Fazit: *Vanha Rauma* unbedingt besuchen!

Den ganzen Tag lag eine gewittrige Schwüle über der Stadt. Was liegt näher, als hier noch Plätze am Wasser zu suchen? An der Bucht namens ***Syvänraumanlahti*** haben wir sie gefunden. Dieses offenbar neu erschlossene Wassersportrevier mit hunderten Boots-Liegeplätzen bietet unfassbar viel frei nutzbaren Parkraum. Die beiden nachfolgenden Plätze können wir empfehlen.

(024) WOMO-Stellplatz: Rauma Kiikartorni

GPS: N 61° 08' 21.3" E 21° 28' 17.5".
Max. WOMOs: 1-2.
Ausstattung: Gastronomie in der Nähe am Yachthafen.
Beschreibung: Versteckter Feinschotterparkplatz mit Waldrand in der Nähe vom historischen Aussichtsturm ***Kiikartorni*** und dem Yachthafen.
Zufahrt: Auf der Umgehungsstraße Richtung **Satama**, dann rechts auf der *Syväraumankatu* Richtung **Syvärauma**, schließlich am Freibad und am Yachthafen vorbei den Hinweisen zum **Kiikartorni** folgen.

(025) WOMO-Badeplatz: Rauma

GPS: N 61° 08' 34.6" E 21° 28' 24.7".
Max. WOMOs: 1-2.
Ausstattung: Dixi-Klo, Mülleimer, Badestelle mit Sandstrand, Spielplatz, Picknickbank, Kiosk in der Nähe, Blick auf den Yachthafen.
Beschreibung: Quasi gegenüber von **(024)** auf der anderen Seite der Bucht. Kleiner, naturnaher Schotterparkplatz unter Bäumen neben einem größeren Schotterparkplatz.
Zufahrt: Kann man fast auf Sicht fahren. An den Yachthafen-Parkplätzen vorbei zum Ende der Bucht, dann links über die Brücke und gleich danach **links/Purjehtijankatu**. Nach 500 m links.

In Richtung **Pori** folgen wir der **8** anfangs durch ein Waldgebiet. Wer unterwegs dem Kulturhinweis ***Lapijoen Museosilta*** nachgeht, kann eine kleine restaurierte 3-Bogen-Brücke aus Stein bestaunen.

(026) WOMO-Picknickplatz: Lapijoen Silta

GPS: N 61° 10' 27.5" E 21° 39' 01.5". **Max. WOMOs**: 1.
Ausstattung: Picknickbank, Müllbehälter, Flüsschen mit Steinbogenbrücke, Info-Tafel zum Objekt.
Beschreibung: Für WOMOs bis 7 m Länge gut geeignet, evtl. rückwärts einfahren, **E 8** in hörbarer Nähe, Ortsrand.
Zufahrt: Vor Ort ausgeschildert.

Für die Stadt **Pori**, die vor allem durch ihr jährliches Jazz-Festival bekannt ist, hatten wir bislang nur eine flüchtige Visite übrig. Nach mehrfachem Besuch kann man seine Zuneigung aber durchaus vertiefen und die Vorzüge von **Pori** schätzen lernen. Die Stadt hat neben einer ansprechenden Silhouette mit Fluss, imposanter Kirche, hübschem Rathaus samt Uhrturm einen hohen Freizeitwert mit viel Grün, dem beispielhaften wie gut besuchten Kinderspiel-Park ***Kirjurinluoto*** nebst netter Flussbadestelle. Sogar 2 Übernachtungsplätze haben wir gefunden:

(027) WOMO-Picknickplatz: Pori Kirjurinluoto

GPS: N 61° 29' 32.0" E 21° 47' 11.2". **Max. WOMOs**: 3-5.
Ausstattung: Großzügiger Kinderspiel-Park, Tiervolieren, Picknickgelände, Müllbehälter, Gastronomie, Badestelle mit Liegewiese, WC in 200 m (tagsüber),
Beschreibung: Nachts evtl. Ruhestörungen, während des Jazz-Festivals (Mitte Juli) ist der Platz nicht nutzbar. Verbotsschild: ***Spielplatznutzung*** von 21 bis 6 Uhr verboten.
Zufahrt: Hinweisen **Kirjurinluoto** folgen, über die ***Raumasilta***, Einfahrt **vor** dem 4-h-Parkplatz rechts.

(028) WOMO-Stellplatz: Pori Urheilukeskus

GPS: N 61° 28' 30.2" E 21° 45' 48.1"; Isomäentie. **Max. WOMOs**: 2-3.
Ausstattung: Keine.
Beschreibung: Naturbelassener Parkplatz am Waldrand bei den Sportstätten, Nordic-Walking-/Jogging-Rundkurs anbei.
Zufahrt: Von der **8** kommend den Hinweisen **Keskusta** und **Urheilukeskus** folgen. 400 m hinter der Unterführung noch 300 m nach rechts.

Das schönste an **Pori** ist aber die Umgebung! Wir verlassen die Stadt auf der **2/Meri-Pori/Yyteri**, um den beliebten Dünen-Strand ***Yyterin Sannat*** zu inspizieren. **Achtung!** Kurz vor dem Abzweig dorthin haben wir noch einen ganz verschwiegenen Schlummerplatz für Naturfreunde gefunden.

(029) WOMO-Wanderparkplatz: Huhtala

GPS: N 61° 32' 17.5" E 21° 33' 58.0". **Max. WOMOs**: 3-5.
Ausstattung: Geräumiger Feinschotterparkplatz, Picknickbank, Info-Tafeln, 100 m Rollstuhl-gerechter Weg zur Aussichtsplattform nebst Trockenklo, 500 m Bohlenweg zum Vogelturm, 7,2-km-Wanderung nach Yyteri.
Beschreibung: Einsamer Platz, außerorts.
Zufahrt: Auf der **2** in Richtung **Meri-Pori/Yyteri**, 1 km hinter dem Abzweig nach **Pihlava** links rein: **Luontotorni**, 2 km Waschbrettstraße.

Kurz vor dem Strand kann man sich für einen längeren Badeurlaub auf dem in der Saison gut besuchten **Campingplatz**

(030) WOMO-Campingplatz: Yyteri Camping****

GPS: N 61° 34' 11.7" E 21° 31' 38.3"; Yyterinsantojentie.
Öffnungszeiten: Ganzjährig. **Ausstattung**: Perfekt, Stellplätze mit Strom und Wasserhahn, schöner Spielplatz, Rezeption mit Café und Laden.
Beschreibung: Riesiger und in der Saison gut besuchter Platz in aufgelockertem Gelände bei einem der schönsten Strände Finnlands.
Zufahrt: Vor Ort ausgeschildert.

einrichten, denn am **Strandparkplatz** (N 61° 34' 01.2" E 21° 31' 37.2") ist das Übernachten nicht gestattet. Hier unser Vorschlag: Geeignetes Wetter vorausgesetzt genießt man den Badetag am riesigen Sandstrand ausführlich und geht anschließend noch nett Fisch essen. Dazu müssen wir aber noch 18 km fahren: Zuerst zurück zur **2/Mäntyluoto**, dann **269/Reposaari** und über einen Damm mit Windrädern parallel zu den Gleisen. Quasi auf der Zielgeraden finden wir noch einen ausgesprochen sympathischen Campingplatz rechts und rollen dann

(031) WOMO-Campingplatz: Siikaranta

GPS: N 61° 37' 08.3" E 21° 25' 19.0". **Öffnungszeiten**: 1.5. - 30.9.
Ausstattung: Kleines Café mit Laden, gute Sanitärausstattung, Picknickbänke, Grillhütte, Sauna, Spielplatz, Minigolf.
Beschreibung: Kleiner Platz am Felsenstrand, Stellplätze auf Wiese im Hochwald. **Zufahrt**: Beim Ortsanfang von Repoosaari rechts der **269**.

durch **Reposaari** am Hafen entlang bis in den allerletzten Zipfel nach ***Merimesta/Kalasatama***. Im modernen Gebäude der Fischereiverwaltung gibt es im Restaurant ***„Merimesta“*** (2021 eingeschränkte Öffnungszeiten: Mo-Fr 11-17 Uhr, Sa/So 12-17 Uhr, Aktuelle Infos: merimesta.fi) fangfrischen Fisch zu moderaten Preisen, tagsüber (Mo-Fr 10-17 Uhr, Sa 10-15 Uhr) einen Fischladen (Kalakauppa) zum Einkaufen und nachts ein exklusives WOMO-Quartier auf dem Parkplatz direkt anbei.

(032) WOMO-Stellplatz: Reposaari Merimesta

GPS: N 61° 36' 16.3" E 21° 27' 25.4". **Max. WOMOs**: 2-3.
Ausstattung: Restaurant, Fischverkauf anbei.
Beschreibung: Versteckter Asphaltparkplatz mit schönem Blick aufs Wasser. Das Lüfter-Rauschen vom Kühlhaus hört man kaum, sehr ruhig. In Sichtweite gibt es gegenüber eine Badestelle, 5 Fußminuten entfernt.
Zufahrt: Siehe Text.

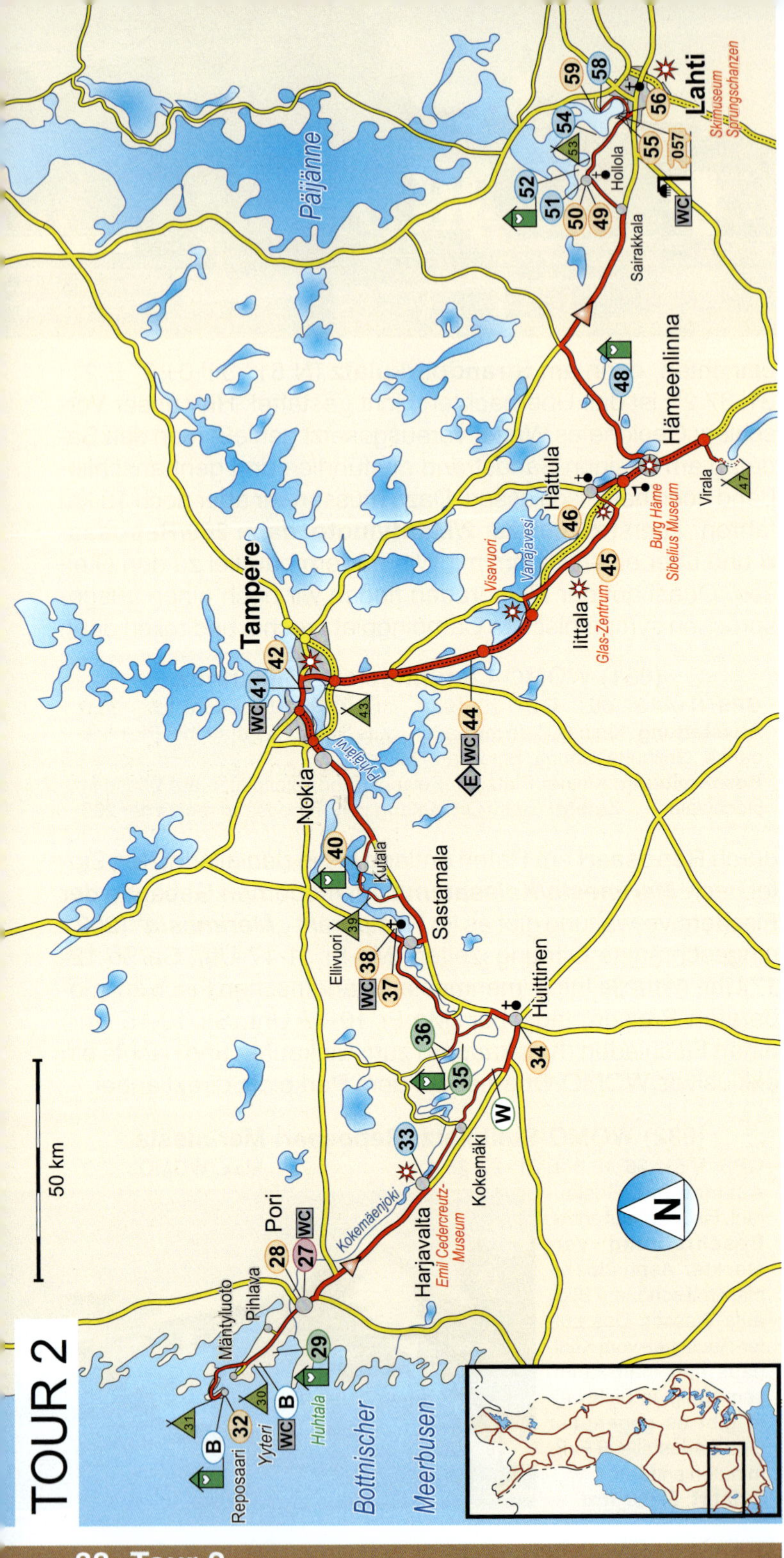
TOUR 2
50 km
Päijänne
Lahti
Skimuseum
Sprungschanzen
Hollola
Sairakkala
Hämeenlinna
Hattula
Burg Häme
Sibelius Museum
Virala
Vanajavesi
Visavuori
Iittala
Glas-Zentrum
Tampere
Pyhäjärvi
Nokia
Kutala
Sastamala
Ellivuori
Huittinen
Kokemäki
Kokemäenjoki
Harjavalta
Emil Cedercreutz-Museum
Pori
Pihlava
Mäntyluoto
Reposaari
Yyteri
Huhtala
Bottnischer Meerbusen
N

TOUR 2: Lenin, Glas und Wintersport (360 km)

Tampere - Hämeenlinna - Lahti

Freie Übernachtung:	Harjavalta, Huittinen, Puurijärvi-Isosuo NP , Tyrvää, Kutala, Tampere, Pirkanhovi, Iittala, Hattula, Kankaistenjärvi, Hollola, Lahti.
Campingplätze:	Ellivuori, Tampere, Lahti.
Baden:	Harjavalta, Tampere, Hattula, Kankaistenjärvi, Hollola, Pyhäniemi, Myllisaari, Lahti.
Besichtigen:	Cedercreutz-Museum, Kirche in Tyrvää, Tampere: Vapriikki, Lenin-Museum, Innenstadt; Visavuori, Iittala Glaszentrum, Panzer-Museum, Wallfahrtskirche in Hattula, Hämeenlinna: Burg, Sibelius-Museum; Kirche in Hollola, Ski-Museum und Sibelius talo in Lahti.
Wandern:	Isosuo NP, Ellivuori, Lahti.

Auf dem Weg ins Landesinnere verlassen wir die ***Yyteri-Halbinsel*** auf bekanntem Wege über die **269/2**, lassen **Pori** hinter uns, bleiben auf der **2/Helsinki** und reisen heute die ersten 52 km einigermaßen ereignisarm immer Richtung Süd-Ost. Weiter gehts dann mit einem Happen Kultur! Wir nehmen die erste Abfahrt nach **Harjavalta** und verlassen den **2. Kreisverkehr** nach **rechts/Kokemäki**, wo wir am Ortsende von **Harjavalta** beim ***Emil Cedercreutzin Museo*** (2021: 1.6.-4.7. Mi-Sa 11-17 Uhr, So 11-16 Uhr, Eintritt) landen. Dem zumindest in ***Finnland*** sehr bekannten Meister der Silhouette, der Reli-

efs und Skulpturen hat die einheimische Spezial-Grammatik ein lustiges ***zin*** als Endung an seinen ohnehin schon exotischen Namen gezaubert. Der Schattenbildkünstler (1879-1949) war auch ein beliebter Porträtist und Illustrator. Die realistischen und fast naturgetreuen Werke trafen den Geist seiner Zeit. Seine Bronzehunde sind schon bereit zum Herumtollen auf dem Parkgelände. Gleich geht die wilde Jagd los! Unterhalb fließt der ***Kokemäenjoki*** träge dahin und lädt zum Bade.

(033) WOMO-Badeplatz: Harjavalta

GPS: N 61° 17' 40.1" E 22° 11' 21.6".
Max. WOMOs: 2-3.
Ausstattung: Cederkreutz Museum anbei.
Beschreibung: Feinschotter-Parkplatz am Hochwald, Ortsrand, straßennah. Holztreppen hinab zur Badestelle; nebenan schöne Stellplätze bei der Sommersauna gegen moderate Gebühr.
Zufahrt: Siehe Text.

Die **2463** nach **Kokemäki** schlängelt sich als schmale Straße durch Felder, rote Holzhäuser dekorieren die Landschaft angemessen und links schimmert der Fluss. Beim Ortseingang biegen wir **links** ab auf die **2470**, fahren immer geradeaus durch aufgelockerte Besiedlung, zuletzt an riesigen Betonsilos vorbei, kreuzen noch die Gleise und rollen nun durch dünnen Wald. Wegen der Kiesgruben, die links und rechts den eiszeitlichen ***Oser***-Rücken abbaggern, fährt man hier wie auf einem Damm durch die geschundene Landschaft. Vom vormaligen Info-Parkplatz (N 61° 12' 05.8" E 22° 30' 21.9") des ***Puurijärven-Isonsuon kansallispuisto*** (***Puurijärvi-Isosuo Nationalpark***) aus kann man auf einem kleinen Bohlen-Rundweg

(20 min) durchs ***Ronkansuo Moor*** die Gegend erkunden und sogar von den ***Moltebeeren*** (die „reziproken Himbeeren", die erst rötlich und richtig reif dann gelb leuchten) naschen, falls die emsigen finnischen Sammler etwas übriggelassen haben. Auf der anderen Seite des Nationalparks kann man von einem gewaltigen Vogelbeobachtungsturm aus ein riesiges Wasservogel-Paradies inmitten des fast verlandeten ***Puurijärvi*** einsehen. Die 28 km dorthin führen kurz auf unserer Nebenstraße weiter, dann **2/Helsinki**, **12/Tampere** über **Huittinen** (hier [**034**: N 61° 10' 52.8" E 22° 41' 19.7"] gegenüber der Kirche), zum Abzweig nach **Karhiniemi** und danach gleich über den breiten ***Kokemäenjoki***, wo sich am anderen Ufer links eine Badestelle anbietet. Es geht auf schmaler Straße weiter, wo gleich 2 WOMO-Quartiere zur Vogelvisite zur Auswahl stehen. Fernglas nicht vergessen!

(035) WOMO-Wanderparkplatz: Isosuo

GPS: N 61° 15' 13.8" E 22° 35' 16.2". **Max. WOMOs**: 1-2.
Ausstattung: Feinschotter-Parkplatz am Waldrand, Infotafel mit Wanderkarte, Trockenklo, Picknickbänke, außerorts, einsam und schön ruhig.
Beschreibung: Zuletzt waren die Wanderwege weder ausgewiesen noch gepflegt. Maroder, kaum nutzbarer Bohlenweg.
Zufahrt: Hinweisen zu **Isosuo** folgen, zuletzt noch 2,1 km Naturstraße, dann Parkplatz links.

(036) WOMO-Wanderparkplatz: Kärjenkallio

GPS: N 61° 16' 49.4" E 22° 33' 54.1". **Max. WOMOs**: 2-3.

Ausstattung: Feinschotter-Parkplatz am Waldrand, Infotafel, Picknickbank, Trockenklo, außerorts, einsam.
Beschreibung: Nach 400 m Behinderten-gerechtem Wanderweg erreicht man eine Aussichtsplattform, nach weiteren 400 m den Vogelturm mit Picknickstellen.
Zufahrt: 1,2 km hinter dem Abzweig zu **(035)** folgt man dann der **2481** noch 3 km nach links.

Kirche des heiligen St. Olaf in Tyrvää

Wir kehren auf der **2481** zurück und nehmen dann die **249** nach **links/Sastamala**, bleiben für 19 km konsequent auf dieser Straße und folgen dann den Hinweisen zur ***Pyhän Olavin Kirkko*** nach rechts auf die Halbinsel. Diese stolze Feldsteinkirche mit ihren Ursprüngen aus dem frühen 16. Jahrhundert wurde 1997 durch Brandstiftung bis auf die Mauern zerstört und in einer wahren Volksbewegung mit vielen freiwilligen Helfern bis 2003 wieder aufgebaut. Bekannte finnische Künstler übernahmen später noch die Innenausmalung, so dass sich die ***Kirche des heiligen St. Olaf in Tyrvää*** heute den Besuchern (2021: 23.5.-31.8. So-Fr 11-16 Uhr, Führung 14 Uhr) in einem spannenden Mix aus alt und neu präsentiert. Auch Parkraum gibt es hier genug, auch für nachts.

(037-038) WOMO-Stellplätze: St.Olaf in Tyrvää

(037) St. Olaf Kirche

GPS: N 61° 21' 13.7" E 22° 56' 26.5". **Max. WOMOs**: 2-3.
Ausstattung: Mit Holzzaun gerahmter Besucherparkplatz, Rasenschotter.
Beschreibung: Ausdrücklich (auch) für WOMOs - ***Asuntoautot*** - vorgesehener Parkraum, leider ziemlich schief.
Zufahrt: Siehe Text. Vor der Kirche links.

(038) St. Olaf Bootshafen

GPS: N 61° 21' 11.3" E 22° 56' 29.5".
Max. WOMOs: 1-2.
Ausstattung: Feinschotterparkplatz bei den Schärenfelsen, Bademöglichkeit beim Bootsanleger, WC.
Beschreibung: Das Parkverbot gilt wochentags von 11-18 Uhr.
Zufahrt: An der Kirche vorbei, beim Zugang zum Bootshafen.

Zurück auf der **249** fahren wir **links/Sastamala**, dann nach **links** auf die **252/Keskusta Sastamala** und schließlich auf der **12** Richtung **Tampere**. Doch nur für 10 km, dann geht es zum Wintersportzentrum **Ellivouri Resort** links weg, wo Freunde leichter Wanderungen mit Komfortbedarf nach 7,5 km beim sagenumwobenen ***Teufelsberg*** einen erfreulichen WOMO-Park vorfinden.

(039) WOMO-Campingplatz: Vuori

GPS: N 61° 24' 14.2" E 23° 02' 53.2".
Öffnungszeiten: Ganzjährig.
Ausstattung: Picknickgelände, Stromanschlüsse, sehr ordentliche V/E, sehr gute (zuletzt als etwas zu knapp dimensioniert empfundene) Sanitäreinrichtungen, Sauna, Ufer-Sauna, Sportplatz, aufwändiger Spielplatz und Kletterpark beim benachbarten Hotel. Wanderwege von 1 bis 6,4 km sowie verschiedene Mountainbike-Trails.

Beschreibung: Liebevoll gestaltetes WOMO-/Caravan-Areal auf Schotter, Einfahrt mit Schrankenanlage. Den Code erfährt man bei Anruf per Telefon.
Zufahrt: Siehe Text. 7,5 km ab Abzweig von der **12**.

Die 1,4 km auf der Zufahrtsstraße wieder zurück, dann überqueren wir nach links eine Brücke und setzen die Fahrt durch die bezaubernde Insellandschaft des ***Kulovesi*** fort, um schließlich im Bogen zur **12/Tampere** zurückzukehren. Unterwegs muss man ständig anhalten, um diese Gegend zu genießen. Da stören sogar gelegentlich asphaltfreie Straßenabschnitte kaum. Sogar eine WOMO-Bleibe gibt es hier:

(040) WOMO-Stellplatz: Kutala

GPS: N 61° 25' 07.1" E 23° 09' 09.2". **Max. WOMOs**: 2-3.
Ausstattung: Geräumiger Parkplatz mit überdachter Grillstelle, Müllbehälter. Gegenüber beim Bootshafen (tagsüber) Toiletten.
Beschreibung: Parkplatz auf Grobschotter mit Birkenrand schräg gegenüber vom „Sommer-Bar“-Kiosk ***Kutalan Kasino*** am ***Kulovesi.*** Kein Camping, Ortsrand. **Zufahrt**: 5,9 km nach der Brücke links.

Über die **2501/Sarkola** erreicht man nach reichlich Schotterpisten-Anteil wieder die Rennpiste **12** und dann auch ruckzuck **Tampere**. Im Tiefflug passieren wir unterwegs **Nokia**, wo das europäische Handy-Zeitalter begann und die berühmten grünen Gummistiefel hergestellt werden, erreichen danach die Zielgerade in Form der Autobahn am ***Pyhäjärvi*** entlang und fahren gleich beim Ortseingangsschild von **Tampere**, der mit 200.000 Einwohnern größten Binnenstadt Skandinaviens, rechts rein und sogleich auf dem Landrücken ***Pispala Harju*** entlang. Schließlich biegen wir der Beschilderung **Pyynikki** folgend rechts ab und orientieren uns dann am Ziel, dem Aussichtsturm **Näkötorni** (N 61° 29' 45.9" E 23° 43' 57.4"), zu dem es zuletzt stetig

bergauf geht. Im kleinen Kult-Café ***„Pynikin Munkkikahvila“*** (im Sommer tgl. 9-21 Uhr) unten im Steinturm gibt es die wohl besten ***Munkki*** der Stadt. Leider ist der Zauber des vormaligen kulinarischen Geheimtipps verflogen, denn man hat sich gefühlt in Richtung Systemgastronomie „weiterentwickelt“. Gegen Geld kann man nach 141 Turm-Stufen oder einer kurzen Fahrt im Aufzug einen netten Rundblick über die landschaftlich hochinteressante Umgebung genießen.

Rollt man den Berg wieder hinunter und folgt **nach rechts** dem Hinweis zum **Kesäteattri**, findet man kurz vor dem Parkplatz besagter Freilichtbühne (im Sommer 14 und 18 Uhr Vorstellung) und direkt neben einer riesigen Liegewiese mit großen Bäumen den freundlichen Badestellen-Parkplatz.

(041) WOMO-Badeplatz: Pyynikki

GPS: N 61° 29' 36.2" E 23° 44' 03.7".
Max. WOMOs: 3-5.
Ausstattung: Der obere der 3 Asphaltparkplätze, Baum-Rahmen, Liegewiese, 2 Badestellen, WC in der Nähe, Sommertheater nebenan (ab 20.30 Uhr sind die Tages- und Theatergäste weg), Müllbehälter.
Beschreibung: Gelegentliche Störungen durch nachtaktive Auto-Prolls möglich. **Zufahrt**: Siehe Text.

Nun gehts zum überregional bekannten Erlebnispark ***Särkänniemi*** mit dem höchsten Aussichtsturm ***Finnlands***, keine 3 km von hier, und das geht so: Zuerst einmal auf der ***Pyynikintie*** zurück Richtung Stadt, über die ***Hallituskatu*** zum mittig begrünten ***Hämenpuisto***, auf jener Allee nach links Richtung ***Näsijärvi***, dann noch kurz nach links auf die Uferstraße und schließlich nach rechts auf den Zielparkplatz. Wer mit Kindern unterwegs ist, wird um einen Besuch im Vergnügungspark ***Särkänniemi*** (sarkanniemi.fi) wohl nur schwer herum kommen. Neben Aquarium, Delphinarium und verrückten Fahrgeschäften ist der Blick vom extra hohen Aussichtsturm ***Näsinneula*** (übersetzt: ***Nippelnadel***. Oha!) ein ganz spezielles Erlebnis. Besonders reizvoll präsentiert sich das faszinierende Panorama im Abendlicht, wenn der Park schon geschlossen hat. Die Restaurantplattform schafft die 360°-Runde in einer Stunde, die Preise sind happig, die Portionen winzig und da ganz weit unten wartet schon das **WOMO** auf dem Parkplatz.

(042) WOMO-Stellplatz: Särkänniemi

GPS: N 61° 30' 11.9" E 23° 44' 34.3". **Max. WOMOs**: >5.
Ausstattung: Aktuell ist die **linke Parkplatz-Seite** für Wohnmobile vorgesehen, verschiedene Abteilungen und Terrassen.
Beschreibung: Straßengeräusche gut vernehmbar, aber keine Parkplatz-Rennen mehr. **Gebühr 2021**: **15 EUR**. **Zufahrt**: Siehe Text.

Gute Fußgänger starten von hier aus zur Stadterkundung, furchtlose WOMO-Fahrer suchen in **Tampere** einen Parkplatz. Die innerstädtische Parkplatzsituation ändert sich in dieser quirligen Stadt immerzu, es entstehen neue Stadtviertel und man steht ständig vor Parkhäusern und Tiefgaragen: Nix für WOMOs! Zuletzt standen wir in der ***Kuninkaankatu*** am Straßenrand (N 61° 30' 10.4" E 23° 45' 19.9"), in der Sackgasse beim Park der alten **Finlayson-Villa**. Nicht mal schlecht, natürlich gegen Geld. Von hier ist es nur ein kurzes Stück zu den

Tammerkoski, den unterdessen gezähmten Stromschnellen, wo sich ein frühindustrieller Komplex in der Stadt entwickelte. Hier wurde 1783 die erste Papierfabrik ***Finnlands*** und 1820 die große Baumwollfabrik ***Finlayson*** gegründet, wo 2 Jahre später erstmals in Nordeuropa elektrisches Licht in einer Fabrikhalle brannte. Auch die Nutzung von Wasserkraft zur Stromerzeugung begann hier 1891. Heute gibt es von all der Industrie in der City nichts mehr, alles ist hübsch restauriert und hat eine neue Verwendung gefunden.

Aus einer alten Maschinenhalle wurde ***Vapriikki*** (Di-So 10-18 Uhr, Eintritt; *Alaverstaanraitti 5*, vapriikki.fi), der ganze Stolz der Stadt mit diversen interessanten Museen und Ausstellungen, so z.B. einer sehr guten Darstellung der regionalen Geschichte von der Eiszeit bis zur Neuzeit. Im ersten Stockwerk geht es im ***Jääkiekkomuseo***, im ***Eishockeymuseum*** um die mit Abstand beliebteste Sportart im Lande. Bei den unvergessenen Siegen, die wichtigsten immer gegen die Lieblingsriva-

len ***Sowjetunion*** und ***Schweden***, kochte die Volksseele regelmäßig über. Als ***Finnland*** im Weltmeisterschaftsfinale 1995 in **Stockholm** mit 4:1 über ***Schweden*** triumphierte, wurde die heimkehrende Mannschaft von 100.000 Fans in **Helsinki** frenetisch gefeiert: Eine Nation im Glückstaumel! Jedes Stück in der Ausstellung hat seine Geschichte, jeder Schläger, jedes Trikot. Man kann sich auch als Besucher vom Ehrgeiz beflügeln lassen und am Simulator echte Pucks aufs Tor knallen.

Vom ***Vapriikki*** aus lässt sich auch gut die Innenstadt erkunden. Wichtige Anlaufpunkte sind natürlich auch in dieser Stadt Wochenmarkt und Markthalle mit einem bunten Angebot von mehr oder weniger verlockenden Imbiss-Variationen. Lecker brutzelt hier der Fisch in der Pfanne unter freiem Himmel, doch die Spezialität dieser Region, eine warme, fette Schwarzwurst namens ***Mustamakkara*** mit Preiselbeersoße, die in der Markthalle nebenan zu Mondpreisen verkauft wird, sollte man zuerst mit kleinen Test-Portionen probieren!

Versteckt in der 3. Etage des Gewerkschaftshauses (*Hämeenpuisto 28*) logiert das einzige ständige ***Lenin-Museum*** der Welt (1.6.-31.8. tgl. 11-18 Uhr, sonst 11-17 Uhr, Eintritt, lenin.fi).

Lenin und Finnland

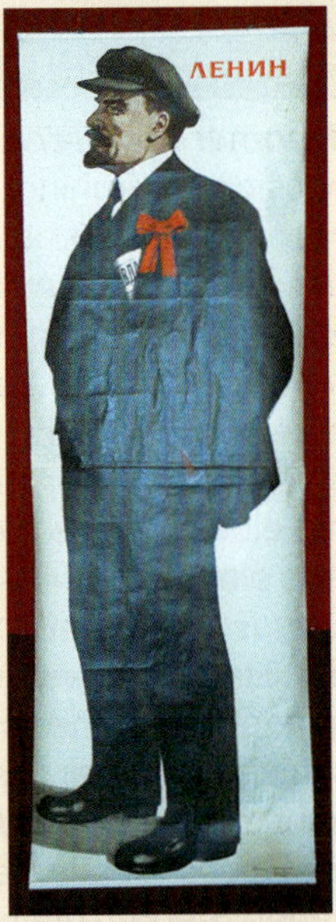

Wieder so ein Stück finnisch-russischer Geschichte! Als ***Zar Nikolaus II.*** 1899 die Autonomierechte seines westlichen Großfürstentums drastisch einschränkte, löste das bei den Finnen, die sich schon als eigenständige Nation betrachteten, einen Sturm der Entrüstung aus. Zu dieser Zeit begann sich ***Lenin*** in seiner sibirischen Verbannung für die politische Situation der Finnen zu interessieren. Später lebte er insgesamt fast 3 Jahre in ***Finnland***, zumeist illegal und auf der Flucht. Im Gewerkschaftshaus in **Tampere** fanden einige mehr oder weniger geheime Kongresse seiner Partei statt, wohl auch deshalb, weil er in der Arbeiterstadt eine revolutionäre Basis fand. Für den Fall der erfolgreichen Revolution und Machtübernahme seiner Bolschewiki in ***Russland*** sicherte ***Lenin Finnland*** immer wieder die staatliche Unabhängigkeit zu. Noch Ende Dezember 1917 wurde dies von der jungen Sowjetregierung tatsächlich besiegelt: ***Finnland* war frei!** Im finnischen Bürgerkrieg gewannen dann allerdings nicht die Roten, sondern die Weißen, und der Stress mit dem übermächtigen Nachbarn ging später unter ***Stalin*** weiter.

Das Museum wurde 1946 gegründet, der letzte Umbau erfolgte in der Ära ***Breschnew*** unter sowjetischer Regie. Neben Stationen seines Lebens mit bekannten Fotos, Gemälden und Statuen werden allerlei Erinnerungsstücke und Dokumente ausgestellt. Eine Sonderschau präsentiert verschiedene Kunstwerke wie etwa ein ***Lenin***-Porträt als Mosaikarbeit aus Getreide und Ölsaaten.

(043) WOMO-Campingplatz: Tampere Härmälä***

GPS: N 61° 28' 18.3" E 23° 44' 21.0", Leirintäkatu 8.

Öffnungszeiten: Ende Mai bis Ende September.
Ausstattung: Am ***Pyhäjärvi*** gelegen, Badestrand, Strandsauna, Laden mit Imbiss, Geräte für Sport und Spiel, quirlig, sehr ordentliche Sanitäranlagen sowie gute Ver- und Entsorgung.
Beschreibung: Sehr gepflegtes Areal mit viel Grün und alten Bäumen.
harmalacamping.fi **Zufahrt**: Im Süden von Tampere, ausgeschildert.

Wir verlassen die Stadt nach Süden, halten uns immer Richtung **3/Helsinki**, passieren eine gewagte „japanische" Kreuzung mit Straßen auf 4 Ebenen und verlassen die Autobahn nach 24 km, denn auf dem TEBOIL-Rasthof ***Pirkanhovi*** findet man eine versteckte **Entsorgungsstation** in einem hellgrünen Holzhäuschen („Disposal Point" für Kassettentoiletten - Schlüssel an der Kasse). Bei unserem letzten Besuch haben wir beschlossen, dieses WOMO-freundliche und zudem einigermaßen ruhige Areal zum Stellplatz zu erheben: [**044**: N 61° 15' 22.1" E 23° 50' 20.7"]. Nach weiteren 14 Autobahnkilometern auf der **3/Helsinki** nehmen wir die Ausfahrt Nr. 30 und streben über die **303/Tarttila** unserem nächsten Ziel entgegen: ***Visavuori*** (N 61° 10' 26.2" E 24° 01' 22.7", Juni bis August tgl. 11-18 Uhr, sonst kürzer und Mo zu, Eintritt; visavuori.com), Atelier und Wohnhaus des berühmten finnischen Bildhauers ***Emil Wikström*** (1864-1942), wunderschön auf einer felsigen Landzunge gelegen. ***Wikström*** schuf eine Reihe von berühmten Groß-Plastiken und Statuen, so in **Helsinki** die von ***Snellman*** vor der Staatsbank, von ***Lönnrot*** samt

Väinämöinen, dem Sänger aus seinem ***Kalevala-Epos*** und die Lampenträger-Recken am Hauptbahnhof. Das burgartige, ganz im Stil der Nationalromantik gebaute Atelier hat er bis ins Detail selbst entworfen, vom einzelnen Ofen bis zur Sternwarte auf dem Dach. Überall sind Entwürfe und Arbeitsproben im Haus verteilt und in der ehemaligen Gießerei-Werkstatt kann man jetzt Kaffee trinken. Sein Holz-Wohnhaus vorn am Felsenhang ist dagegen deutlich vom ostkarelischen Stil geprägt, üppig mit erfundenen Ornamenten verziert und wunderschön eingerichtet. Eine Besichtigung dieses Kleinods der finnischen Kultur- und Kunstgeschichte wird dringend empfohlen! Bemerkenswert ist weiterhin ***Kari's Pavillon*** mit der Ausstellung von ***Kari Suomalainen*** (1920-1999), einem der bekanntesten politischen Cartoonisten des Landes und Enkel ***Wikströms***. Vielleicht ist ***Visavuori*** auch der ideale Ausgangspunkt für einen Schiffsausflug, denn die ***„Finnische Silberlinie“*** **Tampere - Hämeenlinna** macht hier Station.

Nun erst mal zurück zur **303** und dann weiter auf der **130/ Hämeenlinna**! Die nun folgenden, überdeutlichen Hinweisschilder locken uns förmlich zur größten noch arbeitenden ***Glashütte Finnlands***, zum ***Iittala Lasikeskus***, dem ***Glas-Centre*** mit ***Besucher-Plattform*** mit Blick in die ***Glas-Fabrik,*** dem ***Glasmuseum*** (10-18 Uhr, Eintritt), ***Fabrikverkauf*** (Mo-Fr 9-20 Uhr) und anderen Versuchungen wie Keramik-/Schmuck-/Geschenke-Läden und Schokoladen-Manufaktur. Das kann teuer werden! Die berühmten Vasen des finnischen Architekten und Designers ***Alvar Aalto*** von 1936 stehen mit vielen anderen interessanten Expo-

naten im Museum und im Shop gegenüber gibt es davon Repliken in vielen Größen und Farben, die mittlerweile zu Kassenschlagern wurden, sowie reichlich Geschirr und diverses Edelstahlgerät. Geld alle? Zum Trost gibt's vor der Tür zumindest einen kostenlosen WOMO-Not-Platz: [**045**: N 61° 05' 23.3" E 24° 07' 52.7"] für die Nacht, wenn auch einen ziemlich lauten. Von der **130/Hämeenlinna** zweigt nach 13 km die **3051** nach **Hattula** ab, wo 2 extrem unterschiedliche Sehenswürdigkeiten auf Besucher warten. Die ersten Hinweise gelten dem ***Panssarimuseo*** in **Parola** (N 61° 02' 28.5" E 24° 20' 47.1", Mai bis September tgl. 10-18 Uhr, außer Mittsommer, sonst verkürzt, Eintritt, panssarimuseo.fi) , dem weltweit größten ***Panzermuseum***, vor allem mit finnischen, russischen und deutschen Exemplaren. Große Hallen und der Wald voll schwerem Kriegsgerät, dazu im Shop die passenden Souvenirs. Den Gegenpol dazu findet man nur wenige Kilometer weiter, schon

hinter dem Abzweig auf die **57/Hämeenlinna**: Die berühmte ***Pyhän Ristin Kirkko*** (2021 15.5.-15.8. tgl. 11-17 Uhr, außer Mittsommer, Eintritt frei, Führung 2 EUR), aus dem 14. Jahrhundert. Sie wurde bald zum wichtigsten Wallfahrtsziel ***Skandinaviens***, denn die ***Heilig Kreuz Kirche*** besaß als Reliquien echte Holzsplitter von eben diesem. Heute ist sie vor allem wegen ihrer umfangreichen Kalkmalereien aus dem 16. Jahrhundert bekannt, die das Leben Christi in vielen Bildern

darstellen. Für eine halbwegs geruhsame Nacht steht nur noch ein Plätzchen zum dezenten Gebrauch zur Verfügung, nach

(046) WOMO-Stellplatz: Heilig Kreuz Kirche Hattula
GPS: N 61° 02' 59.5" E 24° 23' 51.8". **Max. WOMOs**: 1-2.
Ausstattung: Asphaltparkplatz.
Beschreibung: Straße gut sicht- und hörbar.
Zufahrt: Siehe Text. An der Kirche vorbei zum Besucherparkplatz.

dem die benachbarte Badestelle mit großem wie eindeutigem Schilderaufwand für WOMOs gesperrt ist.
In stillem Gedenken: N 61° 02' 51.5" E 24° 24' 12.6".
Die restliche Strecke auf der **57** nach **Hämeenlinna** ist schnell absolviert, die Stadt begrüßt uns mit großen Einkaufszentren, wir orientieren uns an den **Keskusta**-Hinweisen und werden schließlich von unübersehbarer Beschilderung zur Hauptattraktion geleitet: ***Hämeen Linna***, der ***Burg Häme*** (Besucherparkplatz: N 61° 00' 08.9" E 24° 27' 24.9"; Di-Fr 10-16 Uhr, Sa/So 11-16 Uhr, 14 Uhr Führung in englischer Sprache, Eintritt). Diese kleine, trutzige Backstein-Burg aus dem 13. Jahrhundert mit ihrer Wallanlage samt Graben und Brückchen sieht

richtig „amtlich" aus und ist von außen viel schöner als von innen. Natürlich lohnt sich auch eine Besichtigung des Innenlebens, denn vom Burgfräulein erfährt man viel über die geschichtlichen Zusammenhänge, doch von der Innenausstattung ist nicht viel übrig.
Die benachbarten Museen zum Artillerie- und Gefängniswesen lassen wir einmal aus und unternehmen einen Spaziergang zur Erkundung der Innenstadt. Zuerst den Uferweg entlang

und schließlich die *Linnankatu* hinauf zum zentralen Platz mit dem obligatorischen Wochenmarkt. Hier in der Nähe, ganz verloren zwischen modernen Zweckbauten, ja direkt im Eingangsbereich vom Linna-Kaufhaus steht in der *Hallituskatu 11* das ***Geburtshaus von Jean Sibelius*** (Mai - August tgl. 10-16 Uhr, sonst verkürzt, Eintritt), dem großen Sohn der Stadt. Das kleine Museum in dem gelben Holzhaus erinnert in wenigen Räumen an Kindheit und Jugend des berühmtesten aller finnischen Komponisten. Zum Rundgang kann man sich die musikalische Untermalung wünschen. Für uns kommt da nur eine CD in Frage: ***Finlandia!*** Was sonst?
Da mittlerweile alle Campingplätze in **Hämenlinna** und Umgebung geschlossen wurden, müsste man (aber nur bei entsprechend dringlichem Bedarf) dafür 13 km über die **3/Helsinki**, Abfahrt 22 nach **Virala** fahren, zum (wie wir meinen schlichten wie seltsamen) **Virala Camping** am See: [**047** N 60° 54' 15.4" E 24° 31' 03.4"], viralacamping.fi.
Oder aber man fährt von **Hämenlinna** gleich auf der **10** Richtung **Lahti** weiter. Während wir die 71 km bis zu unserem nächsten Ziel zur Kenntnis nehmen und diese Route auf flotter Straße durch Elchwald, Feld, und Wiese mühelos absolvieren, denken wir an die vielen tausend Skilangläufer beim ***Finlandia-Lauf***, die jedes Jahr im Februar diese Strecke in Gegenrichtung zurücklegen! Keine 9 km hinter **Hämeenlinna** geht es aber erst einmal rechts rein zu einer netten Badestelle am ***Kankaistenjärvi*** mit Parkplatz am Wald.

(048) WOMO-Badeplatz: Kankaistenjärvi

GPS: N 61° 02' 03.7" E 24° 37' 38.8". **Max. WOMOs**:1-2.

Ausstattung: 100 m zur Badestelle mit Steg, Umkleidekabine, Spielplatz, Trocken-Klo, Müllbehälter, Feuerstelle.
Beschreibung: Feinschotter-Parkplatz am Waldrand, Ortsrand.
Zufahrt: Siehe Text. Am Abzweig dem Badestellenschild folgen, 500 m Schotterweg zum Ziel rechts.

Die weitere Tourstrecke auf der **10/12** gen **Lahti** führt uns durch schöne Landschaft mit Rapsfeldern, bewaldeten Hügeln und roten Bauernhäusern, wir verlassen die Rennpiste jedoch am Ortseingang von **Sairakkala** nach **links/3161/Viitaila**, biegen nach 3 km rechts ab und lassen uns auf kurvenreicher Strecke durch gepflegte Landschaft und Kräuterwiesen zu unserem nächsten Ziel führen, zum Örtchen **Hollola** mit seiner berühmten Kirche. Diese stammt aus dem 15. Jahrhundert, hat schön verzierte Backsteingiebel, zwei Kirchenschiffe, ein Sternengewölbe und einen Glockenturm nach Plänen von ***Carl Ludwig Engel***. Sehr sehenswert! Wem nun der zentrale Parkplatz [**049**: N 61° 03' 05.1" E 25° 26' 03.4"] trotz geschützter Lage und Blick ins Grüne nicht gefällt, der mag vielleicht diesen gegenüber oberhalb vom See [**050**: N 61° 03' 11.0" E 25° 26' 06.4"] oder gar jenen direkt unten an der Badestelle [**051**: N 61° 03' 07.5" E 25° 26' 15.0"]. Es gibt sogar eine weitere Alternative: Knapp 2 km auf der **2956/Lahti** weiter biegt man links ab, hält sich dann rechts/links/rechts und gelangt nach 1 km zum Parkplatz einer gepflegten Badestelle.

(052) WOMO-Badeplatz: Pyhäniemi am Vesijärvi

GPS: N 61° 03' 27.7" E 25° 27' 44.5".
Max. WOMOs: 1-2.
Ausstattung: Feinschotter-/Wiesen-Parkplatz, Trocken-Klo, Bootshafen, Badesteg, kleiner Spielplatz, Müllbehälter.
Beschreibung: Steile Ab-/Auffahrt mit Kurve. Geeignet für kurze und/oder kletterfreudige WOMOs. Dies hier ist der Standort eines geheimen Wasserflugzeug-Hafens von 1939/40.
Zufahrt: Siehe Text.

Wieder auf der Tourstraße **2956** rollen wir durch Felder und Wiesen, dann auch recht dicht am ***Vesijärvi*** entlang, von dem wir wegen dichter Ufervegetation jedoch wenig sehen und präsentieren knapp 7 km nach dem Abzweig zu **(052)** den beliebtesten (und auch einzigen) **Campingplatz** dieser Gegend.

(053) WOMO-Campingplatz: Messilä

GPS: N 61° 01' 07.4" E 25° 33' 48.8". **Öffnungszeiten**: Ganzjährig.
Ausstattung: Gepflegte Anlage, ausreichend Stromanschlüsse verfügbar, ordentliche V/E, Sanitäreinrichtungen sind für den Vollbetrieb zu knapp dimensioniert , Sauna, 5 Beach-Volleyball-Felder, Bootsanleger, Bootsverleih, Feuerstellen, großer gepflegter Sandstrand am ***Vesijärvi***, Spielplatz und kleines Streichelgehege, Rezeption mit Restaurant, wo ein ordentliches Lounas-Büfett angeboten wird.
Beschreibung: Großer, freundlich gestalteter Platz für den Sommeraufenthalt mit einigen Abteilungen und einem großen Anteil an Touring-Plätzen. campingmessila.fi. **Zufahrt**: Siehe Text.

Weiter auf der **2956** nach **Lahti** hinein haben wir noch ein paar Plätze zu erwähnen, bevor wir uns den Sehenswürdigkeiten dieser interessanten Stadt widmen.

(054) WOMO-Badeplatz: Myllisaari

GPS: N 60° 59' 28.9" E 25° 36' 33.1". **Max. WOMOs**: 1-2.

Ausstattung: Asphalt-Parkplatz, Strand, Hundestrand, Spielplatz, Liegewiese, Müllbehälter,
Beschreibung: Schöner Spaziergang über 3 Brückchen zur Insel ***Myllisaari*** mit Bootshafen und einer schönen Villa mit Restaurant und Kaffeerösterei (Öffnungszeiten: myllysaari.fi). Lahti-Panorama gegenüber.
Zufahrt: Knapp 5 km nach dem Abzweig zu **(053)**, 100 m nach links unten.

Dann gilt es, neben den beiden Plätzen an der **Rullakatu** [**055**: N 60° 59' 24.8" E 25° 38' 06.3"] direkt am See und beim **Stadtpark** [**056**: N 60° 59' 16.9" E 25° 38' 33.7"] am Waldrand, noch von einem richtig „amtlichen“ Stellplatz in **Lahti** zu berichten.

(057) Offizieller WOMO-Stellplatz: Lahti Gästehafen

GPS: N 60° 59' 19.1" E 25° 38' 31.2". **Max. WOMOs**: 3-5.
Ausstattung: Sanitärgebäude mit WC und Duschen, Strom (Schlüssel gegen Kaution im Restaurant), Müllentsorgung. Kleine Badestelle und Gastronomie anbei.
Beschreibung: Asphalt-Parkplatz mit Buchten unter Bäumen mit Blick auf den See, Max. 48 h, Preis: 22 EUR/ Nacht + 3,10 EUR Strom, zu zahlen im **Restaurant „Nosturi“** im benachbarten Hafen, Jalkarannatie 23. Hier auch aktuelle Infos zu Ver- und Entsorgung. Von hier aus sind nur 800 m zum **Sibelius talo**, immer am Ufer entlang.
Zufahrt: Von der Uferstraße ***Jalkarannantie*** genau hier (N 60° 59' 19.3" E 25° 38' 18.3") auf den Parkplatz fahren, dann 150 m nach rechts und kurz vor der Brücke nach links.

Nun also nach **Lahti** hinein, in die quicklebendige Stadt des Sports. Hier findet der Besucher ein reichhaltiges Angebot an sehenswerten Zielen. Fangen wir mit den berühmten Sportstätten an und biegen ziemlich genau gegenüber von **(056)** von der ***Jalkarannantie*** ab zum **Urheilukeskus**, wo uns besonders das Skistadion interessiert. Vom Parkplatz (N 60° 59' 03.1" E 25° 38' 05.6") aus kann man das Areal mühelos erkunden. Was für ein Anblick! Die 3 Schanzen majestätisch über dem Hang, unten im Auslauf der Großschanze leuchtet

blau das Schwimmbad und gleich daneben im holzverkleideten ***Hiihtomuseo*** (2021 Di-Fr 9-17 Uhr, Sa/So 11-16 Uhr, Eintritt), dem ***Skimuseum***, erfährt man alles zum Thema von den Anfängen bis zur Gegenwart. Der aktuelle Schanzenrekord auf der hiesigen Großschanze steht bei 138 m. Nein, wieder kein finnischer Skispringer, sondern ein Norweger hält ihn seit 2017: ***Johann Andre Forfang***. Im Museum kann man verschiedene Disziplinen ausprobieren wie Skilanglauf auf einer

Bürsten-Loipe und Skispringen, aber nur auf dem Simulator, doch mit Weitenmessung und Urkunde! Nachdem wir dann draußen mit dem Sessellift den Schanzenturm und mit dem Fahrstuhl die oberste Schanzenspitze erreicht haben, genießen wir das unbeschreibliche Panorama aus Wald und Wasser ausführlich, doch beim Blick den Anlauf hinunter können wir uns nicht vorstellen, wie jemand da freiwillig runter fährt, um dann durch die Luft zu fliegen. **Irre!**

Die beiden Architektur-Highlights gibt es ein Stück weiter in der Stadt: die letzte von ***Alvar Aalto*** entworfene Kirche ***Ristinkirkko***

(N 60° 59' 10.3" E 25° 39' 24.3", tgl. 10-15 Uhr) inklusive der spitzwinkligen Backstein-Ecken, mit denen man Brot schneiden könnte (Foto S. 54 unten) und das imposante ***Sibelius talo*** (N 60° 59' 39.2" E 25° 38' 59.9", werktags 8-16 Uhr) am Hafen, eine riesige Halle, direkt an sehenswert restaurierte Backstein-Substanz drangebaut, für Konzerte und Kongresse, ein Bauwerk der Superlative, das größte öffentliche Holzgebäude Finnlands, allerdings mit Glas drumherum. Bei letzterem gibt es reichlich Parkraum, man kann sich eines der zahllosen Restaurantschiffe fürs Lunch aussuchen und hier dieses spezielle Flair mit Lädchen und Boutiquen genießen.
Bleiben noch die Hinweise auf weitere geeignete Übernachtungsplätze. Fährt man in nördlicher Richtung konsequent in Ufernähe weiter, findet man nach knapp 3 km links ein Quartier oberhalb der Badestelle **Mukkulan Kartanopuisto** [058: N 61° 00' 52.4" E 25° 38' 45.5"] und nur 300 m weiter den Abzweig zu netten Plätzen beim vormaligen Campingplatz Mukkula.

(059) WOMO-Stellplatz: Mukkula

GPS: N 61° 01' 00.3" E 25° 38' 24.5". **Max. WOMOs**: >5.
Ausstattung: Mehrere Parkplatzareale auf Schotter im Zugangsbereich des ehemaligen Campingplatzes. Restaurant-Hotel in der Nähe.
Beschreibung: Nettes Parkgelände mit Picknickareal und Bade-/Surferstrand anbei. **Zufahrt**: Siehe Text.

TOUR 3

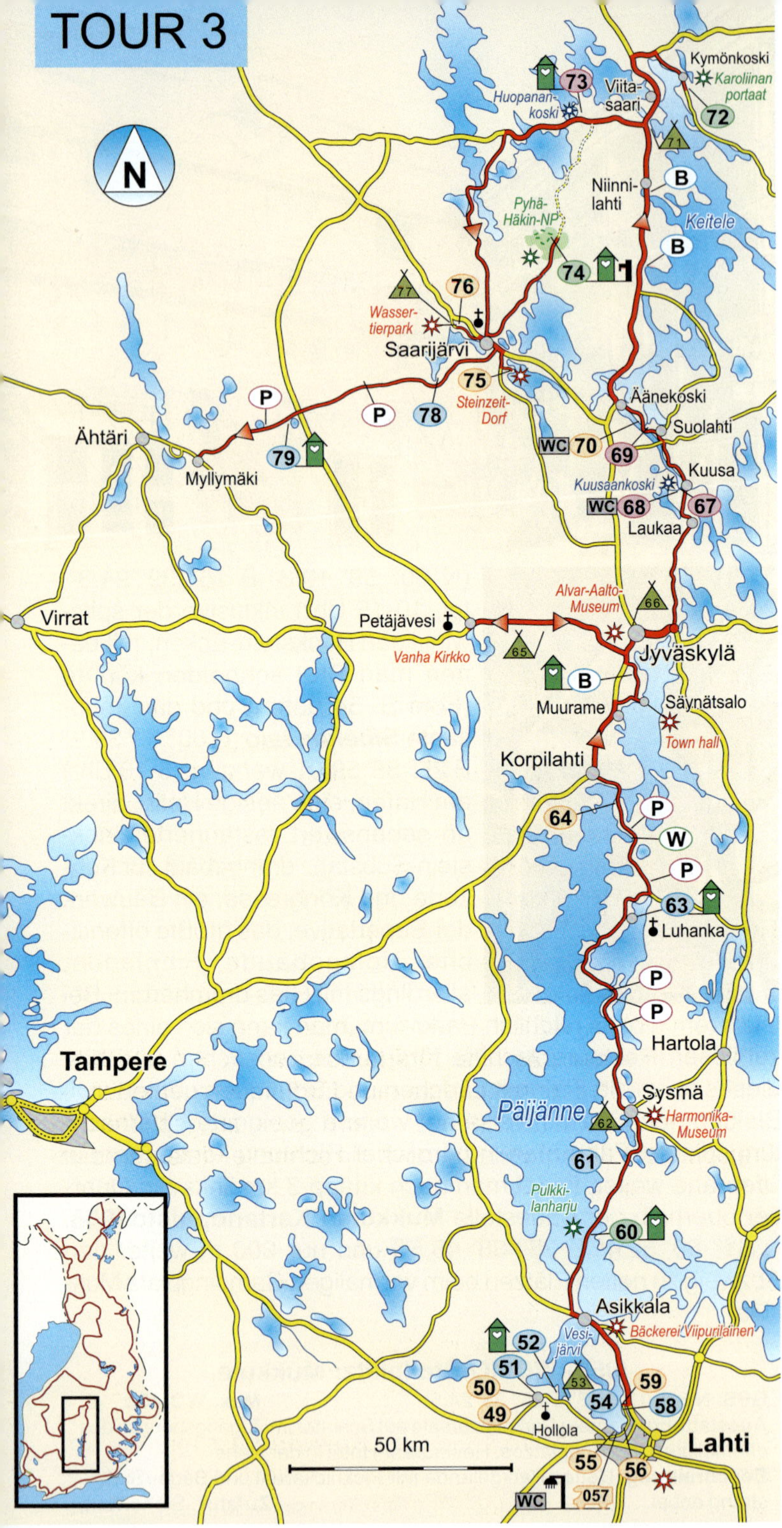

N
Kymönkoski
Karoliinan portaat
72
73
Viitasaari
Huopanankoski
71
Niinnilahti
B
Pyhä-Häkin-NP
Keitele
74
77
76
Wassertierpark
Saarijärvi
75
Steinzeit-Dorf
78
P
79
Ähtäri
Myllymäki
Äänekoski
Suolahti
WC
70
69
Kuusa
Kuusaankoski
68
67
Laukaa
Alvar-Aalto-Museum
66
Virrat
Petäjävesi
Vanha Kirkko
65
Jyväskylä
Muurame
Säynätsalo
Town hall
Korpilahti
64
W
63
Luhanka
Hartola
Tampere
Sysmä
Päijänne
62
Harmonika-Museum
61
Pulkkilanharju
60
Asikkala
Vesijärvi
Bäckerei Viipurilainen
52
51
50
49
53
54
59
58
Hollola
50 km
Lahti
55
56
057

TOUR 3: Durch die westliche Seenplatte (600 km)

Lahti - Jyväskylä - Viitasaari - Saarijärvi

Freie Übernachtung:	Karisalmi, Auhjärvi, Luhanka, Kärkisten silta, Kusaankoski (2), Keitele-Kanal (2), Karoliinan portaat, Pyha-Häkki NP, Saarijärvi (2), Mahlunjärvi, Sieramenjärvi.
Campingplätze:	Sysmä, Metsäranta, Laajavuori, Hännilänsalmi, Ahvenlampi.
Baden:	Karisalmi, Auhjärvi, Sysmä, Luhanka, Keljonkangas, Mämmensalmi, Keitele, Niinilahti, Vuosjärvi, Mahlunjärvi, Sieramenjärvi.
Besichtigen:	Harmonika-Museum, Alte Kirche von Petäjävesi, Alvar Aalto-Museum, Kirche, Steinzeitdorf und Aktivitätenpark in Saarijärvi.
Wandern:	Paijänne NP, Karoliinan portaat, Pyhä-Häkki NP.

Finnland als ***„Land der tausend Seen"*** zu bezeichnen, wäre gründlich untertrieben! Nach der offiziellen Statistik sind es über 188.000! Rein rechnerisch betrachtet kommt auf jeden See etwa eine Insel. Da muss es viele Seen ohne Insel geben, denn die meisten Seen, die wir kennen, haben deutlich mehr als eine. Bei solch unüberschaubar großer Seenplatte fragt man sich: Wo hört ein See auf und wo fängt der nächste an? Vorläufig ist das alles noch ganz klar und wir bleiben einem See auf unserer Route treu, wenn auch auf Abstand! Die **24/Jyväskylä** bringt uns aus dem Stadtgebiet von **Lahti** (am ***Vesijärvi***) hinaus und durch vertraute Landschaft aus Wald und Flur mit roten Farbtupfern nach **Asikkala/Vääksy** (auch am ***Vesijärvi***), wo wir einen Halt bei der ***Bäckerei „Viipurilainen"*** (N 61° 09' 42.5" E 25° 34' 45.8") empfehlen, die eine für finnische Verhältnisse ordentliche Qualtät anbietet, wenn auch zu gepfefferten Preisen. Kurz darauf verlassen wir die schnelle Piste, wenden uns nach rechts der **313/314** zu und lassen uns kurz darauf nach links zum ***Päijännetalo*** und damit zum Natur-und Nationalpark-Zentrum ***Päijänne luontokeskus*** (Mai bis September 10-19 Uhr, Ausstellung zum See, ziemlich hoher Eintritt) leiten. Gerade haben wir die Hauptattraktion des Ortes überquert: den ***Vääksyn kanava*** mit Schleuse, die viel genutzte Kanal-Verbindung zwischen dem ***Vesijärvi*** im Süden und dem riesigen ***Päijänne*** im Norden. Der drittgrößte der finnischen Seen, fast halb so groß wie das ***Saarland***, ist mit 120 km sogar der längste und mit über 100 m auch der tiefste im Lande! Die immer gleiche Routine in der Schleuse, die un-

spektakuläre Prozedur des ewigen Auf und Ab, Tor auf und zu übt eine magische Anziehungskraft auf die Menschen aus. So gehen auch wir vom Parkplatz neben dem ***Päijännetalo*** (N 61° 10' 38.9" E 25° 32' 06.9") zum Holzbrückchen über den nunmehr bedeutungslosen Parallelfluss ***Vääksyn joki*** und von dort zur Schleusenanlage am Kanal samt Ausflugslokal. Gerade ist das Linienschiff ***„Suometa“*** der Route **Jyväskylä-Lahti** an der Reihe. Immer wieder schön zuzuschauen! Schließlich wird die Straßenbrücke steil hochgeklappt und weiter geht's für den Mini-Dampfer, kurz danach auch für die wartenden Autos!

Auf der **314** nähern wir uns rasant einer einzigartigen und für ***Finnland*** so typischen Landschaft, der schmalen ***Oser***-Inselkette ***Pulkkilanharju*** quer durch den Südzipfel des großen ***Päijänne***, ergänzt durch Dämme und Brücken. Schon blinkt

das Wasser durch den Wald, dann führt die Straße mitten durchs Wasser und spätestens beim Restaurant ***„Reimari“*** (N 61° 16' 01.2" E 25° 31' 14.5"; empfehlenswertes Lounas-Büfett) sollte man diese unglaubliche Szenerie samt Leuchtturm auf sich wirken lassen. Von Osten her brandet eine stattliche Welle an den Damm, so dass der Kurzausflug auf den

Pontonsteg schon zur Mutprobe gerät. Das Wasser westlich vom Damm dagegen ist recht ruhig. Damit bestünden heute für entsprechend ausgerüstete und versierte Wasserwanderer gute Chancen für einen gepflegten Bootstrip gen Nordwesten zu den Nationalpark-Inseln des ***Päijänteen kansallispuisto***. Auch der nächste Inselstreifen hinter der ***Karisalmen***-Brücke gehört zum Nationalpark, und der Parkplatz bietet einen guten Ausgangspunkt für Erkundungen auf dem Naturlehrpfad.

(060) WOMO-Wanderparkplatz: Karisalmi

GPS: N 61° 17' 41.3" E 25° 32' 04.1". **Max. WOMOs**: 1-2.
Ausstattung: Info-Tafel, Picknickbank, Trockenklo bei der Ausfahrt, Mülleimer, Kiosk, Wanderweg.
Beschreibung: Treppchen zur Badestelle, direkt neben der Straße, viele Walderdbeeren am Hang, straßennah. **Zufahrt**: Siehe Text.

Noch ein Stück über den ***Oser***-Damm, dann wieder eine Brücke mit prächtigem Ausblick übers Wasser und nach einer Landpassage ein weiterer Abschnitt durch einen kleinen See: Hier findet man einen weiteren geeigneten Schlummerplatz.

(061) WOMO-Badeplatz: Auhjärvi

GPS: N 61° 25' 14.5" E 25° 40' 36.5".
Max. WOMOs: 1-2.
Ausstattung: Asphaltfläche vor dem Picknickhäuschen, Mülleimer.
Beschreibung: Kleine Badestelle, straßennah, doch nachts ruhig.
Zufahrt: 16,8 km hinter **(060)**, nach Einfahrt links rein.

An der nächsten Kreuzung nehmen wir die **410** nach **Sysmä**, wo eine klitzekleine Attraktion auf uns wartet, die mit Seenlandschaft nun überhaupt nichts zu tun hat: Das ***Suomen Harmonikkamuseo*** (*Uotintie 4*, 2021: 6.6.-21.8., Mi-Fr 11-16 Uhr, Sa 10-14 Uhr, Eintritt, N 61° 30' 13.7" E 25° 40' 55.7") mit einer üppigen Sammlung von Akkordeons, Ziehharmonikas und Schifferklavieren aus aller Welt. Beim Ortsanfang registrieren wir aber zunächst ein nettes Quartier.

(062) WOMO-Campingplatz: Sysmä

GPS: N 61° 29' 49.7" E 25° 41' 46.9".

Öffnungszeiten: Mitte April bis Mitte Oktober.
Ausstattung: Sauna, Minigolf, Café/Laden, sehr gute Sanitär- und Küchengebäude und vorbildliche Ver- und Entsorgung (SEPTIC: Kassettenstation), freies WiFi (im Bereich der Rezeption).
Beschreibung: Direkt am See gelegen, öffentliche Badestelle mit Stegen, schöne Wiesenplätze, sehr gepflegte Anlage. campingsyma.fi.
Zufahrt: Direkt an der Tourstrecke, am Ortsanfang links.

Nun aber zu den „Quetschkommoden"! Zunächst Richtung **Hartola** und beim nächsten Kreisverkehr **links** hinein: das zweite, unscheinbare Häuschen links. ***Tauno Ylönen*** hat als leidenschaftlicher Sammler in 40 Jahren an die 170 Instrumente zusammengetragen und ließ sich vor einigen Jahren nicht lange bitten, uns etwas vorzuspielen. Der bis unter die Decke vollgestopfte „Laden" präsentiert viele wertvolle und reich verzierte Exemplare aller wichtigen Weltmarken aus ***Deutschland***, ***Amerika***, ***Italien*** und natürlich aus ***Finnland***, wo es einmal 25 produzierende Harmonikafabriken gab und Jahr für Jahr spezielle Musizierwettbewerbe stattfinden.
Ein kurzes Stück auf der *Uotintie* weiter biegen wir rechts ab und setzen auf der **612/Luhanka** unsere ***Päijänne***-Tour fort. Immer wieder laden Parkplätze zum Verweilen ein, die besten davon 16, 21 und 26 km hinter **Sysmä**. Dann biegen wir auf einen Abstecher nach rechts auf die **6121/Luhanka** ab, halten uns links und sehen uns im Ort erst einmal die prächtige **Holzkirche** an (N 61° 47' 55.0" E 25° 42' 16.4", tgl. 12-16 Uhr geöffnet). Das neugotische Gotteshaus aus dem Jahre 1893

ist nicht nur von außen imposant, sondern auch drinnen überaus beeindruckend und absolut sehenswert.
An der Kirche, dem Friedhof sowie einem Birkenwäldchen voller gelber Blümchen vorbei finden wir eine lauschige Badestelle.

(063) WOMO-Badeplatz: Luhanka

GPS: N 61° 48' 26.4" E 25° 42' 23.1".
Max. WOMOs: 1-2.
Ausstattung: Umkleidekabine, Müllbehälter, Dixi-Klo, Badesteg.
Beschreibung: Schöne Badestelle mit großer Wiese an einem Nebenarm des riesigen ***Päijänne***, sehr gepflegt, ruhig und friedlich.
Zufahrt: 50 m nach einem Asphaltparkplatz (für große WOMOs) nach rechts schmale Zufahrt mit offenem Schlagbaum, dann noch 100 m zur Badewiese. 2,2 km ab Abzweig von der **612**.

Zurück auf der **612** wechseln wir 9 km später nach links auf die **610/Korpilahti**, sind weiterhin begeistert von dieser unglaublichen Wald-und-Seen-Landschaft und registrieren weitere Pausenplätze 5, 13 und 15 km nach dem Abzweig, der zweite sogar mit einem wirklich schönen Rundwanderweg am ***Vaarunvuori***. Wie bei einer richtigen Sinfonie nähern wir uns dem vorläufigen Höhepunkt der Seen-Route mit der Schussfahrt vom Plateau hinab und dem grandiosen Blick voraus auf den See, nehmen aber kurz vor dem furiosen Finale in Form der stolzen ***Kärkisten silta*** das Tempo raus, stoppen auf dem

Parkplatz links davor, genießen den Wahnsinns-Ausblick von der Brücke als Fußgänger und werden dabei von angriffslustigen Seeschwalben begleitet.

(064) WOMO-Stellplatz: Kärkisten silta

GPS: N 61° 59' 38.9" E 25° 40' 11.0". **Max. WOMOs**: 2-3.

Ausstattung: Gaststätte anbei.
Beschreibung: Schotterparkstreifen direkt am Wasser gegenüber der Gaststätte, schöne Lage, vor Straßengeräuschen ziemlich geschützt. Für Gäste der Gaststätte frei, ansonsten 5 EUR/Nacht.
Zufahrt: Vor der Brücke links rein, am Info-Parkplatz vorbei, dann nach ca. 200 m links.

Etwa 5 km hinter der Brücke stoßen wir auf die **A 9** nach **Jyväskylä**, doch bevor wir uns nun in der ***Alvar Aalto***-Stadt dem Leben und Schaffen dieses berühmten finnischen Weltbürgers zuwenden, schlagen wir auf der **6090** noch einen Haken nach **Säynätsalo**. Hier kann man sich getrost den Kultur-Hinweisen ***Säynätsalon kunnantalo/Town hall*** anvertrauen und wird sicher zum örtlichen ***Rathaus*** (N 62° 08' 23.9" E 25° 46' 11.2", Eintritt, Geführte Touren) geleitet, dem ersten Werk des großen Meisters aus rotem Backstein und mit viel Holz. Dieses öffentliche Gebäude kann innen besichtigt werden und man findet auch hier die klare Handschrift des Designers ***Alvar Aalto***, etwa im kleinen Plenarsaal. Heute erscheint dieses

Architektur-Highlight aus dem Jahre 1952 fast wie eine Entschädigungsleistung an die Bewohner für diese unsägliche Dreckschleuder von Fabrik in der Nachbarschaft. Auf der **6110** nach **Jyväskylä** winkt unterwegs in **Keljonkangas** noch ein Badestopp (N 62° 10' 45.5" E 25° 43' 50.6"), bevor man auf der **9** dieser modernen Stadt entgegen düst. Doch halt! Vorher sind wir noch auf einem 32-km-Abstecher auf der **23/Pori**

unterwegs, um eine überaus bemerkenswerte Attraktion zu besichtigen: die ***Vanha Kirkko*** (1.6. bis 31.8. tgl. außer Mittsommer 10-18 Uhr, sonst verkürzt, Eintritt, petajavesioldchurch.fi) in **Petäjävesi**, gebaut in der Mitte des 18. Jahrhunderts und fast vollständig im Original erhalten. Dieses Kleinod mit dem wunderschönen Altarbild und einem streng dreinschauenden ***St. Christopherus*** als Kanzelstütze gilt als Finnlands bedeutendstes Denkmal der Holzarchitektur und wurde sogar in die Liste des UNESCO-Weltkulturer-

bes aufgenommen. Hier unser Anreise-Tipp: Auf der **23** bleiben, am Kreisverkehr geradeaus und 200 m danach rechts auf den Parkplatz (N 62° 15' 01.0" E 25° 11' 15.7") fahren, der Fußweg zum Ziel ist nicht zu verfehlen.
Auf dem Rückweg nach **Jyväskylä** gibt es noch einen kleinen Campingplatz zu entdecken:

(065) WOMO-Campingplatz: Metsäranta

GPS: N 62° 15' 41.5" E 25° 28' 10.0". **Öffnungszeiten**: Sommersaison.
Ausstattung: Kleines Café, Camping-Küche, Picknickbänke, Spielplatz, Badesteg, einfache und zu knapp bemessene Sanitärausstattung. **Keine Entsorgungs-Vorrichtung für Kassetten und Abwasser**, auch mühsames Frischwasser-Bunkern. Für diese Ausstattung ist der Platz zu teuer.
Beschreibung: Familiär geführter Platz, schön gestaltete Anlage am See, nette Wiesenplätze am Wasser, metsarantacamping.fi.
Zufahrt: 16,4 km ab dem Parkplatz in Petäjävesi nach rechts den Hinweisen folgen, dann noch 600 m zum Ziel.

Nun aber nach **Jyväskylä**! In seiner Heimatstadt hat ***Alvar Aalto*** (1898-1976), der hier mit einem kleinen Planungsbüro seine unglaubliche Karriere begann, an die 30 Gebäude entworfen, darunter gegen Ende seiner langen Schaffensperiode auch sein eigenes Museum. An der ersten Ampelkreuzung stadteinwärts folgen wir den **Keskusta**-Hinweisen nach links und biegen hinter der doppelten Eisenbahnbrücke sofort wieder links ab, wo uns gleich links ein geräumiger gebührenpflichtiger Parkplatz (N 62° 13' 59.9" E 25° 43' 57.4") empfängt. Mit Blick zum Hang haben wir dann links neben dem ***Zentralfinnischen Museum*** (auch von ***A.A.***, Di-So 11-18 Uhr, freitags Eintritt frei) das ***Alvar Aalto-Museum*** (Bis Sommer 2023 wegen Umbau geschlossen). Durch die immer irgendwie verschlossen wirkenden typischen ***Alvar Aalto*** - Metalltüren mit diesen speziellen Griffen betritt man das von ihm selbst 1971-73 konzipierte Gebäude und erfährt im Obergeschoss alles über sein Lebenswerk. Neben vielen Plänen und Fotos seiner Bauwerke wird auch sein Wirken als Glas- und Möbel-Designer beleuchtet. Seine wunderbaren Vasen von 1936 kennen wir ja schon aus **Iittala**, doch auch die von ihm entwickelten Möbel aus den dreißiger Jahren wirken immer noch zeitlos modern. Viele der Hocker und Sessel gibt es bis heute kaum verändert im

allseits bekannten schwedischen Einrichtungshaus zu kaufen. **Jyväskylä** ist eine moderne, junge Universitätsstadt und zudem die Partnerstadt unserer Heimatstadt **Potsdam**, was uns trotz der innerstädtischen Bauaktivitäten veranlasst, noch ein weiteres spezielles Besucher-Highlight aufzusuchen. Da wir Aussichtstürme lieben, fransen wir uns zum grünen Höhenrücken ***Harju*** durch, wo es am Sportstadion vorbei noch ein steiles Stück hinauf geht: zum ***Vesitorni*** (N 62° 14' 35.6" E 25° 44' 24.3"), dem Wasserturm aus rotem Backstein. Hier kann man kostenlos das (eher übersichtliche) ***Naturhistorische Museum von Zentralfinnland*** (Di-Fr 11-18 Uhr, Sa/So 12-17 Uhr) besuchen oder einfach nur mit dem Aufzug hinauf fahren und die prächtige Aussicht genießen. Wer mag, kann im Turm-Restaurant ***Vesi Linna*** einkehren und sich an der prächtigen Aussicht bei Speis und Trank erfreuen (Lounas, Mo-Fr 11-23, Sa 12-23 Uhr, in dieser Zeit ist auch der Aussichtsturm zugänglich). Von hier aus ist es auch nicht mehr weit zum städtischen WOMO-/Caravan-Domizil am Skistadion beim ***Laajavuori*** im Nordwesten der Stadt.

(066) WOMO-Campingplatz: Laajavuori

GPS: N 62° 15' 22.7" E 25° 41' 49.4"; Laajavuorentie 15.
Öffnungszeiten: Ganzjährig.
Ausstattung: Caravan- und Wohnmobilstellplätze auf Schotter, Areal durch Bäumchen unterteilt, Strom, Duschen, Sauna.
Beschreibung: Im Freizeitgelände nebenan: Kletterpark, Downhill-Biking-Gelände mit Schlepplift und Bike-Ausleih, Restaurant. Platz ist sehr straßennah und entsprechend laut.
Zufahrt: Den Hinweisen zum Laajavuori folgen.

Wir kehren zurück zur innerstädtischen Schnellstraße **9**, fahren jetzt nach links weiter zwischen Bootshafen und Bahnhof hindurch und schließlich auf der Autobahn **4/9/13/Kuopio** zunächst am Wasser entlang aus der Stadt hinaus. An einem Kreisverkehr halten wir Kurs Nord: **638/637** nach **Laukaa**. Bevor wir in **Kuusaa** auf die **642/Äänekoski** wechseln, nehmen vor der Brücke den Abzweig nach **links/Valkola/Kanavateattri** und finden gleich zwei WOMO-Plätze bei den örtlichen Stromschnellen.

(067) WOMO-Picknickplatz: Kuusaankoski Laavu
GPS: N 62° 27' 27.5" E 25° 56' 17.9". **Max. WOMOs**: 1-2.
Ausstattung: Schotterparkplatz (auch) für Angler zwischen Stromschnelle und Schleusenanlage, Laavu mit Feuerstelle und Holzvorrat anbei, Müllbehälter, Koski-Café (10/11-20 Uhr) jenseits der Fußgängerbrücke.
Beschreibung: Rote und schwarze Johannisbeeren im Gebüsch, das Permanentrauschen übertönt die Straßengeräusche deutlich.
Zufahrt: Abzweig siehe Text, nach 450 m rechts weg, noch 200 m: über die Brücke, dann rechts. Den Text unter dem Durchfahrtsverbotsschild („Außer Grundbesitzer") können Sie ja nicht lesen. Wir interpretieren das mal mit „Bis zum Parkplatz frei".

(068) WOMO-Picknickplatz: Kuusaankoski Kota
GPS: N 62° 27' 28.4" E 25° 56' 06.0". **Max. WOMOs**: 1-2.
Ausstattung: Picknickbänke, Ranta-Kota, WC, Mülleimer, Restaurant und Bistro ***„Sylvi"*** in der Nähe.
Beschreibung: Schotterrondell an Golfrasen.
Zufahrt: Wie zu **(067)**, aber vor der Brücke 50 m nach links weiter.

Zurück zur Tourstraße geht es auf jener links weiter, wir queren die Brücke, passieren das erwähnte Koski-Café und rollen dann auf der **642** durch Elchland. Später schimmert der ***Vatianjärvi*** links durch den Wald und wir erreichen knapp

6 km hinter der querenden **69** und unter Umgehung von **Suolahti** schließlich ***Paatelan Portti***, wo man im Umfeld der Kanalschleuse zwei ziemlich straßennahe Stellplätze für robuste Schläfer findet.

(069) WOMO-Picknickplatz: Paatelan Portti

GPS: N 62° 34' 08.9" E 25° 47' 02.6". **Max. WOMOs**: 1-2.
Ausstattung: Picknickplatz, Bootshafen, Ausflugsschiff, Gaststätte (2021: Fr+Sa 12-23 Uhr, So 12-20 Uhr), Bademöglichkeit.
Beschreibung: Asphaltparkplatz unterhalb der Straße, deshalb ziemlich straßennah.
Zufahrt: 5,5 km nach der querenden **69**, vor der Brücke rechts hinunter, Parkplätze im hinteren Bereich.

(070) WOMO-Stellplatz: Keitele-Kanal

GPS: N 62° 34' 10.5" E 25° 46' 51.9". **Max. WOMOs**: 1-2.
Ausstattung: 150 m hinter der Schleusenkammer, also den Weg hinunter, findet man Trockenklo und Müllbehälter.
Beschreibung: Asphalt-Parkplatz beim Schiffsanleger an der Schleuse.
Zufahrt: Kurz nach dem vorigen, über die Brücke, die erste Einfahrt links rein, nach 50 m wieder links bis zum Ende der Sackgasse.

Der ***Keiteleen kanava*** samt Schleuse wurde 1994 fertiggestellt und erweitert das schiffbare Gebiet nach Norden zum ***Keitele*** ganz erheblich. Für die Anlage mit dem gewaltigen Schleusenhub von 10-12 Metern musste eine stattliche Schlucht in den Felsen gesprengt werden: imposantes Bauwerk! Gerade wird die ***„Suvi Express“*** geschleust: ein emissionsstarkes Ausflugsschnellboot älterer Bauart. Wir sind beeindruckt.
Äänekoski durchqueren wir ohne Halt und kommen mit der **4/ Viitasaari/Oulu** nordwärts weiter voran. Die Fernverkehrsstraße ist öfter sogar 3-spurig ausgebaut und führt schnurgerade bergauf, bergab durch Wald und Feld, die LKW brettern nach Herzenslust durchs Land und wir brettern mit. Manchmal führt die Straße direkt an einer der ***Keitele***-Buchten entlang, wo man Pausenplätze ohne und mit Gastronomie, wie jenen in **Niinilahti**, findet. Kurz vor **Hännilänsalmi** geht es rechts zum:

(071) WOMO-Campingplatz: Hännilänsalmi***

GPS: N 63° 02' 14.8" E 25° 48' 45.6".
Öffnungszeiten: 20.5.-5.9.
Ausstattung: Schöne Rasenschotter-Plätze, durch Hecken abgeteilt, auch Plätze in Seenähe, Badestelle, Sauna, Küchenhaus, kleiner Laden mit Café, kleiner Spielplatz.
Beschreibung: Die nahe Straße ist gut hörbar.
Zufahrt: Siehe Text, 12 km hinter Niinilahti, ab Tourstraße noch 1 km schlechte Wegstrecke.

Wir merken uns den Abzweig **77/Vaasa** für später und starten unseren Abstecher um die Nordspitze des ***Keitele*** herum. In **Viitasaari** gönnen wir uns eine Kaffeepause mit Zimtschnecke an der gut sortierten **ABC-Tanke**, die man mit herrlichem See-Blick auf der Terrasse genießen kann. Dann biegen wir von der **4** nach rechts zur **77/Kuopio** ab, um wenig später erneut nach rechts auf die **659/Vesanto** zu wechseln. Wozu das Ganze? Wir wollen Sie zu einer kleinen aber ganz speziellen Wandertour anregen: Kurz hinter **Kymönkoski** erreichen wir den Ausgangspunkt zu den ***Karoliinan portaat***.

(072) WOMO-Wanderparkplatz: Karoliinan portaat

GPS: N 63° 05' 34.6" E 25° 57' 35.6". **Max. WOMOs**: 2-3.
Ausstattung: Asphalt-Parkplatz, Info-Tafel mit Wanderkarte, sehr ruhig.
Beschreibung: Der Wald in der Nachbarschaft ist leider inzwischen gerodet, doch der Platz ist immer noch gut für eine Übernachtung geeignet.
Zufahrt: Siehe Text, 9 km ab Abzweig von der **77**, links unterhalb.

Karoliinan portaat

Das Mädchen ***Karoliina*** wohnte um 1890 hier in der Gegend und benutzte diesen Klippenaufstieg regelmäßig als Abkürzung auf ihrem Nachhauseweg. Was ***Karoliina*** kann, können wir schon lange, der Zugang zu den „Steps" führt zunächst durch den Wald, an feuchten Stellen über Bohlen bis zu einer Gabelung. Nun haben wir also den südlichen Seezipfel passiert und die Klippen ragen vor uns steil in die Höhe. Zum Stieg geht es links weiter und ein Schild warnte vormals sogar auf deutsch, dass „die Route scharfe und gefährlich" ist. Auch von uns der klare Hinweis: Für Dicke, Unsportliche und kleine Kinder nicht geeignet! Für jene, die unten bleiben, steht eine freundliche Bank zwischen Felsen am See bereit und

die anderen gehen in die Wand. Es ist durchaus eine recht knifflige Kraxelei, der „Schacht" ist schon ausgelatscht und man freut sich beim Hangeln über jeden Halt, jeden Baum und jede Wurzel. Von „Treppe" keine Spur! Teilweise geht es fast senkrecht hinauf, doch man ist recht zügig oben und bekommt zur Belohnung einen schönen Ausblick über den See. Der Abstieg ist schwieriger, man muss vorsichtig agieren, denn Stürze wären fatal.

Der Weg an der Gabelung nach rechts führt zu riesigen bemoosten Felsen vulkanischen Ursprungs; Schautafeln geben Hinweise zur Erdgeschichte.

Für die gesamte Wanderung benötigt man etwa 1 Stunde und das ohne Hast und mit kleinen Pausen! Angemessenes Schuhwerk und möglichst nicht die Sonntagshosen tragen! Mückenschutz mitnehmen!

Nun erst einmal die 28 km zum Abzweig zur **77/Vaasa** zurück und auf dieser dann gen Westen. Unsere Strecke bietet abwechslungsreiche Landschaft mit Wald und immer wieder Wasser, am ***Huopanankoski*** sogar mit Stromschnellen und guten Chancen zum Fliegenfischen. Gleich nebenan findet man vor der Brücke rechts einen kleinen Picknickplatz mit Bank, von dem man den unermüdlichen Anglern, die hier höchst geduldig im Sprudelfluss stehen, zuschauen kann [**073**: N 63° 02' 45.0" E 25° 31' 44.5"].

Nach 10 km biegen wir links ab Richtung Süden zur **648** nach **Saarijärvi** und Sie können sich auf den folgenden 40 km, einer flotten und mit Lupinen verzierten Strecke, schon einmal an Bord über die nächsten Ziele verständigen. Gegebenenfalls einigen Sie sich auf einen mehrtägigen Aufenthalt, denn in **Saarijärvi** und Umgebung gibt es viel zu erleben:

Pyhä-Häkin kansallispuisto
(*Nationalpark Pyhä-Häkki*)

Beim Ortsanfang von **Saarijärvi** nach links auf die **6510** abbiegen und 21 km bis zum NP-Parkplatz fahren.

Auf verschiedenen Rundwegen kann man diesen Urwald erkunden, dabei 500 Jahre alte Baumriesen bestaunen und vieles über Waldbrände in den vergangenen Jahrhunderte erfahren. **Achtung: Auf keinen Fall Feuerzeug, Grill-Würste und Badesachen vergessen!** Wir nehmen die einfach zu gehende 6,5-km-Runde im Uhrzeigersinn, folgen also immer dem roten Punkt. Es beginnt mit einem schmalen Wurzel-Felsen-Pfad durch den Hochwald rauf und runter, man erreicht nach 15 Minuten einen Bohlenweg durch das Moor,

dann stiefelt man wieder durch den Wald und trifft auf uralte Baumriesen mit so lustigen Namen wie ***Uusi iso puu*** - aus dem Jahre 1518, 26 m hoch, aber 2004 für tot erklärt - und ***Vanha iso puu,*** der neue „Star“ im Wald: aus dem Jahre 1641, 24,5 m hoch und noch lebendig. Immer wieder legen wir ausgiebige Blaubeer-Nasch-Pausen ein, bleiben nach der Gabelung auf der roten Markierung und erreichen schon 1 km danach ***Kotajärvi***, eine Picknickoase mit Grillhütte und Feuerstelle am

See samt Badesteg. Nach ausführlicher Rast und erfrischendem Bad wandern wir die verbleibenden 1,7 km durchs Moor und den Wald zurück zum Parkplatz und erfreuen uns an dem stillen Abend.

(074) WOMO-Wanderparkplatz: Pyhä-Häkki NP

GPS: N 62° 51' 02.6" E 25° 29' 20.3". **Max. WOMOs**: 3-5.
Ausstattung: Großer asphaltierter Parkplatz mit Schotteranteil am Hochwald, Picknickbänke, Info-Tafeln, Trockenklo, Müllbehälter, Wasserpumpe, Wanderwege.
Beschreibung: Gepflegte Anlage, Straße kaum befahren, einsam und still.
Zufahrt: Siehe Text.

Kivikauden kylä (Steinzeitdorf)
Auf der Insel ***Summassaari***, 2021 16.6.-8.8. Mi-So 11-17 Uhr, Eintritt). In **Saarijärvi** zur **13/Jyväskylä** und dann zur **6304/Uurainen** abbiegen und den Hinweisen nach ***Summassaari*** folgen. So lebten die Menschen

vor 6000 Jahren! Rekonstruktion eines Dorfes der Kammkeramik-Zeit nach Forschungsergebnissen der Archäologen. Schöne Lage am See! Nachvollziehbare Lebensumstände mit Behausungen, Fischerei-Vorrichtungen und Jagdfallen im Wald. Kinder haben ihr eigenes Areal und können Bogen schießen üben. Tonband-Führung auf Deutsch! Hier kann man Einbaum fahren, Steinäxte ausprobieren, Gerätschaften basteln und das Café sowie Badestelle mit Feuerstelle nutzen. Liebevolle und lebensechte Gestaltung mit Bildungsanspruch. Sehr interessant!

(075) WOMO-Stellplatz: Kivikauden kylä

GPS: N 62° 39' 50.0" E 25° 20' 11.9". **Max. WOMOs**: 2-3.
Ausstattung: Kleiner Schotter-Parkplatz 200 m entfernt vom Eingang des Steinzeitdorfes.
Beschreibung: Ruhige Umgebung mit Wald. **Kein Camping!**
Zufahrt: Siehe Text.

Puuhapuisto Veijari (***Aktivitätenpark***)
2021: 7.6.-11.8. tgl. 11-18 Uhr, hoher Eintritt.
In **Saarijärvi** zur **13/Vaasa** abbiegen und in **Kolkanlahti** der Beschilderung folgen. Sehr schön angelegter Vergnügungs- und Erlebnispark , Boot und Tretauto fahren, Spielen, Riesenrutschen, Planschen, Angeln, Fischer-Dorf besuchen, Tiere anschauen, Kaffee am See. Das ideale Ausflugsziel für Familien mit (Klein)Kindern.

(076) WOMO-Stellplatz: Puuhapuisto Veijari

GPS: N 62° 44' 27.8" E 25° 10' 36.1"; Puistotie 1 **Max. WOMOs**: >5.
Ausstattung: Großer, in mehreren Abteilungen terrassenförmig angelegter Schotterparkplatz mit Baumrand.
Beschreibung: Nett gestalteter Platz mit kuscheligen Ecken.
Zufahrt: Siehe Text.

Zu einem komfortablen WOMO-Quartier am See ist es gar nicht weit von hier:

(077) WOMO-Campingplatz: Ahvenlampi****

GPS: N 62° 45' 00.1" E 25° 09' 39.3". **Öffnungszeiten**: Juni bis August.

Ausstattung: Gute Ausstattung, freies WiFi, Spielplatz, Indoor-Spielplatz, Minigolf, Saunen, Café mit Laden, Grillhütte, Badesteg, ordentliche Ver- und Entsorgung.
Beschreibung: Schöne Plätze mit See-Blick und im Hochwald, saubere und gepflegte Anlage, ahvenlampicamping.net.
Zufahrt: Nördlich von **(076)**, beim Abzweig noch 1,5 km weiter.

Wem das alles an Zielen noch nicht reicht, der kann sich auch noch Kultur gönnen. Im ***Gut Kolkanlahti*** kann man im

Säätyläiskotimuseo (N 62° 44' 20.1" E 25° 10' 55.0", Kolkanrinteentie, Mitte Juni bis Ende August Mi-So 12-19 Uhr, Eintritt) die Wohnungseinrichtung von Besserverdienenden des frühen 19. Jahrhunderts und das Zimmer vom Nationaldichter ***Johan Ludvig Runeberg*** besichtigen.
Bevor Sie **Saarijärvi** verlassen, schauen Sie sich unbedingt die prächtige rote Kuppelkirche von 1849 an, ein Meisterwerk

der Baukunst aus der Schule und im Stil von ***Carl Ludwig Engel*** samt farblich passenden Glockenturm (Parken: N 62° 42' 15.2" E 25° 16' 06.1").
Wir fahren ab **Saarijärvi** auf der **633**, nehmen die 70 km bis **Ähtäri** zur Kenntnis, registrieren unterwegs dorthin noch zwei Badestellen sowie ein paar Pausenplätze und fahren schier endlos in langen Wellen schnurgerade durch finnischen Wald.

(078) WOMO-Badeplatz: Mahlunjärvi

GPS: N 62° 38' 25.6" E 25° 05' 10.9".
Max. WOMOs: 2-3.
Ausstattung: Überdachtes Picknickhäuschen mit Feuerstelle, Müllbehälter, Kabinen, Bootseinsetzstelle.
Beschreibung: Badestelle mit schönem Sandstrand.
Zufahrt: 12,5 km nach dem Abzweig auf die **633** dem Badeplatz-Schild nach rechts folgen, dann noch 200 m schmale Zufahrt.

(079) WOMO-Badeplatz: Sieramenjärvi

GPS: N 62° 35' 11.8" E 24° 35' 07.3". **Max. WOMOs**: 1-2.
Ausstattung: Schöne Badestelle mit Steg, Kabinen, Trockenklo.
Beschreibung: Parken beim Wendekreis unter Bäumen, Sommertanz-Pavillon, gelegentlich Veranstaltungen, Straßengeräusche.
Zufahrt: 500 m hinter der Kreuzung der **58** links rein: **Tanssilava**, 28 km hinter **(078)**.

TOUR 4

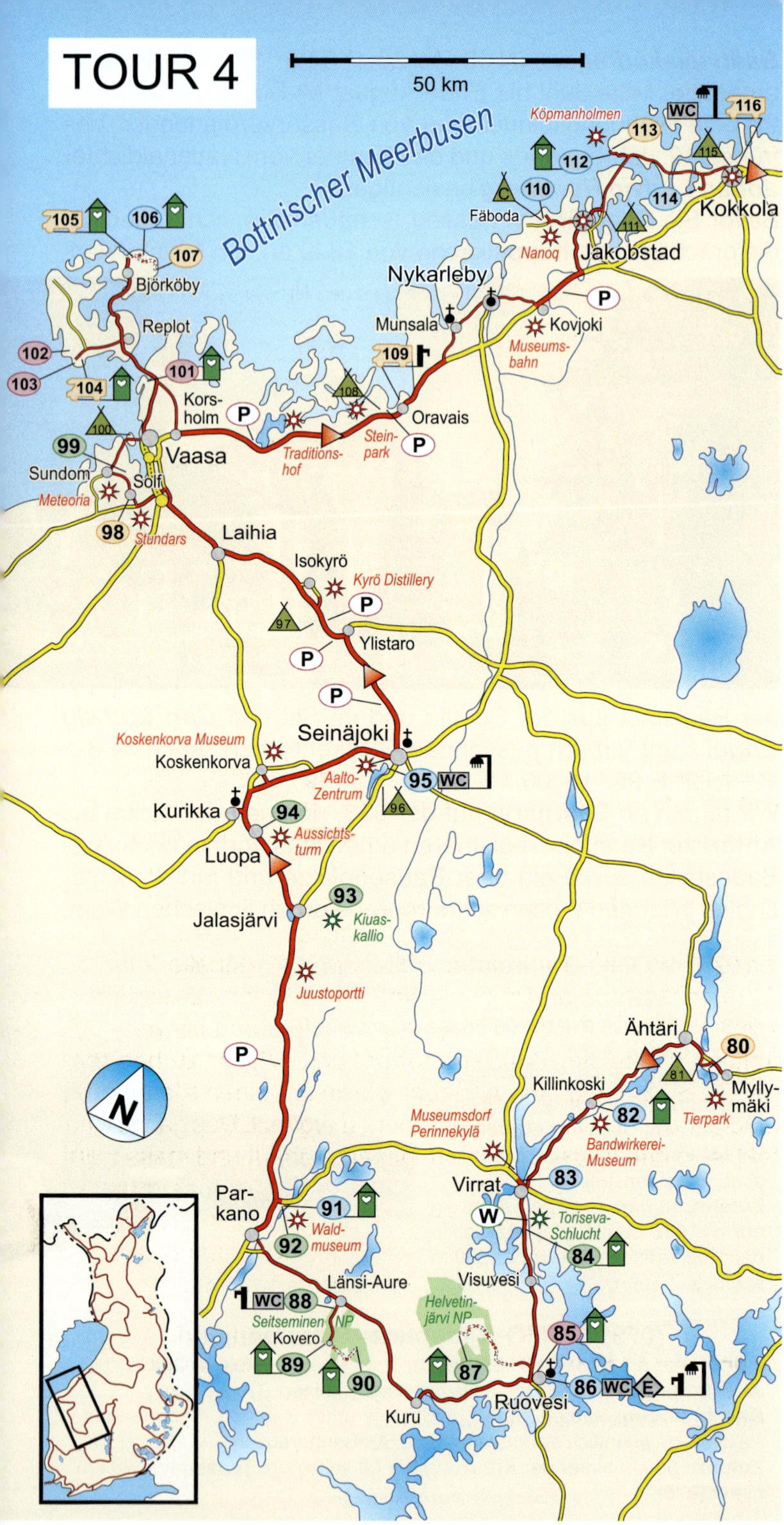

50 km
Bottnischer Meerbusen
Köpmanholmen
Kokkola
Fäboda
Nanoq
Jakobstad
Nykarleby
Munsala
Kovjoki
Museums-bahn
Björköby
Replot
Kors-holm
Vaasa
Oravais
Traditions-hof
Stein-park
Sundom
Solf
Meteoria
Stundars
Laihia
Isokyrö
Kyrö Distillery
Ylistaro
Seinäjoki
Koskenkorva Museum
Koskenkorva
Aalto-Zentrum
Kurikka
Luopa
Aussichts-turm
Jalasjärvi
Kiuas-kallio
Juustoportti
Ähtäri
Myllymäki
Tierpark
Killinkoski
Bandwirkerei-Museum
Museumsdorf Perinnekylä
Virrat
Toriseva-Schlucht
Par-kano
Wald-museum
Länsi-Aure
Seitseminen NP
Kovero
Helvetinjärvi NP
Visuvesi
Kuru
Ruovesi

TOUR 4: Einheimische Naturprodukte (710 km)

Ähtäri - Virrat - Ruovesi - Seinäjoki - Vaasa/Vasa - Jakobstad/Pietarsaari - Kokkola/Karleby

Freie Übernachtung:	Ähtäri, Killinkoski, Virrat, Toriseva, Ruovesi, Helvetijärvi NP, Seitseminen NP, Parkano, Kiuaskallio, Luopa, Seinäjoki, Stundars, Replot-Brücke, Svedjehamn, Oravais, Fäboda, Sonamo, Kokkola.
Campingplätze:	Ähtäri, Seinäjoki, Vaasa, Oravais, Storströmmen, Kokkola.
Baden:	Ähtäri, Killinkoski, Virrat, Ruovesi, Helvetijärvi NP, Kaidatvedet, Seinäjoki, Fjärdskär, Svedjehamn, Oravais, Fäboda, Storströmmen, Sonamo, Köpmanholmen, Sandskata Strand, Kokkola.
Besichtigen:	Zoo in Ähtäri, Bandwirkerei in Killinkoski, Museumsdorf in Virrat, Waldmuseum, Kirchen in Ruovesi, Kurikka und Karleby, Aalto-Zentrum in Seinäjoki, Handwerkerdorf Stundars, Arktisches Museum Nanoq, Jakobstad.
Wandern:	Torisevan, Helvetijärvi NP, Seitseminen NP, Kvarken Archipel.

Wo stellen wir uns bloß hin? Diese Frage bewegt uns schon seit Minuten, nachdem wir abends noch vor **Ähtäri** zur örtlichen Hauptattraktion von der Straße **18** nach links abgebogen sind und auf dem riesigen und total leeren Parkplatz vom ***Eläinpuisto*** unsere Runden drehen. Dieser XXL-Schlummerplatz wird uns als Ausgangspunkt für ein komplettes Tagesprogramm dienen. Im ***Tierpark Ähtärin Eläinpuisto*** (Aktuelle Infos zu Öffnungszeiten und Preisen: ahtarizoo.fi) sind 65 einheimische Arten wie ***Elch***, ***Luchs***, ***Bär*** und ***Wolf*** und als neue Attraktion die beiden **Pandas *„Lumi“*** und ***„Pyry“*** zu besichtigen. Das Vergnügungs-Angebot wurde um einen Kletterpark, Spielplätze und vielfältige Gastronomie ergänzt. Das ganze Umfeld ist in den letzten Jahren üppig ausgebaut und massiv auf Tourismus getrimmt worden. Also ein tolles Ziel für einen perfekten Familienausflug, wenn auch ein teures. Interessenten eines gepflegten Quartiers fahren die Ringstraße am Zoo vorbei weiter und finden links einen guten **Campingplatz**.

(080) WOMO-Stellplatz: Eläinpuisto

GPS: N 62° 32' 00.1" E 24° 11' 30.2". **Max. WOMOs**: >5.
Ausstattung: Riesiger Asphalt-Parkplatz für Zoo-Besucher, Müllbehälter, Golfplatz nebenan, nachts ruhig.
Beschreibung: Hier kann man seine Hunde in Käfigen parken, denn die dürfen nicht mit in den Zoo. Fußweg zum Eingang: 5 Minuten.
Zufahrt: Siehe Text, **P 2** folgen, vor Ort ausgeschildert.

(081) WOMO-Campingplatz: Ähtäri Zoo****

GPS: N 62° 32' 26.2" E 24° 10' 20.4". **Öffnungszeiten**: Juni bis August. **Ausstattung**: Sehr schöne Lage am See mit Badestrand, gute Sanitäranlagen, Ufersauna, Spielplatz, Minigolf, Laden, gute Ver- und Entsorgung. **Beschreibung**: Gepflegter Platz, komfortable WOMO-Plätze auf Rasen und am See, Rezeption im benachbarten Hotel Mesikämmenen, hier auch Restaurant und Spa. ahtarizoo.fi/majoitus/camping. **Zufahrt**: Siehe Text.

Fährt man die Schlaufe zu Ende, kommt man zurück zur **18**, auf der es nach links weitergeht. **Ähtäri** selbst passieren wir ohne Stopp, nehmen die **68/Virrat** und kutschieren durch gepflegte Landschaft mit gelegentlichem Blickkontakt zum ***Peränne*** links. Ganz besonders für Leser aus dem ***Bergischen Land*** lohnt sich ein Aufenthalt in **Killinkoski**, wo man im ***Killinkosken Wanha Tehdas*** (N 62° 24' 13.4" E 23° 53' 27.3", Mo-Fr+So 10-17 Uhr, Sa 10-15 Uhr, Mittsommer geschlossen, Eintritt frei. killinkoski.fi) die alte ***Bandwirkerei*** besichtigen kann.

Die damals supermodernen Maschinen wie auch der erste Fabrikdirektor kamen aus **Wuppertal**, wo es heute im Stadtteil **Ronsdorf** ein ähnliches Museum gibt. Das Areal beher-

bergt noch einen Fabrikverkauf (Bänder und Schnüre aller Art und Klettband aus der aktuellen Produktion nebenan), eine Spielzeugsammlung, eine riesige Flohmarkt-Halle und ein uriges Schlicht-Café in den Räumen der vormaligen Betriebs-Kantine. Ein Besuch wird dringend empfohlen!
Ein bescheidenes Plätzchen für die Nacht findet sich ganz in der Nähe, ein klarer Hinweis 350 m südlich bringt uns zur örtlichen Badestelle.

(082) WOMO-Badeplatz: Killinkoski

GPS: N 62° 24' 02.3" E 23° 53' 34.0". **Max. WOMOs**: 2-3.
Ausstattung: Feinschotter-Parkplatz, Umkleidekabinen, Badestelle mit Steganlage, Trockenklo, Sportfeld, Feuerstelle, Müllbehälter.
Beschreibung: Schön gestaltetes Gelände, Hunde nicht erlaubt.
Zufahrt: Siehe Text, 100 m auf der *Vuolteentie* nach links.

In den tiefen Wäldern an der Strecke nach **Virrat** hat man sogar schon wieder Spuren von ***Bären*** gefunden, von denen es früher hier jede Menge gab, bevor der berühmte Jäger ***Martti Kitunen*** (1747-1833) in dieser Gegend fast 200 von ihnen den Garaus machte. Wer in **Virrat** nach rechts zur **23/ Pori** abbiegt, trifft sogleich auf einen Übernachtungsplatz am

(083) WOMO-Badeplatz: Virrat

GPS: N 62° 15' 20.4" E 23° 45' 08.0".
Max. WOMOs: 2-3.
Ausstattung: Asphalt-Parkplatz in mehreren Etagen, Badestelle, Bootseinsetzstelle, Mülleimer.
Beschreibung: Schöne Lage am Seehang mit einigen netten Nischen und einer „Loge“ mit Blick auf den ***Toisvesi***, aber straßennah.
Zufahrt: Siehe Text, knapp 2 km ab Abzweig auf die **23** rechts.

See und kann sich ein Stück weiter hinter der Kanalschleuse im Museumsdorf ***Perinnekylä*** (Parken: N 62° 15' 50.0" E 23° 43' 29.9", 10-18 Uhr) mit dem Landleben der Vorfahren im 19. Jahrhundert vertraut machen, interessiert den kleinen Lehrpfad absolvieren, das Kanalmuseum besuchen, bei den Kunsthandwerkern einkaufen oder sich im etwas versteckten ***Tuparavintola*** am sehr ordentlichen Lounas-Büfett laben. Im Örtchen **Virrat** selbst dominieren schmucklose Zweckbauten, deshalb kann man sofort auf der **66/Ruovesi** weiterziehen, um nach 5 km auf dem Picknickplatz (N 62° 12' 32.5" E 23°

48' 41.6") an der wildromantischen ***Toriseva Schlucht*** wieder zu pausieren. Von hier führt ein Naturlehrpfad als Rundweg 6,5 km durchs Gelände oder auch nur der Treppenweg hinunter und wieder hinauf zur Café-Hütte ***Torisevan Kahvimaja*** (2021: Di-So 11-17 Uhr) mit schöner Logen-Terrasse. Die Alternative: Von diesem Parkplatz auf der **66** etwa 1 km weiter und dann links rein fahren (Kolistontie), wo man nach 200 m Rumpelstraße links auf nachfolgenden kleinen, gut getarnten Parkplatz am Ende des Sees stößt.

(084) WOMO-Wanderparkplatz: Toriseva

GPS: N 62° 12' 04.5" E 23° 49' 44.9". **Max. WOMOs**: 1-2.
Ausstattung: Schotterparkplatz mit Grünrand am See, Picknickbänke, Feuerstelle mit Holzlager, Trockenklo, Badesteg, Infotafel.
Beschreibung: Treffpunkt der Felsenkletterer, Wanderwege.
Zufahrt: Siehe Text.

Von hier aus kann man die 1,2 km oberhalb vom See zum Café (und wieder zurück) wandern oder es sich unterwegs beim Picknick mit Ausblick gut gehen lassen. Diese spektakuläre Kurzwanderung sollte man nicht ohne Grund auslassen! Die perfekte Illusion vom einsamen Indianersee wird allerdings durch permanten Verkehrslärm der nahen Straße verdorben. Auf dem halben Wege nach **Ruovesi**, wo sich fast alles um

den Nationaldichter ***Johan Ludvig Runeberg*** (1804-1877) dreht, überqueren wir hinter **Visuvesi** eine Hebebrücke, denn hier kreuzt die Schifffahrtsroute **Virrat-Ruovesi-Tampere**, wegen der regional besonders ausgeprägten ***Runeberg***-Verehrung auch ***„Dichterweg“*** genannt.
Die erste Einfahrt zum ***Helvetinjärven kansallispuisto*** lassen wir unbeachtet (Wir kennen die bessere Route), halten uns weiter Richtung **Ruovesi**, nehmen die 1. Einfahrt nach links in den Ort hinein und rollen nunmehr oberhalb vom See entlang. Hinter der Zufahrt zum **Campingplatz** biegen wir links ab, fahren 200 m eine schmale, malerische Birkenallee hinunter zum finalen Parkplatz und schauen nach der ***Runebergin Lähde***, der ***Runeberg-Quelle***. Ein schmaler Fußweg führt ins Wäldchen zu einem eingefassten Wasserbecken mit Brückchen, und bei genauerer Betrachtung sprudelt es dort in der Mitte an mehreren Stellen aus dem Boden. Geschöpft wird es

von einer Art Steg aus, doch das haben wir uns von den Ortskundigen abgeschaut, die alle paar Minuten mit ihren Autos ankommen und das Spezialwasser in mehr oder weniger große Behälter einfüllen. Wir wissen nicht, ob das radiumhaltige ***Runeberg***-Wasser nun Krankheiten heilt, einfach nur prima zum Kaffeekochen taugt oder gar das schriftstellerische Talent des Konsumenten fördert. Wir haben das natürlich getestet: Lecker frisches ***Quellwasser***. Spürbare Nebenwirkungen sind aber bislang ausgeblieben. Zwischen Kirche und Info-Häuschen finden wir in **Ruovesi** noch einen Gedenkstein zu Ehren des Dichters, der hier einige Jahre seines Lebens ge-

arbeitet hat. Weitere lohnenswerte Ziele in dieser liebenswerten Sommerfrische sind die örtliche Badestelle, die wunderschöne Kirche und der quirlige Bootshafen, wo gelegentlich Schiffe der ***„Dichterlinie“*** Station machen.

(085) WOMO-Picknickplatz: Runeberg-Quelle

GPS: N 61° 59' 27.4" E 24° 03' 56.9". **Max. WOMOs**: 2-3.
Ausstattung: Asphaltierter Parkplatz bei der Quelle.
Beschreibung: Sitzbänke an der Quelle, Fuß- und Radwege anbei.
Zufahrt: Siehe Text.

(086) WOMO-Badeplatz: Ruovesi

GPS: N 61° 59' 20.9" E 24° 04' 52.4". **Max. WOMOs**: 2-3.
Ausstattung: Kleiner, geschützter Parkplatz auf Schotter mit Baumrand, schöne, meist gut frequentierte Badestelle mit Sprungturm, Kabinen, Müllbehälter.
Beschreibung: Weiter über einen Kreisverkehr gelangt man direkt zum Marina-Areal, mit Schiffchen-Anleger, Gastronomie und einem Häuschen mit V/E-Möglichkeiten (WC, Außenwasserhahn und Kassetten-Entsorgung frei, Dusche für 1 EUR (N 61° 59' 19.8" E 24° 04' 36.1").
Zufahrt: Badestellen-Schilder im Ort, ca. 800 m ab Kirche.

Nun wollen wir in den ***Helvetinjärven kansallispuisto***, den ***Nationalpark Helvetinjärvi*** fahren. Das Ziel, ein stilles Wandergebiet mit Mooren, kleinen Seen, zerklüfteten Wildmarkwäldern und dem Höhepunkt ***Helvetinkolu***, der spektakulären ***„Höllenschlucht“***, lohnt die mühsame Anfahrt! Zum Einstieg geht es auf der örtlichen Hauptstraße kurz nach rechts, dann **links/Kuru**, dann nach **rechts/66/Virrat**, von der man nach 900 m nach links Richtung **Haukkamaa** abbiegt. Nach 1,2 km auf Asphalt folgen noch 30 Minuten für 16,5 km auf recht gnädiger Naturstraße durch Wald, Wiesen und Felder, auf einem Schlängelkurs immer rauf und runter. Unterwegs finden sich dann aufmunternde Schilder zur Reststrecke, zuletzt an einer Gabelung nach rechts auf einem Holzschild: 1,1 km zum Wanderparkplatz. Wir folgen den Zeichen zur Info und finden links unser Traumquartier im Hochwald.

(087) WOMO-Wanderparkplatz: Helvetinjärvi NP

GPS: N 62° 01' 30.1" E 23° 48' 17.7".
Max. WOMOs: 10.
Ausstattung: 10 WOMO-/Caravan-Plätze in Schotterbuchten an einer Wegschlaufe im Hochwald, Trockenklo in 100 m. Badestrand in 400 m.
Beschreibung: Schön angelegter Platz, naturnah, still und einsam.
Zufahrt: Siehe Text.

Ganze 300 m weiter gibt es einen weiteren Parkplatz, dieser gehört den Tagesbesuchern der Badestelle am wunderschönen ***Haukkajärvi***, die wir vorbildlich ausgestattet

vorfinden: Zeltlagerstelle, Wasserpumpe, Trockenklo, Grillhütte sowie Feuerstellen mit Holzvorrat. Hier kann man es aushalten! Übersichtstafeln und die Entfernungsangaben der Beschilderung nach sind es von hier 5,5 km bis zur ***„Höllenschlucht“***, eine lösbare Aufgabe für einen Tagesausflug, der sich bestimmt lohnt, meinen wir.

Für Wohnmobile besser erreichbar ist der ***Seitsemisen kansallispuisto***, der ***Nationalpark Seitseminen***, „gleich um die Ecke“. Den Abzweig dorthin erreichen wir nach flott zu fahrenden 48 km bei **Länsi-Aure**, nachdem wir **Ruovesi** über die **66/Orivesi** und die **337/Kuru** verlassen haben und anschließend der **65/332/Parkano** gefolgt sind. Nach den eindeutigen Abbiegehinweisen nach **links** sind es noch 1000 m zum Parkplatz vom Besucherzentrum.

(088) WOMO-Wanderparkplatz: Seitseminen NP-Zentrum
GPS: N 61° 58' 09.9" E 23° 21' 40.0". **Max. WOMOs**: 3-5.
Ausstattung: Überdachte Feuerstelle, Picknickbänke, Wasserhahn.
Beschreibung: Besucherzentrum mit interessanter Ausstellung, Toilette, Shop mit Cafeteria (Lounas-Büfett), großes Wandergebiet vom kurzen Naturpfad bis zu mehrtägigen Touren. **Zufahrt**: Siehe Text.

Das Gebiet dieses Nationalparks besteht hauptsächlich aus Oser- und Moränenland, wobei der Urwald Spuren ehemaliger Waldwirtschaft zeigt. Zum restaurierten Hof von **Kovero** führt eine überraschend gut ausgebaute 6-km-Asphaltpiste durch Wald mit Seen. Unterwegs verführen einige Wanderparkplätze und Badestellen zu Extra-Stopps.

(089) WOMO-Wanderparkplatz: Kovero
GPS: N 61° 54' 49.7" E 23° 22' 50.2". **Max. WOMOs**: 2-3.
Ausstattung: Feuerstelle mit Holz, 2 Picknickbänke, Trockenklo, Wanderwege, einsam.
Beschreibung: Traditionshof gegenüber (2021: 1.7.-7.8. Di-Sa 10-17 Uhr, sonst verkürzt, Eintritt frei). Üppiges Walderdbeer-Vorkommen. Schafherde anbei. **Zufahrt**: Siehe Text.

Hier ist gerade „Traditionswoche“ mit Vorführungen des Landlebens in historischen Trachten. Eben wird die Sauna angeheizt, auf der Wiese steht zur Freude der Kinder eine Streichel-Ziege am Strick, die nicht abhauen kann, und ein Stück entfernt im Wald wird sogar in einem historischen Grubenmeiler ***Holzteer*** hergestellt.

Teer, das schwarze Gold des Waldes

Rein chemisch betrachtet wird das Holz unter weitgehendem Luftabschluss verschwelt, dabei entstehen Holzkohle und Schwelgas, das wiederum bei Abkühlung unter anderem ***Holzteer*** als Kondensat abscheidet. Zur Zeit erlebt dieses Naturprodukt, das in den finnischen Wäldern vom 17. Jahrhundert bis zum ersten Weltkrieg in Unmengen produziert, in alle

Welt exportiert und mit dem ganze Flotten von Holzschiffen samt ihrer Takelage konserviert wurden, eine regelrechte Renaissance. Heute dient es vor allem als Zusatz für Hautpflegemittel, Duschbad, Seife und Shampoo aber auch immer noch als traditionelles Holzschutzmittel wie für die Holzschindeln auf Kirchendächern.

Fasziniert verfolgen wir einige Zeit diese Prozedur, die sich über mehrere Tage hinzieht und eine kaum zu beschreibende Atmosphäre verbreitet: Es raucht, summt und knistert, die Glut lugt aus dem mit Grassoden bedeckten Hügel hervor und aus dem Rohr am Meilerboden rinnt ***Terva***, der ***Holzteer***, in Behälter und wird in kleinen Fläschchen zu Apothekenpreisen an die Besucher verkauft. **Achtung!** Dieses Souvenir mehr als gründlich verschließen

und verpacken, sonst hat man bei dem extrem aromatischen, rauchigen Geruch dieses pechschwarzen Teufelszeugs eine dauerhafte Erinnerung im WOMO-Schrank!
Auch in den **Seitseminen NP** fahren wir ein gutes Stück weiter hinein, wenn auch jenseits des Asphalts auf wenig komfortabler Waschbrett-Piste. Doch es lohnt sich! Kommen Sie mit uns und schauen Sie selbst! Wir verlassen den **Kovero**-Parkplatz nach rechts und nehmen an der nahen Kreuzung sofort den Fahrweg nach **links/Jauli**. Die erlaubte Höchstgeschwindigkeit von 50 trauen wir uns nicht, sondern entscheiden uns für 30. Es geht aufwärts, am Hüttendorf **Jauli** vorbei über ein Brückchen und 5 km hinter der Kreuzung in **Kovero** nach **links/Soljanen**. Nach weiteren 1,7 km durch den Wald haben wir den WOMO- und Caravan-Stellplatz links unten erreicht.

(090) WOMO-Wanderparkplatz: Saari-Soljanen

GPS: N 61° 54' 04.3" E 23° 28' 01.6".
Max. WOMOs: 6.
Ausstattung: 6 Schotternischen am Waldrand, Picknickbank, in der Nähe Trockenklo, Info-Tafel sowie Feuerstellen und -hütten, 2-km-Naturlehrpfad, Wanderwege, Holzplankenwege im Sumpf-See, Vogelbeobachtungsstellen, außerorts, sehr still und einsam.
Beschreibung: Alternative Parkplätze findet, wer der Schotterstraße weiter folgt und den nächsten Abzweig nach rechts nimmt: [N 61° 54' 20.2" E 23° 28' 18.4"] und [N 61° 54' 21.8" E 23° 28' 39.6"].
Zufahrt: Siehe Text.

Das Areal ist schön gestaltet und richtig komfortabel ausgestattet. Nachdem sich zwei Prachttaucher zügig aus dem Staub gemacht haben ist das Objekt unserer abendlichen Vogelbeobachtung ein stilles Schwanenpaar auf dem Waldsee. Nicht ganz selten, aber in hohem Maße ästhetisch wertvoll.
Zurück auf der Fernstraße fahren wir die **332/ Parkano** weiter, wenden uns vor dieser modernen, aufstrebenden Stadt der Umgehung **3/Vaasa** zu, die großzügig 3-spurig ausgebaut gen Norden durch den Wald führt. Beim Abzweig zur **23** gelangt man zum ***Metsämuseo*** (2021: 9.6-15.8. Mi-Sa 11-17 Uhr, Eintritt), dem ***Waldmuseum*** mitten im Wald samt Schlummerplatz nebst einer winzigen Alternative für Wasserfreunde auf dem Weg dorthin.

(091) WOMO-Badeplatz: Kaidatvedet

GPS: N 62° 05' 04.0" E 23° 03' 36.5".
Max. WOMOs: 1.
Ausstattung: Kleiner Parkplatz oberhalb der Badestelle, dort Badesteg, Umkleide-Kabinen, Picknickplatz, Trockenklo, Feuerstelle mit Holzvorrat, Müllbehälter.
Beschreibung: Gepflegte Badestelle am glasklaren ***Kaidatvedet***.
Zufahrt: Kurz hinter dem Abzweig von der **3/Vaasa** auf die **23/Virrat** dem Museums-Hinweis folgen, nach 500 m links.

(092) WOMO-Wanderparkplatz: Waldmuseum

GPS: N 62° 04' 49.8" E 23° 03' 28.6". **Max. WOMOs**: 1-2.
Ausstattung: Schotterparkplatz ohne alles, Wanderwege, Geopark.
Beschreibung: Einsam am Wald.
Zufahrt: Ab **(091)** 500 m auf schmaler, rumpliger Schotterstraße weiter zum Parkplatz beim Museum.

Wir halten uns nun weiter auf der **3** nordwärts, testen nach 23 km den freundlichen Rastplatz am ***Saarijärvi*** und stoppen weitere 17 km später an der ***Juustoportti-Filiale*** in **Jalasjärvi** (N 62° 24' 56.9" E 22° 47' 29.6", Mo-Fr 7-22 Uhr, Sa/So 8-22

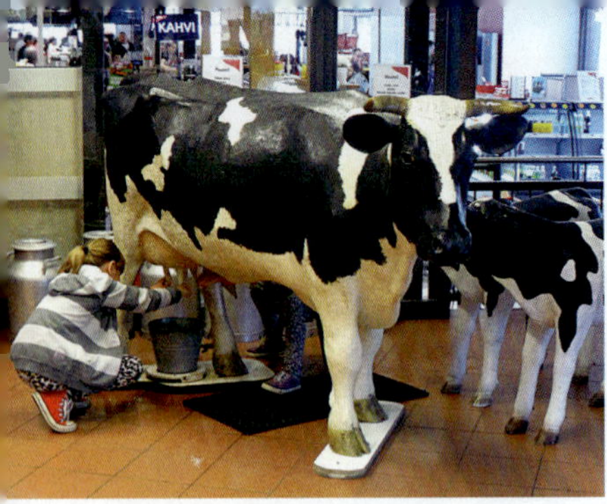

Uhr, juustoportti.fi), einer ***Käserei*** mit Shop und großem SB-Restaurant. Dieser Besuchermagnet erfreut sich als einzige Attraktion auf weiter Flur offenbar wachsenden Zuspruchs und hat sich als Pausenstation fest etabliert. Die vormals zelebrierten Vorführungen über die hohe Kunst der Käseherstellung hat man mittlerweile eingestellt, nun sind hier einige neue Boutiquen (Mode, Pentik) eingezogen, doch einen Werksverkauf mit Verkostung der Käsesorten und den Blick in die Reifungsräume gibt es immer noch. Ein Besuch lohnt sich also durchaus, auch wenn man nur auf eine preiswerte Stärkung am Lunch-Büfett aus ist.

Durch entsprechend flache ***Milchkuh***-Landschaft mit Windmühlen sind wir nun nach **Kurikka** unterwegs und finden zwei gute Gründe für Abstecher rechts weg von der Tourstrecke: 9 km hinter dem Käse-Center für eine Auszeit im Grünen in ein Wintersportareal

(093) WOMO-Wanderparkplatz: Kiuaskallio Hiihtohissi
GPS: N 62° 30' 22.3" E 22° 45' 48.4". **Max. WOMOs**: 2-3.
Ausstattung: Schotter-Parkplatz am Schlepplift, Grillhütte.
Beschreibung: Im Sommer ist im Ski-Gebiet nichts los, sehr ruhig.
Zufahrt: An der Sporthalle vorbei den Hinweisen zu Hiihtohissi folgen, rechts abbiegen, durch den Wald, an einem kleinen See vorbei, dann rechts.

und 16 km danach für den richtigen Überblick 134 Stufen hinauf auf den imposanten Aussichtsturm (finnisch **Näkötorni**) in **Luopa** [**094**: N 62° 36' 00.4" E 22° 31' 24.2"], wo es wirklich sehr wenig Parkraum, aber nach 400 m Fußweg hinauf oben beim Turm eine Feuerstelle und ein Trockenklo gibt.

Kurikka selbst punktet mit zwei wesentlichen Attraktionen: Erstens die gelbe Steinkirche ***Kurikkan kirkko*** von ***Carl Ludwig Engel*** aus dem Jahre 1847 mit ihrem ausgesprochen sehenswerten Innenleben (N 62° 37' 02.5" E 22° 24' 06.2", in der Ortsmitte) und zweitens die Medaillen-Ausstellung vom nach wie vor

hochverehrten Skilangläufer ***Juha Mieto*** im ***Hotel Kurikka*** (N 62° 37' 09.7" E 22° 24' 42.3", über den Fluss rechts). Im legendären 15-km-Rennen bei den Olympischen Winterspielen 1980 in **Lake Placid**, bei dem auch der unsterbliche Sportreportersatz ***"Wo ist Behle?"*** fiel, wurde der bärenstarke 2-m-Recke hinter dem Schweden ***Thomas Wassberg*** mit einer Hundertstelsekunde Rückstand Zweiter und hat sich danach sehr tapfer über seine Silbermedaille gefreut.

Auf dem Weg von **Kurikka** nach **Seinäjoki** rauscht man auf der **67** am Örtchen **Koskenkorva** vorbei. Dieser Name hat aber in ***Finnland*** einen besonderen Klang, denn er ziert die Etiketten der beliebtesten ***Wodka***-Marke des Landes: ***Koskenkorva Viina***, kurz ***„Kossu“*** genannt. Sie interessieren sich für das ***Koskenkorva Museum*** (N 62° 41' 07.3" E 22° 27' 28.7", Di-Sa 10-17 Uhr, Eintritt, trahteeri.fi)? Es liegt quasi an der Strecke. Anfahrt-Tipp: Damit Sie nicht wie wir vor einer Brücke mit 2,50 m Durchfahrthöhe stehen, hören Sie nicht auf die Frau im Navi, sondern bleiben auf der **67/Seinäjoki**, nehmen die 2. Ortseinfahrt nach **Koskenkorva**, biegen nach 650 m links ab, halten sich danach rechts und lassen sich dann zum Ziel führen. Das historische Ensemble mit dem Museum samt Bar, dem Tavernen-Waggon mit Café und einem Uhrmachermuseum liegt direkt neben der aktuellen Produktionsstätte, die das Areal in das typische Gersten-Maische-Aroma hüllt.

Mit dem Namen **Seinäjoki** verbinden sich in ***Finnland*** zwei Begriffe, die überhaupt nichts miteinander zu tun haben: ***Tango*** und (schon wieder) ***Alvar Aalto***. Die Orientierung in dieser eigentümlich weiträumig angelegten Stadt funktioniert dank des Star-Architekten hervorragend, denn man fährt auf Sicht in

die Nähe dieses unglaublichen 65 Meter hohen, weißen Kirchturms von ***Alvar Aaltos Lakeuden Risti*** (***„Das Kreuz der Ebene“***, N 62° 47' 12.2" E 22° 50' 40.5", wie auch die Kirche selbst 11-17 Uhr geöffnet, deutsche Infos) von 1960. Der Innenraum ist wie ein Theater zum Altar hin leicht abschüssig angelegt und mit großen Backstein-Unikaten gepflastert. Ein Erlebnis der besonderen Art sollte man sich nicht entgehen lassen: Für 1 EUR kann man mit dem Lift zur Aussichtsplattform des Glockenturms hinauf fahren! Die imposante Kirche samt Gemeindezentrum ist Teil des von ihm gestalteten Gebäude-Ensembles ***Aalto-keskus*** mit Stadthaus, Bibliothek und Theater gegenüber. Die Stadt fiebert gerade unübersehbar einer Großveranstaltung entgegen, überall werden Festzelte aufgebaut, denn in ein paar Tagen ist es wieder soweit: ***Tangomarkkinat***, das jährliche ***Tango-Festival*** Anfang Juli in **Seinäjoki**. Das Programmheft kündigt eine Vielzahl von Veranstaltungen und Konzerten an, und die Stadt kommt eine Woche lang nicht zur Ruhe. Der finnische Tango ist im Gegensatz zur argentinischen Variante etwas weniger leidenschaftlich und ernst, sondern eher melancholisch und dennoch fröhlich und so auch immer eine gute Basis für ausgelassene Feste wie dieses Festival hier. Auch zwei WOMO-Plätzchen haben wir gefunden:

(095) WOMO-Badeplatz: Kyrkosjärven

GPS: N 62° 46' 10.1" E 22° 48' 51.0". **Max. WOMOs**: 3-5.
Ausstattung: Großer Schotter-Parkplatz, weitläufiges Fitness-Areal, sehr schöne Badestelle am See mit Sandstrand, Kiosk, WC, warme Duschen, Spielplatz, Sportfelder, Liegewiese, Müllbehälter.
Beschreibung: Bei Sommerwetter gut besucht bis überlaufen.
Zufahrt: In der Stadt südwärts der **19/Tampere** folgen, 900 m ab City nach rechts auf der ***Koskenalantie*** über eine Flussbrücke, am neuen Krankenhaus vorbei, gleich danach rechts.

(096) WOMO-Campingplatz: Seinäjoki***

GPS: N 62° 45' 23.7" E 22° 50' 40.8"; Törnäväntie 29
Öffnungszeiten: 2021 21.5.-12.9.

Ausstattung: Schöne Wiesenplätze, vorbildliche Sanitäranlagen, Café, Minigolf, Spielplatz, Picknickbänke, Feuerstellen, gut nutzbare Ver- und Entsorgung, anbei 2 Flussbadestellen.
Beschreibung: Ausgesprochen gepflegte, parkähnliche Anlage am Sprudelfluss. Straßengeräusche gut hörbar. seinajoenleirintaalue.fi.
Zufahrt: In der Stadt südwärts der **19/ Tampere** folgen. Wenn diese nach rechts abbiegt, geradeaus bleiben, dann in 200 m rechts.

Jetzt aber mal wieder zur Küste und das auf der **18/16** Richtung **Vaasa/Vasa**! Unterwegs sehen wir Bauernhöfe, Felsen wie auch Flusslandschaft und registrieren geeignete Picknickplätze am Wege. Dann nehmen wir den ersten Abzweig nach **rechts/Isokyrö** und präsentieren die wohl bemerkenswerteste Unternehmensgründung der Region, die

Kyrö Distillery Company (kyrodistillery.com)
Oltermannintie 6, 61500 Isokyrö; N 62° 59' 04.6" E 22° 21' 07.9".

Es begann 2012, als sich 5 Freunde in der Sauna beim Roggenwhisky fragten, warum niemand in Finnland **Roggenwhisky** herstellt. Am nächsten Morgen wurde aus der Schnapsidee dann der Plan, eine eigene Distillery zu gründen. Nach der ersten mühsamen Phase des Experimentierens hatte man in **Isokyrö** die alte Molkerei entdeckt und sie 2014 mit Elan und viel Geld zur Produktionsstätte ausgebaut. Dann musste Geld verdient werden. Da auch in Finnland Whisky nicht gleich verkauft werden kann, sondern einige Jahre im Fass reifen muss, gab es die branchenübliche Zwischenlösung: Es wurde **Gin** gebrannt, das trendige Modegetränk unserer Zeit. An der Rezeptur wurde lange gefeilt: In

mehreren Brennstufen werden unzählige Kräuter, Gewürze und Blüten zugefügt, denn das Ziel der Hipster-Freunde um den „Head Distiller" ***Kalle Valkonen*** ist ganz klar: Einen einzigartigen **Gin** zu kreieren, sozusagen den ***finnischen Sommer in Flaschen*** zu füllen. Das ist offenbar gelungen, denn 2015 bekamen sie einen Preis für den besten **Gin Tonic** und waren danach komplett ausverkauft. Mittlerweile wurden die Produktions-Kapazitäten massiv erweitert und auch der erste **Roggenwhisky** ist seit 2020 auf dem Markt. An der coolen **Kyrö-Bar** - hier gibt es auch ein kleines feines Lunch-Angebot - kann man alles verkosten und wir sind sofort begeistert vom speziellen Aroma dieser Spirituosen. Das neueste Produkt, ein **Sahnelikör** (nach Bailey's Art), gilt als Verbeugung vor der Molkerei-Historie des Firmensitzes und in der riesigen Lagerhalle liegt Whisky in vielen hundert Ex-Bourbon- und Ex-Cherry-Fässern, der in den nächsten Jahren in Flaschen gefüllt und getrunken werden will.

Vor Ort dürfen nur Getränke bis 5,5% Alkohol außer Haus verkauft werden, so dass man hier nur diverse Mischgetränke bekommt. Die puren Erzeugnisse gibt es in den staatlichen ALKO-Läden oder halt dann zu Hause im Internet.
Öffnungszeiten Besucherzentrum 2021: 29.6.-7.8. Mi-Fr 12-19 Uhr, Sa 12-22 Uhr, Führung (10 EUR) Di-Fr 13.30 und 16.30 Uhr, Sa 13.30, 16.30 und 18.30 Uhr, Tasting 20 EUR.

Von den **Isokyrö**-Locals bekamen wir auch einen Tipp zu einem Übernachtungsplatz ganz in der Nähe, doch den **Campingplatz Lukkuhaka** [**097**: N 62° 57' 40.1" E 22° 22' 36.6"] fanden wir nur so mittelschön.
Wir passieren dann die Stadt **Laihia**, die ihr Image als geizigste Stadt ***Finnlands*** mit ganz besonderen Souvenirs (Schöpfkellen mit Loch) und einem speziellen ***Nuukuurenmuseo*** vermarktet. Genau dort, wo das Autobahnfinale hinein nach **Vaasa/Vasa** beginnt, folgen wir ab sofort den Hinweisen nach ***Stundars*** und erreichen das ***Handwerkerdorf*** in **Solf/Sulva** nach 11 km über schmale Straßen durch eine wahre Landschaftsidylle mit Kühen und Kälbchen auf der Weide. Auch in diesem Freiluftmuseum sind viele Gebäude aus der Umgebung restauriert und wieder aufgebaut worden, doch im

Unterschied zu vergleichbaren anderen Museen bemüht man sich in ***Stundars*** (2021: 28.6.-15.8. tgl. 11-16 Uhr, Eintritt, stundars.fi) insbesondere um den Erhalt traditioneller Kultur der hier lebenden schwedisch sprechenden Finnen, präsentiert vor allem Handwerk, Kunst und Kunsthandwerk der Region und organisiert Konzerte, Theateraufführungen und ganze Festivals. Ein freundliches Plätzchen für die Nacht finden WOMO-Urlauber gleich vor dem Tor.

(098) WOMO-Stellplatz: Stundars

GPS: N 63° 00' 52.7" E 21° 38' 43.6". **Max. WOMOs**: 2-3.
Ausstattung: Besucherparkplatz, Spielplatz.
Beschreibung: Ruhige Lage in der Nachbarschaft eines Pferdehofes.
Zufahrt: Siehe Text, vor Ort ausgeschildert.

Von der eher jüngeren Geschichte dieses Landstrichs springen wir mal kurz in die Zeit vor 520 Millionen Jahren zurück, als hier in **Söderfjärden** ein Meteorit auf die Erde stürzte, so groß wie das Eisstadion von Helsinki und einen fast kreisrunden topfebenen Krater von 5 km Durchmesser hinterlassen hat. Auf dem Weg nach **Sundom** folgen wir dem Hinweis nach links und fahren knapp 3 km auf Schotter zum Besucherzentrum **Meteoria** (N 63° 00' 28.8" E 21° 34' 02.7", 2021: 2.6.-29.9. So 14-20 Uhr, Mi 18-20 Uhr, im Juli Mo-Fr 14-20 Uhr, Sa/So 10-20 Uhr, Eintritt, meteoria.fi), wo es eine interessante Ausstellung mit viel Meteorit-Gestein aus aller Welt zu bestaunen gibt. Hier bekommt man höchst sachkundige Führungen, für Freaks ein Muss. Vom Aussichtsturm kann man die Vogelwelt beobachten, was sich vor allem im Frühjahr und im Herbst lohnt, wenn hier die Kraniche rasten. Gleich um die Ecke findet sich dies:

(099) WOMO-Wanderparkplatz: Öjberget

GPS: N 63° 02' 13.6" E 21° 34' 02.7". **Max. WOMOs**: >5.
Ausstattung: Schotterparkplatz gegenüber der Liftstation, Toilette zuletzt geschlossen, Wanderwege, Aussichtsturm, Grillhütte, Müllbehälter.
Beschreibung: Im Sommer wird das Skiareal als Mountainbike-Gelände genutzt, außerorts.
Zufahrt: Von **Stundars** nach **Sundom** fahren, durch den Ort, auf der **6741** nach rechts weiter, knapp 1 km später rechts rein, dem "Wandermännchen" und Öjberget folgen, dann noch 1 km.

Wir pirschen uns auf der **6741** von der Seeseite an **Vaasa/ Vasa** heran, wo man in den vergangenen Jahrhunderten als Hafenstadt ganz handfeste Probleme mit der letzten Eiszeit hatte. Befreit vom Druck der Eismassen stieg der Küstenabschnitt förmlich aus dem Meer und tut das heute immer noch mit 1 cm im Jahr. Durch diese Landhebung entfernte sich auch die alte Stadt immer mehr vom Ufer, so dass man den Wiederaufbau nach dem Stadtbrand von 1852 dann 7 km weiter nordwestlich vornahm. Über einen Damm kommen wir auf die Insel ***Vaskiluoto*** direkt in die Freizeit-Industrie-Zentrale der Stadt mit Spaßbad ***Tropicalandia*** rechts und Vergnügungspark ***Wasalandia*** links, wo man in direkter Nachbarschft ein Spitzen-Quartier findet.

(100) WOMO-Campingplatz: Top Camping Vaasa****

GPS: N 63° 06' 00.3" E 21° 34' 34.0". **Öffnungszeiten**: 2021 22.5.-12.9.
Ausstattung: Sehr schön angelegter Platz, „Teppich-Rasen", gute Santärausstattung mit Sauna, gute Ver- und Entsorgung, Camperküche, Spielgelände, Feuerstellen, Picknickhütten, Laden.
Beschreibung: Badestrand leider mit Blick auf Industrieanlagen. Einer der besten Plätze in Finnland. tropiclandia.fi/topcamping
Zufahrt: Hinter ***Wasalandia*** links rein, am Nordzipfel der "Spaßinsel".

Am frühen Abend fädeln wir uns ganz vorsichtig durchs Gewimmel, fahren geradeaus gen City, folgen strikt der Richtung **724/Replot/Raippaluoto** und verlassen die Stadt ganz fix nach Norden. Bald darauf zeigt sich die Schären-Küste im warmen Abendlicht, und wir präsentieren links einen besonders schön gelegenen wie ausgestatteten Rastplatz für Picknick, Badespaß, Nacht-Stopp oder alles zusammen.

(101) WOMO-Picknickplatz: Fjärdskär

GPS: N 63° 12' 19.0" E 21° 29' 25.4".
Max. WOMOs: 2-3.
Ausstattung: Badestelle, Spielplatz, Aussichtsturm, Grill-/Feuerstellen, Picknickbänke, Mülleimer, asphaltierte Parkbuchten, Toiletten.
Beschreibung: Schöner Picknickplatz am Brückenkopf. Die Grillstellen sind etwas marode.
Zufahrt: Hinter einem Damm auf einer Insel vor der ***Replot Brücke*** links.

Schon von ***Fjärdskär*** aus konnte man sie gut sehen, und nun passieren wir den ganzen Stolz finnischer Architekten, die ***Replot Brücke***, mit 1045 m die längste im Lande. Sie bringt uns zu dieser reizenden Inselgruppe hinüber, die wir jetzt erkunden wollen. Doch halt! Erstmal schräg gegenüber der Einfahrt zu **(101)** zu **Kalaa-Fisk** (N 63° 12' 24.3" E 21° 29' 15.5", 10-19 Uhr) runterfahren, wo wir bestes Barschfilet, Räucherlachs und leckere Salate kaufen. Gleich hinter der Brücke rechts kann man vom Bootsanleger bei ***Berny's Restaurant*** (Lunch-Büfett, Bootstouren in die Schären mit ***„M/S Corina"***) die ganze Pracht des Bauwerks von der anderen Seite noch einmal bewundern.

Unser Ziel ist ***Björkön***, die nordöstliche Insel dieses Archipels, doch wer in **Replot** der **7242/Söderudden** nach links folgt, findet nach 12 km schließlich in **Sommarösund** dieses oder jenes WOMO-Plätzchen, wie das kurz vor der Grenzstation [**102**: N 63° 09' 50.6" E 21° 14' 59.4"] rechts oder jenes ganz spezielle im ***Fiskehamn*** hinter dem letzten roten Schuppen rechts direkt am Wasser, sogar mit Picknickbank und Trockenklo [**103**: N 63° 09' 54.4" E 21° 15' 22.6"] und dann das am Bootskai von **Sommarösund**.

(104) Offizieller WOMO-Stellplatz: Sommarösund

GPS: N 63° 10' 13.1" E 21° 16' 32.9".
Max. WOMOs: 2-3.
Ausstattung: Schotterparkplatz am Bootskai, Badestelle mit Steg und Trockenklo nebenan; Trinkwasser am Feuerwehrhaus im Ort.
Beschreibung: Schöne Lage direkt am Wasser, **Gebühr 2021:** 5 EUR + 5 EUR für Strom. Geld in einen Briefumschlag und in den Kasten.
Zufahrt: Knapp 11 km nach den Abzweig von der **724** in Replot links.

Wir rollen weiter gen Norden, nunmehr auf der **7240**, sehen Wald, passieren einen Damm und genießen prächtige Ausblicke in die Schären-Landschaft. Die roten Häuschen von **Björköby** liegen weit verstreut in Wald und Flur, hier sieht es aus wie in **Schweden**. Am Ende des Örtchens liegt **Svedjehamn** mit dem gut besuchten Bootshafen. Diese Ecke strahlt so viel Ruhe und Entspanntheit aus, man könnte hier den Begriff „Entschleunigung" perfekt illustrieren.

(105) Offizieller WOMO-Stellplatz: Svedjehamn

GPS: N 63° 21' 35.6" E 21° 18' 04.5". **Max. WOMOs**: >10.
Ausstattung: Kürzlich erweiterter Schotterparkplatz , Info-Tafeln, Grillplatz, Müllcontainer, Läden und Gastronomie (Café Salteriet: 11-22 Uhr, Küche 12-19 Uhr) anbei. Wanderwege. Nachts ruhig.
Gebühr 2021: 10 EUR/24 h (Parkautomat)
Beschreibung: Etwas ungemütlicher „WOMO-Sammelpunkt", bei dem man eben mal den Preis verdoppelt hat. Alternativen: **(106)** + **(107)**.
Zufahrt: An der Küste angekommen links, gegenüber vom Bootshafen.

Kurzwanderung in den Kvarken Archipel

Diese kleine Wanderung sollten Sie sich auf keinen Fall entgehen lassen, denn schließlich wandeln Sie durch das UNESCO Weltnaturerbe. Nachdem wir uns am hinteren Ende des Parkplatzes an der Wanderkarte orientiert haben, starten wir hier an diesem sonnigen Abend, bleiben in Ufernähe, gehen im Halbkreis um die Bucht herum, dann nach links weiter und erreichen schon 800 m nach dem Parkplatz den formschönen Aussichtsturm. Nach 116 Stufen Aufstieg präsentiert sich dieser Archipel

in seiner ganzen Schönheit. Man kann sich gar nicht satt sehen an dieser speziellen Küstenlandschaft. Doch es kommt noch besser! Wenn man hinter dem Turm noch 200 m auf felsigem Stolperpfad weiterwandert, gelangt man zu einem romantischen Rastplatz am Ufer mit Feuerstelle und Holzvorrat. Sofort arbeiten wir an unserem Abendbrot mit Grillwürsten und Dosenbier und beobachten dabei eine Gruppe Seekajakfahrer, die in der Ferne lautlos vorüber zieht und hören Kraniche rufen, die ihre Schlafplätze aufsuchen. Ein Traum von einem Platz! Auf dem Rückweg schauen wir noch an der Badestelle auf der Landzunge bei den Ferienhäusern vorbei und sind auch gleich wieder bei unserem Übernachtungsplatz angekommen.

(106) WOMO-Badeplatz: Svedjehamn

GPS: N 63° 22' 03.1" E 21° 18' 37.9". **Max. WOMOs**: 1-2.

Ausstattung: Sandstrand, lange flach, jenseits der Bojen zudem krautig. Picknickbank, Mülleimer, Kabinen, Feuerstelle, Trockenklo, kleiner Spielplatz, kuschlige Plätze rechts, einsam und still.
Beschreibung: Hinweise: „Parkplatz nur für Badegäste", „Kein Camping".
Zufahrt: Ab Bootshafen 1 km dem Bademännchen-Zeichen folgen.

(107) WOMO-Stellplatz: Svedjehamn Fischereihafen

GPS: N 63° 22' 04.3" E 21° 22' 26.6". **Max. WOMOs**: 3-5.
Ausstattung: Geschotterter Parkplatz, Info-Tafel.
Beschreibung: Großes Areal am Hafen, Seenot-Rettungsstelle.
Zufahrt: Auf dem Weg zu von **(105)** zu **(106)** nach 150 m Gabelung nach rechts (Fiskehamn) nehmen, dann 3,5 km Schottersträßchen zum Ziel.

Nach 23 km sind wir wieder auf der ***Replot Brücke***, dahinter nehmen wir die **7254** nach **Smedsby**, wo wir schließlich der **8/Kokkola** nach links folgen und unsere Tour in Küsten-Nähe fortsetzen. Zunächst noch an den Einkaufszentren der Vorstädte vorbei, dann durch Raps- und Getreidefelder bieten sich drei Picknick-/Pausenplätze an. Sie haben die Wahl! Zuerst der Info-Parkplatz zu ***Korsholm*** (N 63° 09' 26.7" E 21° 59' 52.3") 16 km hinter dem Abzeig auf die **8/Kokkola** an einem fast verlandeten See mit Grill-Café und Spielplatz, 8 km danach im ***Café Klemetsgårdarna*** (N 63° 12' 10.5" E 22° 06' 35.3"), in einem hübschen Traditionshof oder 20 km nach diesem beim ***Kivipuisto*** kurz vor **Oravais/Oravainen**. Hier kann man auf einem zuletzt leider recht ungepflegtem Lehrpfad durch den Park 112 verschiedene in ***Finnland*** vorkommende Gesteinsarten einmal ganz aus der Nähe sehen und berühren: Erdgeschichte zum Anfassen! Eine Tafel erinnert zudem an den 14. September

1808, an die blutigste Schlacht des Russisch-Schwedischen Krieges in dieser Gegend. Die Russen siegten, was damals zu deren Herrschaft in Finnland führte. Im sehr gepflegten Umfeld der kleinen **Café-Stuga** (tgl. 10-22 Uhr) an der Meeresbucht gibt es natürlich noch Picknickgelände, Badestelle, Spielplatz und sogar eine kostenpflichtige **Campingwiese** [**108**: N 63° 17' 25.4" E 22° 22' 08.3"], wenn auch direkt an der Staße gelegen. In **Oravais** am Hafen finden wir ein neues, fast edles Quartier, so wie wir es mögen.

(109) Offizieller WOMO-Stellplatz: Oravais

GPS: N 63° 18' 26.2" E 22° 21' 46.6". **Max. WOMOs**: 8.

Ausstattung: 8 Schotterstellplätze an Wiese, Picknickbänke, Stromanschlüsse, Grillhütte am Bootskai, Badestelle anbei, Trinkwasser am Steg.
Beschreibung: Sehr schöne Lage am Wasser,
Gebühr 2021: 10 EUR + 5 EUR für Strom.
Zufahrt: 1,5 km nach **(108)** in **Oravais** den Hinweis „Hamn/Satama" und dem WOMO-Symbol nach links folgen.

Nun stehen zwei einzigartige Kirchen auf dem Besichtigungs-Programm. Dazu verlassen wir 11 km nach den Steinen die flotte Straße Nr. **8** und zweigen ab zur **7270** nach **Munsala**. Schon von Ferne sieht man den Kirchturm links, die Straße nach **Vexala** bringt uns hin und wir werden an der ***Feldsteinkirche*** (N 63° 27' 14.9" E 22° 26' 06.2") mal wieder von einem ***Fattiggubbe*** begrüßt, einer hölzernen Bettlerfigur mit Spendenschlitz. Die Kirche von 1792 mit ihrer prächtigen Kanzel beherbergt die ***älteste Orgel Finnlands***, und die ist sogar noch 54 Jahre älter als die Kir-

che selbst. Wie das geht? Die wunderschöne Barockorgel wurde ursprünglich für die Kirche in **Kokkola** gebaut und später an die Gemeinde **Munsala** verkauft.
Die Straße führt an der Kirche vorbei zur **7270/749** und diese nach **Nykarleby/Uusikaarlepyy**, wo wir uns an **Keskusta** halten und auf dem zentralen Parkplatz am Marktplatz landen, wo wir im unscheinbaren Wirtshaus ein ganz brauchbares Lounas-Büfett vorfinden. Hier zeigt sich auch schon ***St. Birgitta***,

gebaut 1708 und damit eine der ältesten noch genutzten Holzkirchen und für uns auf jeden Fall die schönste Kirche ***Finnlands***, also bitte unbedingt besichtigen! Von außen eher unscheinbar und schlicht, erlebt man drinnen im Gotteshaus eine kräftige Überraschung und bestaunt erst mal andächtig die opulente Innenausstattung und Farbgebung: blaue aufgemalte Vorhänge an den Fenstern und Wölkchen an der Decke.
Auf der **746** geht es zurück zur **8/Kokkola**, wir kreuzen diese aber zunächst, um auch den Fans von Museumseisenbahnen noch eine Freude zu bereiten. Wir stoßen in **Kovjoki** auf den ***Rautatieasema***, den ***Museums-Bahnhof*** mit schöner Außenanlage, von dem an bestimmten Tagen (sonntags im Juli 14-17.30 Uhr, nykarlebyjernvag.hembygd.fi) eine Dampflok-Bimmelbahn verkehrt. Heute fährt nichts? Dann hat leider auch das liebreizende ***Café Emma*** (nur an Bahntagen 11-17 Uhr) mit seinen weiß lackierten Möbeln geschlossen.
Wieder auf der **8/Kokkola/Karleby** treffen wir nach 4 km auf einen schönen Pausenplatz am See mit „Grilli“, Spielplatz und allerlei Spritzbeton-Getier im Wald und kurz darauf auf die **741**, der wir nach **Jakobstad/Pietarsaari** folgen. Die Sonne lacht, es sind 25°C (Ehrlich!), also sofort zum Strand von **Fäboda**, die Stadt kann warten. Nur noch 10 km bis zum Para-

dies! Vor der City geht es links weg, nun folgen wir beharrlich den **Fäboda**-Hinweisen, nehmen den ersten Parkplatz links und landen so auf einem traumhaften Platz am Wald.

(110) WOMO-Badeplatz: Fäboda

GPS: N 63° 40' 09.0" E 22° 33' 11.5".
Max. WOMOs: >5
Ausstattung: Abgeteilte Parkplatz-Abteile im Hochwald, 250 m zum Strand, in der Nähe noch ein 48-h-WOMO-Caravan-Stellplatz (Wasserhahn gegenüber), und die **Caféstuga** mit kreativer Küche und Außen-Toiletten.
Beschreibung: Dieses großzügige Parkplatzareal ist kürzlich noch um eine Abteilung waldwärts erweitert worden.
Zufahrt: Siehe Text.

Von unserem „WOMO-Ehrenhain“ (Würdigen Sie mal die Parkplatz-Einfriedungen!) führt jenseits der Straße ein Plattenweg durch den Blaubeer-Wald zum Strand, bei dem sich feine Sandbuchten mit Schärenfelsen abwechseln, einfach sensationell und trotzdem kaum besucht. Wer (wie wir) an diesem

Strand schon einmal beim ausführlichen Abend-Picknick mit lecker Getränken den Abend bis zum Sonnenuntergang genossen hat, wird das nie vergessen. In Strandnähe wurde ein neuer, komfortabler, rollstuhlgerechter Holzweg mit Picknickstellen und Pausenbänken gebaut, der bis zur herrlich gelegenen und gut besuchten **Caféstuga** (Mo-Sa 11-21, So 12-21, faboda.fi) führt, wo er sich dann zu einem Rondell mit Aussichtspodest fortsetzt.

Beim letzten Abzweig zur Strandstraße war der Hinweis geradeaus Richtung **Pörkenäs** schon zu sehen: ***Nanoq*** (N 63° 39' 24.9" E 22° 35' 04.6"; 2021: 1.6.-31.8. 11-18 Uhr, Eintritt), das ***Arktische Museum***. Direktor ***Pentti Kronquist***, selbst Mitglied vieler Arktisexpeditionen, hat hier eine unglaublich interessante Sammlung zusammengetragen, von Jagdausrüstungen über Boote und Schlitten bis zu Specksteinfiguren der ***Inuit***. Für einschlägig Interessierte eine wahre Fundgrube an Informationen und Eindrücken. Das Museumsgebäude verschmilzt regelrecht mit der Natur drum herum, die Hütten auf dem Gelände hat der Chef in seiner Zeit als Arbeitsloser selbst gebaut: Goldwäscher-Quartier, Torfhaus, alles detailverliebt gestaltet und authentisch eingerichtet. Wir meinen: Besonders wertvoll!

Nun aber nach **Jakobstad/Pietarsaari**, einer reizenden Stadt mit einem besonderen Flair. Im Zentrum imponiert uns neben der bildschönen **Holzkirche** am meisten der markante Bau

von ***Strengbergs Tabakfabrik,*** die älteste Tabakfabrik ***Europas*** mit der eigenwilligen, globusrunden Turmuhr. Durch den Werkstorbogen erreicht man schließlich das hiesige Holzhausviertel ***Skata***, am Ende (kurz links, dann rechts) stößt man auf die **7494** und findet ein Stück weiter noch das kleine gelbe ***Geburtshaus Runebergs*** (12-18 Uhr, Eintritt frei). Auf der nun kreuzenden **749** geht's für uns nach links und auf der ***„Straße der sieben Brücken"*** mal wieder zum Inselspringen in die Schärenwelt Richtung Tour-Ziel **Kokkola/Karleby**. Gleich hinter der ersten Brücke, der ***Storströmmenbron***, kauft man guten, ofenwarmen Räucherfisch. Der ganze Komplex mit Räucherei, Kaufladen, Gastronomie (sehr ordentliches Lounas-Büfett) und Saunaboot ist nun unter ***„Strandis Smokehouse"*** (strandis.fi) vereint, und so gehört nun auch der benachbarte Campingplatz zum „Strandis-Imperium".

(111) WOMO-Campingplatz: Strandis

GPS: N 63° 43' 10.2" E 22° 45' 50.5". **Öffnungszeiten**: Saison.
Ausstattung: Wiesenplätze, schöne Badestelle am ***Luotojärvi***, gute Sanitäranlagen und Ver- und Entsorgung.
Beschreibung: Einchecken im ***Smokehouse***
Zufahrt: Hinter der Brücke rechts runter, dann rechts halten, gleich hinter der Badestelle.

Diese malerische Brücken-Insel-Strecke bietet noch eine ganze Reihe von anderen netten Pausenplätzen. Nimmt man knapp 10 km weiter nördlich, also unmittelbar hinter der nächsten Brücke, den Abzeig nach **links/Västerby**, kommt man an einer Badestelle namens **Sonamo** [**112**: N 63° 48' 00.0" E 22° 41' 15.7"] vorbei und findet nach weiteren 700 m einen Parkplatz am Ende der Straße [**113**: N 63° 48' 13.0" E 22° 40' 42.3"] und am Anleger Ruderboote - und Schwimmwesten, in der Holzkiste - zur freien Verfügung, um hinüber nach ***Köpmanholmen***, einer ziemlich kleinen Insel mit Gastronomie,

Picknickplätzen, einem Rundwanderweg mit Aussichtsturm und einer Ausstellung zur Landhebung zu gelangen. Großzügig!
Bleibt man auf der **749** Richtung **Kokkola**, findet man 14 km nach dem Abzweig nach **Köpmanholmen** Hinweise nach rechts auf einen Badeplatz an einer Meeresbucht.

(114) WOMO-Badeplatz: Sandskata Strand

GPS: N 63° 47' 59.6" E 23° 01' 16.4". **Max. WOMOs**: >5.
Ausstattung: Parkplatz im Hochwald mit 2 Dixi-Klos, Sommer-Kiosk und Disk-Golf-Bahn. Am Strand Picknickhütten, Umkleide-Kabinen, Pferde- und Hundeverbot, sonst noch Wanderwege mit Vogeltürmen und Fitnessbahn.
Beschreibung: Vom Parkplatz geht es 400 m auf einem Bretterweg durch Dünenlandschaft zum schönen, kinderfreundlichen Sandstrand.
Zufahrt: Der Badeplatz-Beschilderung (rechts, rechts, links) folgen, nach 4,4 km teilweise schlechter Wegstrecke großer Parkplatz im Wald, schöne Stellen zwischen hohen Kiefern kurz vorher rechts, außerorts.

Kokkola ist eine der ältesten Hafenstädte Finnlands, sie wurde 1620 vom Schwedenkönig ***Gustav II. Adolf*** gegründet. Noch heute ist schwedisch für 20% der Einwohner die Muttersprache. Vor allem im 17. und 18. Jahrhundert galt diese Stadt als eines der wichtigsten Handelszentren am ***Bottnischen Meerbusen***. Wir erreichen diese interessante Stadt, bleiben auf der Ringstraße **749/Oulu**, von der es nacheinander erst zum Campingplatz nach links und einen Abzweig weiter zum innerstädtischen Stellplatz nach rechts weggeht.

(115) WOMO-Campingplatz: Kokkola****

GPS: N 63° 51' 14.2" E 23° 06' 38.5". **Öffnungszeiten**: Ganzjährig.
Ausstattung: Badestelle, Wiesenplätze, Minigolf, Rezeption mit Café.
Beschreibung: Gut besuchter Platz in schöner Lage. kokkola-camping.fi.
Zufahrt: Von der Ortsdurchgangsstraße **749** den Hinweisen nach links folgen, vom Abzeig 800 m.

(116) Offizieller WOMO-Stellplatz: Kokkola Sporthalle

GPS: N 63° 50' 36.7" E 23° 07' 50.5". **Max. WOMOs**: 8.

Ausstattung: Schotter-Rasen-Plätze zwischen Sporthalle und Kanal, Duschen und WC während der Öffnungszeiten in der Sporthalle (2021 8.6.-31.8. Mo-Fr 8-20 Uhr, Sa 10-17 Uhr).
Beschreibung: Schöne Plätze im Grünen unter Bäumen.
Gebühr 2021: 15 EUR inkl. Strom, Kartenzahlung in der Sporthalle.
Zufahrt: 700 m hinter dem Campingplatz-Abzweig nach **rechts/Keskusta** abbiegen, nach 900 m den Hinweisen **Jäähalli/Ishall** nach **rechts** folgen, hinter der Halle am Kanal.

Letzterer Platz ist ein prima Ausgangspunkt für einen kleinen Stadtrundgang. Der Park da drüben ist ein ***Englischer Garten***, denn wir suchen schließlich nach einem englischen ***„Long boat“***, einer Barkasse aus dem Krimkrieg von 1854. Niemals sonst geriet ein Schiff der ***Royal Navy*** in Feindeshand. Doch kein Schiff zu sehen, nirgends! Schließlich entdecken wir die Reste eines 10 m langen und 3 m breiten offenen Holzbootes hinter Glas in einem ockergelben Holzhäuschen. Ganz entspannt schlendern wir dann durch das historische Holzhausviertel auf der anderen Straßenseite und diskutieren über Sinn und Wert von kaputten Holzbooten als Kriegsbeute.

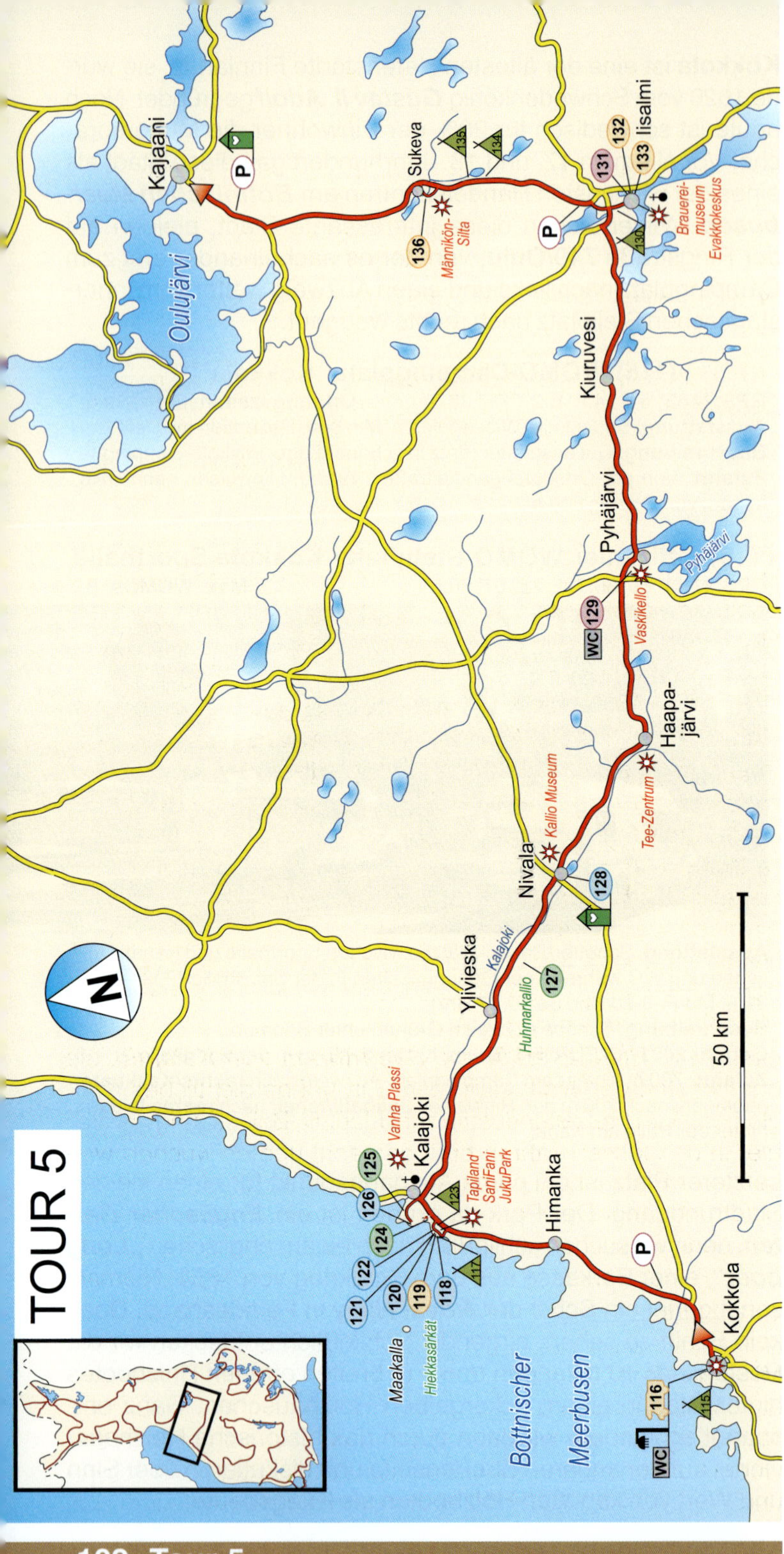
TOUR 5
Kajaani
Oulujärvi
Sukeva
Männikön-Silta
Iisalmi
Brauerei-museum
Evakkokeskus
Kiuruvesi
Pyhäjärvi
Pyhäjärvi
Vaskikello
Haapa-järvi
Tee-Zentrum
Nivala
Kallio Museum
Ylivieska
Kalajoki
Huhmarkallio
Kalajoki
Vanha Plassi
Tapiland
SaniFani
JukuPark
Himanka
Kokkola
Maakalla
Hiekkasärkät
Bottnischer
Meerbusen
50 km
WC
P
115
116
117
118
119
120
121
122
123
124
125
126
127
128
129
130
131
132
133
134
135
136

TOUR 5: Sandstrand, Kirche und Bier (390 km)

Kalajoki - Nivala - Haapajärvi - Pyhäjärvi - Iisalmi

Freie Übernachtung:	Kalajoki, Holma, Huhmarkallio, Pidisjärvi, Vaskikello, Iisalmi, Männikön Silta.
Campingplätze:	Kalajoki, Viitostie, Lohiranta, Iisalmi.
Baden:	Kalajoki, Holma, Pidisjärvi.
Besichtigen:	Kalajoki, Teetassensammlung in Haapajärvi, Vaskikello, Orthodoxes Kulturzentrum und Brauereimuseum in Iisalmi, Männikön Silta.
Wandern:	Hiihatomaja, Holma, Huhmarkallio.

Was haben die in ***Finnland*** für komfortable Radwege! Und kaum jemand fährt hier mit dem Fahrrad! Ein breites und glattes Asphaltband neben der Straße gehört hier zumindest bei Neubaustrecken schon fast zum Standard. Was für eine Verschwendung, könnte man meinen, doch wir wissen es längst besser: Es sind die Pisten für die Inlineskater, die wie hier kurz hinter **Kokkola** auf der **8/Oulu** neben uns unterwegs sind und zwar mehrheitlich als sommerliche Skilanglauf-Skater mit Stöcken. Unsere Route folgt der Küstenlinie in vornehmer Distanz, so dass man wieder die regionalen Prioritäten der finnischen Landwirtschaft vorgeführt bekommt: Kartoffeln und Getreide! Ein hier seltenes Exemplar von Picknickplatz registrieren wir 7,5 km hinter dem Abzweig der **28**, in **Himanka** zeigt sich schon ein Hauch von Tourismus, doch nach einer friedlichen Strecke durch den Wald verdichtet sich die Besiedlung und unübersehbare Beschilderung kündigt die Sommer-Urlauber-Hochburg schon einmal an: ***Hiekkasärkät***, die ***Sanddünen von Kalajoki***, die nördlichsten der Welt, sagt man. Ein unübersichtliches Konglomerat von Freizeit-Industrie zur Urlauber-Belustigung hat sich hier in den letzten Jahren breit gemacht und es wuchert weiter. Die Attraktions- und Besucherdichte hat sich seit unserem letzten Besuch noch einmal erhöht. Es scheint so, als wäre dieses Szenario, das uns schon Angst macht, im Ergebnis der Nachfrage nach einheimischem Strandurlaub entstanden: Urlauber und Tagesbesucher ohne Ende. Einen interessanten Ausflug verspricht eine Wasserbus-Tour nach ***Maakalla***. Die Mini-Insel fast 20 km draußen im Meer ist erst im 16. Jahrhundert durch Landhebung „aufgetaucht", es gibt keine Straßen, aber immerhin ein winziges Pfarrhaus, und die wenigen Bewohner haben bis heute ihre Autonomie-Privilegien vom Schwedenkönig ***Gustav II. Adolf*** aus dem Jahre 1620 verteidigt. Weil das Wetter in der Urlauberhochburg **Kalajoki** nicht immer mitspielt, finden hier auch das überdachte Spaßbad ***SaniFani*** und der Freizeitpark ***JukuPark*** regen Zuspruch. Darüber hinaus kann man sich einer Vielfalt von Gastronomie bedienen, vom Hotelrestaurant mit Strandblick bis zur Pizzeria in der zweiten Reihe. Vielleicht ist es ja gerade all das, was Sie und Ihre Kinder im Moment brauchen? Beeindruckend ist diese Dünenlandschaft tatsächlich, die endlosen Bretterwege scheinen durch die Wüste zu führen. Übernachtungsmöglichkeiten für WOMOs vor Ort werden knapper, sind aber durchaus noch zu finden. Man braucht zumindest während der Ferienzeit aber einen robusten Schlaf.

(117) WOMO-Campingplatz: Kalajoki Top Camping****

GPS: N 64° 13' 58.1" E 23° 48' 07.4". **Öffnungszeiten**: Juni bis August.
Ausstattung: Sehr gute Ausstattung, Supermarkt, Restaurant, Ver- und Entsorgung (auch für Festtank-Toiletten), Sandstrand. kalajokicamping.fi.
Beschreibung: Sehr großer Platz (800 Stellplätze) mit sehr schöner Lage an und in der Düne am Meer. Neu: Ein Kletterpark mit einer Zipline (Seilrutsche), mit der Mutige mit Affenzahn über die Düne „fliegen“ können.
Zufahrt: Vor Ort ausgeschildert.

(118) WOMO-Badeplatz: Dyyni

GPS: N 64° 13' 57.6" E 23° 48' 26.4". **Max. WOMOs**: 2-3.

Ausstattung: Asphalt-Parkplatz unterhalb vom ***Restaurant Dyyni*** mit Blick auf den Strand.
Beschreibung: Die Gastronomie wirkte 2021 etwas erloschen.
Zufahrt: Auf dem Weg zu **(117)**, dann rechts hoch.

(119) WOMO-Stellplatz: JukuPark

GPS: N 64° 14' 06.0" E 23° 49' 06.4". **Max. WOMOs**: >5.
Ausstattung: Großer, mit Baumreihen unterteilter Parkplatz hinter den Dünen mit recht ruhigen Ecken,
Beschreibung: Mit abendlichen Besucherverkehr ist zu rechnen.
Zufahrt: Vor Ort ausgeschildert.

(120) WOMO-Badeplatz: Merisärkkä

GPS: N 64° 14' 09.2" E 23° 48' 59.4". **Max. WOMOs**: 2-3.
Ausstattung: Etwas schiefer Asphaltparkplatz auf der Düne, schöner Meerblick, Strandzugang, anbei ***Tanz-Restaurant Merisärkkä***.
Beschreibung: Abendlicher Besucherverkehr, nunmehr direkt vor neuen Appartment-Häusern gelegen.
Zufahrt: Am Platz **(119)** vorbei hoch zur Dünenstraße, dann gleich links, vor Ort ausgeschildert.

(121) WOMO-Badeplatz: Pakkainpolku

GPS: N 64° 14' 14.0" E 23° 49' 07.0". **Max. WOMOs**: 3-5

Ausstattung: Parken am Rand der „Deichkronen-Straße", schöner Meerblick, Bretterweg zum Strand.
Beschreibung: Das ist aktuell der WOMO-Hotspot für die unerschrockenen und abgebrühten Freisteher. Das schmale Sträßchen ist dann nur noch knapp einspurig, was zu Fremd-Fahrzeug-Kontakten führen kann.
Zufahrt: Zwischen **(120)** und **(122)**.

(122) WOMO-Badeplatz: Lokkilinna

GPS: N 64° 14' 18.4" E 23° 49' 10.4". **Max. WOMOs**: 2-3.
Ausstattung: Asphalt-Parkplatz links vor dem ***Hotelrestaurant Lokkilinna***, schöner Meerblick, Bretterweg zum Strand.
Beschreibung: Abendlicher Besucherverkehr.
Zufahrt: Vor Ort ausgeschildert, 350 m NNO von **(120)**.

(123) WOMO-Campingplatz: Tapion Tupa

GPS: N 64° 14' 27.0" E 23° 50' 29.3". **Öffnungszeiten**: Sommersaison.
Ausstattung: Eher kleiner Platz mit 70 Stellplatz-Nischen im Wald, Grillhütte und Grillplätze. Ziemlich eng und schlicht, einfache Ver- und Entsorgung. Ordentliches Restaurant ***„Tapio Tuvan"*** (Hier ist die CP-Rezeption) und der Kinderbespaßungs-Wasserpark ***„Tapiland"*** anbei. tapiontupa.fi

Beschreibung: Das ist die preiswertere und übersichtlichere Alternative zu **(117)**. Etwas entfernt vom maximalen Trubel.
Zufahrt: Kurz bevor die ***Hiekkasärkät***-Ringsstraße ***Matkeilutie*** wieder auf die Straße **8** trifft.

Heute ist Samstag, das Strandleben kommt zur Ruhe, der Tag geht zur Neige und wie aus dem Nichts kommen die Gäste zu den abendlichen Tanzveranstaltungen herbeigefahren: Ehepaare mittleren Alters rücken elegant gewandet und gut gelaunt in die Strandbars ein. Gefeiert wird im Sommer bis in die Früh, der dunkle Winter ist schließlich lang genug. Wem das hier alles zu turbulent ist, kommt besser mit uns zu ein paar lauschigen Übernachtungsplätzen ganz in der Nähe.

(124) WOMO-Wanderparkplatz: Hiihtokeskus

GPS: N 64° 14' 59.3" E 23° 52' 30.7". **Max. WOMOs**: >5.
Ausstattung: Schotterparkplätze ohne alles.
Beschreibung: Sehr ruhige Plätze in der Natur.
Zufahrt: Auf der **8/Oulu** weiter, 3,8 km nach der östlichen **Hiekkasärkät**-Einfahrt **links/Hiihtokeskus**, an der Gabelung den linken Weg durch den Wald nehmen, nach 450 m Waschbrett-Straße beidseitig Parkplätze, nach weiteren 200 m Schotterweg links großer Schotterparkplatz.

(125) WOMO-Wanderparkplatz: Vogelparadies Holma

GPS: N 64° 16' 57.4" E 23° 53' 12.0". **Max. WOMOs**: 2-3.
Ausstattung: 2-teiliger Schotterparkplatz ohne Ausstattung mit ziemlich zugewachsenen Einfahrten, Info-Tafel zu den Wanderwegen, Müllbehälter.
Beschreibung: Bis auf die Vogel-Geräusche sehr ruhig.
Zufahrt: Auf der **8** nach **Kalajoki** hinein, am „Dünen"-Kreisverkehr **links/Holma** folgen, nach 4,2 km rechts, es gibt 2 Einfahrten.

(126) WOMO-Badeplatz: Holma

GPS: N 64° 16' 20.5" E 23° 50' 03.8". **Max. WOMOs**: 3-5.

Ausstattung: Geräumiges Parkplatzareal am Straßenende bei der Brücke zur Ferienhausinsel, Badestelle, Meerblick,
Beschreibung: Ruhig aber windanfällig. **Keine Zelte, keine Caravans.**
Zufahrt: Von **(125)** noch 3,3 km weiter fahren.

In **Holma** beobachten wir abends Kraniche im Flachwasser und genießen einen spektakulären Sonnenuntergang am Meereshorizont. Für den nächsten Tag steht ein vertiefender Besuch des Städtchens **Kalajoki** auf dem Programm. Die empfehlenswerten Ziele seien hier nachfolgend kurz benannt:

Keramiikka Iso Pahkala (N 64° 15' 01.6" E 23° 54' 05.8")
Tgl. 10-18 Uhr, iso-pahkala.fi.
Um dieses geschmackvoll gestaltete Keramik-Atelier direkt an der Straße **8/Kalajoki** kommt keiner herum. Hier steht man auf klares Design, wir haben jetzt neue Tassen und Teller, die Teelichtleuchten-Galerie wurde um einen Leuchtturm erweitert und lecker Kaffee und Kuchen gab es auch noch. WOMO-Männer: Da müsst ihr durch!

Kalajoen Kirkko (N 64° 15' 12.9" E 23° 56' 19.5")
Der leuchtend gelbe, hölzerne Glockenturm und die große rote Backsteinkirche dahinter sind im Stadtbild nicht zu übersehen. In ähnlicher Form im 19. Jahrhundert errichtet, brannte das Gotteshaus 1930 nieder, doch kein Jahr später war es wieder aufgebaut. Damals ein wahrer Kraftakt der Gemeindemitglieder. Heute zeigt sich der Innenraum skandinavisch hell und freundlich, eine Besichtigung lohnt sich.

Vanha Plassi (N 64° 16' 03.2" E 23° 55' 42.7")
vanhaplassi.fi.

Das ist die alte Holzhaus-City, das vormalige Handelszentrum der Stadt, quasi deren Ursprung. Das stimmungsvolle und hübsch am ***Kalajoki***-Fluss gelegene Areal ist teilweise marode, doch es gibt ein kostenloses Fischerei-Museum zu besichtigen und einen Spezial-WOMO-Platz unten am Pier. Ein Stück die Straße weiter, im Traditionshof **Havula**, findet man Galerien, Kunsthandwerk und das gemütliche **Café Siiri**.

Nun geht es ins Landesinnere, doch die **27/Iisalmi** hat die nächsten 120 km nicht viel zu bieten, deshalb wollen wir an den Highlights nicht achtlos vorbei fliegen. In **Ylivieska** sehen wir einen Wohnmobil-Händler und auch ansonsten sehr gute Einkaufsmöglichkeiten, rauschen dennoch durch, folgen dann den Wandermännchen-Hinweisen nach rechts und finden ein nettes Fleckchen im Grünen.

(127) WOMO-Wanderparkplatz: Huhmarkallio

GPS: N 64° 00' 39.7" E 24° 41' 22.7". **Max. WOMOs**: 3-5.
Ausstattung: Wiesenschotterplatz bei den Sportanlagen, Picknickbank, Spielplatz, Cart-Bahn, Disk-Golf-Anlage, Info-Tafel zum Wandergebiet.
Beschreibung: Im Winter Biathlon-Areal im Sommer ruhig, außerorts.
Zufahrt: Schlechte Asphalt-, später Naturstraße, ab Abzweig 1,2 km.

Nach einer Passage durch weite Landschaft mit Wiesen und Feldern erreichen wir **Nivala**, fahren nach rechts ab, biegen nach 1,4 km in die Straße nach links und können dann beim folgenden Kreisverkehr wählen: nach links zum ***Kyösti und Kalervo Kallio Museum*** (N 63° 55' 36.8" E 24° 57' 32.1", Ruojatie 11, Mittsommer bis Mitte August Di-So 12-16 Uhr, Eintritt, kalliomuseo.fi) etwas aus den Leben **Kyösti Kallios** (1937-1940 Präsident der Finnischen Republik) erfahren und die Skulpturen seines Sohnes **Kalervo Kallio** anschauen oder gleich nach rechts zum Baden.

(128) WOMO-Badeplatz: Pidisjärvi

GPS: N 63° 55' 02.7" E 24° 56' 37.1". **Max. WOMOs**: 1-2.

Ausstattung: Badestellen-Schotterparkplatz am ***Pidisjärvi***, Sandstrand, Steg, Bootseinsetzstelle, Trockenklo.
Beschreibung: Örtliche Volksbadestelle, nebenan Sportboot-Betrieb.
Zufahrt: Siehe Text, beim Kreisverkehr rechts, dann links/rechts, zuletzt 600 m schlechte Wegstrecke.

Weiter auf der **27/Iisalmi** kann man dann in **Haapajärvi**, das sich als finnisches **Tee**-Zentrum versteht, im ***Rathaus***-Foyer (Kirkkokatu 2, werktags 9-15 Uhr) eine ***Teetassensammlung*** mit 400 Exponaten bestaunen, was im Land mit dem **weltweit** höchsten Pro-Kopf-Verbrauch an **Kaffee** schon wieder recht exotisch anmutet. Noch viel exotischer erscheint uns dann allerdings das Rasthaus ***„Vaskikello"*** (8-22 Uhr, deutsches Prospekt), das uns ganz unzweideutig an der Kreuzung mit einer großen goldenen Glocke (24 Karat) auf das nun folgende General-Thema einstimmt: Glocken, alles voll Glocken! Doch der Senior-Chef des Gasthauses, ***Paavo Rönkkö***, der über 30 Jahre lang an die 1.500 Glocken aus aller Herren Länder gesam-

melt hat, ist regelmäßig ziemlich sauer. Der sympathische Mann, der sein langes graues Haar zum Pferdeschwanz geordnet hat und sommers ausschließlich barfuß unterwegs ist, ärgert sich immer wieder über Reisebusse aus ***Deutschland***. Besonders dann, wenn die ***Nurmakucken*** kommen, die Klos belagern, neugierig durchs Gasthaus schieben und sich an den Außenanlagen erfreuen. Aber WOMO-Urlauber benehmen sich ja als Individual-Reisende ganz anders! Die Preise für das gute Angebot in der Gaststätte sind moderat, der Aufenthalt ausgesprochen angenehm und nebenbei kann man auch noch das wertvollste Stück der Sammlung bewundern: ein 26-teiliges Glockenspiel aus Meißener Porzellan. Das Kunstwerk aus dem Jahre 1988 gilt als seltenes Beispiel einer gelungenen DDR-BRD-Kooperation, denn die Steuerung kam aus dem Westen. Von der tibetanischen Schalenglocke bis zu dem monströsen Glockenturm mit extra großen Exemplaren zum Selberläuten ist alles vertreten. Im Laden gibt es Glocken-Souvenirs und auf den Blumenrabatten blühen 20 verschiedene Arten von (na was wohl?) ***Glockenblumen***. Wer möchte, findet mit seinem WOMO sogar ein Plätzchen für die Nacht.

(129) WOMO-Picknickplatz: Vaskikello

GPS: N 63° 42' 47.9" E 25° 55' 13.5". **Max. WOMOs**: 2-3.
Ausstattung: Separater Parkplatz für Caravan, Gaststätte, Toiletten.
Beschreibung: Etwas versteckt und dennoch sehr straßennah.
Zufahrt: An der Kreuzung der Straßen **27/4**.

Jetzt sind es noch 70 km bis **Iisalmi**, unserer nächsten Station. In **Pyhäjärvi** geht's kurz über den gleichnamigen See, man sieht die Straße bis zum Horizont und in **Kiuruvesi** auch nicht viel, höchstens unterwegs ein Denkmal mit Ikonen, doch davon gibts gleich in **Iisalmi** noch viel mehr.

(130) WOMO-Campingplatz: Koljonvirta***

GPS: N 63° 35' 40.3" E 27° 09' 39.4". **Öffnungszeiten**: Ganzjährig.
Ausstattung: Sehr gut geführter Platz, Wiesenplätze, originelle Holzskulpturen, Badestelle, gute Sanitäranlagen, praktikable Ver- und Entsorgung, Restaurant und Café. koljonvirrankartano.fi
Beschreibung: Das hier ist historischer Boden. Im Russisch-Schwedischen Krieg um die Vorherrschaft in Finnland konnte **General Sandels** am 27. Oktober 1808 bei der Schlacht an der Virtabrücke die Russen besiegen. Es sollte der einzige Sieg der Schweden in dieser Zeit bleiben.
Zufahrt: Kurz vor **Iisalmi** rechts.

Hier besuchen wir das ***Orthodoxe Kulturzentrum*** und eine gänzlich unorthodoxe ***Brauerei***. Doch zunächst ins Reich der Ikonen! Hinter dem Campingplatz-Abzweig folgt man erst dem Krankenhauszeichen, dann **Keskusta**, schließlich nach links dem **Evakkokeskus**-Hinweis und wird sicher zum Ziel mit dem goldenen Zwiebeltürmchen geleitet. Das dem ***Hotel Artos*** angegliederte ***Evakkokeskus*** (N 63° 33' 35.8" E 27° 11' 37.1", 15.6.-15.8. Mo-Fr 10-16 Uhr, Sa/So 9-14 Uhr, Eintritt) ge-

währt einen guten Einblick in die karelisch-orthodoxe Religion und Kirchenkultur. Zur Erinnerung an die im jetzt russischen Teil ***Kareliens*** zurück gelassenen und mehrheitlich zerstörten Kirchen sind 70 dieser Gotteshäuser als Modelle 1:100 in kaum mehr als schuhkartongroßen Plexiglas-Kästen ausgestellt. In der Ausstellung werden auch gerettete Ikonen und andere wertvolle Kirchenschätze gezeigt. Der kurze Blick in den farbenfrohen Hotelsaal nebenan macht Lust auf mehr. Das kriegt man dann auf Nachfrage in der gegenüber liegenden ***Prophet Elias Kirche*** (10.6.-15.8. 10-16 Uhr), in der man sich dann an den 1995 fertig gestellten Wand- und Deckenmalereien im slawischen Stil des 12.-14. Jahrhunderts mit Geschichten aus dem Alten und dem Neuen Testament erfreuen kann, einem in ***Europa*** einzigartigen Kunstwerk von insgesamt 450 m².

Nun von der ***Religion*** zum ***Bier***. Zurück zur zentralen Ortsdurchgangsstraße, nehmen wir diese nach links, kommen am ***Tori/Marktplatz*** vorbei, treffen schon auf die Hinweise **Olvi**

Oluthalli und das ***Panimomuseo*** (Saison Mo-Fr 9-15 Uhr, Eintritt), das ***Brauereimuseum*** mit einer sehenswerten Ausstellung samt „Trinkhalle“ (mittags Lounas-Büfett) der großen finnischen Biermarke ***Olvi*** gleich nebenan. Das Umfeld des roten Backsteingebäudes ist nett gestaltet und der große Parkplatz wie auch zwei weitere Plätze in der Nähe bieten sich als Nachtquartiere an.

(131) WOMO-Picknickplatz: Oluthalli

GPS: N 63° 33' 12.1" E 27° 11' 11.9".
Max. WOMOs: 2-3.
Ausstattung: Nett gestalteter Parkplatz mit Heckenrosen und Hopfen beim Brauereimuseum, Picknickbänke im nahen Park, Spielplatz.
Beschreibung: Schön gestalteter Park am Wasser mit Brunnen aus alter Brauereitechnik.
Zufahrt: Siehe Text, vor Ort ausgeschildert.

(132) WOMO-Stellplatz: Verkehrsgarten

GPS: N 63° 33' 05.1" E 27° 11' 19.8".
Max. WOMOs: 3-5.
Ausstattung: Parkplatz beim Kinderverkehrsgarten, straßennah.
Beschreibung: Hier sind Plätze für Caravan/ Wohnmobile ausgewiesen.
Zufahrt: Ein kurzes Stück neben der Brauerei weiter, dann links.

(133) WOMO-Stellplatz: Bootshafen

GPS: N 63° 33' 16.8" E 27° 11' 17.4". **Max. WOMOs**: 2-3.
Ausstattung: Extra Parkbuchten für Wohnmobile und Caravans.
Beschreibung: Am Kanal im Grünen gelegen.
Zufahrt: In Sichtweite gegenüber von **(131)**.

Schon von weitem grüßt uns das taubenblaue Gasthaus ***„Olutmestari“***, ein weiterer „Werksausschank“ von ***Olvi*** mit guter Küche und großer Terrasse mit Blick auf den Bootshafen. Auf dem Weg dorthin kommt man am Clou des ganzen Areals, dem ***„Kuappi“*** vorbei. Das kleine ocker-gelbe Bohlenhäuschen aus dem Jahre 1907 war einmal Pausenraum für Eisenbahner und gilt heute mit seinen zwei Gastplätzen (plus zwei auf der Veranda) als ***„Kleinste Kneipe der Welt“***. Diese wird aber nur auf Nachfrage geöffnet.

Etwas unruhig dürfte es in dieser Gegend allerdings zum ***Oluset***, dem 3-tägigen ***Musik-und-Bier-Festival*** im Juli werden. Wenn man dabei sein oder es vermeiden möchte, lohnt ein Blick ins Internet. oluset.fi.: Termin-Vorschau: 8./9. Juli 2022.

Mittlerweile sind wir also wieder mitten drin in Finnland, **Iisalmi** ist von jeder Menge Wasser umgeben und bietet neben den Sehenswürdigkeiten in der Stadt auch reichlich Naturschönheiten in der Umgebung. Wir verlassen die Stadt nach Norden und suchen dazu die **5/Kajaani**. Die flott ausgebaute Straße beschert uns nach 6 km einen Picknickplatz mit 3 Hinkelsteinen und auf unserer weiteren Route auf Nordkurs durch den Wald werben bald **zwei Campingplätze** um unsere Aufmerksamkeit.

(134) WOMO-Campingplatz: Viitostie

GPS: N 63° 47' 03.7" E 27° 25' 14.5". **Öffnungszeiten**: 1.5-30.9.
Ausstattung: Schlichte Ausstattung, Wiesenplätze, Laden/Café, Badestelle am ***Naurislahti***. 5-tienleirinta.fi.
Beschreibung: Straßennahe Lage, aber preisgünstig.
Zufahrt: Etwa 25 km hinter **Iisalmi**, rechts.

(135) WOMO-Campingplatz: Lohiranta

GPS: N 63° 48' 14.8" E 27° 25' 13.4". **Öffnungszeiten**: Sommersaison.
Ausstattung: Schöne Wiesenplätze, Café/Restaurant, regelmäßige Veranstaltungen im Tanzpavillon, gepflegte Anlage, Badestelle am ***Ala-Venäänjärvi***, Sauna, Spielplatz,
Beschreibung: Geräusche von der nahen Fernstraße vernehmbar
Zufahrt: 2 km hinter **(134)** rechts.

Kurz danach geht es nach **links/Raudanjoki** zur ***Männikön-Silta***, einem Brückendenkmal, das wir nach 500 m erreichen. Von früheren, mehrsprachigen Info-Tafeln wissen wir, dass es sich um eine 1999 restaurierte Stahlbetonbrücke aus dem Jahre 1926 handelt, damals eine technische Pionierleistung. Dazu gibt es einen kleinen Schlummerplatz für maximal 2 WOMOs [**136**: N 63° 52' 41.3" E 27° 25' 55.7"].

Nun rollen wir wieder endlos durch die finnischen Wälder in Richtung **Kajaani**, wo uns erst ein Picknickplatz am ***Nuottijärvi*** (N 64° 09' 32.9" E 27° 31' 17.3") mit einem bescheidenen „Grilli-Café“ kurz vor der Stadt aus den Tagträumen reißt.

TOUR 6
Bottnischer
Meerbusen
Hailuoto
Hailu-
oto
Pöllä
Oulu
Rathaus
Dom
Oulujoki
Turkansaari
Muhos
Leppi-
niemi
Pälli
Utajärvi
Kivipuisto
Rokua-NP
Jylhämä
Säräisniemi
Vaala
Old Gneiss
Rocks
Mana-
mansalo
Taidetalo
Oulujärvi
Kivesjärvi
Paltamo
Teer-
kanal
Nuasjärvi
Kajaani
25 km
WC
P
L
137
138
139
140
141
142
143
144
145
146
147
148
149
150
151
152
153
154
155
156
157
158

TOUR 6: Mit Teer zum Meer (360 km)

Kajaani - Manamansalo - Muhos - Hailuoto - Oulu

Freie Übernachtung:	Kajaani, Oulujärvi (2), Manamansalo (2), Ala-Niska, Rokua NP, Pyhäkoski (2), Muhos (2), Turkansaari, Hailuoto (3).
Campingplätze:	Meteliniemi, Manamansalo (3), Hailuoto (2), Oulu.
Baden:	Oulujärvi, Oulujoki, Pyhäkoski, Hailuoto, Oulu.
Besichtigen:	Kajaani, Kirche in Muhos, Turkansaari, Hailuoto, Oulu.
Wandern:	Kajaani, Manamansalo, Rokua NP, Lemmenpolku bei den Pyhäkoski, Hailuoto.

Irgendwo auf dem Weg nach **Kajaani**, irgendwo hier in den sumpfigen Wäldern muss diese unsichtbare Grenze verlaufen: die Wasserscheide. Ab dieser magischen Linie fließt das Wasser in ***Finnland*** nicht mehr nach Süden durch die gigantische Seenplatte über das ***Saimaa***-Gebiet in den ***Finnischen***, sondern nach Nordwesten in den ***Bottnischen Meerbusen*** ab. So führen also die natürlichen Wasserwege aus den östlichen Landesteilen über den ***Nuasjärvi*** durch **Kajaani** zum ***Oulujärvi*** und dann über den ***Oulujoki*** nach ***Oulu*** ins Meer. Spätestens seit sich diese Wasserstraßen zu Handelswegen entwickelten, wuchs die strategische Bedeutung von **Kajaani**, so dass der Schwedenkönig ***Karl IX.*** im Jahre 1604 auf der kleinen Flussinsel ***Linnansaari*** eine Burg errichten ließ, um das Treiben besser kontrollieren zu können. Über die Insel mit der spärlichen Burgruine von ***Kajaanilinna*** (immer offen, kein Eintritt), wo heute auf perfekt gestutzten Rasenflächen gerne

große und kleine Picknick-Kollektive lagern, führt ziemlich respektlos eine Straßenbrücke, die wir überqueren, gleich dahinter links hineinfahren und dort notdürftig beim ***Schleusenwärterhaus*** parken (N 64° 13' 48.2" E 27° 43' 55.7"). Man kann es sich heute wegen der Flussregulierung mit den vielen Kraftwerk-Staustufen nicht mehr so recht vorstellen, doch der ***Kajaanijoki*** fegte früher ungezügelt durch die Stadt und stürzte hier am ***Ämmäkoski*** in einer schmalen Rinne in die Tiefe. Ein echter Engpass für den rasch anwachsenden ***Teer***-Transport, so dass die unzähligen ***Teer***-Boote auf Transit zum Hafen nach **Oulu** hier in **Kajaani** umgepackt werden mussten: Fässer entladen, Überlandtransport, Fässer beladen; die größten dieser schlanken Holzboote konnten 20 bis 30 Tonnen Fracht laden. Um diesen Aufwand zu vermeiden und dem schnell anwachsenden ***Teer***-Verkehr Herr werden zu können beschloss man, 1846 einen speziellen Kanal mit Schleuse zu bauen, gerade mal so breit wie nötig für die schlanken Boote. Dieser historische ***Tervakanava*** wurde restauriert und ist nach wie vor voll funktionstüchtig, wovon man sich bei gelegentlichen Teerbootruder-Events überzeugen kann. Im ***Schleusenwärterhaus*** wohnte eine Zeit lang der Arzt und Sprachforscher ***Elias Lönnrot*** (1802-1883), der nach seiner Promotion als Mediziner hier in **Kajaani** eine Stellung als Landarzt für die ganze Provinz ***Kainuu*** annahm. Das war für ihn eine glückliche Fügung, denn erstens wurde er als Entschädigung für die extrem abgeschiedene Lage deutlich besser bezahlt als irgendwo anders, und zweites konnte er im Rahmen seiner Berufsausübung nebenher seiner Passion nachgehen: dem Aufspüren von alten Gesängen im nahen ***Ost-Karelien***. Doch dazu kam es vorerst nicht, da er in seinem von Unterernährung und Seuchen wie Ruhr und Typhus gebeutelten Zuständigkeitsbereich reichlich zu tun hatte, denn er war hier der einzige studierte Mediziner und für einen Landstrich mit der Größe von ***Bayern*** verantwortlich. Später klappte es dann doch noch, er notierte viele tausend Strophen mündlich überlieferter Volksdichtung, ergänzte das Ganze durch eigene Verse und schuf so nicht nur das berühmte finnische National-Epos ***Kalevala***, mit dem er in die Weltliteratur einging, sondern legte damit auch den Grundstock für die finnische Schriftsprache.

Wenn man in **Kajaani** weilt, sollte man sich auch unbedingt die wunderschöne neugotische ***Kirche*** von 1896 mit ihren fast schon verspielten Holzschnitzereien nach dem Vorbild der ***Westminster Hall*** in **London** und das hölzerne, gelbe ***Rathaus*** mit Uhrturm vom in ***Finnland*** omnipräsenten ***Carl Ludwig Engel*** aus dem Jahre 1831 ansehen, oder sogar den 8 km langen ***Kajaanijoki***-Uferweg erkunden.

(137) WOMO-Stellplatz: Kajaani Sportstätten

GPS: N 64° 12' 40.0" E 27° 43' 03.5". **Max. WOMOs**: 2-3.
Ausstattung: Schotterparkplatz bei der Sprungschanze am Waldrand, andere Sportstätten in der Nähe, Fitnesspark
Beschreibung: Disk-Golf-Anlage im Wald anbei, dort auch ergiebige Blaubeervorkommen.
Zufahrt: Südlich der Straße 5, Hinweise auf **Urheilukeskus/Jäähalli** (Sportstätten/Sprungschanze) folgen, an der Eishalle vorbei in die Sackgasse. Wenn der Asphalt aufhört, dann ist links der Parkplatz.

Unsere Tourstrecke bis nach **Oulu** wird aktuell als ***Tervan tie***, also als ***Teerstraße*** touristisch vermarktet, entsprechende Teerfass-Symbole werden uns nun begleiten. Im Folgenden wollen wir uns dem ***Oulujärvi*** zuwenden, dem viertgrößten See in ***Finnland***, der mit seinen Ausmaßen der Stadtfläche von **Berlin** entspricht. Schon gleich nachdem wir **Kajaani** über die **5/22/Kuusamo/Oulu** verlassen haben, nehmen wir noch einen Blick über das große Wasser des ***Nuasjärvi*** rechts und fahren nun parallel zur Bahnlinie schon wieder durch Wald. Bei einem gut ausgestatteten Picknickplatz (Toilette, Kiosk) links erhaschen wir einen Blick auf einen Zipfel vom ***Oulujärvi*** und stellen mal wieder fest, dass man in ***Finnland*** zwar an einem großen See entlang fahren kann, aber deshalb noch lange nicht viel von ihm sehen muss. Auch vom vor Jahren zu bewundernden Seepanorama mit sanften Hügeln kurz nach dem Abzweig auf die **22/Oulu** ist nichts mehr zu sehen. Nachdem man gerade durch typisches Elchland trullert und die Straße leicht bergab führt, hat man links nur noch Bäume: alles zugewachsen! Immerhin gibt es hinter dem Abzweig, an dem uns die **89** nach rechts verlässt, schöne WOMO-Quartiere ganz unterschiedlicher Art am großen See zu vermelden.

(138) WOMO-Badeplatz: Oulujärvi Ranta

GPS: N 64° 22' 52.8" E 27° 59' 03.1"; Rantorinteentie. **Max. WOMOs**: 2-3.

Ausstattung: Platz an der Badestelle, Hundeverbot, Bootsanleger, Grillhütte, Kabinen, Trockenklo, Mülleimer, Feuerstelle mit Holzlager .
Beschreibung: Schöner Blick über den See, Spezialplätze am Ende vom Damm links. Zum Baden werden Badeschuhe empfohlen, örtlich steinig.
Zufahrt: 2 km nach dem Abzweig der **89**, gegenüber der Straße nach **Kainuun** nach **links** abbiegen (braunes Schild **Ranta)**, dann 1 km meist ruppiger Fahrweg bergab, rechts halten, über die Gleise.

(139) WOMO-Campingplatz: Meteliniemi

GPS: N64° 24' 00.9" E27° 51' 41.4". **Öffnungszeiten**: Ganzjährig.
Ausstattung: 49 Wohnmobilstellplätze mit Strom auf Schotter an Rasen gegenüber der Strand-Badestelle, V/E und Kassetten-Entleerung, WC/Dusche, Feuerstelle, Sauna im Golfclub, dort ist auch die Rezeption.
Beschreibung: Das hier soll der schönste Golfplatz Finnlands sein. Camper kriegen als Golfspieler Rabatt. paltamogolf.fi/koejamajoitu/caravan-alue.
Zufahrt: 6,7 km hinter dem Abzweig zu **(138)** bzw. 500 m hinter dem Ortseingangsschild **Paltamo** nach **links** rein, unter der Bahnbrücke durch, dann **links** halten.
Alternative: Schotterparkplatz beim Bootshafen (N 64° 24' 04.0" E 27° 51' 21.3") in Sichtweite. Hinter der Bahnbrücke **rechts** halten.

Die **22/Oulu** führt uns 20 km durch Wald- und Wiesenlandschaft, dann zeigt sich links ein Info-Parkplatz am ***Kivesjärvi*** und 6,5 km hinter diesem biegen wir zur **8823/Manamansalo**

nach links ab. Nehmen wir also die Abkürzung quer über den See! Doch nach dem ersten Brückchen geht es erst einmal auf nicht allzu breiter, aber glatter Straße schnurgerade in langen Wellen durch dichten Wald. Aber dann! Kurz hinter der kreuzenden Straße, auf die wir **rechts/Manamansalo** abbiegen, wird man auf der Brücke über den ***Kaivannonsalmi*** mit beidseitiger ***Oulujärvi***-Spezial-Aussicht auf richtig viel Wasser belohnt. Danach lässt die Straße zwar nach, aber wir sind ja schließlich auf einer Insel im großen See unterwegs.
Die Insel ***Manamansalo*** gilt als Urlaubsparadies mit jährlichen Wachstumsraten, wo man auch schon mal vor vielen Jahren eine Badestelle zum **Campingplatz** umgewidmet hat. Einige Zeit geschlossen und verwaist, erfreut er sich nun schon seit Jahren wieder zunehmender Beliebtheit.

(140) WOMO-Campingplatz: Manamansalon Portti
GPS: N 64° 23' 51.8" E 27° 07' 32.5"; Manamansalontie 3187.
Öffnungszeiten: Mai bis September.
Ausstattung: Sehr gute Sanitäranlagen und V/E, Grillhütte, Bootshafen, gutes Restaurant mit ***Geo Food-Siegel*** (Local Food), Laden.
Beschreibung: Schöne Plätze unten am See bei der Badestelle und oberhalb im Wald. Engagiert geführter Platz. manamansalonportti.fi
Zufahrt: 2 km nach der ***Kaivannonsalmi***-Brücke links.

Hier werden wir auf für uns neue ortsnahe Sehenswürdigkeiten der Kategorien Religion und Geologie hingewiesen, die wir, getrieben aus einer Mischung von Autoren-Ehrgeiz und Neugier, selbstverständlich aufsuchen, selbst wenn die Zufahrt dorthin über recht böse Wegstrecke führt. Schräg gegenüber der Campingplatz-Einfahrt, also genau 200 m weiter, führt ein zunächst gnädiges Schottersträßchen nach rechts in den Wald,

Hinweis: ***Muistomerkkikirkko***. Nach 2 km Leidensweg geht es zu diesem Ziel rechts weg und 500 m danach landet man auf einem geräumigen Schotter-Parkplatz [**141**: N 64° 24' 54.0" E 27° 08' 23.6"] im Hochwald bei einer Freiluft-Kirche am Seeufer mit Riesen-Kreuz und hohem spitzen Glockenturm, ein magischer Ort, der auch weltlich orientierte Besucher fasziniert.

Zurück zur Gabelung und dort nach rechts weiter erreicht man nach 1.000 m die ***Kiloniemen kalliokohde*** (N 64° 25' 21.8" E 27° 07' 36.5"), einem neu angelegten Areal mit ausführlichen Infotafeln zu den zu besichtigenden Felsengebilden im Zuckersand, die ***„Old Gneiss Rocks“*** der Oulujärvi-Region. Wer sich für so etwas interessiert, wird begeistert sein. Knapp 800 m auf diesem Fahrweg weiter gelangt man zur Nordspitze der Insel und wenn man Glück hat, bekommt man im ***Kalasatama,*** dem kleinen Fischereihafen (N 64° 25' 42.5" E 27° 07' 49.0") Frischfisch vom Tagesfang verkauft.

Nach 3 km zurück auf unserer Tourstraße geht es nach rechts weiter und wir sind glücklich, endlich wieder Asphalt unter den Rädern zu haben. Den Abzweig nach 1,5 km (**rechts/Teeriniemi)** merken wir uns für später, bleiben auf der **8820** und erkunden die „Südküste“. Wer den Hinweisen zum ***Kassu Halonen Taidetalo*** folgt, landet bei einem Künstler-Zentrum, in dem es vor allem um Ruhm und Schaffen von ***Kalervo „Kassu“ Halonen*** (Wer kennt ihn nicht?) geht, einem erfolgreichen finnischen Musiker, Urheber von 1.500 Schlagerkompositionen. Hier kann man ein Café besuchen und die ***Gold Record Hall*** besichtigen, die Ausstellung zum Lebenswerk.

Keine 5 km weiter erreicht man ein Quartier mit garantiertem Badespaß, zu deutsch **Goldsand**.

(142) WOMO-Campingplatz: Kultahiekat***

GPS: N 64° 20' 33.6" E 27° 05' 24.4"; Manamansalontie 3881.
Öffnungszeiten: 21.5.-31.8. (2021)
Ausstattung: Sehr schöner langer Sandstrand, schlichte Mini-Gastronomie mit kleinem Laden, einfache Ausstattung. lomakylakultahiekat.fi
Beschreibung: Schöne Stellplätze am Wasser auf Sand und auf der Wiese. **Zufahrt**: Siehe Text.

Zurück zum Abzweig, wo es nach links weiter geht. Auf schmaler, aber gut ausgebauter Asphaltstrecke rollen wir durch ***Oser***-Wald, registrieren nach 1,9 km einen inzwischen „verminten" Wanderparkplatz links und biegen kurz darauf nach rechts ab, zum Camping-Platzhirsch von ***Manamansalo***.

(143) WOMO-Campingplatz: Manamansalo*****

GPS: N 64° 23' 20.7" E 27° 01' 34.1"; Teeriniementie 156.
Öffnungszeiten: 13.5.-19.9. (2021).
Ausstattung: Spitzenplatz, vorbildliche Komplett-Ausstattung, Café, solide Ver- und Entsorgung, Hundeauslaufplatz. manamansalo.fi.
Beschreibung: Weitläufiges Gelände im Hochwald am ***Oulujärvi***, sehr schöner Sandstrand. **Zufahrt**: Siehe Text.

Der Waldboden ist wie mit einem Schleier von heller ***Rentierflechte*** überzogen, bald hat uns die **8820** wieder, wir halten uns **rechts/Alassalmi** und kriegen gleich doch noch das richtige Insel-Feeling, denn es geht zur Fähre. Die ***Alassalmen Lossi*** ist kostenlos, verkehrt von 5-23 Uhr etwa jede halbe Stunde und ist für anzunehmende Spitzenzeiten recht klein, denn sie bietet höchstens Platz für zehn Fahrzeuge. Heute haben wir wieder Prachtwetter mit leichtem Wind. Das wäre auch ein guter Tag für die Teerfass-Spediteure des 19. Jahrhunderts, denn sie könnten hier mal Pause machen vom ewigen Rudern, kleine Segel setzen und „chillen". Nach 5 Minuten sind wir wieder drüben auf dem „Festland" und bleiben kurz auf der **8820**, um gleich zur **879/Vaala** zu wechseln. Nordwärts an seinem Westufer unterwegs sieht man den See nur noch gelegentlich hinter Wiesen mit roten Häusern in der Ferne blitzen und die Landschaft verändert sich: Wir fahren durch typisches ***Oser***-Gebiet mit dünnem Kiefernwald und viel Sand, der sich gelegentlich zu Hügeln auftürmt. Wieder bedecken ***Lichen*** flächendeckend den Waldboden, als hätte es geschneit. Diese markante ***Flechte*** ist die Hauptnahrung der ***Rentiere*** und weil es hier so viel von dem leckeren Futter gibt, gilt diese Gegend als südlichstes Weidegebiet der ***Sami*** mit ihren freilaufenden Herden. Kurz vor **Vaala** nehmen wir **vor** der Brücke in die Stadt die **8792/Jylhämä** nach links, folgen dann 17 km lang konsequent den Hinweisen zum ***Rokuan kansallispuisto***, dem ***Rokua Nationalpark***, eines der neuen ***Geopark***-Gebiete und landen schließlich beim Besucherzentrum ***„Suppa"*** (2020: Mi-So 10-16.30 Uhr), wo man nicht nur viele wertvolle Infos zu Wander- und Mountainbike-Touren bekommt, sondern bei Bedarf auch basis-gastronomisch betreut wird: Es gibt Kaffee und Kuchen.

(144) WOMO-Wanderparkplatz: Rokua

GPS: N 64° 35' 11.3" E 26° 30' 17.5".
Max. WOMOs: 2-3.
Ausstattung: Asphalt-Parkplatz vom NP-Besucherzentrum (Toilette), Wanderkarte, Wanderwege, Grill- und Feuerhütte, Picknickbänke, Mülleimer. rokuageopark.fi.
Beschreibung: Fatbike-Ausleihe, ruhige Lage, außerorts.
Zufahrt: Siehe Text.

Das Ganze hier kommt uns wie eine riesige Sandkiste vor, mit dünnem Wald und Heide. Gönnen Sie sich eine Wanderung! Nehmen Sie die Runde **Rokuansydän** (8 km) mit Start/Ziel ***„Suppa"*** und bewundern Sie unterwegs den 50 Meter tiefen Toteiskessel ***Syvyydenkaivo***! Dieses erdgeschichtlich sehr interessante Gebiet war zu bestimmten Phasen der Eiszeit einmal die Ostsee-Küste, von der bis heute massenhaft Sand und Dünenberge geblieben sind. Das ganze Berg-und-Tal-Areal wird von extrabreiten und superglatten Asphaltbändern durchzogen: Hier wird gejoggt, geradelt und geskatet. Beste Bedingungen für alle Besucher, vor allem auch für die Gäste der nahen Fitness- und Wellness-Hotels.

Auf einer 13 km langen Rauf-und-Runter-Strecke durch ***Oser***-Land lassen wir uns zur **22/Utajärvi** führen und haben auch gleich Sichtkontakt zum ***Oulujoki***, den wir nun möglichst hautnah bis zu seiner Mündung nach **Oulu** eskortieren werden. Nach 8 km auf der **22** gibt es bei **Ala-Niska** rechts straßennahe Angler-/Picknickbuchten [**145**: N 64° 43' 45.4" E 26° 29' 07.6"] mit Feuerstellen im Hochwald für wendige WOMOs am breiten Fluss und 5 km danach biegen wir rechts ab zur **837/ Utajärvi**, wo man uns sogleich mit einem ***Kivipuisto*** (N 64° 45' 45.3" E 26° 24' 43.6"), der Spar-Variante vom Steinpark aus Tour 4 begrüßt. Wir bleiben auf der **837**, überqueren den ***Oulujoki***, wechseln also die Seite und haben ihn nach dem Abzweig auf die **8300/Sotka** dann links von uns. Jedenfalls theoretisch, denn zu sehen ist er vorläufig nicht, erst wieder beim Wasserkraftwerk von **Pälli**.

(146) WOMO-Stellplatz: Pälli

GPS: N 64° 50' 39.1" E 26° 11' 52.4".
Max. WOMOs: 1-2.
Ausstattung: Kleiner geschotterter Parkplatz mit Info-Tafel.
Beschreibung: Stausee-Blick.
Zufahrt: 16 km nach dem Verlassen der **837** Abzweig von der **8300** nach **links/Pälli**, nach 150 m vor der Staumauer links.

Das ist schon die vierte von insgesamt sechs Staustufen des ***Oulujoki*** auf seinem Weg vom ***Oulujärvi*** zum Meer. Im 19. Jahrhundert ging es auf dieser Strecke rasant zur Sache: Auf 106 km Länge 125 m Gefälle, ein schäumender Fluss mit gefährlichen Stromschnellen. Der Mensch hat ihn gezähmt, man gewinnt saubere Energie, doch man sieht nur noch Seen vor den Dämmen und leere Schluchten dahinter! Auch den damals gefürchteten ***Pyhäkoski-Stromschnellen*** hat man mit dem gleichnamigen Kraftwerk den Zahn gezogen. Etwa 8 km flussabwärts von **Pälli** bringt uns der erste Abzweig von der **8300** nach **links/Muhos** zum ***Pyhäkoski***-Staudamm, an dessen Nordseite uns gleich zwei nette WOMO-Plätze anlachen.

(147) WOMO-Badeplatz: Pyhäkoski

GPS: N 64° 50' 55.3" E 26° 02' 37.6".
Max. WOMOs: 1-2.
Ausstattung: Geschotterter Parkplatz in kleiner Grünanlage, Kabinen, 2 Picknickbänke, Trockenklo über die Straße.
Beschreibung: Zu Fuß über ein Brückchen zur Stausee-Badestelle mit Sandstrand. Zuletzt wirkte das Areal etwas unbetreut.
Zufahrt: Vor dem Staudamm **links**.

(148) WOMO-Wanderparkplatz: Pyhäkoski

GPS: N 64° 50' 51.9" E 26° 02' 16.7". **Max. WOMOs**: 1-2.
Ausstattung: Schotter-Parkplatz in einer netten Parkanlage mit Bach und Brückchen, Picknickbank, Müllbehälter, Trockenklo oben bei der Einfahrt.
Beschreibung: Wanderweg ***Lemmenpolku*** am Fluss entlang. Eventuell nervt das feine aber stetige Brummen vom Kraftwerk.
Zufahrt: Vor dem Staudamm nach **rechts** den Fahrweg hinunter.

Auf einem sehr kurzen Abschnitt stürzten vormals an dieser Stelle die Wassermassen mit Getöse 56 m in die Tiefe. Hier

mussten sogar die verwegenen Teerbootruderer passen und ihre Fracht auf dem Landweg umtragen.
Nachdem wir die Dammkrone passiert haben, geht es über **Leppiniemi** weiter nach **Muhos**, wo wir nach rechts auf der **22/Oulu** das Ortszentrum erreichen. Besonders stolz sind die Einwohner von **Muhos** auf ***Armi Kuusela***, eine berühmte Frau aus ihrer Mitte. Kennen Sie nicht? Sie wurde 1952 zur schönsten Frau der Welt gekürt, zur ***Miss Universum!*** Auch sehr sehenswert ist die ***Kirche von 1634***, die älteste ganzjährig benutzte Holzkirche ***Finnlands***, wenn man sie denn gefunden hat. Im Ort fährt man erst einmal 2 Kreisverkehre geradeaus und biegt gegenüber der ABC-Tanke rechts ab, dem Kirchen-Zeichen nach. Dann gehts um die moderne Kirche herum und auf den großen Parkplatz (N 64° 48' 56.5" E 25° 59' 10.7") beim stolzen, gelben Gotteshaus. Eine Besichtigung ist sehr zu empfehlen, besonders wegen der bunt ausgemalten alten

Sakristei, dem wunderschönen Altarbild, der farbenfrohen Kanzel und der kunstvoll geschnitzten Liedertafel mit den beweglichen Figuren.
Gerade an warmen Sommertagen wie heute ist man ja besonders sensibilisiert für Bademännchen-Symbole, also fahren wir unsere Kirchen-Zufahrt 250 m zurück und folgen jenem magischen Zeichen nach links auf die ***Kirkkosarentie***, queren den ***Muhosjoki***, wenden uns hinter der Brücke nach links

und finden 2 brauchbare WOMO-Plätze: einen auf Asphalt gleich nach dem Abzweig links und einen 300 m Schotterweg weiter unten an der Badestelle.

(149) WOMO-Stellplatz: Muhos Kirkkosaari

GPS: N 64° 48' 47.0" E 25° 59' 40.7". **Max. WOMOs**: 2-3.
Ausstattung: Asphalt-Parkplatz mit Grünrand ohne Ausstattung, auch für größere WOMOs geeignet.
Beschreibung: Gegenüber ist der Friedhof. Sollte nachts ruhig sein.
Zufahrt: Siehe Text.

(150) WOMO-Badeplatz: Muhos Kirkkosaari

GPS: N 64° 48' 55.9" E 25° 59' 33.6". **Max. WOMOs**: 1-2.
Ausstattung: Geschotterter Parkplatz bei der Badestelle, Trockenklo, Umkleidekabinen, Badestelle, Grünanlage, Spielplatz, Müllbehälter, Bootshafen, Bootseinsetzstelle.
Beschreibung: Dezente Nutzung empfohlen. Wie man hört, sind die Einheimischen nicht immer begeistert über Gäste mit WOMO.
Zufahrt: Siehe Text.

Unsere Straße **22/Oulu** verläuft zwar parallel zum Fluss, doch der liegt tiefer und ist praktisch nie zu sehen. Stattdessen wird auf den nächsten 23 km Landwirtschaft in dünnbesiedeltem Gebiet geboten. Erst das Freilichtmuseum auf der Insel ***Turkansaari*** (2021: 6.6.-29.8. tgl. 11-18 Uhr, deutsches Handbuch, Eintritt) verspricht neue Kurzweil, so dass wir unerschrocken die rumplige Zufahrt absolvieren, nach 1,3 km hocherfreut den großzügig angelegten Parkplatz erreichen und zur Besichtigungstour aufbrechen.

(151) WOMO-Stellplatz: Turkansaari

GPS: N 64° 56' 48.4" E 25° 42' 10.3". **Max. WOMOs**: >5.
Ausstattung: Schotterparkplatz für Besucher des Freilichtmuseum.
Beschreibung: Der Parkplatz zeigte sich zuletzt erweitert. Ruhig.
Zufahrt: Siehe Text, ausgeschildert.

Ganz früher war die Flussinsel im ***Oulujoki*** ein wichtiger Handelsplatz, danach lebte man lange von Fischerei und Lachsfang, doch als es damit langsam zu Ende ging, wurde dieser Standort aufgegeben und geriet in Vergessenheit. Die Umgestaltung zum Freiluftmuseum begann 1922, als man die hundert Jahre vorher verkaufte ***Kapelle von 1694*** ausfindig machte, sie auf ***Turkansaari*** wieder aufbaute und zur Kirche weihte. Neben diesem in seiner frap-

pierenden Schlichtheit schon wieder reizvollen Gotteshaus gibt es auf dem weitläufigen Areal, das sich auch auf die benachbarte Insel ***Siikasaari*** erstreckt, verschiedene andere historische Gebäude zu sehen, die das traditionelle Leben und die verschiedenen Erwerbszweige dieser Region anschaulich vermitteln. Besonders zu bestimmten Aktionswochen geht es hier zur Sache: Dann wird altes Handwerk und Folklore vorgeführt, die Teergrube angeworfen und vermutlich fröhlich gefeiert. In der alten Kirche finden auch wieder Trauungen statt und

danach tafelt die Festgesellschaft im gemütlichen Café nebenan. Hier hängen die obligatorischen Hochzeitsbrote mit Inschrift als dekoratives Gästebuch auf Stangen gefädelt unter der Decke.

Selbstverständlich sind hier auch alte ***Teer***-Boote ausgestellt, ging es doch schließlich mit der begehrten Ware auf die Zielgerade nach **Oulu**. Bevor wir uns aber dieser Stadt, immerhin die nördlichste Großstadt der Europäischen Union, zuwenden, locken wir Sie auf die Insel ***Hailuoto***, einem Ziel wie geschaffen für Naturfreunde und Menschen, die sich nach einem ruhigen Inselleben und einer freundlichen Sommerfrische sehnen. ***Hailuoto*** ist 200 km² groß, hier leben weniger als 1.000 Einwohner, die Insel besteht hauptsächlich aus Sand, Dünen, Kiefern und Vogelschutzgebieten und wird gerade so langsam vom Tourismus entdeckt. Im Winter, wenn der Bottnische Meerbusen dick zugefroren ist, kann man die 7 km vom Festland auf einer geprüften Eisstraße mit dem Auto zurücklegen und im Sommer verkehrt eine kostenlose Fähre, die die Strecke in einer halben Stunde absolviert. So verlassen wir also die **22/Oulu** 7,2 km hinter **Turkansaari** nach **links/815/ Oulunsalu**, sehen auch bald Fährhinweise und eine Anzeigetafel, die über die nächste erreichbare Abfahrt nach **Hailuoto** informiert. Sie

verkehrt etwa alle halbe Stunde, am Abend jedoch seltener (finferries.fi). Hier unser Tipp, um lange Wartezeiten zu vermeiden: Abends zur Insel und vormittags zurück, wie viele Tage später auch immer. Die Zwangspause am Fährhafen (WOMO-Plätze auf der Landzunge unterm Windrad: [**152**: N 65° 00' 30.3" E 25° 11' 40.8"]) kann man sinnvoll gestalten, indem man sich im Café-Kiosk einen Imbiss gönnt und dabei einen nützlichen Faltplan mit Inselkarte abgreift. Nach flotter Überfahrt rollen wir schließlich auf die Insel, freuen uns über die recht ordentliche Inselhauptstraße **816** und registrieren nach 13,8 km links den **Ailasto Camping** [**153**: N 65° 03' 24.1" E 24° 48' 14.9"] mit Wiesenplätzen hinterm Haus und einer ordentlichen Gastronomie mit Barbetrieb. Für uns geht es aber heute zu einem Traum-Platz vor einem Dünengelände im Süden der Insel. Dazu passieren wir Land mit dünner Besiedlung, eine Tankstelle, zwei Supermärkte sowie eine moderne Kirche und folgen 8 km hinter **(153)** den Hinweisen nach **links/ Pöllä**. Die Asphaltstraße wird schmaler, nach 4,7 km halten wir uns links und nach etwa 500 m Schotterweg durch die „Pampa" sind wir am Ziel.

(154) WOMO-Badeplatz: Pöllä

GPS: N 64° 58' 17.9" E 24° 42' 46.3".
Max. WOMOs: 3-5.
Ausstattung: Schotter-Parkraum bei der Bootsliegestelle **vor** dem Tiefsandareal, Hundestrand, Bademöglichkeiten.
Beschreibung: Zuletzt hat ein niedriger Wasserstand die Badefreuden getrübt. **Zufahrt**: Siehe Text.

Zum Baden geht es zu Fuß auf die Landzunge: rechts lange flach, links schnell tief. Das Meer-Wasser ist herrlich und hier oben im Norden kaum noch salzig.
Nun gehts zurück zur Inselhauptstraße und auf dieser links weiter nach **Marjaniemi**, dem Tourismus-Zentrum der Insel mit Leuchtturm, Sandstrand, Gastronomie, ein paar Läden und was der Urlauber sonst noch so braucht. Kurz davor geht es nach links zum vormaligen Campingplatz weg, wo man reichlich Parkraum vorfindet.

(155) WOMO-Stellplatz: Rantasumppu

GPS: N 65° 02' 03.1" E 24° 34' 06.3". **Max. WOMOs**: >5.
Ausstattung: Dixi-Klos.
Beschreibung: Freier Parkraum beim Strandzugang. Perspektive unklar.
Zufahrt: Siehe Text.

Von hier aus führt ein Bretterweg zum nahen Riesenstrand und durch die Dünen bis zur Hafenmole. Wir fahren da jetzt mit dem WOMO hin und empfehlen, direkt einen Parkplatz auf der breiten Mole anzusteuern, denn hier finden Sie den Premium-Platz der Insel.

(156) Offizieller WOMO-Stellplatz: Marjaniemi

GPS: N 65° 02' 22.5" E 24° 33' 12.3". **Max. WOMOs**: 15.

Ausstattung: Asphaltierte Mole, Stromplätze auf der Marina-Seite, Plätze mit Strandblick auf der anderen Seite, WC und Duschen mit Code, herrlicher Sandstrand, 2 schöne Grillstellen mit Holzvorrat und Picknickbänken, Müllbehälter. Frischwasser-Zapfstelle, Gastronomie anbei, (inoffizielle) Kassetten-Klo-Entsorgung neben dem Küchenhaus, grüner Deckel.
Beschreibung: Nach Chaos-Tagen in 2020 mit mehr als 50 WOMOs auf der Mole haben die Behörden reagiert. In der Hochsaison sind nur noch 15 WOMOs/Caravans erlaubt. Eine telefonische Reservierung bei ***Lauri*** von der Strand-Bar ist also zu empfehlen: +358401877730.
Gebühr 2021: 20 EURO + 5 EUR für Strom **Zufahrt**: Siehe Text.

An der Mole gibt es einen kleinen Yachthafen, in der Nachbarschaft das **Luotsihotelli** mit ansprechendem Lounas-Büfett, ein Heimatmuseum, den stolzen Leuchtturm, einen Souvenirladen und Cafés, sowie unser persönliches Highlight namens **Kalahalli** beim Fischereihafen, wo wir Frischfisch kaufen, den wir abends braten. Lange noch sitzen wir vor der Tür

und beobachten das Balz-und Nist-Verhalten der Seeschwalben, genießen den freien Blick auf den Meereshorizont und später einen irrwitzigen Sonnenuntergang.

Auf dem Rückweg zum Fährhafen am anderen Ende der Insel gibt es noch etwas mehr für Vogelfreunde. Genau 1,5 km hinter dem Abzweig nach **Pöllä** geht es rechts weg (Hinweis **Lintutorni Kirkkosalmi**) und man findet nach 1,5 km Naturpiste ein aufwändig gestaltetes Areal mit einem Vogelbeobachtungsturm und kleinem Parkplatz [**157**: N 65° 00' 07.4" E 24° 44' 49.2"].

Mit der Fähre geht es nun zurück zum Festland und dort über die **816/815/847** nach **Oulu** ins Zentrum. Wer hier länger bleiben will, der fährt zum städtischen Nobel-Camping am Meer,

(158) WOMO-Campingplatz: Oulu Nallikari****

GPS: N 65° 01' 45.8" E 25° 25' 04.3". **Öffnungszeiten**: Ganzjährig.
Ausstattung: Sehr gut ausgestatteter Platz, Familienurlaub mit Kindern, Spielplätze, Restaurant, Laden, Badebucht mit Sandstrand, bei Regen Erlebnisbad ***Eden*** nebenan, nallikari.fi.
Beschreibung: Dieser Platz gilt als einer der besten in ***Finnland***.
Zufahrt: Im Nordwesten der Stadt, ausgeschildert.

den anderen empfehlen wir für einen Tagesaufenthalt einen der Parkplätze in Hafen-Nähe. Wir standen zuletzt hier: N 65° 00' 49.2" E 25° 27' 35.5". Bitte die Parkplatzmarkierungen beachten! Sonst wird's teuer! Ich sage nur: Selbstversuch.

Oulu war einst der größte ***Teer***-Exporteur der Welt, die Händler haben sich dumm und dämlich verdient, die Stadt wurde reich durch den ***Teer***, doch die Produzenten in den karelischen Wäldern hatten kaum genug zum Leben. Für die Stadt war dieser Boom zu Beginn des 20. Jahrhunderts zu Ende, denn nach den fetten Jahren ab 1860 sank die Nachfrage auf dem Weltmarkt ständig, da die neuen Schiffe der Seemächte jetzt immer öfter aus Stahl gebaut wurden. Heute präsentiert sich **Oulu**, mit 120.000 Einwohnern sechstgrößte Stadt in ***Finnland***, als modernes und lebhaftes Zentrum von Wirtschaft und Bildung.

Die Stadt am Meer ist auch ein gutes Beispiel für finnische Diplomatie auf Kommunalebene. Politisch gut ausbalanciert wurden 1969 mit zwei deutschen Städten Städtepartnerschaften vereinbart: mit **Leverkusen** im Westen und mit meiner alten Heimatstadt **Halle/Saale** im Osten. Die Hallenser wussten damals zwar gar nichts von der Stadt im fernen unerreichbaren ***Finnland***, doch den Bewohnern eines Neubaugebietes bescherte dieser Akt der Völkerverständigung immerhin eine bis heute schwer aussprechbare ***Ouluer Straße***.

Oulu hält eine ganze Reihe von Sehenswürdigkeiten und Museen für die Besucher bereit: Stoff für mehr als einen Tag. Im Rahmen eines überschaubaren Stadtbummels, bei dem man auf gar keinen Fall den bunten Wochenmarkt samt ***Markthalle*** am Hafen bei den roten ***Salz-Speicherhäusern*** auslassen sollte, kann man bequem die beiden prächtigsten Gebäude vor Ort mit einbeziehen: das ***Kaupungintalo***, das ***Rathaus*** von 1886 mit seiner schmucken Fassade und die ***Tuomio kirkko***, die imposante ***Domkirche*** von 1777, damals die größte Kirche in ***Finnland***. Das ursprüngliche Bauwerk brannte 1822 ab, wurde aber auf den erhaltenen Steinmauern nach Plänen von (Na, von wem wohl?) ***Carl Ludwig Engel*** gänzlich neu konzipiert und erweitert wieder aufgebaut. Nach einer grundlegenden Renovierung des Innenraumes im Jahre 1997 erstrahlt der Dom nun im alten Glanz mit dem leicht kühlen Charakter des Neoklassizismus. Als weitere Stationen der Stadtvisite kämen noch die stets gut besuchte Fußgängerzone namens ***Rotuaari***, wo jährlich der Weltmeister der Luftgitarren-Spieler gekürt wird, und das Wissenschaftszentrum ***Tietomaa*** in Frage. Hier kann man sehr anschaulich Naturphänomene am eigenen Leib testen und Ihre Kinder lernen sogar noch was in den Ferien. Die Bedeutung von **Oulu** als gigantischer Umschlagplatz für Holzteer war spätestens mit dem verheerenden Großbrand des ***Teer***-Hafens ***Terhovi*** im Jahre 1901 beendet. Doch die Stadt zeigt sich gut erholt, es wird viel gebaut und man hat sich schon vor vielen Jahren verstärkt den modernen Technologien zugewandt. Und schon mal vormerken: **2026 wird Oulu Kulturhauptstadt Europas**!

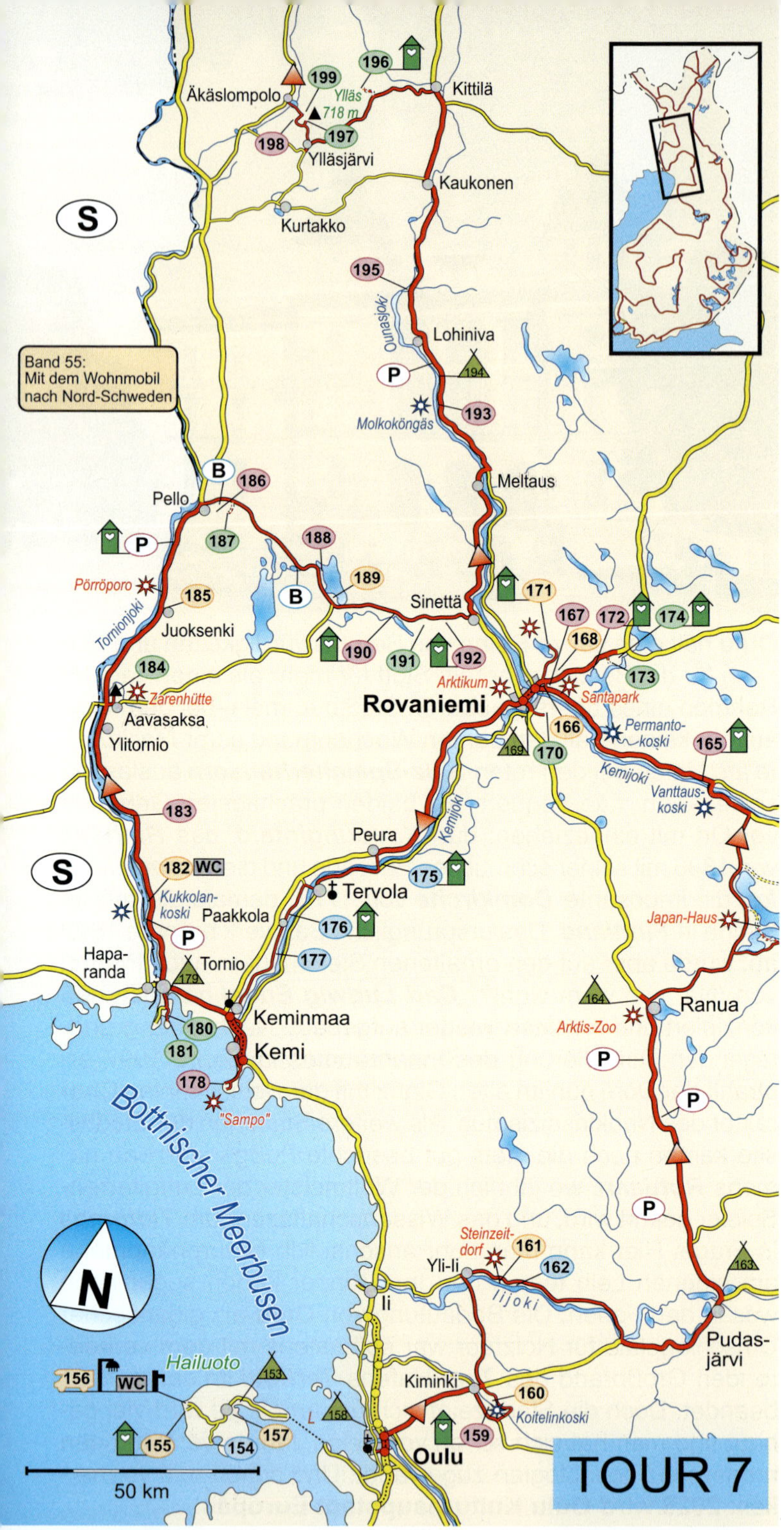

Äkäslompolo
199
196
Kittilä
Ylläs
718 m
197
198
Ylläsjärvi
Kaukonen
S
Kurtakko
195
Ounasjoki
Lohiniva
P
194
193
Molkokongäs
Band 55:
Mit dem Wohnmobil
nach Nord-Schweden
Meltaus
B
186
Pello
187
P
188
Pörröporo
189
185
B
Sinettä
171
Juoksenki
167
172
174
168
Tornionjoki
190
191
192
173
184
Arktikum
Zarenhütte
Rovaniemi
Santapark
Aavasaksa
166
Permanto-
koski
Ylitornio
169
170
165
Kemijoki
Vanttaus-
koski
183
Peura
Kemijoki
S
182 WC
175
Kukkolan-
koski
Tervola
Paakkola
176
P
Japan-Haus
Hapa-
randa
Tornio
177
179
164
Ranua
Keminmaa
180
Arktis-Zoo
181
Kemi
P
178
P
"Sampo"
Bottnischer Meerbusen
P
Steinzeit-
dorf
161
163
Yli-Ii
162
N
Iijoki
Ii
Pudas-
järvi
Hailuoto
153
156
WC
Kiminki
160
158
L
Koitelinkoski
155
157
159
154
Oulu
TOUR 7
50 km

TOUR 7: Finnlands Flüsse (900 km)

Yli-Ii - Ranua - Rovaniemi - Tornio - Pello - Ylläs

Freie Übernachtung:	Koiteli (2), Steinzeitdorf Kierikkikeskus, Pahkakoski, Valijoki, Puurosenranta, Rovaniemi (4), Norvajärvi, Ossauskoski, Paakola, Koskenranta, Ajos Kalasatama, Alkunkarinlahti, Kukkolankoski, Aavasaksa, Juoksenki, Valkeajärvi, Jaipaljukka, Romakkajärvi, Raanujärvi, Palojärvi, Möötikkarakka, Lehtojärvi, Molkokängäs, Totovaara, Ylläs (3).
Campingplätze:	Jyrkkäkoski, Ranua, Rovaniemi, Tornio, Ounasmökit.
Baden:	Pahkakoski, Norvajärvi, Ossauskoski, Paakkola, Koskenranta, Valkeajärvi, Romakkajärvi, Palojärvi.
Besichtigen:	Steinzeitdorf Kierikkikeskus, Arktis-Zoo Ranua, Japanitalo, SantaPark, Polarkreiszentrum und Arktikum in Rovaniemi, Deutscher Soldatenfriedhof am Norvajärvi, Kirchen in Tervola und Keminmaa, Eisbrecher Sampo, Mäntyranta Museum in Pello.
Wandern:	Rovaniemi, Vaattunkiköngäs, Vikaköngäs, Alkunkarinlahti, Aavasaksa, Valkeajärvi, Jaipaljukka, Möötikkarakka, Lehtojärvi, Totovaara, Ylläs.

Schon mit wenigen geographischen Begriffen findet man sich in ***Finnland*** gut zurecht. Besonders einfach ist es beim Wasser. So heißen die Seen ***vesi*** und ***järvi***, die Flüsse ***joki*** und deren Stromschnellen ***koski***. Spätestens seit unserer ***Oulujoki***-Tour nach **Oulu** wissen wir auch, dass fast alle Flüsse nach dem Ort ihrer Mündung benannt sind. So werden wir in dieser Tour den ***Kemijoki*** zur Mündung nach **Kemi** begleiten und von **Tornio** aus am ***Tornionjoki*** entlang nach Norden fahren.

Aus **Oulu** heraus nehmen wir die **22/Kemijärvi**, dann die **E75/Kemi** und schließlich die **20**, auf der wir bis **Kiiminki** fahren. Bevor es hier nordwärts zu den großen Flüssen geht, biegen wir für eine Tour-Schlaufe nach rechts ab auf die **848/Ylikiiminki**, denn es geht zu den ***Koitelinkoski***, die wir 4,4 km nach dem Abzweig erreichen. Hier hat man ein wunderschönes Freizeitareal gestaltet, wo man die Erfolgskomponenten wie Sprudelfluss, Inselchen mit Kiefern, Brückchen und zahlreiche Picknickplätze mit Feuerstellen perfekt vereint vorfindet. Sogar ein kleines Ausflugs-Café gibt es hier und einen großen Parkplatz davor auch.

(159) WOMO-Picknickplatz: Koitelinkoski

GPS: N 65° 05' 46.9" E 25° 49' 04.6". **Max. WOMOs**: >5.

Ausstattung: Großer Asphaltparkplatz links der **848**, 3 Dixi-Klos, Mülltonnen, Café und Eis-Kiosk in der Nähe, straßennah.
Beschreibung: Schönes Picknickgelände an den Stromschnellen
Zufahrt: Siehe Text.

Auf der **848** rollen wir zunächst nach links weiter, biegen nach 2,4 km **links** auf die *Huttukyläntie* ab, queren den ***Koitelinjoki***, nehmen nach 1.000 m die Asphaltstraße nach links Richtung **Puro** und entdecken 3 km nach dem letzten Abzweig noch einen kleinen, aber ruhigen Schlummerplatz [**160**: N 65° 06' 01.0" E 25° 49' 28.6"] links, quasi am „Hintereingang“ des ***Koitelinkoski***-Areals.
Nachdem wir in **Kiiminki** die **20** gequert haben, düsen wir auf der **849** nach **Yli-Ii**, wo das ***„Stone Age Centre“*** schon ange-

kündigt wird. Diesen Hinweisen nach, geht es am Ortsende nach **rechts/Pudasjärvi**, man rollt dann durch die kunstvoll aus Steinen und Grassoden gestaltete Außenanlage und schließlich auf den asphaltierten Parkplatz vom ***Kierikkikeskus*** (2021: 28. Juni - 8. August Mo-Sa 10-17 Uhr, So 12-18 Uhr, sonst verkürzt, Eintritt, Kinder bis 6 J. frei, kierikki.fi), dem Besucherzentrum vom ***Kivikautinen kylä***, dem ***Steinzeitdorf***.

(161) WOMO-Stellplatz: Kierikkikeskus

GPS: N 65° 21' 40.7" E 25° 56' 45.2". **Max. WOMOs**: 3-5.
Ausstattung: Geräumiger Besucherparkplatz, Müllbehälter.
Beschreibung: Nachts sehr ruhig.
Zufahrt: Siehe Text, vor Ort ausgeschildert.

Hinter der Fassade des imposanten Blockbaus verbirgt sich eine professionell präsentierte Ausstellung mit archäologischen Fundstücken, mit der die Lebensumstände der Menschen in grauer Vorzeit veranschaulicht werden. Ein Filmvortrag zum Thema und ein Restaurant komplettieren das

Angebot. Auf einem Holzbohlenweg durch die wunderschöne bewaldete Uferzone des ***Iijoki*** mit fröhlich zwitschernden Vögeln erreicht man nachgebaute Behausungen, erhält von ambitionierten Steinzeit-Guides ausführliche Erklärungen und kann aktuelle Ausgrabungen inspizieren.
Wir rollen weiter den ***Iijoki*** hoch durch eine malerische Gegend mit hohem Freizeitwert und finden schon bald einen vorzeigbaren WOMO-Platz rechts am Stausee.

(162) WOMO-Badeplatz: Pahkakoski

GPS: N 65° 21' 35.0" E 26° 02' 47.2". **Max. WOMOs**: 1-2.

Ausstattung: Schöne Schotterwiese am Wasser, Bootsrampe mit Bademöglichkeit (Badeschuhe tragen!), Waldrand, Laavu mit Feuerstelle (zuletzt ziemlich unbetreut) und Holzlager, Müllbehälter.
Beschreibung: Geschützte Lage, aber nur 50 m neben der Tour-Straße.
Zufahrt: Schmaler Fahrweg ohne Hinweis, 5 km hinter dem Abzweig zu **(161)**.

Es geht nun immer mal am Wasser entlang, sogar auf einem Damm im Fluss und auch streckenweise schnurgerade und so weit das Auge reicht durch den Wald. Dann haben wir den Fluss wieder direkt an der Straße und kurz nach einer Brücke über sprudelndes Wildwasser zweigen wir ab zur **20/Kuusamo**. Nun ändert sich die Landschaft, jetzt dominieren die Birken im Wald und wir durchqueren ein Sumpfgebiet, bevor wir in **Pudasjärvi** ein letztes Mal über eine ***Iijoki***-Brücke fahren und im Ort zur **78/Ranua** wechseln. Knapp 2 km später geht es nach rechts auf einer Lehmpiste durch ein Wintersportgebiet mit Sprungschanze zu einem wunderschönen Quartier.

(163) WOMO-Campingplatz: Jyrkkäkoski***

GPS: N 65° 23' 55.8" E 26° 59' 35.1".
Öffnungszeiten: Mai - September.
Ausstattung: Schön angelegter, luftiger Platz im Hochwald, gute Sanitäranlagen in Blockhäusern, Ufer-Saunen mit Treppchen hinunter zum Badesteg am See, Feuerstelle, Minigolf, Bootsausleihe, Angelkarten, Café.
Beschreibung: Dieser tolle Platz ist für uns recht mysteriös, weil meistens ziemlich leer. Warum eigentlich? Finden Sie es heraus! jyrkkakoski.fi.
Zufahrt: Siehe Text.

Die nächsten 70 km nordwärts nach **Ranua** gehts auf einer „Rennstrecke“ durch Elchland mit Sumpf und Birken. Unterwegs registrieren wir 3 Rastplätze, und zwar 16, 44 und 58 km hinter **Pudasjärvi**, von denen uns der letztere (N 65° 49' 37.8" E 26° 32' 22.0") links am ***Kirveslampi*** (Foto oben) am besten gefällt, wo sich ein kleiner Auflug über den Bretterweg zum Sumpfsee anbietet. Hier beginnt ***Lappland***, das nördliche Drittel des finnischen Staatsgebietes. Die Ortsverbände hier oben werden immer weitläufiger, auch **Ranua** ist ziemlich zersiedelt. Zum alljährlichen ***Moltebeeren-Markt*** treffen hier im August die fleißigen Sammler auf die bequemen Interessenten. Zu einem weiteren überregionalen Anziehungspunkt folgen wir den Hinweisen zum ***Ranua Zoo*** (Parken: N 65° 56' 34.7" E 26° 28' 13.8", Juni bis August tgl. 10-18 Uhr, September 10-16 Uhr, viel Eintritt, ranuazoo.com), dem landesweit beliebten ***Arktis-Zoo***, der inzwischen zur Touri-Maschine aufgepumpt wurde und zu den beliebtesten Besucher-Zielen im Norden ***Finnlands*** aufgestiegen ist, so dass wir es hier als grenzwertig rummelig empfinden. Ein 3-km-Rundweg führt über Holz-Bohlen durchs bergige Areal mit dem erwarteten heimatlichen Tiersortiment in natürlicher Umgebung. Den ***Wildschweinen***, ***Wölfen, Vielfraßen*** und ***Bären*** schaut man von einem Brücken-Laufsteg oben ins großzügige Quartier hinein. Die beste Show bietet heute der ***Eisbär*** names ***Sisu*** (der eizige in ***Finnland***)

beim ausführlichen Planschen mit Ball im Pool. Besonders umfassend kommen hier die Besucher-Kinder zum Zuge. Außer einem großen Wald-Spielplatz gibt es für sie am Eingang einen Steinturm mit der Märchenwelt in der ***Murr-Murr-Burg*** und einen Werksverkauf von ***Fazer*** mit Geleebonbons und Lakritze. Die Eltern vergnügen sich dann im Kunstgewerbeladen, den Souvenir-Kaufhallen und/oder in der Gaststätte. Das Über-Nacht-Parken ist hier mittlerweile untersagt, aber man bietet eine durchaus angenehme Alternative gleich nebenan.

(164) WOMO-Campingplatz: Ranua Zoo

GPS: N 65° 56' 41.6" E 26° 27' 47.8". **Öffnungszeiten**: Ganzjährig.
Ausstattung: Schön angelegtes Areal, 40 Asphaltstellplätze mit Rasen drumherum, gute Sanitäranlagen, Spielplatz, Picknickbänke, überdachte Grillstelle, Sauna. ranuazoo.com
Beschreibung: Rezeption bei ***Wildlife Safaris*** schräg gegenüber vom Zoo.
Zufahrt: Siehe Text, 400 m vom Zoo-Parkplatz auf der **78** weiter, links.

Da wir nicht auf direktem Weg nach **Rovaniemi** wollen, kehren wir nach **Ranua** zurück, um den Abzweig **942/Kemijärvi** zu nehmen und schaukeln auf leicht ramponierter Straße endlos geradeaus durch Wald, Sumpf und ein Torfabbaugebiet. Zu einem besonders exotischen Ziel in dieser finnischen Landschaft biegt man nach 24 km nach rechts ab. Dieser kleine Abstecher auf nicht ganz astreiner Piste bringt uns nach 17 km zum ***Japanitalo*** (N 66° 06' 28.9" E 27° 01' 38.0", Juni-August Di-So 11-17 Uhr, Eintritt, japanitalo.fi) das ***Japan-Haus*** am

See ***Simojärvi*** (besser wäre natürlich am ***Sumojärvi***), ein Ergebnis des finnisch-japanischen Kulturaustausches. Es ist die japanische Antwort auf das finnische ***Restaurant Ranua*** im japanischen Weihnachtsmann-Land ***Iwasakimura***. Es liegt in malerischer Lage am See, ist authentisch ausgestattet und könnte als ausgesprochen engagiert geführtes ***Japanisches Kulturzentrum*** wohl mehr Besucher vertragen. Bei unserer letzten Visite konnten wir uns jedenfalls der uneingeschränkten Aufmerksamkeit der sympathischen Gäste-Betreuerin sicher sein. Zurück auf der **942** geht es nach rechts weiter und nach 34 km durch eine Landschaft mit bewaldeten Hügeln erreichen wir den ***Kemijoki***, dem wir bis zur Mündung folgen werden und das zunächst auf der **81/Rovaniemi**. Auch dieser mit seinen 550 km längste und zugleich mächtigste Fluss ***Finnlands***, der hier schon ein gutes Stück seines Weges nach ***Kemi*** zurückgelegt hat, wird mit einer ganzen Reihe von Staustufen zur Stromversorgung des Landes herangezogen. Nach einem Stück auf guter Straße durch bergiges Terrain stoßen wir am (ehemaligen) ***Vanttauskoski*** auf eine besonders imposante Wasserkraftanlage. Die **81** führt uns über den langen und majestätisch hohen Staudamm, hinter dem man sich auf einem Info-Parkplatz über das komplexe Bauwerk schlau machen kann und ganz in der Nähe am Fluss sogar eine echtes Wohlfühl-Areal findet.

(165) WOMO-Picknickplatz: Puurosenranta

GPS: N 66° 22' 46.3" E 26° 38' 37.3". **Max. WOMOs**: 3-5.

Ausstattung: Trockenklo, Feuerstelle mit Holzvorrat, Laavu, Bootseinsetzstelle, Bademöglichkeit, außerort, sehr ruhig.
Beschreibung: Schöne Schotter-Plätze auf einem Plateau-Rondell oberhalb vom ***Kemijoki***.
Zufahrt: 450 m hinter dem Info-Parkplatz links rein auf die *Puurosenrannantie*, nach 1,9 km Schotterweg links noch 200 m etwas steil runter.

Nach der steilen Auffahrt kann man den „Bypass" nach links weiter fahren und stößt nach 1 km wieder auf die Tourstrecke. Auf der **81** rollen wir neben dem breit und sehr majestätisch dahinfließenden Strom auf der vorbildlich ausgebauten Straße **81** durch Bauernland und kommen gut voran, am anderen Ufer erheben sich bewaldete Sandhänge und bald erreichen wir die ***Permantokoski*** (Notparkplatz hier: N 66° 27' 35.0" E 26° 04' 50.5"), eine breite Stromschnelle beim Zufluss aus dem

Jyrhämäjärvi. Dann sieht man links voraus auch schon den ***Ounasvaara***, das Skigebiet mit Sprungschanzen von **Rovaniemi**. Ehrlich gesagt, ist die Hauptstadt der Provinz ***Lappland*** nicht besonders schön anzuschauen, doch wir wollen uns nicht beschweren, denn praktisch die gesamte alte Holzstadt ist 1944 beim Rückzug der deutschen Truppen, oder wie die Finnen freundlich formulieren „im Rahmen von Kriegshandlungen" abgebrannt. Obwohl dies vermutlich eher ein „taktisches Foul" war, um den möglicherweise nachrückenden russischen Truppen keine intakte Infrastruktur zu hinterlassen und auch alle Bewohner schon lange vorher evakuiert wurden, stand man hier nach dem Krieg vor dem Nichts. Vom festen Willen getrieben, **Rovaniemi** wieder aufzubauen, wurde diese nationale Aufgabe nach einem Master-Plan von (Sie ahnen es ?) ***Alvar Aalto*** auch zügig umgesetzt und bietet uns heute den Anblick eines modernen und funktionalen Verwaltungszentrums. Deshalb lieben wir diese Stadt vor allem wegen ihrer wunderschönen Lage am Zusammenfluss von ***Ounasjoki*** und ***Kemijoki***, und natürlich wegen einiger ganz spezieller Sehenswürdigkeiten. Zum ehrgeizigsten und wohl teuersten Produkt der finnischen Tourismus-Industrie führt die Straße schon vor der Stadt nach rechts zum ***SantaPark*** (Info: santapark.com). Nach einem Plan britischer Freizeitpark-Spezialisten wurde mit insgesamt 120 Tonnen Sprengstoff Stück für Stück eine riesige Höhle in den Granit-Berg gesprengt und eine Art ***Weihnachts-Disneyland*** hineingebaut, ein aufwändig gestaltetes Kinder-Paradies mit reichlich artgerechtem Betreuungs-Personal (mit lustigen Helium-Stimmchen) und vielen themenbezogenen Attraktionen: das Postbüro der Elfen, die „Geisterbahn" durch den Wichtelberg, die Lebkuchen-Verzier-Werkstatt, die Eisgalerie und die Elfen-Schule, die jeder Besucher mit Diplom abschließt. Auf der zentralen Bühne gibt es noch Dance-Shows, bei denen ausgelassen herumgeturnt wird und (Na klar!) trifft man den ***Weihnachtsmann*** persönlich,

sollte aber bei dem wunderschönen Foto vom Meet-and-Greet, das einem kurz darauf zum Kauf angeboten wird, gründlich auf den Preis achten. An der Finanzierung des 1998 fertiggestellten 15-Mio-EURO-Monstrums haben sich der Staat, die Stadt Rovaniemi, die Finnair und ein TV-Sender beteiligt, womit auch die Hauptinteressenten am Vorhaben genannt wären. So träumt man gemeinsam von noch viel mehr Charterfliegern aus aller Welt auf dem nahen Flughafen, vom ***Jetset*** aus ***New York*** und ***London***, von Heerscharen aus ***China*** und ***Deutschland*** in der Adventszeit. Alle sollen kommen und sich hier in der allzeit wetterfesten Traumfabrik weihnachtsgemäß verzaubern lassen, obwohl ja der ***Weihnachtsmann***, soweit **wir** wissen, nicht hier im Berg, sondern im nahen ***Polarkreiszentrum*** zu Hause ist! Vom Parkplatz des ***SantaParks*** [**166**: N 66° 32' 24.5" E 25° 48' 04.6"] nur einen Katzensprung weiter ostwärts hat sich aus den bescheidenen Anfängen mit einer Blockhütte in den letzten Jahren des Weihnachts-Booms das ***Werkstatt-Dorf des Weihnachtsmannes*** (***Santa Claus Village***) entwickelt. Und das wächst von Jahr zu Jahr! Auch hier kann man sich zusammen mit dem ***Weihnachtsmann*** fotografieren lassen, ***Rentiere*** angucken, durch die Souvenirshops streifen und im ***Weihnachtspostamt*** Weihnachtspost an die lieben Enkelkinder daheim in Auftrag geben. Man kann aber hier auch in aller Ruhe seine Urlaubspost (Sonderstempel!) erledigen, die obligatorischen Fotos am ***Napapiiri***, also

beim ***Polarkreis***-Streifen absolvieren und sich z.B. im ***Arctic Circle Centre*** ein preiswertes Lunch-Menü mit allem Drum und Dran schmecken lassen. Ein Aufenthalt beim ***Polarkreiszentrum*** ist quasi Pflicht, denn er gehört einfach zum Ritual jeder Nordland-Reise dazu.

(167) WOMO-Picknickplatz: Polarkreiszentrum Rovaniemi

GPS: N 66° 32' 33.6" E 25° 50' 30.8". **Max. WOMOs**: >5.
Ausstattung: Picknickbänke, Gastronomie und Läden anbei, Müllbehälter, Toiletten beim Postamt.
Beschreibung: Verschiedene Parkplätze auf dem gesamten Gelände, abends viel Platz. WOMO-Treffpunkt hinter dem ***Arctic Circle Centre***.
Zufahrt: Nordöstlich von **Rovaniemi** an der **4/Ivalo**, ausgeschildert.

(168) WOMO-Stellplatz: Polarkreis Shell

GPS: N 66° 32' 42.3" E 25° 50' 41.6". **Max. WOMOs**: 18.
Ausstattung: Parkplatz mit 24-h-Begrenzung neben der Tankstelle am Waldrand mit Stromsäulen. **Gebühr 2020**: **15 EUR** inkl. Strom.
Beschreibung: Bezahlen in der Tankstelle.
Zufahrt: Gegenüber vom Polarkreiszentrum.

Nun rollen wir auf der **4/Rovaniemi** hinab in die Stadt (links voraus die ***Holzfällerbrücke***!), um uns von einem Museum der Extraklasse betören zu lassen. Hinter der langen Brücke über das Wasser steckt es wie eine gläserne Riesen-Zigarre rechts voraus im Hang: das ***Arktikum*** (Parken: N 66° 30' 30.5" E 25° 43' 24.7", alle aktuellen Infos: arktikum.fi). Der extrava-

gante, lichtdurchflutete Bau ***dänischer*** Architekten beeindruckt schon einmal für sich alleine, doch auch die präsentierte Ausstellung gehört zum Besten, was ***Finnland*** auf dieser Strecke zu bieten hat! Vom Leben der ***Inuit*** und ***Sami*** über die ***Tierwelt der Arktis*** bis zur wortlosen 15-Minuten-***Audiovision-Show*** über das ***Nordlicht***: Wir sind begeistert! Jenseits der ***Holzfällerbrücke*** gibt es zwei WOMO-Quartiere: Eins am Fluss mit und eins am Sportberg ohne Komfort.

(169) WOMO-Campingplatz: Ounaskoski***

GPS: N 66° 29' 51.0" E 25° 44' 36.4". **Öffnungszeiten**: 21. Mai bis 26. Sept. **Ausstattung**: Schönes Grün-Gelände am Fluss, gepflegte Anlage, gute Ausstattung mit etwas knapper Kapazität der Sanitäranlage, die modernisiert werden sollte. Badestelle, Spielplatz, Kiosk mit Cafeteria. **Beschreibung**: Das ***Arktikum*** und die Innenstadt sind fußläufig gut zu erreichen. ounaskoski-camping-rovaniemi.com. **Zufahrt**: In der Stadt der **78/Ranua** folgen, hinter der ***Holzfällerbrücke*** rechts.

(170) WOMO-Wanderparkplatz: Ounasvaara

GPS: N 66° 29' 50.8" E 25° 46' 57.4". **Max. WOMOs**: 1-2. **Ausstattung**: Bänke, Müllbehälter, Wanderwege, Nordic Fitnesspark. **Beschreibung**: Von Wald gesäumte Asphaltbuchten bei einem Naherholungsgebiet. **Zufahrt**: Hinter der ***Holzfällerbrücke*** nicht rechts zu **(169)**, sondern kurz geradeaus weiter, dann links, den Hinweisen **Ounasvaara/Urheilupisto** nach, an der ***Lappi-Areena*** vorbei, dann rechts.

Wir haben noch ein besonderes Reiseziel etwa 16 km nördlich von **Rovaniemi** im Programm, das uns in Erinnerung ruft, dass ***Nordland*** nicht immer für Urlaub und WOMO-Freiheit stand, sondern dass hier auch gestorben wurde: Wir besuchen den **Deutschen Soldatenfriedhof** am ***Norvajärvi***. Auf dem Weg vom **Polarkreiszentrum** nach **Rovaniemi** folgt man nordwärts der Straße Richtung **Norvajärvi** und dann den entsprechenden Hinweisen. Vom Parkplatz führt ein 500-m-Fußweg durch den Wald zum Friedhof, der auf einer Landzunge am See liegt. Hier haben etwa 2500 Kriegstote des Zweiten Weltkriegs ihre letzte Ruhestätte gefunden. In der Gedenkhalle sind auf großen Tafeln die Namen und Daten der Gefallenen zu lesen: ein Ort, um innezuhalten. Die fröhlich-laute Badestelle nebenan wirkt da an diesem Sommernachmittag schon störend, bringt uns aber schnell in den Urlaubsmodus zurück.

(171) WOMO-Stellplatz: Norvajärvi

GPS: N 66° 37' 32.4" E 25° 47' 35.7". **Max. WOMOs**: 2-3. **Ausstattung**: Asphaltparkplätze rechts und links am Ende der Zufahrt, Trockenklo, Müllbehälter, Gully für Toiletten-Entsorgung. Badestelle anbei. **Beschreibung**: Es wäre interessant zu wissen, wie man den Deckel vom Gully für die Toiletten-Entsorgung öffnet. Hinweise erbeten. **Zufahrt**: Siehe Text.

Immer wieder erhalten wir Tipps aus der Leserschaft zu weiteren Zielen, die nicht auf unserer Tourstrecke liegen. So sind wir einem Hinweis nachgegangen und haben uns vor Ort umgeschaut. Dafür sind wir auf der **E75/4** am Polarkreiszentrum vorbei Richtung **Ivalo** weitergefahren haben Interessantes vorgefunden.

(172) WOMO-Picknickplatz: Olkajärvi

GPS: N 66° 34' 58.4" E 26° 01' 28.7". **Max. WOMOs**: 3-5.
Ausstattung: Plätze auf Asphalt/Schotter, Trockenklo, Feuerstelle, Laavu, Bootseinsetzstelle, Bademöglichkeit, sehr straßennah.
Beschreibung: Dieser Platz ist nur für robuste Schläfer geeignet.
Zufahrt: 9 km nach dem Polarkreiszentrum rechts.

(173) WOMO-Wanderparkplatz: Vaattunkiköngäs

GPS: N 66° 35' 43.5" E 26° 07' 09.5".
Max. WOMOs: 2-3.
Ausstattung: Parkplatz vor einer Ferienhaus-Siedlung, Müllbehälter, Info-Tafel (auf deutsch) zum Wandergebiet.
Beschreibung: Links vorbei an dem Lodge-Areal erreicht man nach 400 m eine Brücke bei den imposanten Stromschnellen des ***Raudanjoki***, Zugang zu einem ausgedehnten Wandergebiet.
Zufahrt: 4,2 km hinter **(172)** von der **E75** rechts abzweigen, dann 2 km Schotterstraße zum Ziel.

(174) WOMO-Wanderparkplatz: Vikaköngäs

GPS: Einfahrt N 66° 37' 10.7" E 26° 10' 51.1".
Max. WOMOs: >5.
Ausstattung: 4 Parkplatz-Abteile im Grünen, Grillhütten, Laavus, Feuerstelle mit Holzlager, Trockenklo, Mülltrennung, Holzbohlenweg am Fluss, Info-Tafeln zum Wandergebiet. Gelände wirkte zuletzt etwas unbetreut und sanierungsreif.
Beschreibung: Am besten hat uns die letzte Parkplatz-Nische gefallen (N 66° 37' 11.2" E 26° 11' 13.6"), hier geht es zu den ***Vikaköngäs***, die Stromschnellen des ***Vaatunkijoki*** und zum Wandergebiet ***Napapiirin retkeilyalue*** bzw. ***Arctic Circle Hiking Area***.
Zufahrt: 4 km hinter dem Abzweig zu **(173)** rechts.

Nachdem wir **Rovaniemi** auf der **4/Kemi** verlassen haben, begleitet uns der ***Kemijoki*** mal mehr und mal weniger breit zur Linken und man gondelt lange durch eine freundliche und gepflegte Landschaft mit bunten Blümchenwiesen. In **Peura** wechseln wir die Fluss-Seite, biegen dazu nach **links/9264/Ossauskoski** ab, fahren erst über Gleise und dann am Kraftwerk vorbei. Anschließend überqueren wir mit zwei Brücken den breiten Fluss und erspähen links voraus einen verlockenden Badeplatz.

(175) WOMO-Badeplatz: Ossauskoski

GPS: N 66° 09' 27.8" E 25° 09' 11.3".
Max. WOMOs: 2-3.
Ausstattung: Schöne ***Kemijoki***-Badestelle, Trockenklo, Laavu, Feuerstelle, Müllbehälter.
Beschreibung: An der Badestelle vorbei links auf der Wiese parken.
Zufahrt: Siehe Text.

Nun geht's links vom Fluss auf der **926** nach **Tervola** auf flotter und von bunten wilden Blumen und Birken gesäumter und kaum befahrener Straße weiter zügig voran. Dort rollen wir geradeaus durch den Ort, und finden kurz nach unserem Abzweig zur Brücke hin zur **4/Kemi** Hinweise nach rechts zur ***Vanha kirkko***, einer alten ***Kirche von 1689*** (N 66° 05' 00.2" E 24° 48' 11.5") direkt beim ***Kemijoki***. Leider war diese zuletzt verschlossen und so für Besichtigungen nicht zugänglich.

Wieder drüben auf der Westseite des breiten Flusses biegen wir noch vor der **4/Kemi** gleich hinter der Brücke links nach **Paakkola** ab, setzen unsere Tour in Flussnähe auf schmaler, ordentlicher Straße fort und finden zwei schöne Badestellen.

(176) WOMO-Badeplatz: Paakkola

GPS: N 66° 00' 37.5" E 24° 42' 48.1". **Max. WOMOs**: 1-2.
Ausstattung: Schotterwiese und Sandstrand am ***Kemijoki***, Umkleidekabine, Trockenklo, Grillhütte, Picknickbank, Müllbehälter, netter Spielplatz.
Beschreibung: Gepflegte Dorfbadestelle, Häuser in der Nähe.
Zufahrt: 9,3 km hinter dem letzten Abzweig links.

(177) WOMO-Badeplatz: Koskenranta

GPS: N 65° 56' 39.1" E 24° 42' 01.3".
Max. WOMOs: 1-2.
Ausstattung: Schotterwiese mit Plätzen direkt am Fluss, Laavu, Hütte mit Holzvorrat, Umkleidekabine, Bootseinsetzstelle, Badestelle.
Beschreibung: Anglerplatz mit wenig Platz. Hier wird es schnell eng.
Zufahrt: 7,6 km hinter **(176)** links rein: ***Uimaranta/Veneenlaskupaikka***, nach 100 m schmaler Fahrweg nach links, dann noch 100 m .

Nach der beschaulichen Fahrt durch die Flusslandschaft haben wir auch gleich die nächste ***Vanha kirkko*** erreicht, die ***Pyhän Mikaelin kirkko*** (N 65° 48' 41.5" E 24° 32' 50.6") in **Keminmaa**. Dieser Kirche aus dem Jahre 1521 sollte man unbedingt Aufmerksamkeit schenken. In der ältesten ***Feldsteinkirche*** Nordfinnlands kann man außer der bemalten Holzdecke die Mumie vom ***Pfarrer Nikolaus Rungius*** besichtigen. Bevor er 1629 das Zeitliche segnete, hatte der Geistliche leichtfertig angekündigt, dass sein Leichnam nicht verwesen werde, wenn seine Verkündigung der Wahrheit entspricht. Nun liegt er da, nur notdürftig bedeckt in seiner Holzgruft unter dem Kirchboden und wird zur Schau gestellt.

Jetzt haben wir also den ***Kemijoki*** zum Meer gebracht und wechseln als nächstes zur Mündung des ***Tornionjoki***. Man könnte die Stadt **Kemi** jetzt einfach mal „links liegen" lassen und würde (Sorry!) auf diese Weise auch wenig verpassen, doch wir wollen es wissen und das Areal bis zum Südzipfel der Insel ***Ajos*** erkunden. So biegen wir alsbald nach **links/Lautiosaari** ab, passieren anschließend auf einspuriger ampelgeregelter Brücke den Fluss und bleiben dann beharrlich auf der **921/Kemi**. Im ziemlich gesichtslosen Stadtzentrum dominieren Zweckbauten, wir hangeln uns durch und lassen uns zur Hauptattraktion der Insel ***Ajos*** leiten, dem berühmten Eisbrecher ***„Sampo"*** im Hafen. Unterwegs dahin lassen wir uns von einem Fischsymbol zum **Kalasatama**, dem Fischereihafen nach rechts weglocken. Dort gibt es jedoch keinen fangfrischen Fisch wie erhofft, aber wenigstens einen WOMO-Pausenplatz [**178**: N 65° 40' 29.4" E 24° 31' 04.3"] beim unaufgeräumten Bootshafen.

Vom „Fisch"-Abzweig fahren wir nun noch 1,6 km ins trostlose Hafenareal hinein zum Parkplatz (N 65° 39' 38.1" E 24° 31'

07.8") beim Pier der ***„Sampo"***, die man auch im Sommer besichtigen kann, der aber ganz sicher im Winter die bessere Show bietet, wenn sie zu Ausflügen auf den dick zugeforenen ***Bottnischen Meerbusen*** startet und die Touris in wasserdichten Neopren-Anzügen risikofrei ins Eiswasser springen können.

Wer hier schnell wieder weg will, hält sich an die Autobahnhinweise und hat auf der **E75/E4** die knapp 30 km nach **Tornio** schnell absolviert. Diese Stadt am Nordende vom ***Bottnischen Meerbusen*** ist mit vielen privaten und geschäftlichen Kontakten sehr eng mit ihrem schwedischen Gegenüber **Haparanda** verflochten. Die Staatsgrenze zwischen den beiden Städten nimmt keiner mehr wahr und der 18-Loch-Golfplatz der ***„Eurocity Tornio & Haparanda"*** hat 5 Löcher in ***Finnland*** und 13 Löcher in ***Schweden***. Die einzigen Probleme beim täglichen Miteinander waren bislang nur die unterschiedlichen Zeitzonen auf beiden Seiten des ***Tornionjoki*** und die unterschiedlichen Währungen. Doch dann die Chance: der EURO! ***Finnland*** war dabei, aber ***Schweden*** nicht! Seitdem betreibt der Bürgermeister von **Haparanda** ernsthaft und beharrlich eine separate EURO-Einführung für seine Stadt. Wir wünschen viel Erfolg!

Am ersten großen Kreisverkehr von **Tornio** kann man etwas für seine Bordvorräte tun. Hält man sich nach **rechts**, kann man im riesigen **Prisma-Markt** nicht nur Lebensmittel bunkern, sondern sich auch über ein günstiges ***Lounas***-Büfett freuen. Hält man sich dagegen **links/Röyttä**, passiert man nach 700 m den Abzweig nach links zum freundlichen **Campinplatz Tornio** [**179**: N 65° 49' 54.7" E 24° 12' 08.7"], und wenn man 4,9 km danach links abzweigt, erreicht man nach 1,4 km [**180**: N 65° 46' 53.7" E 24° 12' 27.5"] und nach 2,4 km [**181**: N 65° 46' 30.4" E 24° 13' 03.6"] Parkplätze der ***Lintotornet Alkunkarinlahden***, die Vogelfreunde gerne als Ausgangspunkte für Kurzwanderungen zu den Vogeltürmen in den Flachwasser-Gebieten nutzen.

Wieder zurück am Kreisverkehr beim **Prisma-Markt** geht es nach links noch ein kurzes Stück weiter Richtung **Tornio** hin-

ein und dann auf die PKW-Route zur **21/Kilpisjärvi**. Wir verlassen die Stadt der Brauerei des vor allem in ***Lappland*** allgegenwärtigen ***„Lapin Kulta“*** und sind nunmehr am breiten ***Tornionjoki***, dem längsten unregulierten Fluss in ***Europa*** gen Norden unterwegs. Er ist der Landschaft in seiner ungezügelten Schönheit erhalten geblieben, wovon man sich gleich einmal an den ***Kukkolankoski*** überzeugen kann. Wir folgen den Hinweisen nach links, wo man 500 m hinter dem Picknickplatz mit „Grilli“ diese sensationellen Stromschnellen beim Gasthaus ***„Myllyn Pirtti“*** (Mo-Sa 9-21.30 Uhr, So 10-21.30 Uhr) live erleben kann. Wer mag, bleibt über Nacht.

(182) Offizieller WOMO-Stellplatz: Kukkolankoski

GPS: N 65° 57' 46.1" E 24° 02' 41.9". **Max. WOMOs**: 3-5.

Ausstattung: Gemähte Wiese am Fluss, WC (innen besser, als von außen zu vermuten), Gaststätte, hier bezahlen. **Gebühr 2020**: **20 EUR**.
Beschreibung: Herrliches Dauerrauschen, Blick auf die Stromschnellen.
Zufahrt: Siehe Text, 14 km nördlich von **Tornio**.

Wir sehen die längsten freifließenden Stromschnellen ***Finnlands***: 14 m Fallhöhe auf 3500 m Länge! Hier wird von abenteuerlich bizarren Stegkonstruktionen aus, die weit in den wildschäumenden Fluss ragen, Fischfang betrieben. Männer mit extrem langstieligen Keschern stellen hier auf ganz spezielle Art den ***Lachsen*** und ***Felchen*** nach. Immer wieder und schein-

bar unermüdlich wird der Kescher durch das Wildwasser gezogen, und zwar **mit** der reißenden Strömung, denn die Fische schwimmen ja schließlich bergauf. Obwohl wir dieses Treiben schon mehrmals ausführlich beobachtet haben, konnten wir hier noch nie einen Fisch im Netz zappeln se-

hen! Trotzdem gibt es im Gasthaus „Felchen am Stock"! Das feste weiße Fleisch dieser ***Maränen***-Art schmeckt richtig lekker, ist aber auch nicht ganz billig; da hat man wohl lange dran gekeschert! Bei unserem letzten Aufenthalt Ende Juli war gerade das **Käsäsiikafästi** im Gange, also die ***Felchen***-Tage, wo eine Kleinband finnischsprachige Reggae-Musik darbot und man auch einmal das Fische-Grillen am offenen Feuer erleben konnte.

Kurz darauf stoßen wir wieder auf die **21**, fahren weiter flussaufwärts, notieren nach knapp 27 km einen staßennahen **Picknickplatz** [**183**: N 66° 10' 22.1" E 23° 51' 24.0"] mit Bootsrampe am Fluss links und sehen schon rechts voraus in der Ferne einen imposanten bewaldeten Hügel mit Sendemast in der Landschaft stehen: den ***Aavasaksa*** (242 m). Zuerst 2,3 km die **930/Rovaniemi** hinein und dann links hoch dem Skiliftzeichen nach zum ***Aavasaksan vaara***. Gegenüber vom Minisee mit den Tretbootschwänen gibt es ein kleines Gasthaus mit WOMO-Stellplätzen gegen Bezahlung, wir fahren auf schmaler Asphaltstraße ein Stück weiter durch das Holzportal, den Berg hinauf und nehmen den großzügigen Parkplatz links kurz vor dem heftigen finalen Anstieg.

(184) WOMO-Wanderparkplatz: Kruununpuisto

GPS: N 66° 23' 40.6" E 23° 43' 30.6". **Max. WOMOs**: >5.

Ausstattung: Viel Feinschotter-/Wiesen-Parkraum in 3 Abteilungen links am Fuße des ***Aavasaksa***-Gipfels, Info-Tafel, Laavu in 300 m, Müllbehälter, Wanderwege, ruhig.

Beschreibung: Kurzwanderung hinauf zum Gipfel, dem Aussichtsturm und zum Gasthaus.

Alternative: Für kleinere WOMOs Parkplatz (N 66° 23' 50.9" E 23° 43' 36.0") „eine Etage höher" rechts, wenig Platz auf Schotter, schön am Waldrand gelegen. **Zufahrt**: Siehe Text.

Nette Wandersteige führen über diesen Berg, der schon in den vergangenen Jahrhunderten von mystischer Bedeutung war, denn von hier oben kann man zu ***Juhannus*** die ***Mitternachtssonne*** sehen, und das schon südlich vom ***Polarkreis***! Dieser Gipfel galt damals als nördlichster Punkt des Landes, der gerade noch zu erreichen war. Unzählige Herrscher und andere VIPs wurden hierher geführt, manche auch getragen, um ihnen dieses Naturschauspiel zu präsentieren. Für den angekündigten Besuch von ***Zar Alexander II.*** wurde 1882 extra eine Jagdhütte gebaut, doch dann kam er nicht. In jener ***Keisarinmaja*** gibts heute eine kleine Ausstellung und nebenan, vom hübschen Aussichtsturm herab, eine prächtige Rundum-Sicht. Vom nahen ***Restaurant „Paviljonki"*** (Schönes Ambiente, gute Küche. Infos: aavasaksanpaviljonki.fi) führt ein Rundweg vor zur

„Kanzel" mit einem wunderschönen Panorama über das ***Tornio***-Tal und das schmale Band des ***Tengelijoki***, der dort unten fast im Vollkreis den ***Aavasaksa*** umkurvt.

Wir kehren zurück auf die **21/Pello**, fahren weitere 23 km nach Norden und erreichen das aufstrebende ***Polarkreiszentrum*** (Mo-Sa 10-18 Uhr, So 10-16 Uhr) bei **Juoksenki**.

(185) WOMO-Stellplatz: Polarkreiszentrum Juoksenki

GPS: N 66° 33' 14.1" E 23° 51' 56.4". **Max. WOMOs**: >5.

Ausstattung: Große Parkflächen mit Caravan-Abteilung, Spielplatz, Touri-Shop mit Cafeteria.

Beschreibung: Das Angebot der Gastronomie und des Ladens haben sich seit dem letzten Besuch verbessert. Ein Besuch lohnt sich wieder.

Zufahrt: Siehe Text.

Immer wieder interessant ist das ***Pörröporo*** (N 66° 35' 54.4" E 23° 53' 08.3", Saison Mo-Sa 9-17 Uhr, So 10-17 Uhr, porroporo.fi), das „Rentierkaufhaus" 5 Tour-Kilometer weiter nördlich. Neben einer Vielzahl an (hochpreisigen) Produkten vom und rund um das Thema **„Ren"** gibt es hier auch ein liebevoll gekochtes Tagesgericht für die hungrigen Besucher. Dies ist die alternative ***Nordkap***-Route für die europäischen Reisebus- und WOMO-Karawanen: Statt auf der Brummi-Rennstrecke **E6** durch ***Norwegen*** zu brettern, kommt man ja in der Tat mit viel weniger Kilometern auf der Uhr an ***Schwedens*** Ostküste und auf Superstraßen am ***Tornionjoki*** hoch ruck zuck in **Alta/*Norwegen*** kurz vor diesem magischen Ziel dort hoch droben heraus. Für uns aber ist ***Finnland*** als Transitland viel zu schade, wir notieren 18 km hinter **Juoksenki** einen Picknickplatz am Rauschefluss links mit ***„Korpikosken Grilli"*** (N 66° 42' 08.6" E 23° 53' 48.5", 10-22 Uhr) und Toilette und schauen uns nach weiteren 8 km in **Pello** einmal genauer um.

Jedes Jahr im Juli wird in dieser Gemeinde die Zusammengehörigkeit mit den schwedischen Nachbarn jenseits der ***Tornionjoki***-Brücke mit einem besonders symbolträchtigen **Hochzeitsritual *(Poikkinainti)*** gefeiert: Trauung auf einer Fähre am Fluss-Ufer, einem großen Markt, einer Bühnen-Show und Frei-Kaffee-und-Kuchen für alle. Das Besondere daran: Jeweils eine Hälfte des Brautpaares kommt aus ***Finnland*** und aus ***Schweden***.

Außerdem war in **Pello** ein weiterer Triumphator des finnischen Sports zu Hause, von dem noch heute alle schwärmen: ***Eero Mäntyranta***. Man hatte ihm schon zu Lebzeiten ein ***Denkmal*** im Ort verpasst und für ihn beim ***Vihreä Pysäkki*** (Kolarintie 9) ein ***Museum*** eingerichtet, wo all seine Pokale zu be-

wundern sind. Wir hatten ihn sogar 2007 persönlich kennenlernen dürfen. Er lebte zurückgezogen auf seinem Rentierhof am ***Lankojärvi***. Am 30. Dezember 2013 ist er dann gestorben. Er wurde 76 Jahre alt.

Auf unserem weiteren Weg auf der **83/Rovaniemi** findet man nicht nur zwei WOMO-Plätze, sondern auch noch mehr von

(186) WOMO-Picknickplatz: Valkeajärvi Skilift

GPS: N 66° 48' 12.7" E 24° 07' 01.8". **Max. WOMOs**: 1-2.
Ausstattung: Schotter-Parkfläche bei einem Laavu mit Holzlager.

Beschreibung: Unser vormaliger Stellplatz an der Badestelle „ziert“ ein hangemaltes WOMO-Verbotsschild. Das akzeptieren wir. Falls das dem örtlichen Alternativ-Angebot für WOMO-Gäste, die Bezahlplätze bei der **Valkea Lodge**, Kunden zuführen soll, dann spielen **wir** da nicht mit.
Zufahrt: 6 km nach dem Abzweig auf die **83/Rovaniemi**, Hinweis: **Ritavalkean Leiro- ja Hiihtokeskus**, nach der Einfahrt an der Badestelle vorbei in Richtung Lift weiterfahren.

(187) WOMO-Wanderparkplatz: Jaipaljukka

GPS: N 66° 47' 26.0" E 24° 10' 58.3". **Max. WOMOs**: 1-2.
Ausstattung: Markierter Rundweg ***Jaipaljukka*** mit Stromschnellen-Geröll aus der Eiszeit und Wege, Wanderkarte, nachts ruhig und einsam.
Beschreibung: Reichlich Blaubeeren im Wald. Wer nicht so viel Schlimmstraße hinauf fahren möchte, findet auf halber Höhe eine Schotterwiese am Wegesrand: N 66° 47' 52.6" E 24° 11' 13.9".
Zufahrt: 3 km hinter **(186)** nach rechts: **„Wanderfamilie“, Salmilompolo, Luontupolku** 1,9 km Schotterstraße hoch zum kleinen Wanderparkplatz rechts.

diesem Ausnahmeathleten: 3 km hinter dem ***Lankojärvi***-Abzweig gibt es den ihm zu Ehren angelegten Lehrpfad ***Eeronpolku*** mit Stationen seines Lebens. Er war mit seinen 1,68 m Körpergröße ein echter Wunderläufer und gewann bei den Olympischen Winterspielen 1964 in ***Innsbruck*** überlegen die 15 und die 30 km Skilanglauf. Der kleine Mann mit der Bommelmütze fegte mit seinen kurzen Beinen wieselflink über die Loipen und fuhr zu seinen besten Zeiten regelmäßig die Konkurrenz in Grund und Boden. Nun haben Sportmediziner nachgewiesen, dass dieser Ausnahmeathlet von Natur aus biologisch begünstigt war, weil er von einer extrem seltenen Gen-Mutation profitierte, durch die in seinem Blut deutlich mehr Sauerstoff transportiert werden kann. Wahrscheinlich kann man dies viel einfacher mit einem ganz speziellen Phänomen erklären: **Sisu**! Das ist eine typisch finnische Charaktereigenschaft, ein nationaler Wesenszug, der nur sehr grob mit Worten wie Ehrgeiz, Mut, Ausdauer, Zähigkeit und Beharrlichkeit beschrieben werden kann. Nur mit **Sisu** konnten die Finnen nach ihrer Wirtschaftskrise Anfang der 90er Jahre den kaum für möglich gehaltenen Aufschwung schaffen und 1995, 2011 und 2019 Eishockey-Weltmeister werden. Ein berühmter Eisbrecher und eine LKW-Marke (und unser neues WOMO) heißen so, aber auch starrsinnige und bockige Kinder haben es: **Sisu**!

Die glatte Straße führt durch waldreiche Hügel-Landschaft und dabei gelegentlich an großen und kleinen Seen vorbei. So hat man regelmäßig gute Chancen auf ein niveauvolles Picknick an Bade- und Bootsplätzen. Zuerst notieren wir rechts das Blockhaus-Café am ***Romakkajärvi*** (N 66° 42' 28.3" E 24° 35' 30.4") mit Badestelle, wo man leckere Eierkuchen gebacken bekommt. Die schönsten Plätze danach, die sich wohl auch

zum Übernachten eignen, findet man nach 4 km links [**188**: N 66° 41' 36.6" E 24° 39' 28.4"] und weiteren 4,5 km hinter einer Brücke links [**189**: N 66° 39' 27.8" E 24° 41' 29.1"] (Foto) jeweils am ***Raanujärvi***, sowie einen rechts am ***Palojärvi*** [**190**: N 66° 38' 06.0" E 25° 01' 36.2"], 17 km nach dem vorigen. Wieder führt die Straße durch bewaldete Hügellandschaft, wir rollen zügig bergab, gehen mal den Hinweisen **rechts/Oitolanranta/Möötikkarakka** nach und entdecken nach 1,7 km Schotterpiste einen Wanderparkplatz am Waldesrand [**191**: N 66° 37' 01.7" E 25° 14' 39.1"]. Das nächste Objekt unserer Neugierde folgt schon nach weitern 3 km Tourstrecke rechts, wo man am ***Lehtojärvi*** [**192**: N 66° 38' 18.8" E 25° 18' 24.5"] mit Spielplatz, Trockenklo, Vogelbeobachtungsturm, Rad- und Wanderwegen lockt.

Bald schon beenden wir unseren Schlenker gen Osten, um uns in **Sinettä** der **79/Kittilä** zuzuwenden und nun am ***Ounasjoki*** entlang weiter nach Norden ins einsame ***Lappland*** vorzudringen. Die gut ausgebaute Straße führt mit stetem Auf und Ab durch den Wald, rechts zeigt sich immer mal wieder der Fluss breit und prächtig, streckenweise sehen wir auch Landwirtschaft und Sumpfgebiete, doch die Augen werden müde. So sind wir aufrichtig dankbar über solche Quellen der Erquickung wie den ***Kylämarket*** in **Meltaus**, einer regionaltypischen Laden/Poststellen/Kahvila-Station. Hier gibt es Rentierspezialitäten in Dosen, Angelkram und vor allem Kaffee und

Kuchen. Nach 39 km auf der **79** wechselt unsere Straße zur anderen Seite des Flusses, den wir sogleich kurz neben uns haben und stoßen 20 km weiter auf den Parkplatz oberhalb der prächtigen ***Molkokongäs-Stromschnellen***, dem Eldorado der Wildwasser-Akrobaten mit ihren Stummel-Booten.

(193) WOMO-Picknickplatz: Molkokongäs
GPS: N 67° 03' 41.8" E 25° 04' 59.3". **Max. WOMOs**: 2-3.
Ausstattung: Parknischen im Hochwald.
Beschreibung: Fußweg zur Picknickplattform unten beim Wildwasser.
Zufahrt: Siehe Text, nach Vorankündigung links, dann nach links in den Blaubeer-Wald.

Auf der **79** nordwärts weiter geht es nach 2 km nach links zum ***Ounasmökit Camping*** [**194**: N 67° 04' 51.9" E 25° 04' 27.6"], einem preiswerten und einfach ausgestatteten Platz auf der Wiese, aber mit liebevoll eingerichteter Grillhütte und Traum-

Lage am Fluss, 4 km danach zeigt sich links einer der seltenen Picknickplätze am Wasser, und bald darauf passieren wir das Örtchen **Lohiniva** samt Tankstelle und Klein-Gastronomie. Dann erlebt man wieder eine Weile Wald pur, denn der ***Ounasjoki*** hat sich kurz auf einer Schlaufe gen Westen von unserer Tourstraße enfernt, doch am Zufluss des ***Pahtajoki*** bei einem schönen Picknickplatz links ist er wieder bei uns.

(195) WOMO-Picknickplatz: Pahtajoki

GPS: N 67° 16' 33.7" E 24° 52' 53.1". **Max. WOMOs**: 2-3.
Ausstattung: Asphaltierter Parkplatz am Hang mit terrassenartiger Erweiterung nach unten, Feuerstelle, Picknickbänke, Steintreppchen zum Fluss.
Beschreibung: Die untere, geschützte Abteilung darf man gemäß Verkehrsschild nicht mehr befahren, nur noch für Eigentümer frei. Wie ernst man das nimmt, sei jedem selbst überlassen. **Zufahrt**: Siehe Text.

Ab **Alakylä** gibt es wieder mal Straße durch den Wald bis zum Horizont, was sich auch hinter **Kaukonen** auf der **79** nach

Kittilä fortsetzt. Wir ereichen das lebendige Kultur-, Verwaltungs- und Versorgungszentrum der Region, wo wir in der regionaltypisch eingerichteten ***Lapin Herkkutupa*** Kaffee und Kuchen genießen. Alsbald biegen wir links ab, schnüren auf der **80/Ylläsjärvi** auf glatter Asphaltpiste weiter durch identische Natur-Kulisse mit viel Wald und sind stets auf der Hut vor den unberechenbaren Laufwegen der ***Rentiere***.

Genau 13,3 km nach dem Abweig auf die **80** erregt das Wandergebiet **Aakenus Totovaara** unser Interesse, wir nehmen die schmale Schotterpiste rechts rein und holpern sehr tapfer die 1,6 km bis zum bereits gut besuchten Parkplatz.

(196) WOMO-Wanderparkplatz: Totovaara

GPS: N 67° 38' 49.0" E 24° 34' 16.7". **Max. WOMOs**: 2-3.
Ausstattung: Großer Schotterparkplatz, Grillhütte, Trockenklo, Müllbehälter, Info-Tafeln zum Wandergebiet.
Beschreibung: Zuletzt waren Grillhütte und Trockenklo verschlossen. Corona oder Privatisierung? Wer weiß etwas? **Zufahrt**: Siehe Text.

Nun auf zum ***Ylläs***-Gebiet! Wir sehen schon bald den ziemlich kahlen Berg in einiger Entfernung vor uns liegen. So weit oben im Norden ist dieser Gipfel mit seinen 718 m ein wahrer Riese, der sich deutlich über die Baumzone erhebt, als alpines Wintersportzentrum sehr geschätzt wird und für die längste Abfahrtspiste ***Finnlands*** bekannt ist. Wir pirschen uns auf der

9401 an seinen Südhang heran, merken uns den Kreisverkehr, fahren auf der **9392** weiter und staunen über die vielen neuen Tourismustempel am Berg, die vielen Fatbikes und den gut frequentierten Kabinenlift, der die Downhiller auf den Berg bringt.

(197) WOMO-Wanderparkplatz: Ylläs Süd

GPS: N 67° 32' 45.3" E 24° 15' 27.6". **Max. WOMOs**: >5.

Ausstattung: Geräumiger, terrassierter Asphalt-Parkplatz am Ortsrand, Einstieg ins Wandergebiet, Gastronomie bei den Liften.
Beschreibung: Nun gibt es dank Trend- und Mode-Sportarten am ***Ylläs*** auch keinen „Sommer-Schlaf" mehr, doch der Parkplatz ist leer.
Zufahrt: Siehe Text, Einfahrt: N 67° 32' 52.3" E 24° 15' 31.9", Lännentie

Sie erinnern sich an den Kreisverkehr? Man hat vor Jahren nach 20-jähriger Planungsphase diese schöne Straße entlang des ***Ylläs***-Hangs gebaut: die ***Ylläs Scenic Route***. Nach **Ylläs Nord** hat man so nur noch 9 km zu fahren. Das testen wir sofort, nehmen die **9401/Äkäslompolo** nach rechts, registrieren unterwegs einen schönen **Picknickplatz** mit Aussicht [**198:** N 67° 33' 48.3" E 24° 10' 41.2"] und landen direkt beim Einstieg zum Skiareal am ***Ylläs***-Nordhang.

(199) WOMO-Wanderparkplatz: Ylläs Nord

GPS: N 67° 34' 53.8" E 24° 12' 17.8". **Max. WOMOs**: >5.
Ausstattung: Lift-Parkplatz mit vielen Terrassen, Wanderwege, ohne alles. Gastronomie vor Ort.
Beschreibung: Parkplätze ohne Ende, aber kuschelig ist es hier nicht.
Zufahrt: Siehe Text.

Gerade hier am Nordhang des ***Ylläs*** hat der hemmungslos wachsende Ski-Tourismus mit den dafür geschlagenen Schneisen den Berg heftig malträtiert und uns wird klar, warum die Finnen hier so gerne im **Winter** Urlaub machen: Sie sehen den durch ihre Skipisten geschundenen Gipfel nicht!

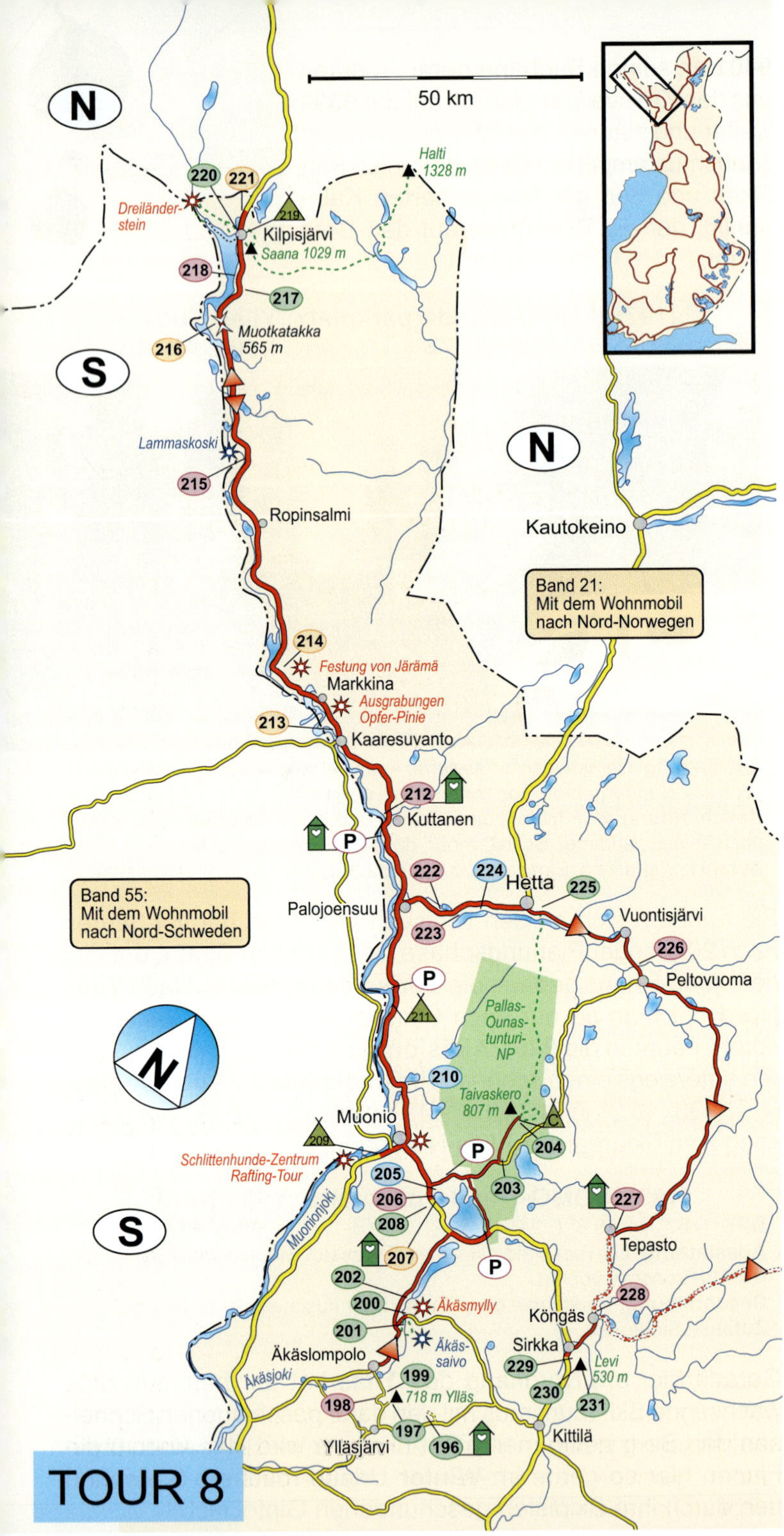
50 km
N
S
Halti 1328 m
Dreiländerstein
Kilpisjärvi
Saana 1029 m
Muotkatakka 565 m
Lammaskoski
Ropinsalmi
Kautokeino
Band 21: Mit dem Wohnmobil nach Nord-Norwegen
Festung von Järämä
Markkina
Ausgrabungen Opfer-Pinie
Kaaresuvanto
Kuttanen
Band 55: Mit dem Wohnmobil nach Nord-Schweden
Palojoensuu
Hetta
Vuontisjärvi
Peltovuoma
Pallas-Ounastunturi-NP
Taivaskero 807 m
Muonio
Schlittenhunde-Zentrum Rafting-Tour
Muonionjoki
Tepasto
Äkäsmylly
Köngäs
Sirkka
Levi 530 m
Äkäslompolo
Äkässaivo
Äkäsjoki
718 m Ylläs
Kittilä
Ylläsjärvi
196
197
198
199
200
201
202
203
204
205
206
207
208
209
210
211
212
213
214
215
216
217
218
219
220
221
222
223
224
225
226
227
228
229
230
231
TOUR 8

TOUR 8: Der Daumen im Nordwesten (650 km)

Ylläs - Muonio - Kilpisjärvi - Enontekiö - Sirkka

Freie Übernachtung:	Äkässaivo, Äkäsmylly, Jerisjärvi, Pallastunturi NP (2), Särkijärvi (3), Utkujärvi, Kuttanen, Hietajoki, Lammaskoski, Järämä, Muotkatakka-Pass, Kilpisjärvi (3), Sotkajärvi, Muotkajärvi, Hetta, Käkkälöjoki, Tepasto, Köngäs, Levi (3).
Campingplätze:	Harriniva, Sonkamuotka, Kilpisjärvi.
Baden:	Utkujärvi, Muotkajärvi, Kilpisjärvi.
Besichtigen:	Kiela in Muonio, Schlittenhundezentrum in Harriniva, Ausgrabungen und Opfer-Pinie in Markkina, Festung von Järämä.
Wandern:	Äkässaivo, Äkäsmylly, Pallastunturi NP, Dreiländerstein, Malla Naturpark, Saana, Levi.

Wer als halbwegs lärmresistenter Stadtmensch in ***Lappland*** wandert, ist anfangs total irritiert von der absoluten **Stille** in der Natur. An dieses brutale Nullgeräusch muss man sich erst einmal gewöhnen, doch dann möchte man es nicht mehr missen. Manchmal hört man Stimmen, lange bevor man die Menschen dazu sieht, gelegentlich kommt einem dann ein einsamer Wandersmann entgegen, der nicht etwa laut mit sich selbst spricht, sondern in sein Handy! Auch von der Tierwelt ist nicht viel zu hören und zu sehen. Man kann wirklich nicht behaupten, dass es in ***Lappland*** vor Tieren nur so wimmelt, doch beim Wandern begegnet man einigen Arten immer wieder. Die halbzahmen ***Rentiere*** gelten dabei ja schon fast als Haustiere und laufen außer Konkurrenz, doch wenn man immer mal ***Schneehühner*** oder ***Lemminge*** durch die ***Tundra***-Landschaft wuseln sieht, ist das schon etwas Besonderes und von Kontakten mit ***Elchen***, ***Bären*** oder dem superscheuen ***Vielfraß*** kann kaum jemand berichten. Ungewöhnlich zutraulich ist dagegen der ***Unglückshäher***, der wenig mehr als amselgroße Vogel, von dem wir regelmäßig durch den Wald begleitet werden, der uns vom nahen Geäst interessiert beäugt und der höchstens durch seinen unerklärlichen Namen für Argwohn sorgt. Diesen lustigen Gesellen treffen wir auch bei unserer Wanderung zum ***Äkässaivo***, nachdem wir von **Äkäslompolo** auf der **940/Kittilä** nach Norden aufbrechen und 10 km später dem Abzweig **9403/Kittilä** folgen. Nach knapp 3 km schmaler Asphaltstrecke findet man hinter der Flussbrücke links einen übernachtungstauglichen Ausgangspunkt für diesen kurzen und leicht zu gehenden Rundweg.

(200-201) WOMO-Wanderparkplätze: Äkäsjoki

(200) Äkäsjoki 1
GPS: N 67° 42' 23.3" E 24° 07' 32.6".
Max. WOMOs: 1-2.
Ausstattung: Asphaltierter Picknickplatz, Große Wander- und Info-Tafel, Mülleimer, schön am Fluss gelegen, ruhig.
Beschreibung: Gegenüber, auf der anderen Straßenseite, beginnt / endet die Wanderrunde.
Zufahrt: Siehe Text. 50 m hinter der Brücke links, nach 80 m wieder links.

(201) Äkäsjoki 2
GPS: N 67° 42' 17.4" E 24° 07' 26.2".
Max. WOMOs: 1-2.
Ausstattung: Schotter-Parkraum, ruhig.
Beschreibung: Hier endet / beginnt die Wanderrunde.
Zufahrt: Siehe Text. 180 m vor der Brücke rechts.

Saivonkierros Naturpfad

Zuerst einmal wundern wir uns: Vor Jahren ging diese Wanderrunde entgegen dem Uhrzeigersinn, zuletzt laut Info-Karten andersherum. Warum auch immer. Fast alle Wanderfreunde, die sich heute auf den Weg machen, ignorieren den neuen Vorschlag und auch wir bleiben bei der alten Richtung. Wir starten also bei **(201)**.

Der Rundweg beginnt 180 m vor der Flussbrücke, ist mittlerweile hochwertig mit orangenen Holzpflöcken markiert und in regelmäßigen Abständen wird der interessierte Besucher unterwegs auf Tafeln über Natur und Geschichte des Ortes informiert.

Zunächst marschieren wir auf einem steinigen Weg und über Holzbohlen rechts am Fluss entlang und überqueren nach 15 Minuten den ***Äkäsjoki*** mit einem Holzbrückchen. Es geht nun auf dem „Holzweg" weiter und etwa 40 m vor der wilden Feuerstelle beim Seezugang kann man dem gut ausgetretenen Pfad nach rechts den Hang hinauf folgen. Nach kurzem Aufstieg bietet sich von oben ein wunderschönes Bild auf einen schmalen, stillen und glasklaren Waldsee, den ***Äkässaivo***, eine heilige Stätte der ***Sami***. Diese alte Opferstelle wirkt auch irgendwie verwunschen in ihrer Würde und Stille. Man sitzt hier oben auf Felsen unter Kiefern an der Steilwand über dem See und lässt einfach mal die Seele baumeln. Wieder unten geht es nach rechts auf dem Rundweg weiter, dann gleich links viele Stufen einer Treppe hinauf in den Hochwald, wo man einen Luxus-Rastplatz vorfindet: Feuerstelle, Feuerhütte, Holzvorrat und Trockenklo, halt alles was man so braucht. Also erst mal fix das Feuer entfacht, das Pausen-Set (Saunawürste, Teleskop-Grillspieße, Messer, Pappteller,

Gewürzgurken, Senf, Brot, Getränke) ausgepackt und dann lassen wir es uns gut gehen. Nach ausführlicher Wanderpause geht es dann der liebgewonnenen Markierung folgend auf leichtem Weg zurück zum Parkplatz, konkret gegenüber von **(200)**.
Für die 3,5 km braucht man etwa 1 Stunde, je nach Umfang des Picknicks aber auch länger.

Wir fahren die 3 km zurück, biegen rechts ab zur **940/Muonio**, sehen nur noch Sumpf und niedrigen Wald, verlassen diese Straße 7,8 km später schon wieder nach rechts und gelangen nach 250 m löchriger Zufahrt zu einem lauschigen Waldparkplatz.

(202) WOMO-Wanderparkplatz: Äkäsmylly

GPS: N 67° 44' 35.8" E 24° 05' 13.7". **Max. WOMOs**: 2.3.
Ausstattung: Ziemlich unebener Schotterparkplatz, Kurzwanderwege. akasmylly.fi
Beschreibung: Kurzer Fußweg zum naturschönen Picknickareal, ruhig.
Zufahrt: Siehe Text.

An einem Holzportal beginnt der gepflegte Weg und führt nach 400 m durch Märchenwald mit „Flaschenbürstenfichten" und dekorativen Felsen zu einem wildromantischen Edel-Picknickplatz an der alten Wassermühle am sprudelnden ***Äkäsjoki***. Das rustikale ***Mylly-Café*** (wird demnächst ein Öko-Café) ist umgeben von einem malerischen Gelände mit Feuerstellen und Schutzhütten und es bieten sich sogar noch gute Chancen für kürzere oder längere Wanderungen. Wir nehmen den übersichtlichen und markierten Rundweg durch die Natur, der uns durch den Wald, am See entlang und über eine schon etwas morsche Fluss-Brücke wieder zurück zum Parkplatz bringt: Gesamtstrecke 1600 m.

Ein Stück weiter auf der **940** nach Norden schimmert rechts der ***Äkäsjärvi*** durch die Bäume, ***Rentiere*** lungern auf der Straße herum, es geht schnurgerade durch den Wald, und wir biegen schließlich rechts ab zur **79/Kittilä**. Bald haben wir den stolzen ***Jerisjärvi*** links, sehen aber nicht viel von ihm, weil er sich hinter dichter Vegetation versteckt. Kurz darauf wenden wir uns nach links und der **9572/Pallastunturi** zu. Auf flotter breiter Straße rollen wir durch Sumpf und Wald mit Birken und gelegentlichen Ausblicken auf den See und haben den Gebirgszug des ***Pallastunturi*** schon vor Augen. Dieses Ziel weiter fest im Visier wechseln wir 11 km später nach rechts auf die **957**, gelangen zur angedeuteten Pforte vom ***Kansallipuisto***, also vom ***Nationalpark Pallas-Yllästunturi*** nebst Info-Parkplatz rechts [**203**: N 67° 57' 18.0" E 24° 02' 43.4"], biegen nach 6 km links zur **9571/Pallastunturi** ab und landen nach weiteren 5,2 km beim Großparkplatz rechts, dem Quartier unserer Wahl.

(204) WOMO-Wanderparkplatz: Pallastunturi

GPS: N 68° 02' 30.2" E 24° 04' 11.5". **Max. WOMOs**: >5.

Ausstattung: Asphaltierter Großparkplatz am Waldrand kurz unterhalb vom Plateau, Wanderwege, Mülleimer, sehr ruhig.
Beschreibung: Hier trifft sich die WOMO-Gemeinde.
Zufahrt: Siehe Text.

Wenn man hier abends ankommt, kann man auch gleich noch das kurze Stück hinauf fahren, um im Restaurant vom ***Hotelli Pallas*** (15-21 Uhr) einzukehren. Bei unserem letzten Besuch 2020 war die Küche aber etwas enttäuschend, wir kennen das hier deutlich kreativer. Es war nur noch teuer, aber nichts Besonderes mehr. Was gibts hier oben sonst noch? WOMO-/ Caravanplätze mit Strom gegen Geld hinterm Hotel und im ***Nationalpark-Zentrum*** (9-17 Uhr, Eintritt frei, kleiner Shop) eine sehr gute Ausstellung mit Dia-Show auf deutsch, also eine gute Chance, sich umfassend über die örtlichen Gegebenheiten und die Wanderwege in der Region zu informieren. Der Fernwanderweg führt von hier über 55 km nach **Hetta**, wo wir später auf unserer Tour noch vorbeikommen. Dieser Nationalpark gehört zu den älteren in ***Finnland***, wurde 1938 gegründet und ist für seine gewaltige ***Fjäll***-Landschaft mit den baumlosen Gipfeln, den ***tunturi*** und der besonders sauberen Luft berühmt. Für einiges Aufsehen sorgte 1938 das erste ***Fjäll-***

Hotel ***Finnlands***, ein funktionaler weißer Block moderner Bauart mit Möbeln von (Na klar!) ***Alvar Aalto***. Das Hotel diente von 1941-44 als Erholungsheim für deutsche Soldaten und wurde beim erzwungenen Abzug der Wehrmacht (wie man so sagt) „durch Kriegsoperationen“ zerstört. Weit erfreulichere Nachrichten gab es einige Jahre danach vom ***Taivaskero*** (807 m) ganz in der Nähe, als 1952 hier oben durch die Kraft der ***Mitternachtssonne*** das olympische Feuer entfacht wurde, mit dem der letzte Staffelläufer namens ***Paavo Nurmi*** zwei Wochen später ins Olympia-Stadion von **Helsinki** trabte.

Palkaskero-Rundwanderweg
Wir haben uns für eine 6-km-Schnupper-Runde (blau markierte Holzpflöcke) über eine der kahlen Fjäll-Kuppen, den ***Palkaskero*** (705 m) entschieden. Vorbei an den Fundamenten des ehemaligen Fjäll-Hotels geht es zunächst gemächlich bergan, der Wind pfeift, man trägt Mütze! Nach 30 Minuten queren wir das Gattertor eines Rentierzaunes, bevor dann am Sattel ein kräftiger steiniger Aufstieg rechts hinauf folgt. Oben auf dem Geröllfeld wird im Windschutz des Gipfel-Steinkegels eine ordentliche Brotzeit abgehalten und vom Rand des Berg-Plateaus ein grandioses

Panorama über die grüne Hölle ***Lapplands*** mit Berg-Kuppen und eingestreuten Seen genossen. Auf der anderen Seite führt der Weg recht gemütlich wieder abwärts, teilweise durch feuchtes Terrain und schließlich über einen Birkenhang zurück ziemlich genau zu unserem Parkplatz. Wir haben für die leichte Wanderung ohne Eile, aber mit Pausen knapp 2,5 Stunden gebraucht. Bergschuhe, wetterfeste Bekleidung und ausreichend Proviant mit Getränken werden dringend empfohlen!

Mutige WOMO-Piloten rollen die Bergstraße im Leerlauf hinunter dem Abzweig zur **957** entgegen, wir biegen dort rechts nach **Särkijärvi** ab, sehen links wieder den ***Jerisjärvi***, dann rechts einen Parkplatz in einer Senke und nehmen die **79** nach **links/Kittilä**, aber nur für einen Kurz-Abstecher an das Südufer des ***Särkijärvi***, ein paar, wenn auch straßennahen,

WOMO-Plätzen auf der Spur: Keine 100 m nach dem Abzweig geht es **links/Särkinjärven Majat Oy** rein und dann gleich wieder rechts runter zu einem Mini-Platz am See [**205**: N 67° 54' 33.4" E 23° 55' 24.0"]. Nach genau 2,6 km auf der **79** kann man links [**206**: N 67° 53' 45.2" E 23° 57' 55.2"] eine „Etage" hinunter fahren und auf einem Grobschotterplatz einer Bootseinsetzstelle stehen. Ein ganz besonderer Pausenplatz mit Aussicht auf typisch ***„Finnische National-Landschaft"***, den man zumindest bei freundlichem Wetter nicht auslassen sollte, ist dieser nachfolgende:

(207) WOMO-Stellplatz: Särkijärvi

GPS: N 67° 53' 29.9" E 23° 59' 01.6". **Max. WOMOs**: 2-3.
Ausstattung: Info-Parkplatz für Muonio, Picknickbank, Mülleimer, Trockenklo, Aussichtspavillon.
Beschreibung: Sensationeller Blick über den grünen Hang zum See.
Zufahrt: Siehe Text, 3,5 km seit Abzweig auf die **79**, kein Hinweis-Schild in dieser Fahrtrichtung.

Einen richtig grandiosen Ausblick auf diese Landschaft verspricht eine kleine 3,2-km-Wanderung zum ***Särkitunturi*** hinauf, Einstieg gleich gegenüber von **(207)**. Wenn es beim nächsten Mal nicht regnet, probieren wir das ganz sicher mal aus.

(208) WOMO-Wanderplatz: Särkitunturi

GPS: N 67° 53' 28.0" E 23° 58' 59.6". **Max. WOMOs**: 1-2.
Ausstattung: Etwas schiefer Schotter-Parkplatz, Tafel mit Wanderkarte.
Beschreibung: Wanderung zum Särkitunturi. Soll sich lohnen!
Zufahrt: Gegenüber von **(207)**.

Nun gehts am ***Olostunturi***-Skigebiet vorbei auf der **79** nach **Muonio**, doch bevor wir uns den örtlichen Gegebenheiten zuwenden, rollen wir zunächst für 2,7 km auf der **21/Tornio** südwärts, um uns im Ferienzentrum **Harriniva** umzuschauen. Wer sich bis jetzt noch nicht entschließen konnte, einmal im Winter an einer Schlittenhunde-Fahrt teilzunehmen, kann hier im ***Harriniva Husky Centre*** bei einem geführten Rundgang (10 Uhr, Eintritt) etwas über das Leben und Training dieser munteren Vierbeiner erfahren und sich schon einmal mit diesem oder jenem der 400 fröhlichen Racker anfreunden. Dann kann man sich gleich noch eine ***Rafting-Tour*** mit Schlauchbooten durch die Stromschnellen des

Muonionjoki genehmigen. Bliebe noch festzustellen, dass man im dortigen **Restaurant** ein ordentliches ***Lounas***-Büfett bekommt und unten am Fluss ein sehr ordentlicher **Campingplatz** auf Gäste wartet.

(209) WOMO-Campingplatz: Harriniva

GPS: N 67° 56' 01.1" E 23° 39' 22.9". **Öffnungszeiten**: 1.6.-20.9.

Ausstattung: Gute Sanitär-Ausstattung, Restaurant mit Shop, Grillhütte mit Holzvorrat, Feuerstellen, Spielplatz, 2 Saunen, Picknickbänke.
Beschreibung: Sehr schöne Lage am Fluss, preisgünstig. harriniva.fi
Zufahrt: Siehe Text.

Zurück in **Muonio** müssen wir erstmal links zur ESSO-Tankstelle, der tatsächlich noch so ein Hauch von Pferdewechsel- oder Poststation anhaftet. Eine Pause mit ***Kaffee+Munkki*** ist für uns hier immer Pflicht, obwohl es im Ort für eine anspruchvolle Pause mittlerweile eine deutlich verlockendere Alternative gibt: das ***Swiss Café*** (N67° 57' 25.1" E23° 40' 46.9", tgl. 10-17 Uhr; swisscafemuonio.com), das mutige wie ehrgeizige Projekt von ***Agnes Bissig*** und ihrem Konditor ***Thomas Achermann*** aus der **Schweiz**. Hier bekommt man nicht nur

exzellente Kaffeespezialitäten, Schokoladen bester Qualität und handgemachte Köstlichkeiten aus der Gläsernen Konditorei, sondern findet in den ausgesprochen geschmackvoll gestalteten Räumen auch hochwertige Souvenirs und eine Galerie im Obergeschoss, z.B. mit irri-

tierend schönen Polarlicht-Fotos vom Konditor, der auch an der Kamera ein Könner ist. Die Räume zeigten sich zuletzt neu getaltet und auch ein spezielles Lunch-Angebot ist dazugekommen: Quiches mit Lachs oder geräuchertem Rentierfleisch. Echte Leckerbissen!

Gleich hinter der Brücke rechts Richtung Norden gibt es ein weiteres, zumindest architektonisches Highlight von **Munio**, das ***Kiela Naturium*** (10-18 Uhr), das bei näherer Betrachtung eine Galerie und ein Thai-Restaurant beherbergt.

Die **21/Kilpisjärvi** heißt jetzt ***Northern Lights Route*** und führt uns nun durch schöne Landschaft mit Weidenröschen, weißen Häusern und bewaldeten Hügeln. Links führen regelmäßig Wege zu den ***Mökkis*** durch das Grün zum Fluss und auch für uns WOMO-Urlauber findet sich bald ein freundliches Pausen-Plätzchen am See.

(210) WOMO-Badeplatz: Utkujärvi

GPS: N 68° 01' 53.8" E 23° 33' 32.1". **Max. WOMOs**: 2-3.

Ausstattung: Asphaltparkplatz rechts mit Erweiterung: Fahrweg zum See.
Beschreibung: Unten am See Plätze im Grünen, Bademöglichkeit mit Sandstrand, aber sehr straßennah.
Zufahrt: 10 km hinter **Muonio** vor einer Brücke rechts.

Später rollen wir kilometerlang durch ***Oser***-Dünen fast wie am Ostseestrand, doch in **Sonkamuotka** werden wir nach links von der Straße gelockt und wir folgen neugierig der eindeutigen Beschilderung Richtung Fluss.

(211) WOMO-Campingplatz: River Camping

GPS: N 68° 09' 24.8" E 23° 17' 10.5".
Öffnungszeiten: Sommersaison.
Ausstattung: Gepflegter Platz mit guter Ausstattung: Strom, Duschen, WC. Telefonische Anmeldung bei Ankunft: +358407079843 oder +358503718680.
Beschreibung: Sehr schöne Plätze mit Fluss-Blick. Bootsverleih, Ergiebiges Lachs-Revier. Liebevoll gestalteter Platz.
Zufahrt: 22 km hinter **(210)**.

Keinen Kilometer danach erreichen wir den „Running-Gag" der Touristen-Fängerei „Marke Lappland", ein Hotspot, der schon lange vorher angekündigt wird. Seit vielen Jahren wird ein kurioser Wettstreit zweier ausgewachsener Souvenir-Shops ausgetragen, die ihre potentiellen Kunden mit Imbiss-Kampfpreisen ködern wollen: rechts ***Kahvi+Munkki*** für **0,50 EUR** und links ***Iso*** (großer) ***Kahvi+Wiineri*** (Plunder mit Füllung) für **1 EUR**. An diesem Touri-Brennpunkt fährt niemand einfach so vorüber. Unser Tipp: Beide Läden anschauen und links (etwas gepflegter) Kaffee trinken. In dieser Gegend wird nun zweisprachig (finnisch/samisch) ausgeschildert, doch das machen wir nicht mit: Wir bleiben bei finnisch, das ist wahrlich schon schwierig genug!

In **Palojoensuu** werden wir später zur **93/Enontekiö/Hetta** abbiegen, bleiben jetzt aber für einen Abstecher hoch zum finnischen ***Daumen*** auf der **21/Kilpisjärvi**. Finnischer ***Daumen***? Beim phantasievollen Blick auf die ***Finnland***-Karte sieht man im Norden einen Fausthandschuh und wir fahren links in den ***Daumen***! Exakt 12,3 km nach dem Abzweig der **93** empfehlen wir dringend einen Stopp auf einem Picknickplatz und einen Besuch im Sami-Café ***„Tunturikala"*** (N 68° 20' 59.0" E 22° 53' 55.4", Anfang Juni bis Anfang September tgl. 8-18 Uhr, tunturikala.fi), wo man nicht nur regionaltypischen Imbiss, sondern auch sensationellen Räucherfisch bekommt. Wenn die Sonne lacht, sollte man unbedingt einen

kleinen Spaziergang über das Gelände hinter der Kota unternehmen und schöne Ecken am See samt Sandhang mit Badestelle entdecken.

Wenn man 5,5 km danach in **Kuttanen** direkt hinter einem Sami-Zelt links reinfährt, erreicht man nach 200 m Schotterweg einen WOMO-Platz direkt am Fluss.

(212) WOMO-Picknickplatz: Kuttanen

GPS: N 68° 23' 14.7" E 22° 50' 06.9".
Max. WOMOs: 2-3.
Ausstattung: Schotterparkplatz am Muonionjoki an einer Bootseinsetzstelle, Trockenklo, Laavu mit Feuerstelle.
Beschreibung: Anglerparkplatz, der manchmal gut besucht ist.
Zufahrt: Siehe Text.

Es folgt eine weite, für die Augen des WOMO-Piloten ziemlich ermüdende Sumpflandschaft, wo man gummibestiefelt ***Moltebeeren*** sammelt. In **Kaaresuvanto** geht es links nach ***Schweden*** rüber und 3,5 km danach gibt es vor der ***Hietajoki***-Brücke in eine unscheinbare Parkbeule [**213**: N 68° 28' 02.6" E 22° 25' 14.9"] mit kuscheliger Erweiterung ins Gelände, ideal für das Schläfchen zwischendurch oder auch für länger.

Interessanter wird es dann in **Markkina** beim historischen Marktflecken ***Markkinan kumpu*** mit der alten ***Kirche*** von 1611, die öfter um-, ausgebaut und schließlich 1826 in ihren Einzelteilen nach **Palojoensuu** geflößt und dort im selben Jahr wieder aufgebaut wurde. Dort gibt es die Kirche auch schon lange nicht mehr, doch in **Markkina** kann man gegenüber vom **Hütten-Camping** (N 68° 29' 18.2" E 22° 17' 51.4", Holztreppchen hoch) den Gedenkstein an diese Kirche aufsuchen, den Fortgang der Ausgrabungen auf dem Kirchhof verfolgen und nach der uralten

heiligen ***Opfer-Pinie*** sehen, in deren Inneren viele alte Münzen gefunden wurden und wo deshalb schon zweimal der Blitz eingeschlagen hat. Für einen Besuch parkt man am besten bei der Holzeisenbahn kurz davor rechts und kann sich fragen, was das wohl bedeuten könnte.

In dieser Gegend wurden übrigens 1799 die ersten ***Ballon-Flug-Versuche*** durchgeführt und auf unserer weiteren ***Daumen***-Tour kann man die ***Järämän linnoitus*** (2020: 23.6.-18.9. Di-Sa 11-18 Uhr, Eintritt, mit Café), die (deutsche) ***Festung von Järämä*** mit den ***Sturmbock Stellungen*** aus dem ***Lappland-krieg*** mit ihren Bunkern, Unterständen und Schützengräben besichtigen und den großen Parkplatz wohl auch für einen Nacht-Stopp nutzen [**214**: N 68° 29' 07.7" E 22° 06' 23.5"].

Nun rollen wir 50 km an der schwedischen Grenze entlang durch abwechslungsreiche Sumpf- und Seen-Landschaft mit birkenbegrünten Straßenrändern und erreichen dann ein besonders reizendes Angler-Camp im Birkenhain links mit Feuerstellen am Rausche-Fluss, den ***Lammaskoski*** [**215**: N 68° 45' 59.4" E 21° 22' 46.4"]. Man sieht waldbestandene Hügelket-

ten voraus und die Wellenschaukel-Piste reicht bis zum Horizont. Die Berge werden höher, die Landschaft grandioser, die Straße führt scheinbar in den Himmel und hinter der mit 565 m höchstgelegenen Pass-Straße ***Finnlands*** am ***Muotkatakka*** [**216**: N 68° 55' 28.5" E 20° 56' 07.9"] weitet sich der Blick über den ***Alajärvi*** bis zu den schneebedeckten Gipfeln der norwegischen ***Lyngen-Alpen*** hinüber. Kurz darauf erreichen wir **Kilpisjärvi** am gleichnamigen See, wo wir mindestens drei (selbst getestete) ultimative Wander-Ausflüge empfehlen. Im ersten Ortsteil sollte man nicht versäumen, beim ***Visitor Centre*** (1,5 km nach dem Ortseingangsschild) zu parken [**217**: N 69° 00' 43.3" E 20° 53' 27.2"] und die Treppchen zum schmucken

Gebäude des ***Natur-Zentrums*** (tgl. 9-17(18) Uhr, freies WIFI) zu erklimmen. Es lohnt sich schon allein wegen der schönen Aussicht ins breite Tal. Bemerkenswert ist das örtliche Einkaufszentrum 800 m danach (N 69° 00' 58.8" E 20° 52' 35.0") rund um den **K-Market** wegen seiner riesigen Sortimentsbreite. Hier gibt es wirklich alles, was man braucht. Unbedingt reingehen!

Die Straße führt dann zwischen dem riesigen ***Kilpisjärvi*** und dem pultförmigen Monstrum von ***Saana*** (1029 m), dem heiligen Berg der ***Sami*** hindurch. Dem traditionellen WOMO-Treffpunkt links unten beim See [**218**: N 69° 01' 33.0" E 20° 50' 45.7"] fehlt

es zwar an jeglicher Ausstattung, bietet aber ein grandioses Panorama. Wer mehr braucht findet es 3 km weiter rechts:

(219) WOMO-Campingplatz: Kilpisjärven Retkeilykeskus
GPS: N 69° 02' 51.2" E 20° 47' 55.0". **Öffnungszeiten**: 4.6.-25.9.
Ausstattung: Mehr Schotter- als Rasen-Platz in Terrassen zu Füßen des ***Saana***, ordentliche Ausstattung mit V/E, Saunen und Camper-Küche, schöner Blick auf den See, Wanderwegenetz, Restaurant mit gutem ***Lounas-Büfett*** (12-21 Uhr), Souvenirladen, Touri-Info, PC mit freiem Internet.
Beschreibung: Platz wirkt etwas unaufgeräumt wegen der Holzvorbauten für den Winterbetrieb. kilpisjarvenretkeilykeskus.fi.
Zufahrt: Im zweiten Ortsteil rechts, ausgeschildert.

Schräg gegenüber führt eine steile Asphaltstraße mit dem Hinweis **Venelaiturit Treriksröset** hinunter zu einem kleinen Bootsanleger. Hier starten die Touren zum ***Dreiländerstein***, dem gemeinsamen Grenzpunkt von ***Finnland***, ***Norwegen*** und ***Schweden***, der eigenartigerweise zumeist mit seinem schwedischen Namen ***Treriksröset*** und kaum mit dem finnischen ***Kolmen valtakunnan rajapyykki*** oder dem norwegischen ***Treriksrøsa*** bekannt ist. Das Motor-Boot verkehrt von Juni bis September, es startet mehrmals täglich (Bei der Touri-Info beim CP die Details erfragen oder hier schauen: mallalaiva.com), ein Durchgang dauert 3 Stunden.

Ausflug zum *Treriksröset*

Die Tour zum ***Treriksröset*** hat alles, was man für einen gelungenen Ausflug so braucht: Mit dem Schiffchen übern See fahren und gemütlich zu einem spektakulären, weil einmaligen Ziel wandern. Gemäß dem Motto „Der frühe Vogel fängt den Wurm" nehmen wir die erste Abfahrt um 10 Uhr, das Wetter zeigt sich hinreichend freundlich und mit etwas Glück finden

wir beim Bootsanleger sogar einen WOMO-Parkplatz. Mit Wanderschuhen an den Füßen und Picknick im Gepäck besteigen wir die ***m/s Malla***, die pünktlich mit 4 Finnen, 4 Schweden und uns startet. Die Ausstattung des Bootes mit Velours-Pilotensitzen ist ungewöhnlich aber sehr gemütlich, das Ein-Mann-Personal geht routiniert und ohne Hektik seiner Arbeit nach, und so tuckern wir eine halbe Stunde lang zum äußersten Nordwest-Zipfel des ***Kilpisjärvi***, wo wir dann ausgesetzt werden. Bis zum Grenzstein sind es von hier aus etwa 3 km, alle Passagiere gehen auf einem unverlaufbar markierten Wanderweg in die Spur und wissen, dass das Motor-Boot in 2 Stunden wieder zurück fahren wird. Durch das birken- und blümchenbewachsene Areal mit gelegentlichem Sichtkontakt zum Wasser kommt man flott voran,

feuchte Passagen werden mittels Holzbohlen überwunden und auch ein paar ***Mücken*** finden sich als treue Eskorte ein. Der beschauliche Pfad führt schließlich direkt an einem glasklaren See entlang, wir genießen die frische, saubere Luft und fühlen uns wie auf einer Sauerstoff-Kur. Nach einer guten halben Stunde betreten wir das Gebiet vom ***Malla Naturpark*** und kurz danach sind wir am Ziel: Der leuchtend gelbe ***Treriksröset*** mit der Form von „Ich bin zwei Tanks" liegt vor uns im See und ist über Holz-Bohlen-Pfade zu erreichen. Im Hintergrund bereichern die Bergriesen der norwegischen ***Lyngen-Alpen*** das Panorama unseres Spezial-Picknickplatzes, von dem wir uns nur schwer wieder losreißen können. Man kann sich beim Umrunden des Grenzsteines in Sekunden zwischen den 3 Ländern ***Skandinaviens*** bewegen, muss aber korrekterweise immerzu die Uhr eine Stunde vor- und zurückstellen. Rückmarsch und Seefahrt verlaufen plangemäß, die nächste „Fuhre" wartet schon am Anleger und wir resümieren:

Eine wunderbare Tour! Sehr zu empfehlen!

Die Wanderung zum ***Treriksröset*** kann man auch ohne Motorboot und gänzlich zu Fuß absolvieren, die Tour führt durch das älteste Naturschutzgebiet ***Finnlands***, den ***Malla Naturpark***. Den Einstieg findet man beim Wanderparkplatz am Nordzipfel des ***Kilpisjärvi***.

(220) WOMO-Wanderparkplatz: Malla Naturpark

GPS: N 69° 03' 39.0" E 20° 46' 12.6".
Max. WOMOs: 3-5.
Ausstattung: Asphalt- und Schotter-Parkflächen, Picknickbänke, Info-Tafeln zum ***Malla Naturpark*** und zur ***Halti***-Tour.
Beschreibung: Schöne Plätze rechts hinten auf Schotter, Kraxelberg, 80 m neben der Straße, aber ruhig, außerorts.
Zufahrt: 1,9 km hinter **(219)** links.

Wem die 11-km-Wandertour durch den ***Malla Naturpark*** bis zum ***Treriksröset*** dann doch zu weit ist und wer sich fragt „Wie komme ich zurück? Wieder zu Fuß? Das wären dann 22 km! Mit dem Boot? Wie zurück zum Parkplatz?“, für den haben wir es ein paar Nummern kleiner und viel eleganter.

Auf den *Pikku-Malla* (738 m ü.M.)

Die Wanderung beginnt am hinteren Zipfel vom Platz **(220)**, unseres „Basis-Lagers“, der Weg führt zunächst kurz aufwärts, bevor wir auf einer Holzbrücke einen Rausche-Bach queren. Weder die orangenen Markierungspfosten noch der gut ausgetretene Weg sind zu verfehlen und man gewinnt etagenweise schnell an Höhe. So langsam lassen wir das Birkengehölz hinter uns und sind mittlerweile gut auf „Betriebstemperatur“. Nach 2,5 km erreichen wir einen markanten Großfelsen, hinter dem der Weg links zum ***Pikku-Malla*** abzweigt. Für die angezeigten 1,1 km des finalen Gipfelsturms brauchen wir auf leicht zu gehendem Weg über den kargen Hang eine halbe Stunde. Oben weht ein kalter Wind, doch wir genießen eine gradiose Rundum-

sicht, eine echte Vogelperspektive. Weit unten schippert die ***m/s Malla*** über den großen See, von gegenüber grüßt der majestätische ***Saana*** und unsere Blicke wandern über den Naturpark bis zu den norwegischen Spitzgipfeln hinüber. Nach flotter Gipfelrast im Windschutz eines Felsens geht es wieder auf gleicher Strecke retour, unterwegs begegnen wir noch einer Schneehuhnfamilie mit vielköpfiger Kükenschar, die in ihrem Sommergefieder perfekt getarnt und kaum zu sehen ist. Bei unserem gemütlichen Abstieg im Windschatten des Berges haben wir ausreichend Gelegenheit, das, wenn auch schwindende, Panorama zu genießen.

Unser Resümee:

Wir haben für diese eher leichte 7,2-km-Bergwanderung etwa 3,5 Stunden gebraucht, davon waren 45 Minuten Pause. Man sollte reichlich Trinkwasser dabei haben, Windschutzkleidung mit sich führen und mindestens leichte Bergstiefel tragen. Auch Teleskopstöcke können hier hilfreich sein.

Ebenfalls sehr zu empfehlen, vor allem bei Fernsicht-Wetter, ist die aussichtsreiche und leichte 4-km-Wanderung auf den ***Saana*** (1029 m) mit Einstieg genau gegenüber auf er anderen Straßenseite. Wir haben Glück, das Wetter passt und so präsentieren wir hier nun unsere

***Saana*-Tour**

Die Sonne lacht, es weht ein frischer Wind, und wir starten 9.30 Uhr gegenüber von unserem WOMO-Quartier **(210)** zum Gipfelsturm.

Zuerst geht es auf einem neu angelegten Kies-Pfad mit orangener Markierung durch ein Birkenwäldchen leicht bergauf, nach 15 Minuten erreichen wir die ersten 38 Steinstufen, danach geht es an grünen Pflöckchen entlang weiter aufwärts und die ersten Blicke zurück bieten schon eine schöne Aussicht. Jetzt stößt der steile Weg vom Campingplatz dazu, der Birkenbestand wird langsam dünner und wir schwenken nach rechts zum Berg hin, nun auf gekiestem Pfad: Noch 3 km bis zum Gipfel! Dann stehen wir zu unserer Überraschung vor einer langen Steintreppe, die wohl die vormalige Holztreppe ersetzt hat. Nach nicht enden wollenden 213 Stufen kommen wir an eine Aussichtsplattform mit Pausenbank an. Hier geht es der ersten Wasserflasche an den Kragen und die Ausblicke zurück werden immer überwältigender. Schon sehen wir weit unten das 10-Uhr-Ausflugsschiff über den stillen wie tiefblauen ***Kilpisjärvi*** gleiten. Dann schließt sich ein 60-Minuten-Gipfelmarsch mit meist moderatem Anstieg auf steinigem Geläuf an. Unterwegs, vom Rande des Funkmastplateaus, hat man wohl die Premium-Aussicht überhaupt: Der Riesensee, die schneebedeckte Gipfelkette dort drüben in Norwegen und

fast lotrecht unter uns die Terrassen des Campingplatzes. Das Finale zum gut besuchten Gipfel-Steinhaufen führt über eine lange Rampe immer schön schräg aufwärts. Nun liegt uns ***Lappland*** zu Füßen! Ein gigantisches Rundum-Panorama hier oben! Unser Navi misst 1035 m ü.M., das bedeutet für diesen Breitengrad „Hochgebirge“. Hier oben bläst ein kühler Wind und wir packen schnell die Jacken aus. Nach ausführlichem Foto-

Shooting und dem obligatorischen Gipfelpicknick geht es wieder zurück zur Treppe, auf dieser abwärts und unten auf bekanntem Weg weiter. Wir staunen über viele gelbe und blaue Blümchen im Birkenhain und gehen schließlich, zuletzt wegen Mückenattacken deutlich beschleunigten Schrittes, wieder zurück zum WOMO-Parkplatz.
Unser Resümee: Wer dieses Highlight ohne triftigen Grund auslässt, dem ist nun wirklich nicht zu helfen.
Wir haben für die beschriebene Tour etwa 4 Stunden gebraucht. Man sollte reichlich Trinkwasser dabei haben, sowie Windschutzkleidung und Bergstiefel tragen.

Von **Kilpisjärvi** sind es nur noch 7 Straßenkilometer bis nach ***Norwegen***, wo man kurz vor der Grenze sogar noch eine ***Museosilta*** also eine Museumsbrücke besichtigen kann: die ***Ahdaskurun silta***. Die alte Steinbogenbrücke von 1943 über den dünnen Fluss würde man unter dem modernen Belag überhaupt nicht wahrnehmen, doch ein Besucherparkplatz, eine mehrsprachige Info-Tafel und ein Besichtigungstreppchen für die genaue Betrachtung der extra für die deutschen Panzer besonders stabil ausgelegten Konstruktion erregen hinreichend Interesse: Wir sehen die einzige Steinbogenbrücke in ***Lappland***, die im letzten Weltkrieg nicht zerstört wurde.

(221) WOMO-Stellplatz: Ahdaskurun silta

GPS: N 69° 04' 42.3" E 20° 45' 36.9". **Max. WOMOs**: 2-3.
Ausstattung: Nett angelegter Parkplatz bei der Museumsbrücke, Erläuterungstafel, sonst nix.
Beschreibung: Wieder einmal eine Möglichkeit, sich während der Urlaubsreise über den Frieden in Europa zu freuen.
Zufahrt: 2,2 km hinter **(220)** links.

Auf norwegischer Seite folgt nach dem ***Fjäll*** und der Tal-Abfahrt sogleich **Skibotn** und der ***Lyngen-Fjord***: ein guter Ausgangspunkt für die Region um ***Senja*** und **Tromsø** mit ***Kvaløya***. Mit unserer Tour geht es nun in **Palojoensuu**, 151 Straßenkilometer südöstlch von hier, auf der **93** weiter, wo wir drei WOMO-Plätze oder 26 km Nadelwaldstrecke später in **Enontekiö/Hetta** eintreffen. Hier wendet sich die **93/Kivilompolo**

(222) WOMO-Picknickplatz: Sotkajärvi Lintutorni

GPS: N 68° 18' 38.3" E 23° 17' 07.9". **Max. WOMOs**: 1.

Ausstattung: Sehr kleiner Parkplatz, aufwändig eingerichtete Schutzhütte mit Feuerstelle, Mülleimer, Vogelbeobachtungsturm am See.
Beschreibung: Nur von einer Birkenreihe von der nahen Straße getrennt.
Zufahrt: Nach 9,8 km auf der **93** links, schwarzes Schild.

(223) WOMO-Picknickplatz: Muotkajärvi

GPS: N 68° 20' 05.3" E 23° 21' 45.4". **Max. WOMOs**: 2-3.
Ausstattung: Picknickbank, Info-Tafel, Feuerstelle, kleiner Sandstrand.
Beschreibung: Etwas sumpfige Ecke, straßennah.
Zufahrt: 4,5 km nach **(222)** rechts.

(224) WOMO-Badeplatz: Muotkajärvi

GPS: N 68° 21' 11.4" E 23° 26' 07.8". **Max. WOMOs**: 2-3.

Ausstattung: Vom oberen Asphalt-Parkplatz führt ein Sandweg nach unten zu schönen Stellplätzen an der Badestelle. Prädikat: Traumplatz!
Beschreibung: Ein Stück von der Straße weg, Verkehr hört man dennoch.
Zufahrt: 3,6 km nach **(223)** rechts.

ohne uns nach Norden in Richtung ***Norwegen***: Das wird wohl der künftige Schleichweg zum ***Nordkap*** werden, denn hinter **Kautokeino** kommt ganz fix **Alta** und dann ist man auch gleich oben. Man kann auch mit dieser Nordpassage durch ***Norwegen*** den Rest der **Tour 8** auslassen, mit der **93** abzweigen und über **Kautokeino** und **Karasjok** bei unserer **Tour 9** in **Karigasniemi** wieder einsteigen. Wir aber bleiben in ***Finnland*** und rollen auf der **956** durch das gut ausgestattete **Hetta** an einem minarettähnlichen Kirchturm vorbei zum ***Tunturi-Lapin Luontokeskus*** (2020: 1.6.-27.9. tgl. 9-17 Uhr), dem ansprechend gestalteten ***Naturzentrum Tunturi-Lappi*** am Ortsende. Neben den üblichen Informationen zur regionalen Natur und der ***Sami***-Geschichte erhält man gute Tipps zum Boots-Shuttle über den ***Ounasjärvi*** als Einstieg für die 55-km-Wanderung nach Süden zum ***Pallastunturi***.

(225) WOMO-Wanderparkplatz: Tunturi-Lappi

GPS: N 68° 23' 42.5'' E 23° 39' 58.8''; Peuratie. **Max. WOMOs**: 2-3.
Ausstattung: Hinterer, asphaltierter Parkplatz ist zu bevorzugen, Karten-Tafeln, schöne Grill- und Feuerstelle, drinnen freundliche Info mit gut sortiertem Souvenirladen, Café, Sami-Museum. **No Camping!**
Beschreibung: Viele Hinweise zu Wanderwegen der Region.
Zufahrt: Siehe Text, 11 km nach **(224)**, vor dem Naturzentrum nach links einbiegen, dann rechts rein.
Alternative: N 68° 23' 44.0" E 23° 39' 50.1". Noch 100 m weiter hinein fahren, wo man beim Lift reichlich Parkraum findet.

Der Rest dieser Tour beschreibt die nördlichste Passage durch ***Finnland*** vom ***Daumen*** im Nordwesten zum ***Inari*** im Nordosten. Wer fortan mit uns kommt sollte wissen, dass im weiteren Verlauf ein längerer Abschnitt von etwa 76 km in Form der berüchtigten, lehmigen, finnischen Waschbrettpiste folgt, eine echte Marter für Technik und Nerven. Doch dazu später! Zunächst genießen wir noch halbwegs gute, gelegentlich schon etwas ruppige Straße durch das typische ***Lappland***-Gemisch aus dünnem Wald mit Rentierflechte, grünen Hügeln, Sumpfgebieten und ***Oser***-Hängen, aber auch mit Brückchen über sprudelnde Flüsse mit lauschigem Parkraum anbei.

(226) WOMO-Picknickplatz: Käkkälöjoki

GPS: N 68° 24' 30.7" E 24° 08' 00.4".
Max. WOMOs: 2-3.
Ausstattung: Großer Asphaltparkplatz bei den Stromschnellen ***Saatsikietsima*** mit Laavu, Feuerstelle und Bootseinsatzstelle.
Beschreibung: Dies ist ein Anglerparkplatz, aber wenig frequentiert.
Zufahrt: 23 km hinter **(225)**, 5 km hinter dem Ort **Vuontisjärvi** vor der Fluss-Brücke links.

In **Peltovuoma** bleiben wir auf der **956** und fahren nach **links/ Nunnanen** weiter auf mittelprächtiger und schmalerer Straße mit Ausweichstellen nun in einem großen Süd-Schwenk durch weites Land bei gleichbleibender Landschaft, einer grünen Unendlichkeit aus Sumpf und kleinen Seen bis zum Horizont, so wie man sich die ***Taiga*** vorstellt, aber immerhin vom weichen Licht der Abendsonne beschienen. In **Tepasto** kriegen wir noch einen netten Pausenplatz und anschließend die

(227) WOMO-Picknickplatz: Tepasto

GPS: N 68° 00' 16.0" E 24° 42' 27.7". **Max. WOMOs**: 2-3.
Ausstattung: Schön gestalteter Info-Parkplatz zum Ort **Tepasto** hinter der ***Ounasjoki***-Brücke rechts, Hütte mit Feuerstelle, Picknickbänke, Spielplatz, Trockenklo, Flaschen-Box.
Beschreibung: Zugang zum Wasser, straßennah, aber kaum Verkehr.
Zufahrt: 68 km hinter dem Abzweig in **Peltovuoma**.

ersten 17 km Waschbrettpiste auf der **956** nach **Köngäs**. Man muss sich halt zwingen, nicht schneller als 40-50 km/h zu werden (zulässige Höchstgeschwindigkeit: 80 km/h!) und darf sich nicht von pfeilschnell überholenden „Rallye-Fahrern“ irritieren lassen. Trotzdem macht so ein bösartiges Geläuf richtig schlechte Laune, und bei Regen hat man den braunen Lehmschleier bis zum WOMO-Dach hinauf.

In **Köngäs** angekommen gibt es links einen kleinen Rast-Platz [**228**: N 67° 52' 45.0" E 24° 50' 16.1"] mit Laavu und Feuer-

stelle am Fluss und 50 m danach endlich wieder Asphaltstraße, so auch auf unserem Abstecher auf der **956/Kittilä** nach

Sirkka. Wir landen nach kurzer Fahrt in diesem landesweit beliebten Wintersportzentrum mit vielen schicken Hotels, Gaststätten und Ferien-Blockhäusern, doch wir brauchen das alles heute nicht, denn wir wollen nur das **EINE**! Hoch auf den „Hausberg" ***Levi*** (530 m)! Dazu meiden wir in **Sirkka** das Zentrum, bleiben auf der **79/Kittilä** und sehen den Berg schon links voraus. Spätestens bei der ST1-Tankstelle muss man sich entscheiden: Wer lieber unten bei der Talstation der **Levi Gondelbahn** (Gastronomie mit ordentlichem Lounas-Büfett!) bleiben möchte, fährt in 400 m links rein (**Gondoli)**, findet im **Levi Activity Park** eine ganze Palette von Möglichkeiten der Betätigung für die ganze Familie von Go-Kart fahren, Hochseilgarten bis zum Downhill-Biken und neuerdings sogar Stellplätze mit Strom gegen Geld [**229**: N 67° 47' 06.3" E 24° 48' 54.5"]. Wer mit uns hoch auf den Gipfel kommen will, biegt vor ST1 **links** ab (**Tuikku, Levihuippu**). Auf rauem Asphalt schrauben wir uns im eleganten Bogen hinauf, es geht durch einen Ski-Tunnel, an Geröllfeldern vorbei und die Aussicht nach rechts runter wird immer interessanter. Nach 4 km ab ST1 erreichen wir den Parkplatz unterhalb vom Gasthaus ***„Tuikku"*** links [**230**: N 67° 47' 23.8" E 24° 50' 52.4"], der zwar geschützt liegt, aber wir müssen immer bis ganz nach oben und haben unser Ziel auch schon nach weiteren 500 m erreicht.

(231) WOMO-Wanderparkplatz: Levi Gipfel

GPS: N 67° 47' 17.0" E 24° 51' 32.6".
Max. WOMOs: 1-2.
Ausstattung: Schotter-Parkraum (494 m.ü.M.) am Ende des Fahrweges links in Nachbarschaft eines Sendemastes, Wanderwegenetz.
Beschreibung: Grandiose Ausicht, aber sehr windanfällig.
Zufahrt: Siehe Text.

Abends erfreuen wir uns noch bei seltsamem Licht an ganz ordentlicher Fernsicht, doch die Nacht bringt Wind und Regen, so dass unser WOMO gründlich durchgeschüttelt wird. Nun also wieder zur ungeliebten Lehmpiste! Das elegante Stück Straße zurück nach **Köngäs** sollte man noch genießen, denn anschließend gibt es bis nach **Pokka** noch fast 60 km richtig üble Strecke auf der **955**, ein schier endloser brauner Wurm, manchmal bis zum Horizont, durch das weite ***Lappland***.

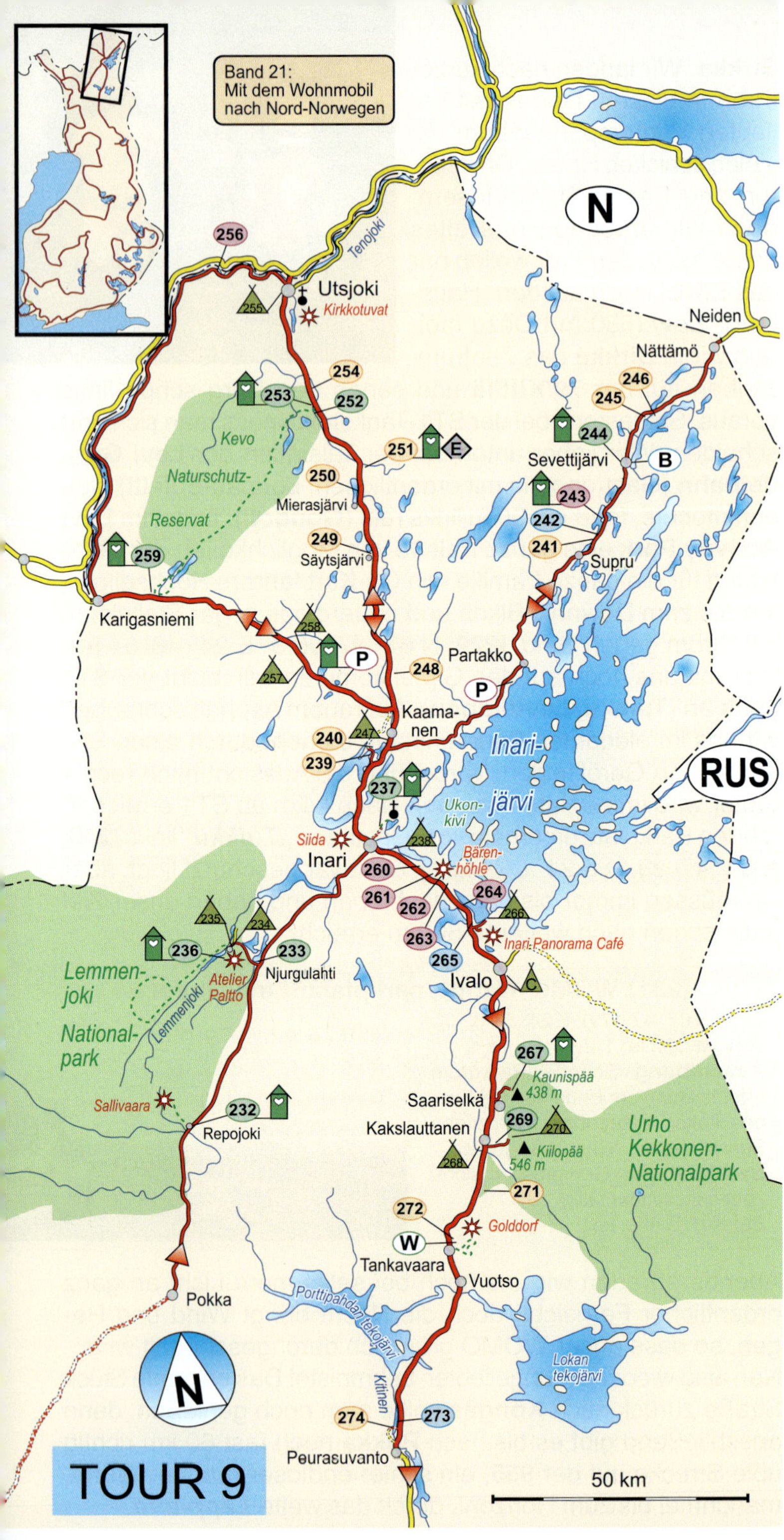

Band 21:
Mit dem Wohnmobil nach Nord-Norwegen
N
RUS
Utsjoki
Kirkkotuvat
Tenojoki
Neiden
Nättämö
Sevettijärvi
Supru
Kevo
Naturschutz-
Reservat
Mierasjärvi
Säytsjärvi
Karigasniemi
Partakko
Kaamanen
Inari-
järvi
Ukonkivi
Siida
Inari
Bärenhöhle
Inari-Panorama Café
Ivalo
Njurgulahti
Atelier Paltto
Lemmenjoki
Lemmenjoki Nationalpark
Sallivaara
Repojoki
Saariselkä
Kaunispää 438 m
Kakslauttanen
Kiilopää 546 m
Urho Kekkonen-Nationalpark
Golddorf
Tankavaara
Vuotso
Pokka
Porttipahdan tekojärvi
Lokan tekojärvi
Kitinen
Peurasuvanto
TOUR 9
50 km

TOUR 9: Geheimnisvoller Inari (900 km)

Inari - 3-mal nach Norwegen - Ivalo - Vuotso

Freie Übernachtung:	Sallivaara, Lemmenjoki (3), Inari (2), Kaamanen, nach Sevettijärvi (4), nach Utsjoki (7), Tenojoki, Sulaoja, Rantala, Martinjärvi, Bärenhöhle (2), am Inari (2), Kaunispää, Lehtola, Tankavaara, Kitinen (3).
Campingplätze:	Lemmenjoki, Inari, Jokitörmä, Muotkan Ruotku, Giellajohka, Ukonjärvi, Luxia in Kakslauttanan, Tunturikeskus Kiilopää.
Besichtigen:	Siida in Inari, Kirkkotuvat in Utsjoki, Inari Lake Panorama Café, Golddorf Tankavaara.
Wandern:	Zum Rentierscheidungsplatz Sallivaara, Lemmenjoki NP, zur Wildniskirche Inari, beim Vogelturm Kaamanen, bei Sevettijärvi, Sulaoja, Kevo NP, UKK und Tankavaara-Rundweg.

Im Norden ***Skandinaviens*** und auf der russischen ***Kola-Halbinsel*** leben heute noch etwa 70.000 Menschen vom Volk der ***Sami***, davon 6.500 im finnischen Teil ***Lapplands***. Deshalb nannte man sie im deutschen Sprachraum auch gerne schlicht ***Lappen***, mit all den lustigen Zusätzen. Damit ist nun Schluss: Die ***Lappen*** heißen heute ***Sami***. Sie gelten als die Ureinwohner ***Finnlands*** mit einer 10.000 Jahre alten Kultur und fühlen

sich nach ihrem Selbstverständnis als ein Teil der sie umgebenden Natur. Früher als Nomaden lebten sie vor allem von der Jagd und vom Fischfang, später erst spezialisierten sie sich auf die ***Rentier***-Zucht und siedelten bei den besten Weideflächen. So bevölkern heutzutage nicht unzählige wilde ***Rentiere*** die Straßen im Norden ***Finnlands***, sondern frei laufende Haustiere der ***Sami***. Auf dieser Lehmpiste hier haben sie heute aber von uns nichts zu befürchten, da wir nach wie vor versuchen, mit vorsichtiger Fahrt und Engelsgeduld hier heil durchzukommen. Hinter **Pokka** dann die Erlösung: Endlich glatte Straße! Jetzt traut man sich auch wieder den Blick schweifen zu lassen: typische Landschaft aus kleinen Birken, Strauchwerk, Wald und Sumpf soweit das Auge reicht. Das Gebiet links voraus gehört nun schon zum ***Lemmenjoen kansallispuisto***, dem ***Lemmenjoki Nationalpark***. Diese grüne Hölle mit der Fläche vom ***Saarland*** ist nicht nur der größte Nationalpark ***Finnlands***, sondern auch das größte unbewohnte und weglose Wildmarkgebiet in ***Europa***. Der Nationalpark befindet sich vollständig im Gebiet der ***Sami***, die hier immer noch von der ***Rentier***-Zucht, aber auch schon vom Tourismus leben. Vom nachfolgend notierten Wanderparkplatz in **Repojoki** führt ein 6 km langer und markierter Pfad zum ***Sallivaaran porokämpät***, dem ***Rentierscheidungsplatz*** von ***Sallivaara***. Hier werden nicht etwa ***Rentier***-Ehen

annulliert, sondern der frei laufende Tierbestand einer Region bei einem großen Zusammentrieb zu Beginn des Winters gesichtet und anhand der jeweiligen Ohrmarkierung dem einzelnen Besitzer zugeordnet, der seine Tiere zählt, sortiert und die neuen Kälber markiert. Bei dieser Prozedur **scheiden** jene Tiere aus, die zum Verkauf oder zum Schlachten auserwählt werden. Die Gatteranlage von ***Sallivaara*** stammt im wesentlichen aus dem Jahre 1933 und gehört zu den größten ihrer Art in ***Lappland***.

(232) WOMO-Wanderparkplatz: Sallivaara

GPS: N 68° 26' 59.3" E 25° 57' 15.9". **Max. WOMOs**: 2-3.
Ausstattung: Schotter-Parkplatz, Info-Tafeln, Müllbehälter, Trockenklo,
Beschreibung: Wanderung zur Rentierscheidung, straßenah, aber ruhig.
Zufahrt: 900 m hinter dem Ortseingang von **Repojoki**, links.

Nach weiteren 36 km Berg- und Talfahrt durch den Wald biegen wir zur **9551** nach links ab und passieren direkt anschließend ein wunderschönes WOMO-Plätzchen rechts am Wege.

(233) WOMO-Wanderparkplatz: Villinkijoki

GPS: N 68° 43' 20.5" E 26° 22' 44.8".
Max. WOMOs: 2-3.
Ausstattung: Asphalt-Parkplatz, Info-Tafel, Müllbehälter, straßennah, aber kaum Verkehr.
Beschreibung: Richtung Sprudel-Fluss Zufahrt zu netten Plätzen im Hochwald. Wir standen zuletzt hier: N 68° 43' 24.4" E 26° 22' 44.9".
Zufahrt: Siehe Text, vor der Brücke rechts.

Ziemlich genau 9 km schmale Wellenschaukel-Straße später erreicht man das Zentrum der touristischen Angebote vom ***Lemmenjoen kansallispuisto*** in **Njurgulahti**, wo man gleich auf zwei benachbarte Übernachtungsangebote trifft, dem **Campingplatz Lemmenjoki** [**234**: N 68° 45' 32.0" E 26° 14' 09.8"] und Stellplätze am Gasthaus **Ahkun Tupa** [**235**: N 68° 45' 29.6" E 26° 14' 07.7"] beim Bootshafen mit Linienverkehr zum ***Kultasatama***, dem Goldhafen. Das Quartier unserer Wahl findet man ganz in der Nähe im Wald.

(236) WOMO-Wanderparkplatz: Lemmenjoki NP

GPS: N 68° 45' 05.3" E 26° 13' 12.5". **Max. WOMOs**: 2-3.
Ausstattung: Schotterparkplatz im Wald, Info-Tafel, Trockenklo, Müllbehälter, sehr ruhig.
Beschreibung: Gelegentlich gut besucht. Zuletzt viele Binnentouristen aus dem Süden Finnlands.
Zufahrt: Vor **(234)** nach links den Hinweisen folgen, nach 1000 m links rein, dann noch 500 m zum Ziel.

Am oberen Abschnitt vom ***Lemmenjoki*** trifft man sogar auf echte Goldgräber, denn der letzte Goldrausch nach 1945 hält bis heute an. Während der Saison gibt es morgens und abends jeweils eine Motorboot-Verbindung durch den grandiosen ***Lemmenjoki-Canyon*** hinauf zum ***Kultahamina***, dem „Gold-Hafen" (90 Minuten, am Tag vorher im Gasthaus beim Bootshafen buchen). Von dort aus kann man sich für 2 bis 3 Tage einem Rundweg durch die Wildnis anvertrauen, in Hütten oder im eigenen Zelt übernachten, sich später mit dem Boot wieder abholen lassen, oder auf einer entsprechend längeren Tour am ***Lemmenjoki*** entlang nach **Njurgulahti** zurück wandern.
Sicherlich haben Sie auf der Fahrt zu **(236)** schon das nach rechts weisende Schild zu ***Heikki und Kaija Paltto*** gesehen, eine Sami-Familie mit vielfältigen Talenten. Neben dem traditionellen Haupterwerb der Sami, der Rentierzucht, hat man hier noch eine Menge mehr am Start. Ein Besuch bei der ***Paltto***-Familie (N 68° 45' 30.2" E 26° 13' 27.9") beginnt im Atelier (Sommersaison tgl. 8-18 Uhr) von ***Kaija Paltto***, einer international bekannten Filz-Künstlerin und man ist sogleich überwäl-

tigt vom speziellen Design und der Farbenpracht der Exponate. Im Sommer, wenn man hier Zeit für Touristen hat, bietet man erlebnisreiche Motorboot-Ausflüge in den ***Lemmenjoki Nationalpark*** an. Dann kommen die ***Paltto***-Söhne ins Spiel: ***Aslak Paltto***, der schon mal Radio-Journalist war und für die „Event"-Moderation zuständig ist sowie ***Nils-Heiki Paltto***, sein eher schüchterner Bruder, der aber als bekannter **Joik**-Interpret auf großen Bühnen steht und die Menschen mit seinem traditionellen ***Sami***-Gesang verzaubert.

Boots-Tour in den Lemmenjoki Nationalpark

2021: 9.6.-23.6. und 12.7.-20.9. Mo, Mi, Fr, Start 10.30 Uhr, 4 Stunden; Bitte schon am Vortag buchen, Infos: paltto.fi.

Nachdem jeder Teilnehmer seine obligatorische Schwimmweste ausgehändigt bekommen und angelegt hat, steigt man in eines der schlanken Motorboote und nach kurzer Unterweisung gehts auch schon los Rich-

tung Nationalpark. Die Boote sind sehr zügig unterwegs (Navi-Messung: 30 km/h), so dass einem fast der Hut wegfliegt, wir düsen eine Dreiviertelstunde den mehr oder weniger breiten und glasklaren ***Lemmenjoki*** hinauf durch eine traumhafte, unberührte Landschaft. Unterwegs müssen wir auch mal aussteigen und ein Stück am Ufer laufen, während die leeren Boote durch die flachen Stromschnellen manövriert werden. Ziel der aufregenden Boots-Reise ist der beeindruckende ***Ravadas***-Wasserfall, von dort geht es für die Gäste zu Fuß zum

600 m entfernten Picknickareal am ***Ravadasjärvi***, wo die ***Paltto***-Brüder an der Feuerstelle inzwischen das **Sami-Lunch** vorbereitet haben: Rentier-Suppe mit Brot, Butter und Käse, danach noch Kaffee und Kuchen. Während der stimmungsvollen Imbiss-Pause erzählt ***Aslak*** über das Leben der Sami, ***Nils-Heiki*** singt uns ein paar **Joiks**, denen alle andächtig lauschen, und schon gehts wieder rein in die ***LILY***-Boote und retour flussabwärts, wo uns noch ein „Meet-and-Greet" mit ein paar Rentieren erwartet, mit Füttern und Streicheln versteht sich.
Ein unvergesslicher Tag, sehr zu empfehlen!

Zurück auf der **955** geht unsere Tour nach links weiter und nach 35 km durch eine Landschaft mit Seen, Sumpfgebieten, ***Oser***-Hängen und felsigem Wald erreichen wir schließlich die 550-Seelen-Gemeinde **Inari**, den Verwaltungssitz eines Landkreises von der Größe ***Sachsens*** mit insgesamt 8.000 Einwohnern, davon 2.000 ***Sami***, deren Sprache in ihren Siedlungsgebieten als Amtssprache anerkannt ist. Der imposante Neubau des ***Sajos*** (Mo-Fr 9-17 Uhr), das Kulturzentrum der ***Sami***, wird auch von den Rentieren, die im Schatten des Gebäudes dösen, schon gut angenommen.
Den Ort mit dem klangvollen Namen am gleichnamigen See besuchen gerade im rund um die Uhr hellen Sommer viele Touristen, die dann durch die Souvenir-Läden pilgern oder sich den Sehenswürdigkeiten des Ortes zuwenden. Ein Besuch des aufwändig gestalteten und preisgekrönten ***Sami***-Museums ***Siida*** (Nach umfassenden Umbau- und Erweiterungsmaßnahmen soll das Museum 2022 wieder geöffnet sein: 1.6.-30.9. tgl. 9-18 Uhr, sonst verkürzt, günstiges Tages-Menü, Eintritt, siida.fi) beim Ortsende an der **4/Utsjoki/Karigasniemi** lohnt sich auf jeden Fall. Hier sollte man sich viel Zeit lassen und einmal ganz tief eintauchen in die Welt der ***Sami*** und ihre Lebensumstände inmit-

ten der bezaubernden Natur ***Nordlapplands***. Im angrenzenden Freiluftmuseum kann man eine ganze Reihe historischer Behausungen besichtigen, vom authentischen ***Lappland***-Hof bis zu Rekonstruktionen von Gebäuden der auf Fischfang spezialisierten ***Inari-Sami*** direkt unten am See. Gegenüber vom ***Siida*** hinter dem mittlerweile geschlossenenen Touri-Shop startet der futuristische Hybrid-Katamaran ***„Inari III“*** zu 2,5-Stunden-Bootsrundfahrten auf dem ***Inarijärvi*** (2021: 13.6.-18.9. tgl. 13 Uhr, 1.7.-7.8. auch 17 Uhr. Infos: visitinari.fi), dem zweitgrößten See ***Finnlands*** mit etwa 3000 Inseln. Eine davon, die kleine Felseninsel ***Ukonkivi*** wird dabei angesteuert und man darf zum Landgang raus. Nach alten samischen Überlieferungen wurde dort dem mächtigsten aller Götter, dem Gott des Donners ***Ukko*** (samisch: ***Äjjih***) geopfert, die Insel gilt deshalb als heiliger Ort der ***Sami***.
Direkt hinter ***Siida*** führt eine Straße zur ***Pielpajärven erämaakirkko***, der alten Wildnis-Kirche der ***Sami*** am ***Pielpajärvi***, zumindest bis zum Wanderparkplatz und von dort noch etwa 5 km zu Fuß. Diese Holzkirche wurde 1760 am Ort einer heidnischen Kultstätte errichtet und erlebt heute nur noch an Mittsommer einen Gottesdienst.

(237) WOMO-Wanderparkplatz: Inari Wildnis-Kirche

GPS: N 68° 55' 16.5" E 27° 03' 28.0". **Max. WOMOs**: 2-3.
Ausstattung: Schotterparkplatz, Trocken-Klo, Müllbehälter, Info-Tafel zu Wanderwegen.
Beschreibung: Einsam und ruhig, außerorts.
Zufahrt: Siehe Text, ausgeschildert, vom Abzweig 2,5 km, zuletzt links rein, dann noch 700 m Natur-Piste.

Bliebe nur noch, den Supermarkt, die Tankstelle und den sehr schön am See gelegenen und gut ausgestatteten **Campingplatz Uruniemi** [**238**: N 68° 54' 10.8" E 27° 04' 20.4"] zu erwähnen, 2 km ab Ortsmitte Richtung **Ivalo**.
Ein Stück nördlich von **Inari** treffen ziemlich genau 3 Straßen aufeinander, die in verschiedene Richtungen nach ***Norwegen*** führen. Doch bevor sich irgendetwas gabelt, werden wir

noch einen unserer geliebten Vogeltürme besuchen. Folgen Sie uns also auf der **970/Utsjoki**, wo wir 19 km nach dem Ortsende von **Inari** links in eine schmale Asphaltstraße abbiegen und dem Weiß-auf-Schwarz-Hinweis **Lintutorni** nachgehen. Nach einem Parkplätzchen am See [**239**: N 69° 03' 31.3" E 27° 05' 32.9"] links und einer Rentierforschungsstation rechts folgt nach dem Straßenknick nach links (**Kaamanen**) der große grüne Turm auf dem Waldhügel rechts mit netten Wanderwegen und manch lauschigem WOMO-Plätzchen drumherum. Viel Spaß beim Aussicht genießen, Vögel gucken, Beeren naschen und Pilze sammeln!

(240) WOMO-Stellplatz: Vogelturm Kaamanen

GPS: N 69° 04' 14.6" E 27° 06' 05.8". **Max. WOMOs**: 2-3.

Ausstattung: Vogelturm mit toller Aussicht, Picknickbank, Pilzwald.
Beschreibung: Parkmöglichkeiten am Waldweg rechts vor (Achtung! Von der Straße hinunter setzt man schnell mit dem Heck auf! Ich sage nur: Selbsttest.) oder auf dem Wiesen-Parkplatz rechts hinter dem Turmhügel.
Zufahrt: Siehe Text, ca. 3 km nach dem Abzweig von der **E75**.

Nun wenden wir uns den **3 „Ausfallstraßen“** nach ***Norwegen*** zu, obwohl wir nun nicht davon ausgehen, dass diese Abstecher in dieser Form tatsächlich abgefahren werden. Doch eventuell kommen Sie auf Ihrer ***Skandinavien***-Rundfahrt gerade aus der ***„Schulz-Zone“*** (**Band 21: *„Mit dem Wohnmobil nach Nord-Norwegen“***) oder wollen eben dorthin? Dann sollten Sie über diese Routen Bescheid wissen, denn zum Durchbrettern im Transit ist ***Finnland*** gerade in ***Lappland*** viel zu schade.

1.: Nach Sevettijärvi/Näätämö/Neiden

120 km zur norwegischen Grenze, tadellos ausgebaute Straße, nur eine richtige Tankstelle in **Näätämö** kurz vor Norwegen.

Knapp 5 km nördlich vom Vogelturm-Abzweig geht es von der **E75** zur **92** rechts weg und wenig später am ***Inarijärvi*** entlang nach Nordosten. Doch wie das in ***Finnland*** so ist, sieht man nicht so sehr viel vom prächtigen See, der sich schamhaft mit einem recht breiten Sumpfgürtel umgibt (**Achtung!** Viele ***Rentiere*** und einzelne ***Elche***) und dessen gesamte Fläche man wegen der vielen Buchten und Inseln sowieso nicht richtig wahrnimmt. Nach gelegentlichem Sichtkontakt auf das große Wasser erreicht man nach 33 km auf der **92** den verheißungsvoll am See gelegenen **Campingplatz Hietajoki** (N 69° 09' 52.8" E 27° 50' 25.4"), der aber zuletzt geschlossen vorgefunden wurde und nun als Basis für Angelfreunde dient. In Ausnahmefällen wird aber auch durchreisenden WOMO-Gästen Einlass gewährt. Fragen kann man ja mal...

Weiter geht es durch einsame Gegend, der Wald wird dünner, wir fahren kurz einmal direkt links am ***Nitsijärvi*** vorbei, dann durch das Dorf **Supru** und registrieren 5,8 km hinter dessen Ortseingang am ***Välijärvi*** zuerst einen kleinen Parkplatz mit Seezugang links [**241**: N 69° 23' 18.2" E 28° 21' 36.7"], gleich 200 m danach links eine Sandstrand-Badestelle mit Plätzchen für sehr kleine WOMOs zwischen Bäumen [**242**: N 69° 23' 24.9" E 28° 21' 51.9"] und anschließend noch den folgenden, richtig netten, ein Stück abseits der Straße.

(243) WOMO-Picknickplatz: Mihkalijärvi

GPS: N 69° 24' 39.4" E 28° 23' 39.4". **Max. WOMOs**: 3-5.
Ausstattung: Geräumiger Platz mit Separee am Wald, Trockenklo, Turnstangen, Picknick-Pavillon, Seezugang.
Beschreibung: Schön gelegener, ruhiger Platz.
Zufahrt: 3 km hinter **(242)** führt ein Abzweig nach links über einen Damm durch zwei Seen hindurch, nach 200 m Picknickplatz.

Nun beherrschen größere Felsen den spärlichen Wald, die Landschaft wird mehr und mehr zur ***Tundra*** und wir errei-

chen **Sevettijärvi**, das uns gleich mit einem freundlichen Schlummerplatz links am Wald begrüßt.

(244) WOMO-Wanderparkplatz: Sevettijärvi

GPS: N 69° 30' 33.4" E 28° 35' 46.9". **Max. WOMOs**: 1-2.
Ausstattung: Info-Parkplatz mit Asphaltnischen unter hohen Bäumen, Trockenklo, Müllbehälter, Info-Tafel mit Wanderkarte, Wanderwege zur orthodoxen Kirche, ***Skolt-Sami-Freilicht-Museum*** im Wald anbei.
Beschreibung: Einstieg zu Fernwanderwegen, 250 m links über die Straße zur Badestelle. Dort gibt es einen weiteren Parkplatz nahe bei der Schule: N 69° 30' 40.2" E 28° 36' 02.2".
Zufahrt: 1 km nach dem Ortseingangsschild links.

Dieses Dorf ist eine Schöpfung des finnischen Staates. Hier wurde 1949 Land für jene russisch orthodoxen ***Skolt-Sami*** zur Verfügung gestellt, die zuvor aus ihrem angestammten, ausgesprochen weitläufigen Lebensraum in **Petsamo** geflüchtet waren, als dieses finnische Staats-Gebiet nach dem letzten Krieg an ***Russland*** ging. Obwohl hier in **Sevettijärvi** jede Familie an einem eigenen See siedelte, und ihre Grundstücke kilometerweit voneinander entfernt liegen, beklagten sie sich später, dass man hier in ***Finnland*** doch arg dicht aufeinander hocken würde! Auf den restlichen 32 km bis zur letzten finnischen Tankstelle in **Näätämö**, wo man unbedingt die beiden „Wir haben alles“-Supermärkte besuchen sollte, wird die Landschaft noch karger, doch man findet einzelne nette Pausenplätze wie die beiden am ***Ukonselkä*** rechts: [**245**: N 69° 34' 50.6" E 28° 42' 24.3"] mit Bootseinsatzstelle (Foto links) und kurz darauf einen am Sprudelfluss [**246**: N 69° 34' 51.1" E 28° 42' 40.9"] (Foto rechts). Der Rest der Strecke ist geprägt von Seen mit Felsen, Geröllhängen und roten Hütten am Ufer.

2.: Nach Utsjoki/Tana

101 km ab Abzweig der **971** nach **Utsjoki** an der norwegischen Grenze, sehr gute Straße, Tankstellen in **Kaamanen** und **Utsjoki**.

Auf der **E75/4** findet man kurz nach dem Abzweig zur **92** links den freundlichen **Campingplatz Jokitörmä** (jokitorma.net) [**247**: N 69° 05' 29.6" E 27° 11' 03.4"] und kann dann in **Kaamanen** bei der urigen ***„Lappland-Service-Station“*** für Trapper und andere Durchreisende mit Restaurant/Café, Shop und Tankstelle namens ***Kaamasen Kievari*** pausieren, bevor man sich weiter gen Norden auf den Weg macht. Wir kommen dann an kleinen Seen vorbei, die Straße führt durch Wald, aber auch durch Sumpf mit Birken: also echte ***Lappland***-Mischung. Hinter dem Abzweig der **92/Karigasniemi** registrieren wir einige erfreuliche Pausenplätze:

(248-251) WOMO-Stellplätze: Unterwegs nach Utsjoki

(248) Hinterm See
GPS: N 69° 11' 13.9" E 27° 13' 22.9". **Max. WOMOs**: 2-3.
Ausstattung: 2 Asphaltparkplatz-Nischen hinter Bäumen und einem See.
Beschreibung: 700-m-Bypass-Parkplatz 50 m neben der Straße.
Zufahrt: 6 km hinter dem Abzweig der **92**, rechts.

(249) Säytsjärvi
GPS: N 69° 21' 19.1" E 27° 12' 58.9". **Max. WOMOs**: 1-2.
Ausstattung: Asphaltparkfläche, untere Abteilung mit Seezugang, Picknickbank, Müllbehälter, straßennah.
Beschreibung: Am oberen Parkplatz vorbei und links hinunter fahren.
Zufahrt: 19 km hinter **(248)** links.

(250) Mierasjärvi
GPS: N 69° 31' 24.3" E 27° 13' 20.9". **Max. WOMOs**: 2-3.
Ausstattung: Asphalt-Parkfläche, Info-Tafel.
Beschreibung: Weg in den Wald zum Anglergebiet am See, straßennah.
Zufahrt: 19,5 km hinter **(249)**, hinter einem Brückchen links.

(251) Mieraslompola
GPS: N 69° 34' 59.7" E 27° 14' 42.1".
Max. WOMOs: >5.
Ausstattung: 1000-m-Bypass mit Parknischen, Picknickbänken, Turnstangen, Müllbehälter, Trockenklo und Erweiterung auf Schotter nach 500 m links, hier **Kassetten-Entsorgung**.
Beschreibung: Nettes Schotterareal am Fluss. Das Rauschen übertönt die Straßengeräusche.
Zufahrt: 6,6 km hinter **(250)** rechts.

Nun haben wir den mehr oder weniger breiten Fluss ***Utsjoki*** links und bestaunen einzelne alte Riesen-***Kiefern***, die majestätisch aus dem allgemeinen Grün herausragen. Bald treffen wir auf den Ausgangs- oder Endpunkt vom Fernwanderweg ***Kevon reitti***, der 63 km durch den ***Kevon luonnonpuisto***, das ***Kevo Naturschutz-Reservat*** führt. Auf dieser Seite beginnt oder endet dieser Trekking-Pfad durch den ***Kevojoki-Canyon***, der von April bis Juni und auch in feuchten Sommern zeitweise gesperrt wird, mit 110 Stufen auf einer Holztreppe am Hang rauf oder runter.

(252) WOMO-Wanderparkplatz: Utsjoki

GPS: N 69° 40' 58.1" E 27° 04' 37.7". **Max. WOMOs**: 1-2.

Ausstattung: Feinschotter-Parkraum, Feuerstelle.
Beschreibung: Wenig Platz am Rauschefluss, gegenüber von **(253)**.
Zufahrt: Nach Vorankündigung **„Kevo Naturreservat 1 km"** vor der ***Utsjoki***-Brücke **links** runter fahren.

(253) WOMO-Wanderparkplatz: Kevo Ost

GPS: N 69° 41' 00.7" E 27° 04' 37.4". **Max. WOMOs**: 2-3.
Ausstattung: 2 Parkplatzabteilungen, die vordere mit Info-Tafeln und Treppe zum Trekking-Pfad, die hintere links mit Trockenklo. Vis-a-vis von **(252)**.
Beschreibung: Lauschige Plätze im Grünen mit Flussblick.
Zufahrt: Hinter der ***Utsjoki***-Brücke, 200 m hinter **(252)**, links.

Auch von den letzten 27 km durch urwüchsige und faszinierende Landschaft mit grünen Hügeln, sprudelnden Flüssen und stillen Seen gibt es noch Interessantes zu berichten, zuerst von einem weiteren passablen WOMO-Platz an der Strecke.

(254) WOMO-Stellplatz: Kevojoki

GPS: N 69° 43' 28.1" E 27° 03' 18.0". **Max. WOMOs**: 2-3.
Ausstattung: Parknischen am Rand der Bypass-Straße.
Beschreibung: 300 m nach Einfahrt Plätze am Rand oberhalb vom Rauschefluss, vor allem bei der Ausfahrt schöne Plätze im Hochwald.
Zufahrt: 4,4 km nach **(253) nach rechts** in die Bypass-Straße rein.

Nun rollen wir durch eine auffällig gepflegte Gegend, die Berge voraus werden höher und links sieht man schon die Spitze vom Kirchturm von **Utsjoki**. Dort genau gegenüber kann man die ***Kirkkotuvat*** (N 69° 51' 46.7" E 27° 00' 28.1"), die Hüttchen

vom alten Kirchplatz rechts am Hang zum ***Mantojärvi*** besichtigen. Unerwartet finden wir hier eine überraschend originelle ***Kunstgewerbe-Hütte*** mit knisterndem Kamin und einem exklusiven Sortiment an Filz-Ware und anderen nützlichen wie schönen Dingen, sowie ein kleines Café mit hinreißenden, frisch gebackenen Waffeln und Konfitüren-Klecks nach Wahl.

Wer noch weiter fährt, der trifft auf den **Campingplatz Lapinkylä** [**255**: N 69° 54' 18.7" E 27° 01' 11.7"] kurz vor der Grenze links und erreicht den mächtigen Lachsfluss ***Tenojoki*** mit der Brücke nach ***Norwegen*** hinüber.

Unser Spezial-Tipp:

Sie folgen unseren Spuren tatsächlich bedingungslos? Sie lieben spektakuläre ***Scenic Routen***? Dann nehmen Sie von hier ab die **970/Karigasniemi**, rollen 101 km am ***Tenojoki*** entlang und fahren dann den nachfolgenden Stich Nr. **3** rückwärts. Sie erleben eine großartige Flusslandschaft, wo man nur Lachse fangende Bären vermisst und finden sogar schöne WOMO-Plätze wie nachfolgenden, ein Angler-Camp beim ***Yläköngäs*** [**256**: N 69° 57' 28.9" E 26° 37' 18.6"].

3.: Nach Karigasniemi/Karasjok

66 km auf der **92** vom Abzweig von der **E75/4** bis zur Grenze bei **Karigasniemi**.

Das ist die alte Reisebus-Rennstrecke zum ***Nordkap***, wenn auch der ***Inarijärvi*** mit auf dem Plan steht. Gleich nach einem Kilometer überqueren wir den breiten ***Kaamasjoki*** und anschließend führt die Straße schnurgerade durch hüglige ***Oser***-Landschaft mit dünnem Wald und weitläufigen Sumpfgebieten. Nach 14 km bietet ein kleiner Parkplatz rechts in einer Senke am See gute Chancen für ein nettes Picknick und einen erfolgreichen Ausflug in den stillen Pilzwald. Auf die Einrichtung von weiteren Rastplätzen hat man auf den nächsten Kilometern verzichtet, für etwas Kurzweil sorgen höchstens die beiden **Campingplätze**: einer namens ***Muotkan Ruoktu*** [**257**: N 69° 15' 06.4" E 26° 49' 04.9"] links und einer beim ***Café Giellajohka*** [**258**: N 69° 17' 32.5" E 26° 43' 24.8"] rechts, 22 und 28 km nach dem Abzweig auf die **92**.
Die monotone Fahrerei kann man nach weiteren 26 km beim Wanderparkplatz vom ***Kevo Naturschutz-Reservat*** für längere oder auch nur für kürzere Zeit unterbrechen, um die mehrtägige Trekking-Tour **Kevon reitti** über 63 km durch den ***Kevojoki-Canyon*** aus dieser Richtung zu bewältigen, eine Tageswanderung zur ***Ruktajärvi-Hütte*** zu unternehmen oder wenigstens die Seniorenrunde, den kurzen, aber sehr interessanten Naturpfad ***Sulaoja*** zu absolvieren.

(259) WOMO-Wanderparkplatz: Kevo West

GPS: N 69° 23' 36.4" E 26° 06' 48.1". **Max. WOMOs**: 3-5.
Ausstattung: Geräumiger Feinschotter-Parkplatz, Mülltrennung, Mulch-Klos, Info-Tafeln.
Beschreibung: Hier kann es schon mal voll werden, wenn Wandersaison ist. Am nahen Quellfluss füllen die Wanderer ihre Trinkflaschen auf.
Zufahrt: Siehe Text, 11 km vor der norwegischen Grenze, rechts.

Naturpfad Sulaoja
Sie haben die Info-Tafel studiert und die Beschreibung vom Naturpfad ***Sulaoja*** verinnerlicht? Dann nehmen Sie sich diesen 2-km-Rundweg vor und entdecken den besonderen Zauber der Umgebung vom ***Ailigas-Fjäll***. Auf gut markiertem Weg (Kienapfel-Symbol) quert man zunächst zwei Brückchen über den glasklaren Sprudel-Bach, folgt diesem dann auf schmalem Wurzelpfad, bevor es auf steinigem Weg bergan, dann Holztreppen hinauf und anschließend auf einem Schotterpfad durch den Birkenhain geht. Abwechslungsreich führt uns der Rundweg weiter bergauf, bergab,

Treppen hoch, Treppen runter durch dieses malerisch schöne Areal und man findet liebevoll gestaltete Erläuterungs-Tafeln zu den einzelnen Stationen wie an der ***Sulaoja-Quelle***, der größten Quelle ***Finnlands*** und bei den ***Engelswurz***-Wiesen am Plätscher-Bach-Ufer. Nach einer Stunde sind wir zurück am WOMO.

Nach weiteren 11 km auf der **92** erreicht man **Karigasniemi** an der norwegischen Grenze, wo man über **Karasjok** auf traditioneller Route zum ***Nordkap*** gelangt, oder über **Kautokeino** an unsere **Tour 8** „andocken" kann.

Wir verlassen **Inari** auf der **E75/4/Ivalo**, sehen durch den Wald sogar noch etwas vom See, vermerken unterwegs zwei freundliche Picknickplätze (12 km hinter **Inari Zentrum** ohne Hinweis **Rantala** [**260**: N 68° 50' 31.3" E 27° 14' 48.4"] und 2,5 km danach **Martinjärvi** [**261**: N 68° 49' 37.4" E 27° 17' 20.5"], beide links) und wenden uns nun dem überaus gründlich angekündigten Rastplatz beim ***Karhunpesäkivi***, dem ***Bärenhöhlenstein*** zu. Dieser gerade bei Nordland-Busreisen sehr beliebte Haltepunkt mit seinem eigenen Charme zieht auch uns immer magisch an. Neben einem singenden Bären bietet diese Touristenattraktion nicht nur Souvenirs und eine rustikal-gastronomische Versorgung mit Rentiergeschnetzeltem und Räucherfisch, sondern auch noch eine kostenlose Sehenswürdigkeit zum Füße vertreten: Auf einer schier endlosen Holztreppe den

Hang hinauf am Felsbrocken mit der winzigen ***Bärenhöhle*** vorbei, in die man als Erwachsener mit einigen Verrenkungen sogar hineinkrauchen kann, bis hoch zur finalen Aussichtskanzel. Unterwegs ist sogar noch ein Schatz versteckt.

WOMO-Cache Nr. 31

GPS: N 68° 49' 03.2" E 27° 18' 49.6". **Schwierigkeit**: Leicht.
Tipp: Noch in Sichtweite vom Zugangstor, 10 m oberhalb vom Preiselbeer-Info-Schild rechts.

Als nette Geste sind auf dem Parkplatz sogar extra markierte WOMO-Stellplätze [**262**: N 68° 48' 59.6" E 27° 18' 51.9"] ausgewiesen, doch für Übernachtungen bevorzugen wir den Parkplatz unmittelbar danach.

(263) WOMO-Picknickplatz: Am Felsensee

GPS: N 68° 49' 06.3" E 27° 19' 32.7". **Max. WOMOs**: 2-3.

Ausstattung: Picknickbank mit Feuerstelle, Müllbehälter, geschotterte Erweiterungsfläche zum Wald hin.,
Beschreibung: Das Areal hinten beim See liegt geschützt und ist ruhig.
Zufahrt: Bypass-Parkplatz 600 m nach dem vorigen, links.

Anschließend führt die Straße unmittelbar am ***Inarijärvi***-Ausläufer ***Ukonjärvi*** entlang, wo Felsen und dünner Wald die faszinierende Landschaft am Seeufer dominieren und zwei weitere seenahe WOMO-Plätze zum Bleiben locken.

(264) WOMO-Picknickplatz: Ukonjärvi

GPS: N 68° 46' 58.7" E 27° 24' 21.3".
Max. WOMOs: 2-3.
Ausstattung: Picknickbänke, Müllbehälter, (zuletzt unbenutzbares) Trockenklo, Bademöglichkeit.
Beschreibung: Bypass unterhalb der Straße zwischen Baumreihen mit Geröll direkt am steinigen See-Ufer, straßennah.
Zufahrt: 5,3 km hinter **(263)** links.

(265) WOMO-Badeplatz: Ukonjärvi

GPS: N 68° 44' 19.1" E 27° 26' 48.3". **Max. WOMOs**: 2-3.

Ausstattung: Naturbelassener Parkraum am See. Badesteg mit Bank.
Beschreibung: Geräumiger Anglerplatz, traumhaft klares Wasser.
Zufahrt: 6 km nach **(264)** links, dann 100 m Schotterweg.

Genau 600 m hinter **(265)** geht es nach links zum schön am See gelegenen **Campingplatz Ukonjärvi** [**266**: N 68° 44' 13.1" E 27° 28' 39.6"] sowie zum ***Inari Panorama Café*** (Sommer-Saison 9-19 Uhr, Eintritt, bei schlechtem Wetter Zufahrt geschlossen) und wir nehmen unmittelbar danach mutig den 20-%-Anstieg (besonders steile Passagen sind asphaltiert, Zufahrt für Caravan-Gespanne gesperrt) nach rechts zum ***Sovintovaara*** hinauf in Angriff. Oben erwartet uns ein Parkplatz mit Schrott von altem Kriegsgerät, ein Freiluftmuseum mit Erdhütten und alten Booten sowie ein reizendes ***Café*** mit ***Inari-***

Ausstellung und einem überdachten Wandelgang für den ultimativen ***Inarijärvi***-Ausblick, der wahrlich nur noch mit Rundflügen zu toppen ist.
Schon 9 km später begrüßt uns **Ivalo** mit einer modernen Kirche rechts, wir überqueren die ***Ivalojoki***-Brücke und beim folgenden Kreisverkehr bleiben wir auf der **E75/4/Rovaniemi** geradeaus. Nach links sind es (für uns eher theoretische) 303 km bis **Murmansk** und als Gegenpol steht rechts ein Denkmal zur Erinnerung an die verlorene finnische Heimat im Gebiet um den Eismeerhafen **Petsamo**, das heute zu ***Russland*** gehört. **Ivalo** bietet gute Chancen für den ausführlichen Einkauf, kann auch Wünsche nach Gastronomie und Unterhaltung erfüllen (nördlichster Nachtklub ***Finnlands***) und einen gepflegten Tankstopp gewährleisten, hat aber touristisch außer den beiden **Campingplätzen** nicht viel zu bieten.
Die nächsten 30 km hinter **Ivalo** rollen wir entspannt auf flotter Piste gen Süden, genießen den weiten Blick zu den runden Hügeln voraus und nehmen dann den Abzweig nach links auf die **9602** hinauf zum **Kaunispää** (438 m). Ohne Mühe erklimmen wir mit zügiger Fahrt die komfortabel ausgelegte Auffahrt und erreichen nach kurzer Zeit das Plateau der baumfreien Kuppe mit Gipfelhaus. Der Straßenbau in dieser einst unzugänglichen Region hatte vor allem einen Grund: ***GOLD!*** Im Jahr 1902 wurde auf Betreiben der Bergwerksgesellschaft überhaupt erst ein Fahrweg von **Sodankylä** in Richtung Norden gebaut und 1914 fuhr das erste Auto auf diesen Berg hinauf.

(267) WOMO-Wanderparkplatz: Kaunispää (450 m ü. M.)
GPS: N 68° 26' 01.1" E 27° 26' 30.8". **Max. WOMOs**: 3-5.

Ausstattung: Asphaltierter Großparkplatz mit Rundum-Panorama, Info-Tafel mit Wanderkarte, Aussichtspodest, Müllbehälter, tagsüber Souvenierladen „Design Centre“, Restaurant und Toiletten, Lift mit Downhill-Pisten.
Beschreibung: Offenes Gelände, bei Sturm recht ungemütlich.
Zufahrt: Siehe Text.

Der Rundblick von hier oben ist schlicht phänomenal, der ganze Berg und das Umfeld bis hinunter nach **Saariselkä** sind heute hauptsächlich auf Wintersport getrimmt, doch auch im Sommer hat diese Ecke ihren Reiz. Dann toben sich hier die Mountainbiker aus, Reisebusse kutschieren Touristen hier hinauf, die dann berauscht vom Panorama nach dem Essen im Berggasthof noch gründlich shoppen (***Design Centre*** 10-17 Uhr), und auch die WOMO-Gemeinde freut sich über ein spektakuläres Plätzchen für die Nacht mit dem unglaublichen Ausblick auf das endlose Grün ringsum, der Lust macht auf die nächste Wandertour. In Richtung Südost liegt uns auch schon der nächste ***Nationalpark*** als potentielles Ziel zu Füßen: der riesige ***Urho Kekkosen kansallispuisto***, der gemäß des vollständigen Namens des gottgleich verehrten ehemaligen finnischen Staatspräsidenten ***Urho Kaleva Kekkonen*** stets nur ***UKK*** heißt. Dieses 2.500 km² große Wildnisgebiet erstreckt sich bis zur russischen Grenze und bietet genug Platz für fast 30 ***Bären***, einige ***Vielfraße***, ***Wölfe***, ***Steinadler*** und etwa 20.000 ***Rentiere***. Auf dem Weg nach **Tankavaara** erreicht man 10 km hinter dem Urlauber-Zentrum **Saariselkä** dann **Kakslauttanen**, einen weiteren exklusiven Winter-Tourismus-Hotspot. Dieser Name steht für eine ständig wachsende Ferienanlage, in der man in Glas-Iglus übernachtet und im Bett liegend auf das Polarlicht warten kann. Auch im Sommer ist hier Leben und es ist von WOMO-Plätzen zu berichten. An der Kreuzung rechts, auf einem staubigen Schotter-Areal kann man bei **Luxia Caravan** [**268**: N 68° 20' 06.8" E 27° 19' 56.3"] einchecken, gegenüber auf flotter Piste nach 4 km beim Wanderparkplatz **Ruijan Reitti** [**269**: N 68° 20' 10.1" E 27° 25' 44.8"] (Foto unten) pausieren oder am Ende

dieser Straße im touristisch voll erschlossenen ***Tunturikeskus Kiilopää*** [**270**: N 68° 20' 48.3" E 27° 27' 45.3"] logieren, wo es sogar extra WOMO-Plätze gibt (Infos und Reservierung: kiilopaa.fi). Dies ist das perfekte Basislager für Freiluft-Aktivitäten von der kleinen Wanderung bis zu langen ***UKK***-Touren.

Wieder auf der **E75/4/Rovaniemi** biegen wir 10 km hinter unserem WOMO-Spezial-Stellplatz dann in **Tankavaara** links ab,

(271) WOMO-Stellplatz: Lehtola

GPS: N 68° 14' 22.9" E 27° 14' 03.8".
Max. WOMOs: 3-5.
Ausstattung: Geschützter Parkplatz mit Erweiterung im Birkenhain.
Beschreibung: Schön gelegener WOMO-Treff beim ***Tankajoki***, zuletzt jedoch ohne Ausstattung und Hinweise an der Zufahrt. Perspektive unklar.
Zufahrt: 11 km nach dem ***Kiilopää***-Abzweig links, dann noch 500 m alte Straße.

nehmen die 2. Einfahrt nach links (***Gold*** kommt später), erreichen den Parkplatz (N 68° 10' 38.9" E 27° 05' 50.4") und müssen feststellen, dass das ***UKK-Informations-Zentrum*** nicht nur geschlossen, sondern sogar leergeräumt ist. Auch die Wanderwege sind marode und unbetreut. In der Hoffnung auf Besserung hier unser Bericht von 2014 über die kleine Wanderrunde.

Zum Kleinen Tankavaara

Gleich hinter dem Info-Zentrum führen vier lehrreiche Wander-Runden über 1, 3, 6 und 7 km den Waldhang hinauf. Wir nehmen den mit dem schönen Namen ***Kuukkelilenkki = Unglückshäherpfad***, denn diese Schleife führt über den Gipfel des ***Kleinen Tankavaara*** mit einem Aussichtsturm oben drauf und an einer Feuerstelle vorbei:

Also Fernglas und Grillwürste mitnehmen. Auf einem komfortablen Weg mit Schotter- und Bohlen- Ausbau geht es zunächst sehr gemächlich an alten, zugewucherten Schützengräben vorbei durch den dichten, mit ***Flechten*** überzogenen Wald bergauf. Wir erfahren, dass die von uns wegen ihrer speziellen Form ***„Flaschenbürstenfichten“*** genannten ***Lappland***-Bäume eigentlich ***Kerzenfichten*** heißen, und passieren auch schon die Nadelbaumgrenze. Jetzt marschieren wir auf steinigem und wurzeligem Weg durch die ***Birken***-Zone und haben nach einer guten halben Stunde den recht kahlen Gipfel erreicht. Hier oben gibt es nur noch die kleinen stämmigen ***Fjäll-Birken*** und ansonsten weite Geröllfelder. Nach einer ausgiebigen Würdigung des großartigen Rundblickes gehen wir die Runde auf der anderen Seite vom Berg auf markiertem Pfad wieder hinunter. Einige ***Rentiere*** kreuzen sehr gelassen unse-

ren Weg und am Wegesrand verleiten ***Blaubeer***- und ***Molte***-Vorkommen zu Naschpausen. Auf Bohlen durchqueren wir ein weites Sumpfgebiet mit ***Wollgras***-Matten und ***Segge***-Büscheln, belagern kurz darauf die langersehnte Feuerstelle für ein ausführliches Picknick mit echter finnischer Grillwurst, die wir zu Hause „Dicke Bockwurst“ nennen würden und bringen danach den Rest der Runde schnell zu Ende. Für die leichte, wie interessante Wanderung braucht man je nach Pausenlänge zwischen 2,5 bis 3 Stunden. **Sehr zu empfehlen!**

Vom ***UKK***-Parkplatz wechseln wir hinüber zum nächsten beim ***Kultakylä***, dem ***Golddorf Tankavaara*** (10-17 Uhr, Eintritt). Hier wird uns der raffinierte Doppelsinn von ***„Lapin Kulta“*** bewusst, denn das ***„Gold Lapplands“*** gilt gerade hier oben als Grundnahrungsmittel und die berühmte Brauerei aus **Tornio** ist selbstverständlich der Hauptlieferant für das urgemütliche Gasthaus ***„Wanha Waskoolimies“***, also ***„Alter Goldsucher“*** (9-21 Uhr), der ***Goldgrube*** für den Wirt gleich beim Parkplatz.

(272) WOMO-Stellplatz: Golddorf Tankavaara

GPS: N 68° 10' 51.9" E 27° 05' 55.8".
Max. WOMOs: 8.
Ausstattung: Bezahl-Plätze im Umfeld der Gaststätte.
Beschreibung: Originelle Location, **Gebühr 2021:** 25 EUR (inkl. WC + Dusche) + 5 EUR für Strom, Bezahlung im Gasthaus.
Zufahrt: Siehe Text.

Der ***Goldrausch*** begann in dieser Gegend mit der Entdeckung einer recht ergiebigen ***Goldader*** im Jahre 1936. Heutzutage kann man unter fachlicher Anleitung an der Waschanlage selbst sein Glück versuchen und auf diese Weise dem unheilbaren ***Goldfieber*** zum Opfer fallen. Es finden auch jährlich ***Goldwä-***

scher-Meisterschaften statt. Neben originalen und nachgebauten Holzhäusern aus dem ***Goldgräber***-Milieu kann man das imposante ***Goldmuseum*** besichtigen. Beim Besuch 2020 ist die Schmalspurbahn offenbar stillgelegt und auch das Außengelände wirkt umgepflegt. Vielleicht wirds ja wieder!?!
Auf der **E75** weiter gen Süden rollen wir durch das „Rentier-Dorf" **Vuotso**, eine der südlichsten ***Sami***-Siedlungen ***Finnlands*** mit großem Souvenir-Laden links. Bald darauf kann man von der langen Brücke über den letzten Zipfel vom ***Porttipahdan tekojärvi*** einen Spezial-Ausblick nach rechts über dieses künstliche XXL-Wasser-Reservoir erhaschen, kurz danach links noch einmal bei einem weiteren Souvenir-Markt (mit Imbiss) nach dem Rechten schauen, bevor man schließlich links vom ebenfalls gestauten ***Kitinen*** entlang fährt und dort bei Bedarf einen ruhigen Platz zum Verweilen findet.

(273) WOMO-Badeplatz: Kitinen Ost

GPS: N 67° 51' 42.8" E 26° 43' 33.2". **Max. WOMOs**: >5.

Ausstattung: Geräumige Landzunge am ***Kitinen***-See hinter grünem Rentier-Zaun, Feuerstellen.
Beschreibung: Schöne Plätze auf Kies direkt am Wasser, angesagter WOMO/Caravan-Hotspot. Beim letzten Besuch waren 15 Einheiten hier.
Zufahrt: 16 km nach der Staussee-Brücke rechts.

(274) WOMO-Stellplatz: Kitinen West

GPS: N 67° 51' 17.3" E 26° 42' 39.1". **Max. WOMOs**: 2-3.
Ausstattung: Anglerplatz auf Rasenschotter am Ufer.
Beschreibung: Am Ufer südwärts folgt nach 600 m ein weiterer Platz.
Zufahrt: Die nächste Schotterstraße hinter der Einfahrt zu **(273)** nach rechts (***Kurittukoskentie/Peurakuja***) hinein, kurz danach einspurig über den Staudamm vom Kraftwerk ***Kurittukoski***, hinter dem Damm links runter, nach 300 m links und 200 m weiter halblinks versetzt den Weg rein.

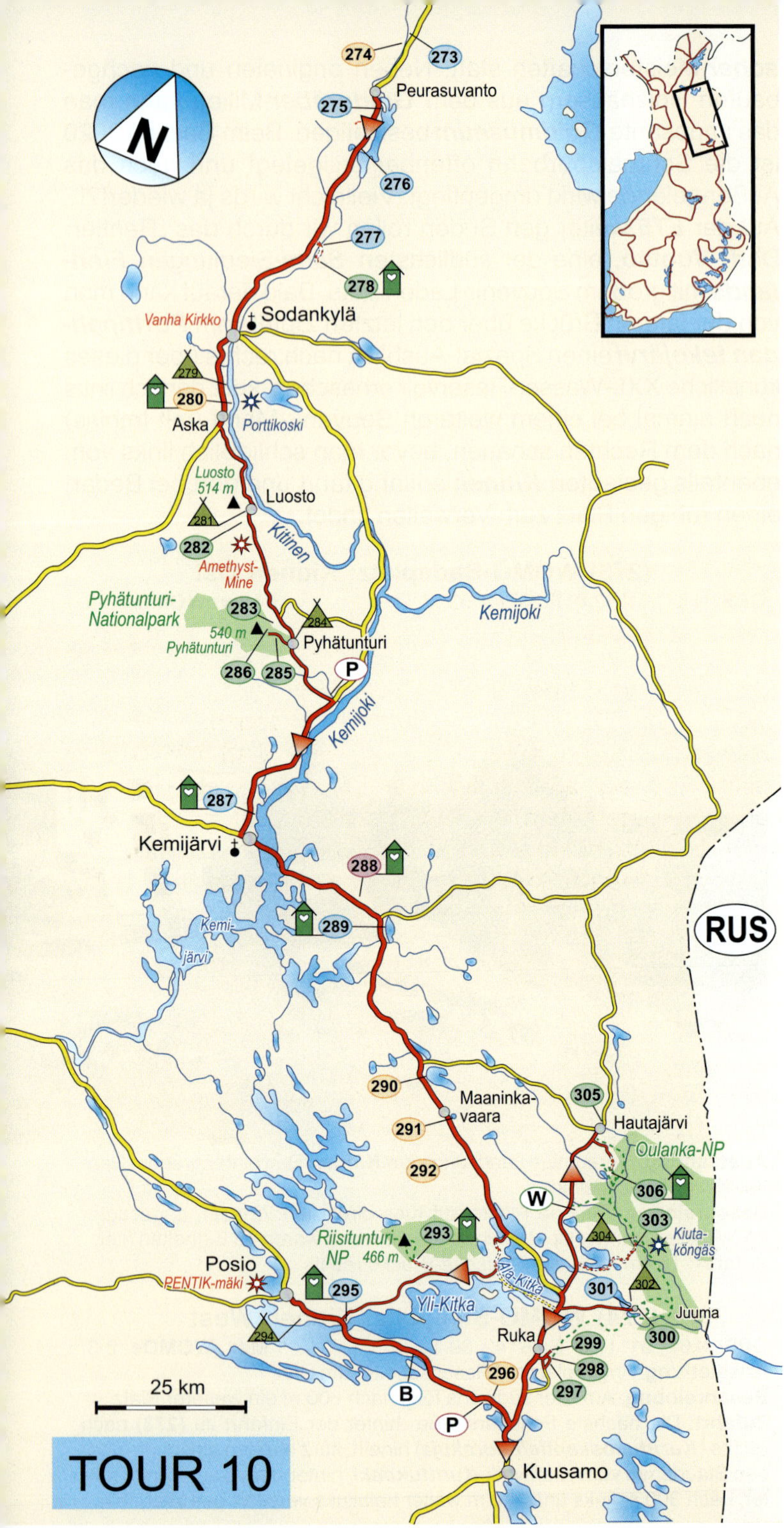
N
273
274
Peurasuvanto
275
276
277
278
Vanha Kirkko
Sodankylä
279
280
Aska
Porttikoski
Luosto
514 m
Luosto
281
282
Kitinen
Amethyst-
Mine
Pyhätunturi-
Nationalpark
283
284
540 m
Pyhätunturi
Pyhätunturi
286
285
P
Kemijoki
Kemijoki
287
Kemijärvi
288
289
Kemi-
järvi
RUS
290
Maaninka-
vaara
291
292
305
Hautajärvi
Oulanka-NP
306
W
303
304
Kiuta-
köngäs
Riisitunturi-
NP
466 m
293
Posio
PENTIK-mäki
295
Ala-Kitka
Yli-Kitka
301
302
Juuma
300
294
Ruka
299
298
297
296
B
P
25 km
Kuusamo
TOUR 10

TOUR 10: Richtig Wandern (450 km)

Sodankylä - Luosto - Kemijärvi - Posio - Ruka

Freie Übernachtung:	Vajukosken allas, Viiankiapa, Matarakoski, Porttikoski, Luosto, Pyhätunturi, Tohmo, Joutsijärvi, unterwegs zum Yli-Kitka (4), Riisitunturi, Mourusalmi, Oivanki, Rukatunturi, Juuma.
Campingplätze:	Orakoski, Luosto, Pyhä, Himmerki, Itä-Ruka, Oulanka, Juuma.
Baden:	Vajukosken allas, Tohmo, Joutsijärvi, Yli-Kitka, Naatikkalahti, Juuma.
Besichtigen:	Alte Kirche Sodankylä, Amethyst-Mine Luosto, Kirche und Glockenturm in Kemijärvi, Pentik-Laden und -Museen in Posio.
Wandern:	Viiankiapa, zur Amethyst-Mine, Pyhätunturi NP, Pohjoisrinne, Riisitunturi NP, Canyon-Runde sowie Große und Kleine Bärenrunde im Oulanka Nationalpark.

Eben noch im ***Kitinen***-Stausee gebadet folgen wir dem stolzen, wenn auch regulierten Fluss noch ein ganze Weile weiter südwärts. Hinter der Brücke 2,3 km nach dem letzten Staudamm-Abzweig haben wir den ***Kitinen*** dann links und registrieren unterwegs neben vielen kleinen Angelstellen auch zwei WOMO-Plätze direkt am nächsten Stausee ***Vajukosken allas*** direkt am Wasser. So links auf einer Landzunge in exklusiver Lage [**275**: N 67° 47' 58.9" E 26° 46' 55.7"] (Foto) und 7,2 km

danach sogar einer mit Bootseinsetzstelle am ***Yläpastojoki*** [**276**: N 67° 44' 28.0" E 26° 45' 43.7"] mit dem netten ***Café Harianna***. Wenn man dann nach weiteren 18 km auf einen Abstecher nach links den Hinweisen zum **Luontupolku** über den Staudamm folgt, findet man unterwegs lauschige Plätze für Wasserfreunde am nächsten ***Kitinen***-Stausee und schließlich noch einen einsamen für menschenscheue Naturfreunde.

(277) WOMO-Badeplätze: Matarakoski

GPS: N 67° 35' 08.4" E 26° 45' 17.5". **Max. WOMOs**: 2-3.
Ausstattung: Parkraum an der Badestelle, sonst nichts.
Beschreibung: Badestelle an der vorderen Bucht.
Zufahrt: Hinter dem Staudamm nach links auf den Schotterweg.
Alternative: Wer dem Schotterweg noch 200 m weiter folgt, erreicht den Parkraum der Badestelle an der hinteren Bucht (N 67° 35' 12.5" E 26° 45' 21.7") mit Bootseinsetzstelle, Umkleidekabine. Zuletzt alles ziemlich ungepflegt.

(278) WOMO-Wanderparkplatz: Viiankiaapa

GPS: N 67° 34' 28.3" E 26° 45' 15.0". **Max. WOMOs**: 1-2.
Ausstattung: Feinschotter-Parkplatz,Trockenklo, Info-Tafeln, Naturrundwanderweg mit Vogelturm und Feuerstelle. Zuletzt alles ziemlich marode.
Beschreibung: Sehr ruhige Lage im Blaubeerwald.
Zufahrt: Hinter dem Staudamm halbrechts auf Asphalt weiter, nach 750 m auf Schotter nach rechts/Luontopolku, nach 1000 m dem Schild folgend nach links, nach weiteren 450 m Parkplatz links.

Nun erreichen wir die etwas gesichtslose und großflächig angelegte Gemeinde **Sodankylä**. Diese Insel der Zivilisation im weiten ***Lappland*** mit großen Zielen beim Aufbau einer High-Tech-Branche mit Weltraumforschung und Geophysik bietet den Touristen außer den hochwillkommenen Möglichkeiten zum Einkaufen und Tanken nur eine einzige Sehenswürdigkeit, die man im Ort Richtung **Keskusta** und Info-Symbol erreicht: ***Vanha kirkko*** (Saison 9-18 Uhr, deutsches Info-Blatt, Parkplatz: N 67° 24' 54.8" E 26° 35' 45.9"), die alte rotbraune Holzkirche von 1689 auf dem weitläufigen Kirchhof unten am Fluss. Das ro-

buste wie schlichte, in seinem ursprünglichen Zustand und damit authentisch erhalten gebliebene Gotteshaus aus nunmehr reichlich abgewetzter nordischer Kiefer stammt aus der Zeit, als die ***Sami*** mit dem Christentum erstmals in Berührung kamen. So wie der ***Same*** in der naturalistischen Bronze-Skulptur sein ***Rentier*** bändigt, haben wohl auch die damaligen Missionare die Ureinwohner mit festem Griff auf den rechten Weg geführt und ihnen die Reste ihrer vertrauten Naturreligion gründlich ausgetrieben.

Nach 10 km auf der **E75/Rovaniemi** passiert man den **Campingplatz Orakoski** [**279**: N 67° 20' 18.0" E 26° 39' 11.6"] links am Fluss und kann 4 km danach links zu einer Naturschönheit abzweigen.

(280) WOMO-Stellplatz: Porttikoski

GPS: N 67° 18' 21.7" E 26° 41' 46.9". **Max. WOMOs**: 1-2.

Ausstattung: Waldparkplatz auf Naturboden, Trockenklo, Veranstaltungspavillon und Feuerstelle in der Nähe.

Beschreibung: Ein kurzer Fußweg führt zu einem malerischen Gelände mit Felsen oberhalb vom Fluss, außerorts, still.

Zufahrt: Von der **E75** links auf eine Schotterstraße abbiegen, nach 600 m links halten, dann noch 200 m zum Ziel.

Knapp 13 km danach biegen wir auf die **962** nach **Luosto** ab. In diesem beliebten Wintersportzentrum parken wir schließlich vor dem ***Hotelli Luostotunturi*** und peilen die Lage. Das SB-Restaurant drinnen bietet beste Beköstigung von der soliden Kaffee-Pause bis zum kompletten Menü. Auch ein gepflegtes Nachtquartier kann man hier buchen:

(281) WOMO-Campingplatz: Caravan Park Luosto

GPS: N 67° 09' 21.3" E 26° 54' 22.6". **Öffnungszeiten**: Ganzjährig.

Ausstattung: Schöne Plätze am Rande einer Asphalt-Weg-Schlange im Hochwald, WC, Duschen, Küche, V/E, sehr ruhig.

Beschreibung: Rezeption im ***Hotelli Luostotunturi***. luosto.fi.

Zufahrt: Links neben dem ***Hotelli*** hinauf, unter der Ski-Brücke durch, dann rechts, am Ende des Liftparkplatz-Areals.

Im ***„Arctic Amethyst Shop“*** (Mo-Sa 10-18 Uhr, So 10-16 Uhr, Rabatt für Aktionäre) an der Straße hinauf zum Liftparkplatz dreht sich alles (wie zu vermuten) um den ***Arctic Amethyst***, den zart-violett schimmernden Halbedelstein, einem speziellen Quarz der Region, aus dem wunderschöne Schmuckstücke gefertigt werden. Für eine Besichtigung der ***Amethyst-Mine Lampivaara***, der einzigen ihrer Art in ***Europa***, fährt man noch 1,7 km auf der **962/Pyhä** weiter, biegt dann rechts ab und erreicht nach 1.000 m Asphaltstraße den geräumigen Wanderparkplatz am Waldrand.

(282) WOMO-Wanderparkplatz: Amethystikaivos

GPS: N 67° 08' 13.6" E 26° 55' 19.4". **Max. WOMOs**: >5.

Ausstattung: Feinschotter-Parkplatz, Infotafel, Badestelle in der Nähe.

Beschreibung: Ruhige Lage, Wanderweg zur Amethystmine.

Zufahrt: Siehe Text, ausgeschildert.

Zur Amethystmine am Lampivaara (Alle Infos: amethystmine.fi)
Juni bis Oktober Mo-Sa 11-17(16) Uhr, Führungen zu jeder vollen Stunde.

Wir starten zu unserer kurzen Wanderung um 9.30 Uhr. Für die 2,6 km auf einfachem Weg durch schöne Natur brauchen wir etwas mehr als eine halbe Stunde. Das rustikale ***Lampivaara Café*** öffnet gerade, hier gibt es die Tickets für die 11-Uhr-Touristen-Tour durch die ***Ametistikaivos***. Der Besucherandrang hält sich trotz freundlichen Wetters in Gren-

zen, es werden 2 Gruppen zu je 10 Besuchern nach Sprachwunsch (finnisch, englisch) sortiert und dann gehts die Treppen am Geröllberg hinauf. Zuerst erzählt uns der Guide in einem Hüttchen einleitend Details zur Mine und ihrer Geschichte, zeigt noch prächtige Exemplare des „Edel-Quarzes“ herum und bringt uns dann durch einen geheimnisvollen Stollen zu einem Geröllfeld. Mit einem Hämmerchen bewaffnet furcht man durch den Boden und sucht nach verheißungsvoll glänzenden Steinchen, die dann vom Guide abgespült und begutachtet werden. „Den schönsten darf man dann behalten“ heißt es, aber da

haben wir schon ein paar davon in der Tasche. Es entwickelt sich dann tatsächlich so etwas wie ***Amethyst***-Fieber, Jung und Alt ist mit Feuereifer am Schürfen, kaum einer hat ein Auge für den schönen Ausblick vom Berg, die Zeit vergeht wie im Fluge und wer mit seiner Glücksstein-Ausbeute nicht ganz zufrieden ist, kann im Hütten-Shop noch Souvenir-Schmuckstücke kaufen.
Beim Rückmarsch zum WOMO sind wir uns einig, dass es eine gute Idee war, vor Jahren zwei graphisch anspruchsvoll gestaltete Aktien dieser Mine gekauft zu haben, denn für Shareholder ist der Eintritt frei.

Unten, direkt an der Straße nach **Pyhä** kann man 3,5 km hinter dem Abzweig zu **(282)** von einem weiteren Parkplatz aus zur ***Mine*** wandern, aber dies über 3 km bergauf. Vor uns liegt nun sehr markant der kahle Höhenzug vom ***Pyhätunturin kansallispuisto***, dem ***Pyhätunturi Nationalpark***, eine Kette mit Gipfeln um die 500 m und steil abfallenden Tälern dazwischen. Diese südlichsten, wirklich kahlen ***tunturi*** in ***Finnland*** gehören zu den ältesten Gebirgen der Erdgeschichte und galten lange Zeit als heilige Berge der ***Sami***, die hier ihren Naturgöttern, den ***Seitas*** huldigten und mit Opfergaben um Glück bei der Jagd und der Rentierzucht baten.
Im weiteren Verlauf unserer Tour zweigen wir 16 km hinter dem **unteren Minenparkplatz** rechts auf die Straße ***Pohojoisrinteentie*** ab und finden nach 250 m viel Parkraum mit Grünrand auf dem im Sommer verwaisten Schlepplift-Parkplatz [**283**: N 67° 02' 14.4" E 27° 13' 41.9"].
Genau 3,2 km später folgt der Kreisverkehr-Abzweig nach **rechts/Pyhätunturi**, wir registrieren eine inzwischen unübersichtliche Vielzahl von touristischen Angeboten und fassen mal den aktuellen Stand speziell für WOMO-Gäste zusammen.

(284) WOMO-Campingplatz: Pyhä

GPS: N 67° 01' 14.9" E 27° 15' 07.2". **Öffnungszeiten**: Ganzjährig.
Ausstattung: Insgesamt 91 Stellplätze mit Strom, Zugang zu Duschen, WC und Sauna über Code im Gebäude nebenan, V/E direkt davor.
Beschreibung: Restaurant ***Huttu-Uula*** und Sessellift ***PyhäExpress*** in der Nähe, straßennah. pyha.fi/majoitu/matkailuvaunualue.
Zufahrt: Am Kreisverkehr **rechts/Pyhätunturi**, dann gleich wieder rechts.

Hier kann man wunderbar wandern, aber heute sind wir hitzefaul, lösen beim Sessel-Lift ***PyhäExpress*** gleich Hoch-und Runter-Tickets, schweben hinauf und genießen den finnischen Hochsommer auf dem ***Kultakero***-Plateau (500 m) inklusive herrlicher Rundumsicht plus Waffeln mit Blaubeeren und Schlagsahne im Berggasthof ***Tsokka***.
Ganz in der Nähe gibt es noch andere WOMO-Plätze:

(285) WOMO-Wanderparkplatz: Kansallispuiston Portti

GPS: N 67° 01' 06.2" E 27° 14' 14.1". **Max. WOMOs**: 2-3.
Ausstattung: Naturparkplatz in einer Waldschneise mit Büschen und Bäumchen, leicht schräg mit geraden Stellen, Mülleimer.
Beschreibung: Der ***Panorama Lift*** war zuletzt außer Betrieb, wird wohl demontiert. In der Nähe Einstieg zum Wandergebiet mit Naturlehrpfad.
Zufahrt: 600 m hinter dem Abzweig von der **962** beim **Ravintola Huttuhippu** links über den Parkplatz fahren und dann auf Schotter unter der Skibrücke hindurch zum Ziel.

(286) WOMO-Wanderparkplatz: Hotel Pyhätunturi

GPS: N 67° 01' 18.9" E 27° 14' 30.4". **Max. WOMOs**: 3-5.

Ausstattung: Asphaltparkplatz vor dem **Hotel Pyhätunturi**, eventuell künftig gegen Geld. Mülleimer, Wanderwegenetz.
Beschreibung: Läden und gutes Lounas-Büfett im Hotel, in der Nähe schöne Aussicht ins Tal, nettes Blockhaus-Café, die ***Karlsberg-Bar***, anbei.
Zufahrt: Die Straße Richtung **Pyhätunturi** bis zum finalen Parkplatz hinauf fahren.

Jetzt rollen wir noch die 14 km auf der **962** zu Ende, registrieren am Abzweig links einen freundlich ausgestatteten **Picknickplatz** und nehmen die **E63/5/Kemijärvi** nach rechts. Der ***Kitinen*** ist während unseres Bergintermezzos dem ***Kemijoki*** beigetreten, der uns nun links breit und gemächlich, doch meist unsichtbar, nach **Kemijärvi** begleitet, dort auf stattliches See-Maß gewachsen ist, was wir kurz vor der Stadt überprüfen.

(287) WOMO-Badeplatz: Tohmo

GPS: N 66° 45' 54.6" E 27° 22' 29.5". **Max. WOMOs**: 1-2.
Ausstattung: Schotterparkplatz am Ende der Zufahrt rechts, Badestrand, Bootshafen, Bootseinsetzstelle, Grillhütte, Trockenklo, Umkleidekabine.
Beschreibung: Hier gilt **No Camping! Keine Zelte, keine Caravans!** Bitte den Platz dezent nutzen!
Zufahrt: 26 km hinter nach Aufbiegen auf die **E63/5 links/Tohmo** rein, dann noch 1,5 km auf Asphalt/Schotter zum Ziel.

Die Vororte der mit 12.000 Einwohnern nördlichsten Stadt ***Finnlands*** empfangen uns mit den typischen Gerüchen der Papierindustrie und wir queren die Stadt auf der **5/Kuusamo**. Der Bahnhof von **Kemijärvi** ist Endstation für den Personenverkehr, von hier aus rollen nur noch Güterzüge weiter nach Nordosten Richtung ***Russland***, die dann die Stadt über eine ganz besonders lange Eisen(bahn)brücke verlassen, die parallel zu unserer Route nach **Kuusamo** den breiten ***Kemijoki*** überspannt. Unmittelbar vor diesem optisch wie technisch ansprechenden Bauwerk biegen wir nach **rechts/Venesatama** ab, um bei 31°C im Schatten den wunderschönen hölzernen ***Kellotapuli*** = ***Glockenturm*** von 1774 (N 66° 42' 54.5" E 27° 26' 23.4") aus der Nähe zu betrachten, die benachbarte Kirche zu besichtigen (und um die Nieten-Brükke zu fotografieren).

Nach 21 km rollen wir auf den Parkplatz vom ***Mäntyvaaran taisteluiden muistomerkki***, einem Denkmal zur Erinnerung an die Scharmützel zwischen dem wehrhaften ***Finnland*** und dem übermächtigen Eindringling ***Russland*** im ***Winterkrieg 1939***. Anhand von Schautafeln kann man sich über Frontverläufe, einzelne Gefechte und militärische Winkelzüge informieren, oder sich einfach nur an dem netten Picknickplatz [**288**: N 66° 41' 39.1" E 27° 52' 01.2"] samt Trockenklo erfreuen. Das bessere WOMO-Quartier ist aber zweifellos nachfolgender Badeplatz einige Kilometer später inmitten einer gepflegten Landschaft mit frisch gemähten Wiesen und roten Holzhäusern.

(289) WOMO-Badeplatz: Joutsijärvi

GPS: N 66° 40' 09.9" E 28° 00' 43.6". **Max. WOMOs**: 1-2.

Ausstattung: Feinschotter-Parkplatz, Picknickhäuschen mit Feuerstelle, Umkeidekabinen, Trockenklo, Bootssteg, Bade-Ponton.
Beschreibung: Gepflegter, versteckter Platz mit Birken und Wildblumen.
Zufahrt: 7,5 km hinter dem vorigen Picknickplatz, 2,5 km hinter dem Abzweig der **82/Salla**, bei einem markanten **gelben Haus mit rotem Dach** nach **links/Badestellen-Symbol**, gleich nach der Einfahrt den Fahrweg nach links nehmen, der endet nach 300 m am Parkplatz bei einem begrünten Kartoffelbunker an der Badestelle.

Hier kann man theoretisch noch bei **Mitternachtssonne** baden, denn wenige Kilometer weiter passieren wir den ***Napapiiri*** = ***Polarkreis*** (N 66° 33' 16.0" E 28° 05' 16.6"), setzen unsere Fahrt Richtung Südosten durch eine sehr angenehme Landschaft mit Wald, Sümpfen und Seen fort und notieren unterwegs Pausen-Parkplätze.

(290-292) WOMO-Stellplätze: Unterwegs auf der 5/Kuusamo

(290) Karhujärvi

GPS: N 66° 29' 23.7" E 28° 20' 45.8". **Max. WOMOs**: 1-2.

Ausstattung: Info-Parkplatz **Posio,** Picknickpavillon, Seezugang.

Beschreibung: Schön am Wasser gelegen, aber straßennah. Zuletzt sehr vermüllt und ungepflegt.

Zufahrt: 14,8 km nach dem Polarkreis, 3,2 km nach Ortseingang von **Karhujärvi**, hinter einem Damm links.

(291) Lehtojärvet

GPS: N 66° 26' 27.5" E 28° 30' 31.6". **Max. WOMOs**: 1-2.

Ausstattung: Parkplatz bei **Maaninkavaara** am ***Lehtojärvet*** ohne Ausstattung, kleine/wendige/agile WOMOs fahren gleich bei der Einfahrt scharf links runter zum Wasser, straßennah.

Beschreibung: Schöner See mit Seerosen anbei, aber im Umfeld ist viel Wald gerodet worden. Platz ist aktuell nicht attraktiv.

Zufahrt: 9,2 km nach **(290)**, 800 m nach dem Abzweig **947/Posio** links.

(292) Schau-ins-Land

GPS: N 66° 23' 28.3" E 28° 39' 04.1". **Max. WOMOs**: 2-3.

Ausstattung: Parkplatz auf einer Anhöhe, durch Baumreihe von der Straße getrennt, 2 parallele Parkspuren, Turnstangen.

Beschreibung: Platz mit vormals schönem Blick ins Land, als die Bäume noch niedriger waren, straßennah.

Zufahrt: 8,5 km nach **(291)** rechts.

Gerade haben wir die ***Provinz Lappland*** verlassen und die ***Provinz Oulu*** erreicht. Diese Grenzziehung war immer mal Streitpunkt im Lande, da man früher an dieser Markierung das Ende der Neubesiedlung und den Anfang des Siedlungsgebietes der ***Sami*** definiert hatte. Die Landschaft bleibt aber die gleiche, wir sehen bald wieder ringsum Wasser in Form von Ausläufern des ***Ala-Kitka*** und biegen vor dem Damm nach rechts ab zur **9471/Tolva**. Auf schmaler, leicht ruppiger Asphaltstraße mit lediglich 4 km Schotter-Anteil fahren wir dann mehr oder weniger dicht am riesigen ***Yli-Kitka*** entlang, erschrecken häufig über gut getarnte ***Rentiere*** mit scheckigem Fell direkt neben der Straße und gelangen nach 21 km zum Abzweig, der uns nach rechts zum ***Riisitunturin kansallispuisto***, dem ***Riisitunturi Nationalpark***, ein Kleingebirge mit dem namensgebenden Gipfel von 466 m Höhe, führt. Den Parkplatz am Abzweig brauchen wir nicht mehr, denn es gibt einen großen, direkt oben an der Nationalparkgrenze, den man nach 2,9 km auf einem schlimmen Schottersträßchen hinauf durch den Wald erreicht. Geradezu bestechend klingt ein Argument zur Einrichtung dieses Nationalparks: Man soll hier wandern und sich erholen! Also dann! Warum wird der Berg bestiegen? Weil es ihn gibt!

(293) WOMO-Wanderparkplatz: Riisitunturi

GPS: N 66° 12' 56.2" E 28° 35' 14.2". **Max. WOMOs**: 3-5.
Ausstattung: Leicht schiefer Schotterparkplatz mit geraden Stellen ganz oben, Trockenklo, Wanderkarten mit Info zu den Rundwanderwegen, nachts traumhaft still, weil außerorts.
Beschreibung: Wenn wir den Aushang richtig verstehen, plant man hier einen neuen riesigen Parkplatz. Wir dürfen gespannt sein!
Zufahrt: Siehe Text.

Kurzwanderung zum Riisitunturi

Für unsere leichte Wanderrunde (4,8 km) über den ***Riisitunturi*** benötigt man je nach Anzahl und Dauer der Pausen um die 2 Stunden. Besonders zu empfehlen ist die Bergtour bei guter Sicht und am Nachmittag, auch eine Abendtour ist toll: Kaum Menschen unterwegs und irres Fotolicht. An Ausrüstung sollten leichte Wanderschuhe, windfeste Kleidung für die Gipfelrast und ein Fernglas nicht fehlen.

Die Wanderkarten an der Pforte gut studiert (und fotografiert), dann gehts schon los und das auf komfortablem Schotterweg durch den Wald moderat bergauf. An der ersten Gabelung halten wir uns **links/Riisitunturi 1,5 km** und die Markierung bleibt weiter grün-orange. Der Wald wird

dünner, die Heidelbeeren verlockender, die Sicht bei jedem gewonnenen Höhenmeter besser und auch der Gipfel ist nach gut 30 Minuten erklommen, ein Kinderspiel.

Wir können uns gar nicht satt sehen an dem grandiosen Panorama. Am Nachmittag hat man von hier oben eine besonders gute Sicht nach Osten: Der große ***Yli-Kitka***, immerhin die Nr. 20 in der finnischen Größenstatistik für Binnenseen, liegt uns zu Füßen und dahinter erhebt sich die 30 km entfernte Gipfelkette beim ***Rukatunturi*** (462 m), der Beginn unserer nächsten Wanderung. Hier oben teilen sich die Wege, wir nehmen die 1,1 km zur **Riisitunturin maja**, auf dem schmalen Schotterweg durch die Hochmoor-Heide läuft man wie auf einer federnden Gummimatte und 20 Minuten nach dem Gipfel erreichen wir die angekündigte Rasthütte.

Hier findet der Wanderer Betten und einen Ofen, es gibt ein Trockenklo, doch uns reicht für heute die überdachte Feuerstelle mit Holzvorrat für ein zünftiges finnisches Picknick. Von hier sind es noch 1,7 km zurück zum Parkplatz, die wir mühelos abspulen.
Unser Tipp: Wenn Sie am frühen Abend auf dem Parkplatz ankommen und die Sonne ist noch für 2 Stunden gut, dann starten Sie die Wanderung gleich und warten nicht bis zum nächsten Morgen.

Nach weiteren 18 km schmaler Wellenschaukelstraße mit gelegentlichem Blickkontakt auf den großen See links und stets auf der Hut vor lebensmüden ***Rentieren*** kommen wir an die kreuzende **81**, wo sich Richtung **Rovaniemi** ein 11-km-Abstecher nach **Posio** lohnt. Auf dem Weg dorthin möchten wir ein ausgesprochen schönes Quartier empfehlen:

(294) WOMO-Campingplatz: Himmerki

GPS: N 66° 04' 53.0" E 28° 16' 59.4". **Öffnungszeiten**: Ganzjährig.

Ausstattung: 28 Stellplätze im Hochwald mit Strom, überdachte Grillhütte und Feuerstellen mit Holzvorrat, Restaurant, gute V/E, gepflegte Sanitäreinrichtungen, Saunen, Badesee mit Sandstrand, Bootsverleih.
Beschreibung: Schön angelegter Platz mit viel Natur oberhalb vom See. In der Hochsaison sollte man vorab reservieren. himmerki.com.
Zufahrt: 5,7 km nach Abzweig auf die **81** links rein, dann 800 m zum Ziel.

In **Posio** sollte man unbedingt ***PENTIK-mäki*** (Sommer Mo-Fr 10-17 Uhr, Sa/So 9-16 Uhr, sonst verkürzt, N 66° 06' 46.0" E 28° 10' 48.1" (pentik.com) besuchen, den vormaligen Werksverkauf der ortsansässigen Keramik-Manufaktur, der in den letzten Jahren zum Kulturzentrum mit Café und einem Edel-Geschirr-und-Accessoire-Laden entwickelt wurde. Hier kann man also nicht nur prächtig shoppen, sondern hat auch freien Eintritt zu verschiedenen Ausstellungen und mittlerweile **3 Museen:** das ***Kahvikuppimuseo*** mit seinen über 2000 ***Kaffeetassen*** aus aller Welt, das ***Muistoja Maalta-museo***, eine Art Heimatmuseum über das Landleben und das ***Pentik Kotimuseo 1973***, einem Blockhaus, in dem die Firmengründer **Anu** und **Topi Pentik** Anfang der 1970er Jahre wohnten und arbeiteten. Heute ist ***Pentik Oy*** der größte Arbeitgeber der Region mit 80 Läden (vor allem) in Finnland, Norwegen, Schweden und sogar in Russland.

Nimmt man die querende **81** nach **links/Kuusamo**, passiert man sogleich einen besonders schönen Rastplatz mit Badepausen- und Übernachtungspflicht beim **Fischereihafen** links

(295) WOMO-Badeplatz: Mourusalmi

GPS: N 66° 05' 39.9" E 28° 24' 47.2". **Max. WOMOs**: 3-5.

Ausstattung: Verschiedene Plätze auf dem Gelände, Caravan-Abteilung mit 12-Stunden-Begrenzung, Badestelle am ***Yli-Kitka***, Bootseinsatzstelle, Spielplatz, Grillplatz, Trockenklo, Info-Tafeln, Picknickplätze, Picknickpavillon, Müllbehälter.

Beschreibung: Besonders nett steht man auf dem Parkplatz-Separee gegenüber der Badestelle

Zufahrt: 600 m hinter der Kreuzung **9471/81** Richtung **Kuusamo** links.

und überquert anschließend auf einem langen Damm die „Wespen-Taille“ vom ***Yli-Kitka***: Viel Wasser links und rechts! Weitere verlockende Bade-/Picknickplätze findet man 15,4 km (N 66° 05' 36.4" E 28° 43' 28.2", am ***Naatikkalahti***) und 30,6 km (N 66° 04' 01.1" E 29° 00' 53.8", am ***Singerjärvi***) hinter dem Damm jeweils **rechts** und sogar ein richtiges Privatquartier haben wir für Sie. Unsere Freunde **Ante und Conny** haben früher in ***Strasen/MeckPomm*** gelebt, sind vor ein paar Jahren nach ***Finnland*** ausgewandert, betreiben hier eine Rentierfarm und freuen sich auf WOMO-Gäste.

(296) WOMO-Stellplatz: Rentierfarm Oivanki

GPS: N 66° 03' 46.1" E 29° 02' 42.9"; Rovaniementie 48a, 93800 Kuusamo.

Max. WOMOs: 1-2.

Ausstattung: Sichere Wiesenplätze auf dem Hof, Trinkwasser, Strom.

Aufenthalt max. 1 Nacht,

Gebühr: 10 EUR + 5 EUR für Strom. Umfang des Gesamt-Angebotes nach Absprache.

Beschreibung: Hier spricht man deutsch! Man kann viel Wissenswertes über Rentiere erfahren, die Tiere auch mal aus nächster Nähe erleben

und im Hofladen einkaufen. Vorherige Besuchs-Anmeldung erwünscht: Tel.: 0035844328274 oder ac-hoffmann@gmx.de.

Zufahrt: 1,5 km hinter dem Picknickplatz am ***Singerjärvi***, bzw. 250 m hinter dem Links-Abzweig **„Salminen 10 km“** links.

Wir biegen 4,7 km danach **links** ab auf die **5/Ruka**, folgen dort 17 km später der Beschilderung **8692/Ruka** nach rechts mitten hinein in die Winterurlaubs-Zentrale **Rukankylä**. Der Ausbau des Touri-„Dorfes“ ist weiter fortgeschritten und wir erkennen kaum etwas wieder. Damit Sie nicht bei der Parkplatzsuche plötzlich vor Tiefgaragen stehen, nachfolgend die WOMO-Plätze vor Ort:

(297-299) WOMO-Wanderparkplätze: Ruka

(297) Keloruka

GPS: N 66° 09' 45.2" E 29° 08' 36.7". **Max. WOMOs**: >5.
Ausstattung: Schotterareal bei der ***Pizzeria Ruka***.
Beschreibung: Parkareal rechts unterhalb der Straße, straßennah.
Zufahrt: Richtung Zentrum, aber 400 m vor der Tiefgarage rechts weg und dann rechts runter.

(298) Rukankylä

GPS: N 66° 10' 08.8" E 29° 08' 21.2". **Max. WOMOs**: 3-5.
Ausstattung: Der Rest vom vormaligen Riesenparkplatz, meist gut besucht, etwas kurze Parkbuchten, Läden und Gastronomie anbei.
Beschreibung: Hier ist es gelegentlich voll und eng. Dann steht man bei **(299)** deutlich angehmer.
Zufahrt: 900 m nach der NESTE-Tankstelle den **Parkhaus- und Bus-Zeichen** nach links folgen, am Parkhaus links vorbei, dann links.

(299) Hiihtostadion

GPS: N 66° 10' 17.2" E 29° 08' 18.2". **Max. WOMOs**: >5.
Ausstattung: Mehrere große Parkplatz-Terrassen gegenüber der Sprungschanze und dem Bergsee.
Beschreibung: Im Sommer ist im Ski-Stadion unendlich viel Parkraum frei. Überall stehen Wohnmobile, was niemanden stört. Das ist sehr entspannend und nur wenige Fußminuten vom Zentrum enfernt.
Zufahrt: 200 m nach der NESTE-Tankstelle links den Hinweisen zum **Hiihtostadion** folgen, in die Sackgasse reinfahren.

Hier beginnt unsere 5-tägige Trekking-Tour über ***70 km*** auf dem ***„Karhunkierros“***. Die ***„Große Bärenrunde“*** durch ***Nord-Karelien***, die größtenteils durch den ***Oulangan kansallispuisto***, den ***Oulanka-Nationalpark*** führt, gilt als eines der schönsten Wandergebiete ***Finnlands***.

Große Bärenrunde (*„Karhunkierros“*)

Ausrüstung: Stabile Bergschuhe, wasserfeste Sandalen als „Hausschuhe“ für abends und zum Baden, gut sitzende Rucksäcke, Teleskopwanderstöcke, leichtes Zelt, Isomatten, Schlafsäcke, Wanderkarte ***„Rukatunturi-Oulanka“*** 1:40.000 und deutsches Info-Faltblatt ***„Die Bärenrunde“***, Faltblatt der aktuellen **„Sommerinfo“** mit **Busfahrplan** der Route Salla-Ruka für die Rückfahrt, Kompass, Handy mit Notrufnummern, Kessel und Topf mit Bügel zum Kochen auf offenem Feuer, reichlich Trockenfutter (Müsli, Tütensuppen, Nudeltöpfe, Brühwürfel, Kaffee, Tee), Durchhalteriegel, 2 Liter Wasser in Trinkflaschen pro Nase, Regenbekleidung, ***Autan*** und Schnaps. Maximales Rucksack-Gewicht bei Männern 13-15 kg und bei Frauen 10-12 kg, denn darüber wirds unerfreulich. Kinder tragen wenigstens ihren Schlafsack, Isomatte, Kuscheltier und Naschkram selbst. Die Route ist gut ausgeschildert, mit Schutzhütten und Feuerstellen ausgestattet, auch außerhalb der Ferienzeit ganz gut frequentiert und selbst für ungeübte Wanderer zu schaffen.

1. Tag: 14 km
Unter dem linken Sessellift beginnt diese Wanderung mit dem Schild *„Karhunkierros 70 - 0"* mit Treppen zu den Schanzen hinauf und geht drüben auf gleiche Weise wieder runter. Bald lässt man den Ski-Cen-

ter-Rummel hinter sich, doch es geht weiter immer abwechselnd hoch und runter mit schöner Sicht von den Kuppen (***Valtavaara***: 492 m). Vor dem besonders steilen Aufstieg zum ***Konttainen***, dem letzten Gipfel der „Fünfer-Kette" geht es gemeinerweise erst einmal bis zur Fahr-

straße runter, doch oben ist die Aussicht dann auch besonders prächtig und die Kraxelei hat ein Ende. Nach einer Stunde durch Wald und über Bohlen biegen wir rechts ab zu den Schutzhütten am ***Porontimajoki***, wir übernachten in der fensterlosen Holzhütte genau **über** dem heftig rauschenden Bach und schlafen trotzdem bestens.

2. Tag: 17 km
Die finnischen Nachbarn haben das Feuer schon in Gang gebracht: Es gibt Frühstück mit Müsli und Kaffee! Der abwechslungsreiche Weg führt durch Heidelandschaft mit Blaubeeren und ***Oser***-Bergen, von links stößt die ***„Kleine Bärenrunde"*** vom **Campingplatz Juuma** samt einigen Tagesausflüglern zu uns, wir befinden uns nun im ***Oulanka-Nationalpark*** und wandern an der Kante vom Canyon oberhalb vom ***Kitkanjoki*** entlang, der sich mit reißenden Stromschnellen und Wasserfall richtig wild gebärdet. Schließlich passieren wir am ***Harrisuvanto*** eine Hängebrücke, trennen uns wieder von den Kurzstrecken-Wanderern und zelten letztendlich auf dem Rastplatz in **Kahlaamo** an einer Fluss-Schlaufe, wo ein paar tapfere Fliegen-Angler geduldig in der Strömung stehen.

3. Tag: 19 km
Nun wendet sich unser Weg vom Fluss ab, führt mal über eine Treppe bergauf, dann geradeaus durch den Wald: leichtes Spiel. Nach 2 Stunden machen wir Pause an der 20-„Betten"-Hütte ***Jussinkämppä*** am glasklaren ***Kulmakkajärvi***, wo schon ein munteres Treiben herrscht und all-

gemeiner Erfahrungsaustausch in den gängigen Weltsprachen stattfindet. Nach weiteren 2 Stunden durch den Wald sehen wir den ***Oulankajoki*** ganz tief rechts unten, der sich breit und gemächlich in großen Bögen und eingerahmt von mächtigen Sandböschungen durch die Landschaft windet. Die schön am Fluss gelegene Schutzhütte ***Ansakämppä*** verschmähen wir, gehen noch ein ganzes Stück weiter und finden schließlich einen besonders idyllischen Zeltplatz mit guter Ausstattung und Blick auf den berühmten Wasserfall ***Kiutaköngäs***, doch der ist erst morgen dran.

4. Tag: 16 km

Vom Zeltplatz sind es nur 300 m bis zum Star aller Wasserfall-Kaskaden des Nationalparks, den ***Kiutaköngäs***. Wir gehen hinunter auf den Felsen und schauen uns das imposante Schauspiel „Tosender Fluss vor roten Felsen" aus der Nähe an. Im nahen ***Oulanka-Info-Zentrum*** gehen wir dann zielstrebig in die Cafeteria und vertilgen erst einmal üppig belegte Riesenbaguettes, dazu gibts Kaffee und Brause. Einfach herrlich! Auf der Straßenbrücke überqueren wir den Fluss, schlagen uns wieder links ins Gelände und gönnen uns beim Abschied von der Zivilisation am **Campingplatz** noch einmal ***Kaffee+Munkki***. Dann geht es für 2 Stunden auf einem sehr abwechslungsreichen Wurzel-Stolper-Pfad mit beständigem Auf und Ab durch den Wald, bevor man auf einer bemerkenswerten Hängebrücke die Stromschnellen des ***Taivalköngäs*** überwindet. Hier zweigt die längere Variante der ***„Bärenrunde"*** (80 km) zum Endpunkt **Hautajärvi** ab, uns reichen 70 km und schon eine halbe Stunde später lassen wir es für heute genug sein und ziehen in die Schutzhütte ***Puikkökämppä***

am stillen Waldsee ***Vaululampi*** ein. Nach dem Erfrischungsbad werden noch Grillwürste am Lagerfeuer verspeist: Was für ein Fest! Auch der Ofen in der Hütte verbreitet eine wohlige Wärme, es ist ganz still im Wald und wir lauschen in die Nacht: Hier soll es Bären geben!

5. Tag: 7 km

Zum Frühstück gibt es die letzten Vorräte, dann wird gepackt, die Hütte ausgefegt und die Feuerstelle aufgeräumt. Schon nach einer Dreiviertelstunde auf unserem Wander-Finish wird an der ***Ristikallio***-Schlucht gleich wieder gerastet, wir genießen die wildromantische Kulisse mit den Klip-

pen am See und dem dichten Wald drumherum. Dann geht es noch einmal bergauf, weiter oberhalb führt der Weg über Felsen, unten glitzert der Fluss und wir kommen uns vor wie im Indianerfilm. Nach der letzten Feuerstelle am See haben wir noch 3 km über Holzbohlen zu wandern und erreichen schließlich den Parkplatz (N 66° 23' 08.7" E 29° 02' 39.0") an der Straße **950**, von dem es per Bus (oder Gruppentaxi) zurück nach **Ruka** zu unsererem WOMO geht.
Auch wenn wir erst einmal vom Wandern genug haben, werden uns diese Tage in der bezaubernden Natur ***Nord-Kareliens*** in guter Erinnerung bleiben. Es hat Spaß gemacht! Nachahmung wird empfohlen!

Das ist eine (Wander-)Nummer zu groß für Sie? Dennoch möchten Sie gerne ein paar Highlights der Runde sehen? Dann folgen Sie uns 22 km nach **Juuma**! Dazu fahren wir unten auf der **E63/5/Kemijärvi** weiter, biegen nach 7,5 km zum Ziel ab und folgen der Straße bis zum finalen Parkplatz, dem Einstieg zum ***„Pieni Karhunkierros“***, der ***„Kleinen Bärenrunde“***, einer gemütlichen Tageswanderung durch spektakuläre Landschaft. Als WOMO-Quartiere bieten sich neben diesem Wanderparkplatz [**300**: N 66° 16' 13.9" E 29° 24' 04.5"] auch ein Badeplatz [**301**: N 66° 16' 15.9" E 29° 22' 50.0"] kurz nach dem Abzweig zu nachfolgendem Campingplatz an, bei dem wir nach der Wanderung einchecken.

(302) WOMO-Campingplatz: Juuman Leirintäalue

GPS: N 66° 16' 20.9" E 29° 22' 50.7". **Öffnungszeiten**: 1.6.-30.9.
Ausstattung: Zentrale WOMO-/Caravan-Wiese, gute Sanitär-Einrichtungen, aber keine Abwasser-Entsorgung, Café, preiswert.
Beschreibung: Gepflegter und familiär geführter Platz auf einer Landzunge am ***Yli-Juumajärvi***. juumanleirintaalue.fi. **Zufahrt**: Siehe Text.

Kleine Bärenrunde *(„Pieni Karhunkierros“)*

Eine 12-km-Tages-Tour, bequem in 5 Stunden zu gehen.

Vom Wanderparkplatz **(300)** aus queren wir das Gelände vom Hütten-und Zelt-Camp, orientieren uns an den Infos zur Wanderung und stiefeln los. Nach einer halben Stunde erreichen wir die ***Myllykoski***, eine Stromschnelle mit Picknickbänken, Feuerstelle und Übernachtungshütte. Hier beginnt die ***„Kleine Bärenrunde“***, wir gehen die Treppen hoch und halten uns rechts, der orange-grünen Markierung folgend. Hinter einer Bohlenweg-Passage durch den Wald stößt die ***„Große Bärenrunde“*** zu uns, wir gehen nach links weiter und sehen die schäumenden ***Aallokkokoski*** links unten. Nach einer Trinkpause beim Rastplatz ***Jyrävä*** geht es weiter im großen Links-Bogen, wir entfernen uns vom Fluss und treffen ihn am ***Harrisuvanto*** wieder, wo hinter der Hängebrücke rechts schon beim ***Laavu*** das Feuer brennt. Dort gesellen wir uns zu den anderen Wanderern und zelebrieren unser Picknick: Fleischbällchen am Stock gegrillt, gereicht in Roggen-Fladen! Leider haben wir mit Mücken zu kämpfen. Da hilft es kaum, in der Rauchfahne vom Feuer zu sitzen.

Dann wandern wir weiter auf orange-grün markiertem Pfad, marschieren zunächst auf einem Bohlen-Weg durch den Wald und queren dann auf einer aufwändigen Treppenanlage die Schlucht ***Kallioportti***. Zum Abschluss der Runde geht es an zwei romantisch-stillen Waldseen vorbei, wir sind am ***Pyyrämanti*** und auch schon gleich am ***Myllykoski***, wo wir auf bekanntem Weg zu unserem Ausgangspunkt zurückkehren und zum Abschluss die Hängebrücke bei den ***Niskakoski*** queren.

Sie möchten nicht viel wandern, aber dennoch die ***Kiutaköngäs***, die großartigen Wildwasser-Kaskaden vom 4. Tag unserer 5-Tage-Trekking-Tour im Rahmen eines kurzen Spazierganges sehen? Dann folgen Sie vom **Juuma**-Abzweig erst der **5** für 2,3 km und dann der **950** für 6,3 km nordwärts, biegen in **Käylä rechts/8693** ab und rollen dann 13 km zum Zielparkplatz am ***Oulangan Luontokeskus*** [**303**: N 66° 22' 05.1" E 29° 18' 49.0"]. Vom Info-Zentrum sind es nur noch 900 m auf leichtem Weg bis zum Ziel, den spektakulären ***Kiutaköngäs***.

Wer länger in dieser Gegend bleiben möchte, der fährt noch 400 m weiter und biegt links ab zum wunderschönen **Oulanka Camping** [**304**: N 66° 22' 16.4" E 29° 18' 34.4"].

Eine ***Oulanka***-Wanderung haben wir noch, wieder frisch getestet im Sommer 2020. Dazu fahren wir in den Norden des Nationalparks und zwar wie folgt: In **Käylä** weiter auf der **950** bis nach **Hautajärvi**, wo man nach 28 km das **Nationalpark-Visitor Centre** [**305**: N 66° 31' 05.6" E 29° 03' 16.7"] erreicht. Hier bekommt man neben vielen nützlichen Infos auch das wertvolle Hinweis-Blatt zum **Kanjonin Kurkkaus**, unserem **Canyon-Rundwanderweg**, doch erstmal muss man auf abschnittsweise schlimmer Strecke zu nachfolgendem Ausgangspunkt fahren.

(306) WOMO-Wanderparkplatz: Savilampi

GPS: N 66° 26' 31.8" E 29° 09' 42.5". **Max. WOMOs**: 2-3.

Ausstattung: Schotter-Park-Areal am Ende der Zufahrt, Extra-Empore-n-Parkplatz beim Trockenklo, Wanderkarte, still, außerorts.

Beschreibung: Nervtötende Zufahrt, die sich aber lohnt.

Zufahrt: Vom ***Visitor Centre*** zurück, nach 1,5 km links auf die **950**, nach 2,5 km links, nach 4 km rechts, dann noch 6 km Schlimmstraße. Insgesamt brauchen wir 30 Minuten für diese üblen 10 Schotterpisten-Kilometer.

Oulangan Kanjoni, unsere Canyon-Runde

6 km, je nach Anzahl und Länge der Pausen ca. 4 Stunden

Wir wandern die Runde wie ausgeschildert entgegen dem Uhrzeigersinn, gehen also nach rechts/westwärts und starten mit einem Felsen-Wurzel-Pfad durch den Wald. Wir folgen der Markierung bergab zu einem plätschernden Bach, umrunden diese „Mückenschlucht“, steigen wieder hinauf, queren eine Wiese, dann einen Birken-/Nadelwald mit Blaubeeren und haben auch schon den ersten Picknickplatz (Trockenklo, Feuerstelle, Bank) an einem verträumten Waldsee namens ***Kirkasvetinenlampi*** erreicht. Der Pfad führt dann um den See herum und über Treppen bergauf, wo man schon bald das große Rauschen hört. Dann bestaunen wir ausführlich die ***Oulanganköngäs*** tief dort unten in der ***Canyon***-Schlucht. Was für ein umwerfender Ausblick! Jetzt geht es eine Etage höher, der spektakuläre Weg führt nun oberhalb vom ***Canyon*** entlang und bietet noch weitere fantastische Aussichts-Plätze. Wir wenden uns kurz von der Schlucht ab, steigen hinab, später über Treppen wieder hinauf und genießen auf der Pausenbank den Ausblick auf die sprudelnden ***Pikkuköngäs*** tief unten und den ***Savilampi*** in der Ferne, den großen See, der in der Sonne glitzert. Nach einigem Hoch und Runter über zahllose Treppenstufen kommen wir an die **Savilampi-Hütte** und sind nach einer gepflegten Grillpause direkt am Rauschefluss dann noch ein Stück auf dem nördlichen Abschnitt der ***Großen Bärenrunde*** unterwegs, von der wir uns nach 800 m linkswärts verabschieden. Das Finale führt über den Hügel durch den Hochwald und auf einem Fahrweg zum Parkplatz zurück.

Wir meinen: Eine spannende Wanderung ohne Strapazen auf gepflegten Wegen durch traumhafte Natur! Das wäre doch auch ganz bestimmt etwas für Sie, oder?

25 km
N
307
Kuusamo
Murtovaara
308
Julma Ölkky
Fels-
zeichnungen
309
Teerivanta
Wander-
gebiet
Hossa
W
310
Peranka
Hossa
312
311
Piispajärvi
Juntusranta
P
Das Stille Volk
313
RUS
Kiantajärvi
Suomussalmi
"Flamme"
314
315
Museum
Raateen Portti
Raate
316
Ala-Vuokki
317
Kostamus
Kuumu
318
Lentiira
P
B
320
Lentuan-
koski
319
323
322
321
Kuhmo
Naturum
Petola
324
Hiidenportti-
NP
W
325
TOUR 11

TOUR 11: Junge und alte Geschichte (440 km)

Kuusamo - Suomussalmi - Hossa - Kuhmo

Freie Übernachtung:	Murtovaara, Julma Ölkky, Suomussalmi, Raatteen Portti, Vuokkijärvi, Änättijärvi, Lauttavaara, Lentuankoski, Kuhmo, Hiidenportti NP, Peurajärvi.
Campingplätze:	Kuusamo, Hossa, Lentuankoski, Kuhmo.
Baden:	Hossa, Suomussalmi, Vuokkijärvi, Änättijärvi, Peurajärvi.
Besichtigen:	Värikallio, Das Stille Volk, Raatteen Portti.
Wandern:	Julma Ölkky, Hossa, Lauttavaara, Lentua, Hiidenportti NP, Peurajärvi.

Kuusamo gilt in ***Finnland*** vor allem als Inbegriff für unberührte Natur und Outdoor-Aktivitäten. In den Prospekten kommen immer wieder verwegene Wildwasser-Paddler, sportive Mountainbiker und ausdauernde Angler vor, denn das Schönste an dem im letzten Weltkrieg weitestgehend zerstörten, sehr zweckmäßig wieder aufgebauten und zuletzt facegelifteten Städtchen ist wohl seine Umgebung. Wir fahren auf der ordentlich ausgebauten **5** von **Ruka** gen Süden, kommen am **Posio**-Abzweig und einer Fertighausfabrik vorbei und registrieren einen Campingplatz im Hochwald am Fluss namens **Matkajoki** [**307**: N 66° 00' 12.0" E 29° 08' 59.0"] rechts am Wege. Nun kann man auf der **5** um **Kuusamo** herum fahren und sich schließlich an der letzten Zufahrt zur Stadt bei den Einkaufszentren und Tankstellen umfassend versorgen. Die Landschaft ist jetzt geprägt durch viele Birken, flache Hügel mit Wald und Sumpfgebieten. Etwa 30 km nach dem letzten **Kuusamo**-Kreisverkehr biegen wir **links/843** Richtung **Murtovaara** ab und streben dann auf der ***Via Karelia*** neuen spannenden Zielen entgegen. Auf der etwas schmaleren, aber immer noch zügig zu fahrenden Straße herrscht wenig Verkehr, so dass auf dem folgenden Picknickplatz nachts ruhig schlafen kann, wer das denn möchte.

(308) WOMO-Picknickplatz: Am Gedenkstein

GPS: N 65° 37' 59.3" E 29° 28' 18.7". **Max. WOMOs**: 1-2.
Ausstattung: Asphalt-Karree mit Baumrand, Mülleimer, Picknickbänke etwas unterhalb, Gedenkstein.
Beschreibung: Hier wird der durch sowjetische Partisanen in den 1940er Jahren ermordeten finnischen Zivilisten und Militärs gedacht.
Zufahrt: 8,5 km hinter **Murtovaara** links.

Große Stapel von Baumstämmen im Gelände zeugen von aktiver Forstwirtschaft und 17,4 km hinter **(308)** geht es dann rechts rein, wir folgen den Hinweisen zum ***Julma Ölkky***, versprechen Ihnen nicht weniger als die ***„Tiefste Canyon-Schlucht Finnlands“***, doch wir müssen uns dieses Ziel erstmal verdienen: 8,2 km Schotterpiste!

(309) WOMO-Wanderparkplatz: Julma Ölkky

GPS: N 65° 32' 13.5" E 29° 19' 30.5".
Max. WOMOs: 3-5.
Ausstattung: Riesige neue Parkplatz-Anlage im Blaubeerwald, Trockenklos, Grillhütte, tagsüber Café, Bootsausflüge, Wanderwege.
Beschreibung: In der Wandersaison tagsüber sehr gut besucht. Anreise am Abend wird empfohlen.
Zufahrt: Siehe Text.

Wir sind am Morgen die ersten Interessenten am Kiosk, buchen den Bootsausflug mit der großen „Schaluppe“, die wir am Vorabend schon in der „Bootsgarage“ bestaunt haben und tuckern kurz darauf wie die VIPs als einzige Gäste mit unserem persönlichen Skipper zu dieser 3-km-Tour über den schmalen, aber bis zu 50 m tiefen Canyon-See. Na gut, der Wasserfall ist mickrig und die 4000 Jahre alten Felsmalereien, auf die wir bedeutungsschwer hingewiesen werden, hätten wir wohl für rote Kleckse gehalten, doch die steilen Felswände sind bis zu 50 m hoch und leuchten rötlich im Sonnenlicht. Wir sind total fasziniert! Nach 30 Minuten wieder zurück im Heimathafen beschließen wir sofort, gleich zur Wanderung rund um den See aufzubrechen. Aber Obacht! Der Rundweg ***Ölökyn Ähkäsy*** ist mit übersichtlichen 10 km ausgewiesen, doch die Tour ist nicht zu unterschätzen. Wir waren mit Foto- und Picknickpausen bei gemütlichem Tempo bald 6 Stunden unterwegs und danach ziemlich platt! Die Wanderung führt gelegentlich eng an der

Schluchtkante entlang, bietet phänomenale Ausblicke und zur Halbzeit nach 5 km ein Laavu mit Feuerstelle, aber sie zieht sich! Wahrscheinlich hat man, durch zahlreiche erschöpfte Gelegenheits-Wanderer inspiriert, 2017 so etwa auf der Hälfte des Weges eine Hängebrücke über den Canyon gebaut. Sie trägt den schönen Namen ***Ölökyn ylitys*** und hat die Wanderung massentauglich gemacht: Es sind nur noch 5 km.

Wo wir hier schon mal so ein solide ausgestattes Basislager haben, bietet sich eine weitere Wanderung an, zu der wir vormals von **Hossa** aus gestartet sind: zu den berühmten Felszeichnungen ***Värikallio,*** den ***„Hossa-Männchen“***.

Wanderung zu den Värikallio, 9,4 km, 4-5 Stunden

Laut Wegweiser sind es 4,1 km bis zum Ziel, wir folgen den Hinweisen zunächst am See ***Ala-Ölkky*** entlang und erreichen schon nach 5 Minuten den ersten Pausenplatz mit Feuerstelle. Auf dem steinigen Weg läuft es sich gelegentlich beschwerlich, wir gehen bergauf und bergab, schließlich auf angenehmeren Wurzel-Pfad durch den Wald und dann wieder am See entlang. Was für eine malerische Gegend hier! Nach 45 Minuten queren wir den munter sprudelnden ***Somerjoki*** auf einem Holz-Brückchen und nun ist es nicht mehr weit zur **Ala-Ölkky Laavu**, einem idyllischen Picknickplatz am südlichen See-Ende mit Schutzhütte und Feuerstelle. Nachdem wir wieder an Höhe gewonnen haben, führt der

Weg oberhalb scharf an der Schluchtkante entlang, eine faszinierende Passage mit schönem Ausblick. Schließlich geht es wieder hinunter und auf einem Bohlenweg durch den Wald, an einem malerischen See entlang, dann noch einmal steil hinauf und wieder hinab und schon erreichen wir

die „Mannschafts“-Picknickanlage bei der **Värikallio kota**, ein Areal mit Feuerstellen, Schutzhütte und Trockenklo, das Sprungbrett zum nahen Ziel dieser Wanderung. Von hier aus ist es nur noch ein Katzensprung: Über die Brücke, dann links am Wasser entlang und schon steht man auf dem Metallpodest im See, direkt vor der Felsenwand mit den **Värikallio**, und wenn man Glück hat, ist man hier ganz alleine und kann den Zauber des Ortes ungestört genießen.

Wir sehen 4000 Jahre alte Felszeichnungen und stellen fest, dass die vorzeitlichen Kunstwerke, diese kleinen ***Hossa-Männchen***, irgendwie ziemlich außerirdisch aussehen.
Aus Mangel an Alternativen geht es schließlich auf gleicher Strecke wieder zurück und wir resümieren: Eine tolle Wanderung durch herrliche Natur zu einem faszinierenden Ziel.
Tipp: Festes Schuhwerk – zweckmäßigerweise Bergschuhe – tragen, Wanderstöcke sowie ausreichend Trinkwasser und ein ordentliches Lunch-Paket mit Grillwürsten mitnehmen.

Nach 30 Minuten Knackstraße wieder zurück auf der **843** geht es auf dieser für knapp 6 km weiter, bevor wir nach rechts durch einen grauen Holztorbogen zum ***Hossan retkeilyalue*** abzweigen, einem reizenden Erholungsgebiet mit einer Seenkette, Wäldern und Felsenschluchten, das zum 100-jährigen Bestehen des unabhängigen Finnlands 2017 zum **Hossa Nationalpark** geadelt wurde, der vierzigste in Finnland. Hinter dem **Campingplatz** links kann man sich im ***Hossan luontokeskus*** (2022: 1.6.-30.9. tgl. 10-19 Uhr, sonst verkürzt), dem ***Naturzentrum*** (Café mit preiswertem ***Lounas***-Büfett, Ausstellung, Infos, Bootsausleihe, Angelscheine) mit den örtlichen Gegebenheiten vertraut machen und sich aus der Vielfalt der Möglichkeiten das Passende aussuchen: Kanutouren, Angeln, Wandern oder einfach nur die Ruhe der Natur genießen.
Sie sind Kanu-Beginner und wollen das einmal probieren? Dann mieten Sie sich im ***Naturzentrum*** ein robustes Boot samt Paddel und Schwimmwesten und starten zu einer gemütlichen Tagestour auf der einsamen Seenlandschaft. Start und Ziel ist die Bucht am ***Hossanjärvi*** (N 65° 27' 53.2" E 29° 30' 13.1"), wo die Miet-Boote am Ufer liegen, etwa 900 m vom Parkplatz zu Fuß.
Wir wollen jedoch zu einer **3-Tage-Kanutour** aufbrechen und besprechen die Tourenplanung mit einem freundlichen Guide.

So stehen wir vor der großen Wandkarte und lassen uns beraten. Die 28-seitige, deutschsprachige Broschüre ***„Hossa für Wasserwanderer"*** mit den Routen-Vorschlägen haben wir schon seit Jahren, nun gibts noch Spezialtipps vom Experten dazu. Wir könnten ja auch ein Kanu ausleihen, doch wir haben unseren eigenen Faltkanadier Marke ***ALLY*** dabei, was beim Guide ein gewisses Mitleid erzeugt, da auf unserer auserwählten Tour bei den gelegentlichen, eher zarten Wildwasser-Passagen mit Grund-/Stein-Kontakt und damit mit Blessuren am Bootsrumpf zu rechnen ist. Wir verabreden uns für den nächsten Vormittag – er wird uns zur Einsatzstelle fahren – und wir checken hier gleich für den **Campingplatz** ein. Dann setzen wir nach nebenan um, treffen unsere Vorbereitungen, nutzen ausführlich die Infrastruktur und machen Feuer in der Grillhütte.

(310) WOMO-Campingplatz: Hossa-Karhunkainalo

GPS: N 65° 28' 08.5" E 29° 31' 28.2". **Öffnungszeiten**: Ganzjährig.
Ausstattung: Gute Sanitäreinrichtungen, Sauna, WiFi, Waschmaschinen und Trockner, überdachte Feuerstellen, gut gelöste Ver-/Entsorgung.
Beschreibung: Gut gestalteter Platz mit Abteilungen und einzelnen Asphalt-Buchten im Kiefernwald. In der Hochsaison auch schon mal ausgebucht. Reservierung empfohlen: +358 50 3844692. **Zufahrt**: Siehe Text.

3-Tage-Kanutour durch die Hossa-Seenplatte (25 km)

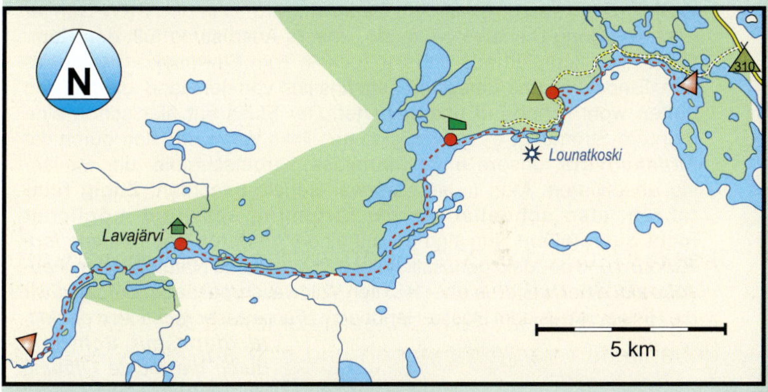

Voraussetzungen, Ausrüstung, Organisatorisches:
Schon beim Blick auf die Gesamtstrecke sieht man, dass unsere Tour auch an einem, ganz locker an zwei Tagen, zu schaffen ist. Wir wollen als Stadtmenschen und als einigermaßen komfortverwöhnte WOMO-Fahrer aber auch einmal das „Draußen leben" in dieser stillen, wunderschönen Landschaft genießen, wenn auch nur für ein paar Tage. Darum sind unsere Etappen kurz, die Nachmittage und Abende hingegen lang.
Wer hier auf Wasserwander-Tour geht, muss kein begnadeter Kanute oder gar Wildwasser-Spezialist sein, sollte aber gewisse Erfahrungen in Bezug aufs Bootfahren mitbringen. Man darf keine Mückenallergie haben, muss schwimmen und sich auch ansonsten Outdoor-gemäß dezent bewegen können.

Sämtliche benötigte Ausrüstung rund ums Boot gibt es vor Ort auszuleihen: Kanu, Paddel und Schwimmwesten. Was wir sonst noch dabei haben: Kleinzelt, Matten, Schlafsäcke, wasserdichte ***Ortlieb***-Säcke für Bekleidung und Schlafsäcke, Küchenkiste mit Stahl-Wasserkessel, Lebensmittel (Tütensuppen, Tee, Kaffee, Müsli, Saunawürste), Tassen/Teller/Besteck, Kanister mit Trinkwasser für 3 Tage, Bier/Schnaps/Wein, Regen- und Mückenschutz, Feuerzeuge, Handy, Navi, Karte (Übersichtsblatt und die o.g. Wasserwanderbroschüre), Kompass, Fotoausrüstung, Fernglas, Angelzeug, Beil, Säge, Messer.
Auf der nachfolgend beschriebenen Tour muss gelegentlich umgetragen und dazu aus- und wieder eingepackt werden. Daher empfiehlt es sich, die Ausrüstung in handlichen Einheiten zusammenzupacken. Als Allzweckschuhwerk haben sich bei uns mittlerweile die ***„Crocs Off Road"*** bewährt, mit denen man schnell mal aus dem Boot ins Wasser steigen und bei ungemütlich steinigem Ufer baden gehen kann.
Der Transfer von Personen, Boot und Ladung zum Startpunkt wird mit PKW und Hänger vorgenommen, unser Guide holpert mit uns eine Dreiviertel Stunde durch die Pampa zur auserkorenen Einsetzstelle. Dafür zahlen wir später 25 EUR. Unsere Bootstour führt uns von dort wieder in die Nähe vom ***Hossa Naturzentrum*** zurück. Navi-Besitzer schauen sich am Vortag im Rahmen eines Abendspaziergangs (900 m vom Parkplatz, dann links, dort wo die Mietboote liegen) die vorgesehene Ankunfts-/Landungsstelle an und nehmen einen Waypoint. Das gibt Sicherheit! Das WOMO steht während unserer Exkursion auf dem Parkplatz vom ***Naturzentrum***, für Übernachtungen im Fahrzeug ist nur der Campingplatz vorgesehen. Wer angeln möchte, zieht sich eine Lizenz am Automaten.

1.Tag: 6 km
Am Vorabend haben wir unser Boot zusammengebaut und auf dem WOMO-Dach verzurrt. Auf dem Parkplatz wird es in den PKW-Hänger unseres „Bring-Dienstes" verladen, unsere Ausrüstung füllt den Kombi ziemlich komplett aus und wir zuckeln zum Startpunkt. Das Ausladen, Einpacken und Einsetzen geht uns flott von der Hand, die Mücken hatten wohl schon auf uns gewartet. Der Fluss hat hier schon eine muntere Strömung, es geht zügig nach links voran und flott durch die ***Muiskanvirta***, unsere erste (harmlose) Stromschnelle, die wir lässig absolvieren. Man muss nur zwei Regeln beachten: **Zügig reinfahren, also schneller als die Strömung sein und möglichst nicht querstellen!** Nun sind wir auf einem größeren See namens ***Iso-Kukkuri*** und paddeln genüsslich durch die einsame Natur. Bei den ***Peurokoski***, einer weiteren eher leichten Wildwasserpassage, befolgen wir die Hinweise aus dem Hossa-Handbuch: *„Fahrwasser rechts von der Mitte, dann mit Schwung durch die rechte Öffnung der kleinen Holzbrücke."* Funktioniert alles prima! Was uns sofort auffällt: Glasklares Wasser, menschenleere Seen, himmlische Ruhe, unbesiedelte Ufer und zwischen den Seen immer etwas Wildwasser. *„Mecklenburger Seenplatte vor 200 Jahren, ohne Schleusen"* hören wir uns öfter sagen. Herrlich! Dem See mit dem schönen

Namen ***Pikku-Kukkuri*** folgt das Sprudelwasser ***Tuirankoski***, das wir *„von der Mitte nach rechts“* erfolgreich bewältigen. Nun sind wir auf dem ***Lavajärvi*** und landen nach kaum mehr als 1 ½ Stunden genussvollem Gepaddel an der gleichnamigen Wildnis-Hütte (offen, kostenfrei) am Nordufer, unserem heutigen Etappenziel. Vor der Tür gibt es eine solide Feuerstelle mit Holzvorrat, drinnen sogar Pritschen mit Schaumstoff-Matten und nachts leider auch bösartige Mückengeschwader. Ansonsten sind wir hier ganz allein, nur gelegentlich schaut ein Rentier vorbei.

2. Tag: 15 km

Nach Morgenbad, Frühstück und Sachen packen kommen schon die nächsten Naturfreunde mit 2 Booten hier an und freuen sich, dass das Feuer schon brennt. Wir paddeln weiter, verkneifen uns wie empfohlen die ruppigen ***Nimettömänkoski***, halten uns links und tragen um: ein kurzes Stück über einen Landrücken, zügig bewerkstelligt wegen plötzlicher Mückenplage. Sobald man 10 m auf dem Wasser ist, sind die Viecher wieder weg. Am Ende des ***Iso-Nimetön*** wartet wieder eher zahmes Wildwasser, wir reiten auf der ***Joukovirta*** elegant zum ***Joukojärvi***

hinüber, dem wiederum ***Virtajärvi*** und ***Lounaja*** folgen, wo wir direkt auf unsere Pausenhütte zusteuern. Hier wird erst einmal gebadet und dann gibt es verschieden gemusterte Sauna-Würste vom Grill. Die folgende Wildwasser-Passage verspricht: *„...bei Niedrigwasser in der Mitte eine große steinige Fläche, Fahrwasser zwischen den Steinen, Bodenberührung möglich....“*, also haben wir wohl Niedrigwasser, denn bei der „Abfahrt“ klemmen wir plötzlich zwischen großen Steinen fest, können uns aber durch ein beherztes Manöver rückwärts wieder befreien. Am Ende dieses Sees warten nun die heftigsten Stromschnellen auf uns, die ***Lounatkoski*** mit einem Meter Falltiefe. Da hilft nur weiträumiges Umtragen, vor dem Befahren wird ausdrücklich gewarnt. Bevor es hier auf der anderen Seite wieder weiter geht, schauen wir uns dieses Naturschauspiel von Land aus an: Da möchte man nun wirklich nicht hinunter fahren! Es folgt ein kurzes Stück Treideln im Flachwasser und bald sehen wir links am Ufer des ***Jatkonjärvi*** lauschige Zeltstellen im Hochwald. Hier

wollen wir heute bleiben, obwohl unser Zielpunkt ***Hossa*** eigentlich gleich „um die Ecke“ liegt. Wir genießen den schönen Abend in vollen Zügen, haben eine eigene Feuerstelle und genügend Abstand zu den Nachbar-Logen, in denen es sich sogar Autocamper gemütlich gemacht haben, denn hier führt (Oh Schreck!) ein Fahrweg vorbei.

3.Tag: 4 km
Frühmorgens „bimmeln“ Rentiere durch den nahen Wald, wir vertrödeln den Vormittag mit Frühstücken, im See und in der Sonne baden, packen schließlich alles wieder zusammen und stechen in See. Schon nach einer Stunde erreichen wir die geplante Landungsstelle, einer marschiert die 900 Meter zum Parkplatz und holt das WOMO, dann wird das Boot zerlegt und alles wieder reisefertig verstaut. Schließlich laben wir uns als späte Mittagsgäste am ***Lounas***-Büfett vom ***Naturzentrum*** und meinen, unsere kleine Boots-Tour könnte auch manchem Leser aus der WOMO-Gemeinde gut gefallen.

Wer mit uns nicht von **Julma-Ölkky** aus zu den ***Värikallio*** gewandert ist, kann auch von hier aus starten, muss dafür aber ein Stück in den Nationalpark hinein fahren, nach 3 km Asphalt dann noch 11 km auf Schotterpiste den Hinweisschildern bis zum Wanderparkplatz (N65° 30' 24.9" E29° 21' 16.2") folgen. Auch die Wanderung selbst ist dann mit 12 km etwas länger.
Unsere WOMO-Tour geht kurz auf der **843** südwärts weiter, dann rechts weg auf der **9190** für 25 km auf schmalem Asphaltband geradeaus in langen Wellen bis zum Horizont und in **Peranka** wieder südwärts auf der **5** Richtung **Suomussalmi**, eine Stadt, deren Schicksal für immer mit einem bedeutsamen Kapitel der jüngeren finnischen Geschichte verknüpft sein wird:

Der Winterkrieg
Finnen und Russen scheint als Nachbarn so etwas wie eine Schicksalsgemeinschaft zu verbinden, die sich wie ein roter Faden durch die Geschichte der letzten Jahrhunderte zieht. In immer wieder wechselnden Konstellationen haben die beiden Nationen etwas miteinander zu tun. Als Großherzogtum von ***Russland*** trotzen die Finnen im 19. Jahrhundert dem Mutterland eine gewisse Autonomie ab, unmittelbar nach der Okto-

berrevolution erfüllt ***Lenin*** ein altes Versprechen und gewährt ***Finnland*** die staatliche Selbständigkeit. Dabei war er sich ganz sicher, dass beim bevorstehenden Bürgerkrieg im Nachbarland seine Revolution übergreift und dort auch die ***Roten*** an die Macht kommen. Doch unter der Führung von ***Mannerheim***, vormals Offizier in der zaristischen Armee, siegen die ***Weißen***. Einige Jahre danach, spätestens nach dem Hitler-Stalin-Pakt droht ***Finnland*** unter die Räder der Weltgeschichte zu kommen, denn ***Russland*** braucht Platz im Westen, um für einen absehbaren Krieg gegen ***Deutschland*** gewappnet zu sein. Verhandlungen und ultimative Gebietsforderungen bleiben ergebnislos und so wird ***Finnland*** am 30.11.1939 schließlich angegriffen: Es beginnt der ***Winterkrieg***! Flieger der ***Roten Armee*** kommen aus ***Estland*** herüber und bombardieren finnische Städte und auf der gesamten Grenzlinie dringen Truppen nach ***Finnland*** ein; der kleine verstockte Nachbar soll eben mal kurz überrollt werden. Doch die finnischen Truppen leisten, wiederum unter dem Kommando von ***Mannerheim***, dem haushoch überlegenen Eindringling erbitterten Widerstand und die ersten gewonnenen Abwehrschlachten fügen der ***Sowjetunion*** empfindliche Verluste zu, was vom Rest der Welt mit ungläubigen Staunen zur Kenntnis genommen wird. Die schwere Technik der Invasoren kommt im sumpfigen Terrain nicht zum Zuge, so dass die beweglichen Ski-Truppen der Finnen mit ihren überraschenden Attacken deutlich im Vorteil sind. Besonders erbittert geführte und für die finnische Seite schließlich erfolgreiche Gefechte finden an der ***Purasjoki-Linie*** zwischen **Suomussalmi** und **Raate** statt. Deshalb sind gerade in dieser Gegend die Erinnerrungen an den ***Winterkrieg*** mit vielen Soldatenfriedhöfen, erhaltenen Stellungen und Gedenkstätten besonders präsent und die heldenhafte Verteidigung der Heimat damals ist bis heute eine der Stützen des finnischen Nationalbewusstseins.

So trifft man unterwegs immer wieder auf Gedenkstätten, wie diese nach 11,5 km auf der **5** hinter **Piispajärvi** auf einer Halbinsel zwischen zwei Brücken rechts: **Alassalmen muistomerkki**, wo finnische Verbände zu Weihnachten 1939 den Vormarsch der Russen gen Norden gestoppt haben. Wie das in ***Finnland*** so üblich ist, findet sich anbei auch nützlicher Parkraum:

(311-312) WOMO-Picknickplätze: Piispajärvi

(311) Alassalmen muistomerkki

GPS: N 65° 17' 44.2" E 29° 04' 17.4". **Max. WOMOs**: 1-2.

Ausstattung: Kleiner Asphalt-Parkplatz beim Gedenkstein, Picknickbänke, Müllbehälter.

Beschreibung: Netter Platz, aber sehr straßennah.

Zufahrt: Siehe Text, 80 m nach Abzweig links.

(312) Am See

GPS: N 65° 17' 43.9" E 29° 04' 10.0".

Max. WOMOs: 1-2.

Ausstattung: Kleiner Asphalt-Parkplatz mit Seeblick, Picknickbank.

Beschreibung: Etwas weiter abseits der Straße und geschützter.

Zufahrt: 120 m hinter **(311)** rechts.

Wer nun ganz verträumt auf der **5** gen Süden durch die einsame finnische Landschaft gondelt, der wird überrascht von einer speziellen, ganz berührenden Sehenswürdigkeit auf der Moorwiese links (Parkplatz:N 65° 05' 37.4" E 28° 54' 14.8"):

Das Stille Volk, fast 1.000 lebensgroße Figuren mit Köpfen aus Grassoden und in Kleider gewandet, die im Wind wehen. Der geistige Vater des Ganzen, der zumindest in Finnland sehr bekannte Tänzer, Choreograph und Performancekünstler ***Reijo Kela***, überlässt die Deutung des Werkes dem Betrachter. Auch wir lassen diese stumme, irgendwie anklagen-

de „Menschenmenge“ auf uns wirken und erfreuen uns ganz nebenbei an frisch über offenem Feuer auf Eisenplatten gebratenen Eierkuchen aus dem ***Field Café***.

Nach weiteren 12 km auf der **5** können eher schlanke WOMOs nach einem Damm durch den ***Kovajärvi*** der schmalen Bypass-Straße nach links in den Hochwald folgen und finden dort einen geschützten Platz am Ufer [**313**: N 65° 00' 16.2" E 28° 49' 20.5"], bevor sie der **5** wieder beitreten. Nun sehen wir die ersten Zipfel vom ***Kiantajärvi*** und erreichen schon bald **Suomussalmi**, wo man keine historische Substanz mehr vorfindet, denn hier wurde damals im Rahmen der Kampfhandlungen alles niedergebrannt. Bleiben also nur die Naturschönheiten der seenreichen Landschaft mit dem gewaltigen ***Kiantajärvi*** sowie die hier entdeckten WOMO-Plätze zu würdigen: Der Parkplatz der Dampferanlegestelle [**314**: N 64° 53' 06.8" E 28° 55' 03.3"] links, wo man 2-Stunden-Rundfahrten mit der betagten ***„Kianta“*** (Ende Juni bis Mitte August tgl. 11 + 15 Uhr) unternehmen kann, sowie 1,5 km danach links beim Bootsha-

fen [**315**: N 64° 52' 39.4" E 28° 56' 35.8"] mit benachbarter Badestelle, der sich zum WOMO-Treffpunkt entwickelt hat.

Wir nehmen die **912/Kuhmo**, biegen mit der Straße beim symbolträchtigen ***Flammen-Monument*** von ***Alvar Aalto*** (N 64° 52' 58.0" E 29° 01' 22.3"), das an die Opfer des ***Winterkrieges*** erinnert, nach rechts ab und sehen schon die Hinweise zu unserer nächsten Station: **Museotie Raate**. Am Abzweig zur (Schotter-)Straße **9125** nach **Raate** zur russischen Grenze, die mit zahllosen restaurierten Unterständen, Schützengräben und Denkmälern die Erinnerung an den blutigen ***Winterkrieg*** wach hält, wurde 1993 das Museum ***Raatteen Portti*** (2021 26.6.-8.8. tgl. 10-18 Uhr, sonst verkürzt, deutsche Broschüre, Eintritt. raatteenportti.f) eingeweiht, das ausdrücklich den Opfern auf beiden Seiten gewidmet ist. Schon das kriegsgraue Gebäude mit den zerschossenen Palisaden-Wänden wirkt sehr lebensecht. Im Außenbereich ist altes Kriegsgerät aufgestellt, drinnen werden Uniformen, Waffen und andere Fundstücke gezeigt und im ***Kinoraum*** gibt es einen Dokumentationsfilm,

der das Grauen von damals faktenreich und sachlich-nüchtern schildert.

Gleich nebenan wurde 2003 ein beeindruckendes ***Winterkriegsmonument*** mit einem großen Steinfeld und einem Denkmal in ihrer Mitte eingeweiht. Jeder Steinblock steht für ein Opfer der Schlachten von **Suomussalmi** und die 105 Kupferglocken (eine für jeden Kriegstag) im zentralen Turm klingen im Wind und erinnern an die Schrecken des Krieges.

(316) WOMO-Picknickplatz: Raatteen Portti

GPS: N 64° 50' 51.0" E 29° 19' 40.9". **Max. WOMOs**: >5.
Ausstattung: Picknickbänke, Trockenklo, Panzer und Geschütze anbei, viel Platz, abends ruhig.
Beschreibung: Übernachten neben benutztem Kriegsgerät.
Zufahrt: Siehe Text.

Wir wollen nun von Krieg nichts mehr wissen und wenden uns auf der **912/Kuhmo** wieder den Schönheiten der finnischen Natur zu: Wälder und Seen! Für eine Weile begleitet uns der langgestreckte ***Vuokkijärvi***, wir überqueren eine Bucht dieses Sees mit den waldbestandenen Ufern über einen 1000-m-Damm, genießen den Blick auf Seen-Landschaft voraus und kennen sogar ein WOMO-Quartier mit Luxusausstattung.

(317) WOMO-Badeplatz: Vuokkijärvi

GPS: N 64° 44' 39.2" E 29° 27' 14.7".
Max. WOMOs: 1-2.
Ausstattung: Parkplätze am finalen Schotter-Rondell direkt am See, Premium-Grillhütte, Trockenklo, Bootseinsetzstelle, Kabinen.
Beschreibung: Die gut genutzte Bootseinsetzstelle lässt den Parkraum schnell knapp werden.
Zufahrt: 1 km hinter dem Ortseingangsschild von **Ala-Vuokki** nach rechts (**Uimaranta/Veneluiska**) 200 m rein.

Eine mit EU-Mitteln modernisierte Straße führt nach links ins nahe ***Russland***, hinter **Kuumu** überqueren wir die eingleisige Bahnstrecke dorthin, auch auf der kreuzenden **89** ist man nach 16 km an der Grenze und auch wir biegen bald links ab und fahren zu einem feinen WOMO-Plätzchen mit Strand am See.

(318) WOMO-Badeplatz: Änättijärvi

GPS: N 64° 25' 31.9" E 29° 50' 29.0". **Max. WOMOs**: 1-2.

Ausstattung: Parkraum direkt am See, Premium-Grillhütte, Trockenklo, Feuerstelle, Müllbehälter, Sandbadebucht, Bootseinsetzstelle.
Beschreibung: Herrlicher Platz, glasklarer See mit schöner Badebucht .
Zufahrt: 7,5 km hinter der kreuzenden **89** links rein (**Änättijärvi/Sääskenniemi**), dann 1,4 km Schotterstraße, die sich aber lohnen.

In **Lentiira** sollte man sich unbedingt die bemerkenswert gestaltete Kirche (2021: 21.6.-8.8. 12-18 Uhr geöffnet) anschauen. Man nimmt im Ort die erste Einfahrt, folgt der Beschilderung zur ***Tiekirkko*** nach rechts und findet nach 500 m (N 64° 23' 22.5" E 29° 49' 38.9") den weißgrünen Holzbau von 1991 mit dem frei stehenden Glockenturm. Der lichtdurchflutete Innenraum besticht vor allem durch das extra große Fenster hinter dem Altar, das dem Besucher einen Panoramablick nach draußen auf den See gewährt und das Altarbild ersetzt.

Wir rollen auf der **912** weiter Richtung **Kuhmo**, sehen unterwegs viel Wald und finden nette Pausenplätze am ***Kalliojoki*** (N 64° 16' 31.7" E 29° 49' 44.0") rechts und etwa 3,4 km danach am ***Myllylampi*** (N 64° 14' 53.8" E 29° 48' 27.0") links.

Kurz vor **Kuhmo** achten Sie auf die klaren Hinweisen nach rechts zu den ***Lentuankoski***, ein 5,4-km-Abstecher zu den berühmten Stromschnellen, der sich lohnt. Dieser beginnt auf zunehmend löchriger Asphaltstraße, wir notieren nach 300 m einen lauschigen Parkplatz für das Wandergebiet **Lauttavaara** [**319**: N 64° 10' 08.6" E 29° 38' 45.9"] links, verlassen nach 3,1 km die Straße nach rechts, wechseln auf eine „gnädige" Schotterpiste und finden am Ende der Sackgasse Parkraum im Grünen. Von hier geht es zu Fuß über einen bequemen Holzbretter-Weg am See und dann an den berühmten ***Rapids*** entlang. Hier fanden früher lustige wie publikumswirksame Wettbewerbe aus dem Flößer-Milieu statt. Wer am längsten auf einem geschälten Baumstamm stehend die Stromschnellen „runterreitet" hatte gewonnen.

(320) WOMO-Wanderparkplatz: Lentuankoski

GPS: N 64° 11' 44.0" E 29° 35' 40.3". **Max. WOMOs**: 2-3.

Ausstattung: Info-Tafeln mit Hinweisen zu den Stromschnellen und zu Wanderwegen im Naturschutzgebiet ***Lentua,*** schöne Picknickplätze am Wasser, Bootseinsetzstelle am großen ***Lentua***-See, Trockenklo.
Beschreibung: Das Saison-Café hat man abgerissen, jetzt gibt es hier reichlich Parkraum in schöner Natur. **Zufahrt**: Siehe Text.

Sie erinnern sich an die Campingplatz-Hinweise bei der Zufahrt? Zu nachfolgendem komfortablen Quartier fahren Sie beim ersten Abzweig einfach 800 m geradeaus weiter.

(321) WOMO-Campingplatz: Lentuankoski

GPS: N 64° 11' 05.4" E 29° 34' 38.7". **Öffnungszeiten**: Sommersaison.
Ausstattung: Wiesenplätze, gute Sanitäreinrichtungen, Sauna, Bootsverleih, Angelmöglichkeit, Picknick- und Feuerstellen, gute Ver-/Entsorgung.
Beschreibung: Familiär und herzlich geführter Platz in traumhafter Lage am See. lentuankoski.fi. **Zufahrt**: Siehe Text.

Von der Gemeindefläche her ist **Kuhmo** viel größer als **Helsinki**, doch hier in den Wäldern ***Kareliens*** geht es weit ruhiger zu als in der Hauptstadt, aber nicht ohne Kultur! Man ist hier ganz stolz auf das ***Kammermusik-Festival***, einem aufwändigen Sommer-Event mit kulinarischem Rahmenprogramm

und pflegt das Erbe von Teer-Ruderern und Wanderhändlern mit naturgetreuen Denkmälern, doch die größte Touristenattraktion von **Kuhmo**, das ***Kalevala-kylä*** (das ***Kalevala***-Dorf), wo das finnische National-Epos lebendig präsentiert wurde, ist leider seit vielen Jahren geschlossen. Im gut sortiertem Info-Zentrum ***Petola*** (gleich am Ortsbeginn links) wird man über die aktuellen Gegebenheiten der Gegend informiert und wenn man die Durchgangsgstraße 300 m danach nach links verlässt, kann man beim ***Hotelli Kalevala*** und beim ***Café Torilla*** im ***Pohjola talo*** (Fotos oben) entsprechende Architektur bewundern, ein weiteres ***Winterkrieg-Museum*** besuchen und sogar einen erfreulichen Campingplatz finden.

(322) WOMO-Campingplatz: Kalevala

GPS: N 64° 06' 56.3" E 29° 35' 21.8", Väinämöinen13.
Öffnungszeiten: Sommersaison.
Ausstattung: Asphalt-Plätze im Hochwald oberhalb vom See, Spielplatz, ordentliche Sanitäreinrichtungen, gute Ver-/Entsorgung.
Beschreibung: Schön angelegter Platz inmitten der Natur. kuhmo.fi.
Zufahrt: Siehe Text.

Ach ja! Die Denkmäler! Im Ortskern steht ein **Wanderhändler** auf dem Sockel und gleich daneben das ***Kalateltta***, das Fischzelt, wo es frisch gebratene ***Muikku*** (die kleinen Maränen) und Räucherfisch zu kaufen gibt. Ein kurzes Stück um die Ecke kann man einen dynamischen **Teer-Ruderer** gleich neben einem brauchbaren WOMO-Platz bewundern.

(323) WOMO-Picknickplatz: Kuhmo

GPS: N 64° 07' 42.4" E 29° 30' 51.4". **Max. WOMOs**: 2-3.
Ausstattung: Parkplatz beim gepflegten Stadtpark am See, Picknickwiese, Dixi-Klos, Bänke, gelegentlich Pop-up-Gastronomie anbei.
Beschreibung: Von hier kann man die Örtlichkeiten erkunden, beim Fußweg in die „City“ kommt man beim **Kuhmo talo**, dem Konzerthaus vorbei.
Zufahrt: Richtung **Keskusta** in den Ort, dort der abbiegenden **76** nach **links** folgen, dann gegenüber vom Klinker-Wasserturm **rechts** abbiegen, Parkplatz nach 200 m halbrechts.

Wir verlassen **Kuhmo** auf der **76/75** in Richtung **Nurmes** und nehmen nach 6 km den Abzweig zur **5284/Valtimo**, denn wir haben mal wieder ein Wandergebiet im Visier: ***Hiidenportin kansallispuisto***, den ***Nationalpark Hiidenportti***. Bei der Anfahrt zu unserem favorisierten Wanderparkplatz folgen auf erfreuliche 21 km Asphaltstrecke leider 10 km Waschbrettstraße, bevor nach dem Abzweig nach **rechts/Wanderfamilie/ Urpovaara** noch 4 km schmale Schotterpiste warten.

(324) WOMO-Wanderparkplatz: Urpovaara

GPS: N 63° 53' 37.8" E 29° 05' 14.6". **Max. WOMOs**: 1-2.
Ausstattung: Geschotterter Parkplatz am Waldrand, üppige Blaubeervorkommen, Ausgangspunkt verschiedener Wanderwege, 4,2 km zum ***Hiidenportti***, sehr einsam.
Beschreibung: 300 m am Einstieg zur Wanderung vorbei geradeaus weiter erreicht man ein hübsches Picknickareal am stillen Waldsee **Urpolampi**. Vielleicht ein netter Abendspaziergang? **Zufahrt**: Siehe Text.

Hiidenportti

Unsere Wanderung führt uns zur namensgebenden Hauptattraktion des Nationalparks: zum ***Hiidenportti***, der ***Teufelspforte***. Zunächst folgen wir dem Sandweg noch 500 m weiter, wo unser Wanderweg nach links beginnt. Wir gehen für eine halbe Stunde auf einem schmalen verschlungenen Pfad mal hoch und mal runter durch einen Märchenwald mit alten Bäumen, vielen Blaubeeren und Pilzen. Vor dem nächsten Wald überqueren wir ein stilles Sumpfgebiet auf einem landestypischen Bohlenweg, nehmen dann den Abzweig nach rechts und registrieren: Noch 1,6 km bis zum Ziel. Unsere erste Rast genießen wir an einem besonders lauschigen Picknickplatz mit Toilette und Feuerstelle am Waldsee ***Porttilammit***, um anschließend den spektakulärsten Abschnitt der Wanderung in Angriff zu nehmen: Das Finale oberhalb am See entlang bis zum felsengefüllten Bruchtal des ***Hiidenportti*** mit den steilen Klippen-Wänden! Ein Weg mit atemberaubend schönen Ausblicken und einer Felsen-Platte unter alten Kiefern, wo man noch nett herumkraxeln kann.

Tipp: Beim Finale nicht den steilen Weg hinunter nehmen, sondern weiter auf dem oberen Weg bleiben: Es folgt eine elegante Holztreppen zur Felsplatte hinunter.

Mangels Alternativen geht es auf gleicher Strecke zurück, wo man dann die Pilze einsammeln kann, die man auf dem Hinweg schon erspäht hat. Für die Wanderung (Hin und zurück 10 km) haben wir mit einigen Pausen etwa 5 Stunden gebraucht und waren zum Schluss ziemlich fußlahm.

Wer beim Abzweig zu **(324)** auf der **5284** weiter fährt, findet nach 4,8 km den kleinen Alternativparkplatz **Käärmesärkkä** (N 63° 50' 27.5" E 29° 08' 43.5") rechts für ***Hiidenportti***-Touren (Hin und zurück 20 km!!!) und erreicht 130 m danach die Zufahrt zu einem reizvollen Wanderrevier mit üppigem Picknick-Areal im ***Peurajärvi-Gebiet*** links.

(325) WOMO-Picknickplatz: Iso-Valkeinen

GPS: N 63° 48' 57.7" E 29° 11' 38.5". **Max. WOMOs**: 3-5.

Ausstattung: Schöne Plätze im Hochwald am glasklaren See, Badestrand, Trockenklo, Picknickbänke, Feuerstellen, Grillhütten, Müllbehälter, Info-Tafel mit Karte vom Wandergebiet, Bootseinsetzstelle, Anglerplatz.
Beschreibung: Trotz Bestwetter war 2021 nicht viel Betrieb auf dem Platz. Hier herrscht die totale Camperfreiheit und das mit Komfort!
Zufahrt: 130 m hinter **Käärmesärkkä** links rein, nach 3,9 km Schotterstraße links.

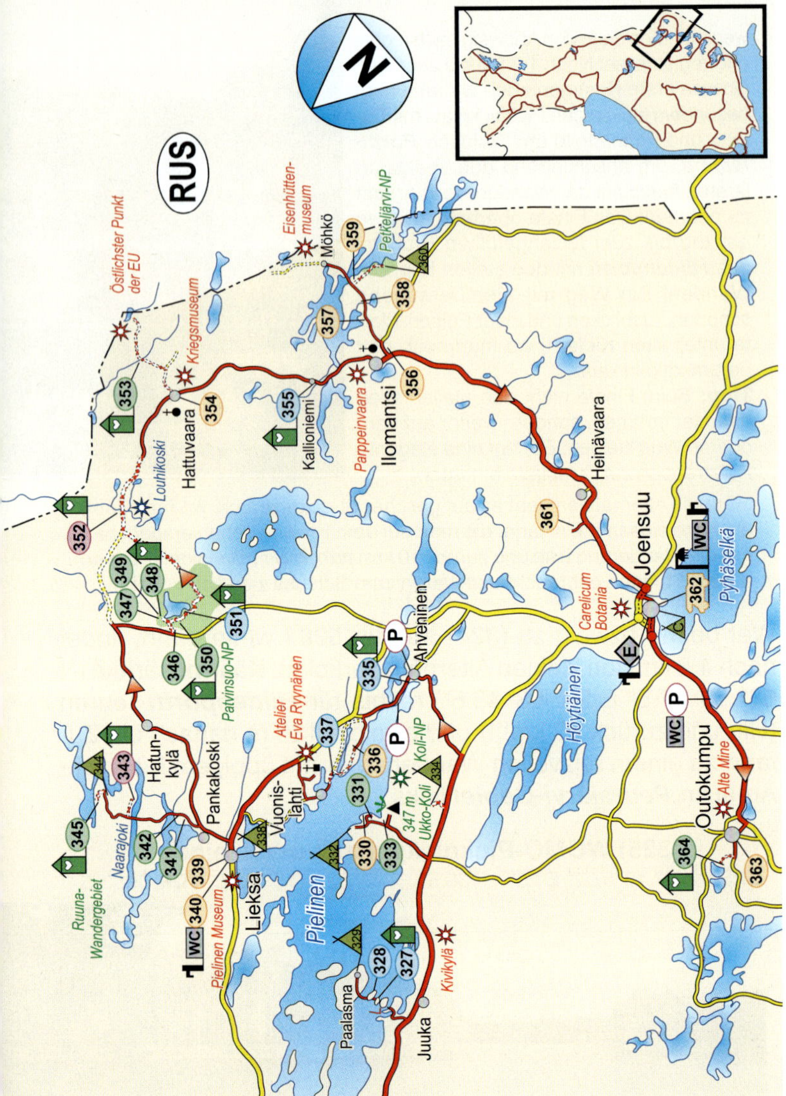
TOUR 12
25 km
RUS
Östlichster Punkt der EU
Eisenhütten-museum
Möhkö
Petkeljärvi-NP
Kriegsmuseum
Hattuvaara
Louhikoski
Kallioniemi
Parppeinvaara
Ilomantsi
Heinävaara
Joensuu
Carelicum
Botania
Pyhäselkä
Höytiäinen
Outokumpu
Alte Mine
Patvinsuo-NP
Ahveninen
Atelier Eva Ryynänen
Koli-NP
347 m Ukko-Koli
Hatun-kylä
Pankakoski
Vuonis-lahti
Lieksa
Pielinen Museum
Pielinen
Ruuna-Wandergebiet
Naarajoki
Paalasma
Juuka
Kiviky̆lä
Bomba-Haus
Nurmes
Valtimo
Hiidenportti-NP

TOUR 12: Zauberhaftes Karelien (630 km)

Nurmes - Koli NP - Lieksa - Ruuna - Hattuvaara - Ilomantsi - Möhkö - Joensuu - Outokumpu

Freie Übernachtung:	Nurmes, am Pielinen, beim Koli NP, Lieksa, im Ruunaa-Gebiet, Patvansio NP, Kallioniemi, Ilomantsi, nach Möhkö, Mustavaara, Outokumpu.
Campingplätze:	Paalasmaa, Loma Koli, Koli Freetime, Lieksa, Ruunaa, Möhkö, Petkeljärvi NP, Joensuu.
Baden:	Pielinen, Ruunaa, Kallionemi, Patvinsuo NP, Petkeljärvi NP, am Kourinka.
Besichtigen:	Bomba-Haus in Nurmes, Kivikylä, Atelier und Kirche von Eva Ryynänen, Pielinen Museum, Östlichster Punkt der EU, Kirchen und Parppeinvaara in Ilomantsi, Eisenhüttenmuseum in Möhkö, Carelicum und Botania in Joensuu, Vanha kaivos in Outokumpu.
Wandern:	Koli NP, Ruunaa, Patvinsuo NP, Petkeljärvi NP.

Die Zeit war wohl noch nicht reif! Im Frühjahr 1995 wertete ***Boris Jelzin*** unvorsichtigerweise die Besetzung finnischen Territoriums in ***Karelien*** am Ende des 2. Weltkrieges ganz spontan als Unrecht sowie Ausdruck stalinistischer Aggressionspolitik und erhielt prompt von ***Jorma Hellevaara***, einem finnischen Geschäftsmann aus ***Florida*** ein (Rück-)Kaufangebot für die verlorenen Gebiete: **400 Mio Dollar!** Keine Antwort! ***Wladimir Putin*** reagiert auf die ***Karelien-Frage***, die sich für ihn absolut nicht stellt, zunehmend gereizt, doch in ***Finnland*** ist nach 50 Jahren selbstauferlegtem Denk- und Sprechverbot längst der Tabu-Schleier vom Thema gezogen worden. Wenn heutzutage die ***Rückgabe Kareliens*** öffentlich debattiert wird, dann geht es längst nicht mehr ums ***Ob***, sondern schon meist um das ***Wie*** und ***Wann***. ***Finnland*** hat „offiziell keine Gebietsansprüche" an ***Russland***, versucht aber dem großen Nachbarn die Sache mit penetrierender Diplomatie, wirtschaftlichen Argumenten und ganz viel **Sisu** irgendwie schmackhaft zu machen, denn es geht um ***Karelien***, die Seele der finnischen Nation.

Der kleine Rest ***Kareliens*** im heutigen ***Finnland*** ist uns in den letzten Jahren so richtig ans Herz gewachsen und wir könnten endlos schwärmen vom ***Pielinen***, dem fünftgrößten See ***Finnlands***, den wir nun gemeinsam von allen Seiten und sogar von oben betrachten werden. Dazu bringen wir auf der **5284** nach **Valtimo** die letzten 14 km Waschbrettstraße und ein erfreuliches Stück Asphaltpiste hinter uns, biegen ab zur **6/Joensuu** und nehmen 19 km später die **75/73** nach **Nurmes**, die ***„Stadt der Birken"***. Diese regionaltypischen Bäume eskortieren uns streckenweise sogar vierreihig zu unserem nächsten Ziel, das schon lange ausgeschildert ist, dem ***Karjalaiskylä***, dem ***Karelischen Dorf*** oder schlicht zum ***Bomba-Haus***, einem Nachbau des einst größten Blockhauses ***Kareliens***.

(326) WOMO-Stellplatz: Bomba-Haus

GPS: N 63° 32' 08.8" E 29° 10' 17.0". **Max. WOMOs**: 2-3.
Ausstattung: Gleich nach der Einfahrt rechts: lange Parkbuchten, ruhige Plätze beim Wäldchen, Mülleimer, Spielplatz, Markt, Lädchen, Gastronomie, tagsüber Toiletten.
Beschreibung: Perfekter Platz für die Erkundung des komplexen Areals.
Zufahrt: Siehe Text.

Die Geschichte vom Bomba-Haus

Das originale ***Bomba-Haus*** wurde 1855 von dem karelischen Bauern ***Jegor Bombin*** am Ufer des ***Suojärvi*** im heute russischen Teil ***Kareliens*** für seinen einzigen Sohn ***Dimitri*** gebaut und zwar richtig groß: 25 m lang, 10 m breit und 3 Geschosse hoch. Das ganze Prachtstück mit seinen 25 Zimmern wurde in einem einzigen Sommer aus natürlichem Rundholz errichtet, es wurde nur mit Äxten und ohne Eisenbeschläge gearbeitet. Hier wohnten 24 Personen und das Vieh unter einem Dach und als ***Dimitri*** 1915 starb, wurde das Erbe unter seinen fünf Söhnen in recht pragmatischer Weise aufgeteilt: Das Haus wurde in seine Einzelteile zerlegt, das Bauholz auf fünf Stapel geschichtet und diese unter den Brüdern ausgelost. Da war also das ***Bomba-Haus*** weg und aus jedem Holzstapel konnte wieder ein normal großes Blockhaus gebaut werden.

Im Jahre 1960 reifte die Idee, das quasi doppelt verlorene ***Bomba-Haus*** im heutigen ***Finnland*** hier am Ufer des ***Pielinen*** nachzubauen. Aus diesem Plan wurde das ***Karelische Dorf*** mit Hotel, Konferenz-Zentrum, Ferienhäusern, **Campingplatz**, Freiluft-Theater, Holzkapelle und dem Star des Ensembles: die Kopie des ***Bomba-Hauses***, nur eben noch 5 m breiter und 10 m länger als das Original. Seit der Fertigstellung im Jahre 1978 wird hier karelisches Brauchtum gepflegt, es finden regelmäßig Folklore-Veranstaltungen statt und im ***Bomba-Haus*** kann man karelische Gastronomie genießen.

Wenn es sich einrichten lässt, sollte man um die Mittagszeit im ***Bomba-Haus*** (2021: Im Sommer tgl. 12-20 Uhr; bomba.fi) einkehren und sich das verlockende ***Karelische Büfett*** (2021: 26 EUR) schmecken lassen. Hier gibt es vor allem eine große Vielfalt an Vorspeisen zu probieren: Heiß geräucherter und gebeizter Lachs, eine ganze Reihe von ungewöhnlich gewürzten, süß bis sauer eingelegten Heringshappen, Salate, lauwarme mit Milchreis gefüllte Piroggen mit der dazugehörigen Eibutter und kräftiges Roggenbrot. Da bleibt für die Warmgerichte kaum noch Hunger übrig, doch auch von der Waldpilzsuppe, dem Felchentopf mit kleinen Fischen drin, vom gebackenen Fisch mit Dill-Zwiebel-Sauce und dem ***Karelischen Fleischtopf*** wird noch probiert. Den Nachtisch lassen wir aus und nehmen noch einen Kaffee, der wie all die kühlen Getränke von Milch über Sirup-Verdünnungen und Wasser bis zum bräunlichen *„Homemade Ale"* (Das ist allerdings nichts für uns!) im Preis inbegriffen sind. Runde Sache! Hier verrenkt sich jeder mit sichtlichem Hochgenuss den Magen.

Karelischer Fleischtopf (*Karjalan paisti*) für 4-6 Personen
Je 500 g Schweine-, Rind- und Lammfleisch, 2 Zwiebeln, 10 -15 Pimentkörner, 1,5 EL Salz, Wasser oder Rinderbrühe.
Das Fleisch in 3 cm große Würfel und Zwiebeln in Scheiben schneiden, alles zusammen mit den Gewürzen in eine feuerfeste Form oder einen Römertopf schichten. Das Schweinefleisch soll obenauf liegen. Mit Wasser oder Brühe auffüllen bis das Fleisch bedeckt ist. Im vorgeheizten Ofen (180°C) braun schmoren, dann zudecken und bei schwacher Hitze 2-3 Stunden fertig garen. Eventuell zwischendurch noch etwas Wasser nachgießen. Am besten einen Tag vorher zubereiten, denn wieder aufgewärmt schmeckt er noch mal so gut. Dazu gibt es Salzkartoffeln oder Kartoffelbrei.

Wir sind wieder am Kreisverkehr mit der wunderschön geschwungenen Leuchte, fahren zur **73/Kuopio/Kuhmo** raus, nehmen dann die **75** nach links und folgen anschließend der

6/Joensu Richtung Süden. Vom Picknickplatz ***Aronsalmi*** kann man schon mal einen Blick auf den ***Pielinen*** werfen, doch wir werden das vertiefen und biegen 27 km später **links** ab zum Inselspringen nach ***Paalasmaa***. Mit der (kostenlosen 5-min-Fähre) ***Hirvisalmen lossi*** (5-23 Uhr, alle 15 Minuten), sowie über mehrere Brücken und Dämme stößt man bis zur Seemitte vor, bekommt einen bleibenden Eindruck von diesem prächtigen Gewässer und findet sogar Möglichkeiten zum Bleiben.

(327) WOMO-Badeplatz: Pielinen 1

GPS: N 63° 17' 49.7" E 29° 23' 02.2".
Max. WOMOs: 2-3.
Ausstattung: Asphalt-Karree, Trockenklo, Feuerstelle, Badestelle, außerorts, straßennah, aber nachts ruhig.
Beschreibung: Jenseits der Straße sehr schöne Schären-Landschaft mit Feuerstelle am Wasser.
Zufahrt: 4 km hinter der ***Lossi***, vor der zweiten Brücke rechts.

(328) WOMO-Badeplatz: Pielinen 2

GPS: N 63° 17' 58.6" E 29° 23' 27.8". **Max. WOMOs**: 1-2.
Ausstattung: Kleiner, versteckter Asphalt-Parkplatz, steinige Badestelle, Feuerstelle, Anglerplatz, straßennah, aber nachts ruhig.
Beschreibung: Sehr schöne Lage am Wasser, aber ziemlich wenig Platz.
Zufahrt: 600 m nach **(327)**, hinter der zweiten Brücke rechts.

(329) WOMO-Campingplatz: Paalasmaa**

GPS: N 63° 17' 09.9" E 29° 28' 50.5". **Öffnungszeiten**: 1.6.-30.9.
Ausstattung: Verschiedene Abteilungen, auch schöne Wiesenplätze am Wasser, Badestelle, Sauna, Feuerhütte, kleiner Laden, Café mit Ausschank-Lizenz, WiFi, (sehr) schlichte Sanitäranlagen, Bootsverleih, keine Abwasser-Entsorgung. paalasmaacamping.fi
Beschreibung: Familiär geführter Platz. ***Camping Key Europe*** wird nicht akzeptiert: kein Rabatt!
Zufahrt: 6 km hinter **(328)**, zuletzt 800 m auf Schotter, ausgeschildert.

Ganze 13 km hinter **Juuka** lockt ein Besuchermagnet der besonderen Art: das ***Kivikylä*** (das ***Stone Village***, N 63° 10' 37.1" E 29° 26' 13.7") der Firma ***Tulikivi***, die Kamine und viele andere schöne Sachen aus dem regionalen ***Speckstein***-Vorkommen zaubert. Die umfangreichen verkaufsfördernden Maßnahmen wie die schöne Parkanlage, der Naturlehrpfad zum Stein-

Echt hart, so ein Specksteinsofa!

bruch, die Ausstellung, das kleine Museum, die Skulpturensammlung, der Spielplatz und das SB-Restaurant (Mo-Fr 9-17, Sa 10-14 Uhr, Lounas-Büfett 10-15 Uhr) kann man auch als Tourist im Transit gut nutzen und vielleicht finden Sie sogar im Fabrik-Shop den Fertigteil-Speckstein-Ofen **Ihrer** Träume!?! Zum Platz **unserer** Träume biegen wir 13 km später von der **6** nach **links** beim modernen Rasthaus ***Kolinportti*** (SB-Gastronomie, Shop, NESTE) zur **504/Koli** ab, um nach 10 km kurvenreicher wie bergiger Strecke beim Abzweig zum **Ukko-Koli** anzukommen. Fährt man hier geradeaus weiter, findet man freundliche WOMO-Quartiere wie nachfolgende:

(330) WOMO-Stellplatz: Fähranleger Koli

GPS: N 63° 06' 42.4" E 29° 48' 31.0". **Max. WOMOs**: 1-2.
Ausstattung: Parkplatz beim Schiffspier, Restaurant ***„Kolin Satamara-vintola"*** (Infos: koliactive.com/ravintola) mit Außenveranda und Seeblick, kleine Badestelle, **No Camping**.
Beschreibung: Der Autofähr-Betrieb nach **Lieksa** ist offenbar dauerhaft eingestellt worden. Parkplätze nun auch auf den vormaligen Wartespuren.
Zufahrt: 1100 m hinter dem ***Ukko-Koli***-Abzweig rechts abbiegen, 1100 m später links Parkplätze am Anleger.

(331) WOMO-Wanderparkplatz: Scenic Lift Koli (P5)

GPS: N 63° 05' 51.8" E 29° 49' 12.1". **Max. WOMOs**: >5.

Ausstattung: Großer, geschotterter, manchmal staubiger, leicht schiefer Parkplatz mit geraden Stellen am Waldrand, Panorama(Sessel)-Lift (5.6.-22.8. 10-14 und 14.30-17.30 Uhr) hoch zum ***Koli***-Plateau, Restaurant, Trockenklo, 90 km markierte Wanderwege, sehr ruhig.
Beschreibung: Der Lift bringt's! In 8 Minuten 212 Höhenmeter hinauf und (noch viel besser wegen der Aussicht) wieder runter. Das ist wohl die eleganteste Variante, den **Koli** zu „erobern".
Zufahrt: Von **(330)** noch 1700 m auf schmalem Natur-Fahrweg durch den Wald und am See entlang, dann rechts.

(332) WOMO-Campingplatz: Loma Koli

GPS: N 63° 09' 01.4" E 29° 50' 36.1". **Öffnungszeiten**: Sommersaison.
Ausstattung: Schön gelegener Platz unter hohen Kiefern, ***Pielinen***-Blick, Sandstrand, Sauna, Fahrrad-, SUP- und Bootsverleih.
Beschreibung: Dieser Platz war ab 2009 geschlossen, weil das Rezeptionsgebäude mit Café und die Sauna bei einem Brand zerstört wurden. Der

Platz ist nun seit einigen Jahren wieder offen, wenn auch immer noch mit etwas eingeschränkter Ausstattung, aber mit traumhafter Lage am ***Pielinen***. Beim letzten Besuch wegen massiven Binnen-Urlauber-Aufkommens komplett überlaufen. Hat sich zum Jugendplatz entwickelt.
Zufahrt: 4,7 km hinter Abzweig zu **P5** rechts rein, dann noch 700 m.

Die Parkplatz-Situation am **Ukko-Koli** hatte sich im zweiten Corona-Sommer, also bei unserem letzten Besuch an einem sommerlichen Montag 2021 zugespitzt, da viele Einheimische in Finnland Urlaub machten, also im Land blieben und die touristischen Hotspots fluteten. Die oberen drei Parkplätze am **Ukko-Koli**, also **P1**, **P2** und **P3** waren überfüllt, so dass die Autos schon links und rechts an der Zufahrt standen. Aus Verzweiflung oder Notwehr hat man deshalb den Parkplatz **P4** [**333**: N 63° 06' 18.6" E 29° 46' 54.2"] erfunden, ein Schotterareal mit Camping-Verbotsschild gleich 1 km hinter dem Abzweig von der **904** links, verbunden mit einem kostenlosen Kleinbus-Shuttle sogar bis hoch vor das ***„Hotel Koli"***. Ein tolles Angebot auch gerade für WOMO-Fahrer, doch die Akzeptanz blieb übersichtlich. Wir sind als Nachmittags-Gäste mit Glück auf **P3** untergekommen, nachdem wir unerschrocken die Auffahrt durchs Getümmel gewagt hatten. Nach kurzem Fußweg erreicht man die erste Standseilbahn ***Finnlands***, ein futuristisches Modell aus der ***Schweiz***, das den Hang hinauf zum Plateau beim ***„Hotel Koli"*** gleitet, wo man auch das Besucherzentrum mit Ausstellung (Eintritt) vom ***Kolin kansallispuisto***, dem ***Koli Nationalpark*** findet. Nun sind es nur noch ein paar Treppchen hoch und ein kurzes Stück des Wegs bis zum ***Ukko-Koli*** (347 m), der Felsenkuppe mit dem Wahnsinnspanorama auf den riesigen ***Pielinen*** und die vielen bewaldeten Inselchen dort unten, auch kurz ***„Finnische National-Landschaft"*** genannt. Endlich mal ein finnischer See, von dem man richtig etwas sieht! Wir sitzen andächtig auf einem der runden Felsen, schauen in die Ferne und vergessen die Zeit. Wenn Sie nun schon mal hier oben sind, dann gehen Sie doch auf Schatzsuche!

WOMO-Cache Nr. 32

GPS: N 63° 05' 38.8" E 29° 48' 33.3". **Schwierigkeit**: Mittelschwer.
Tipp: Gehen Sie vom **Ukko-Koli** Richtung **Akka-Koli** weiter und nehmen nach 10 m den Weg nach links zum Rollstuhl-Fahrer-Aussichtspunkt. Suchen Sie dann 10 m nach dem Abzweig links in der Felsspalte!

Von hier oben kann man ein ganzes Stück vom weiteren Tourverlauf aus der Vogelperspektive verfolgen, wir schweben schließlich zurück zum WOMO-Parkplatz und fahren mit den faszinierenden Bildern im Kopf weiter. Zunächst gehts zum ***Kolinportti*** zurück, von dort **links/6/Joensuu**, aber vorerst nur für 8 km, denn hier geht es links rein zu einem feinen Campingplatz am See.

(334) WOMO-Campingplatz: Koli Freetime

GPS: N 63° 02' 23.9" E 29° 42' 45.0".
Öffnungszeiten: Ganzjährig.
Ausstattung: Stellplätze auf Rasen und Schotter, Grillhütte und Feuerstellen, Café im Rezeptionsgebäude, gute Sanitärausstattung, Badesteg, 2 Saunen, Campingküche, Bootsverleih. kolifreetime.fi.
Beschreibung: Gemütlicher und sympathisch geführter Platz, schön am See ***Valkealampi*** gelegen.
Zufahrt: Siehe Text, 2 km zumeist Schotterpiste ab Abzweig von der **6**.

Reichlich 10 km weiter verlassen wir dann die **6** nach links zur **515** nach **Ahveninen** am Südzipfel des ***Pielinen***. Die Straße führt uns sanfte Hügel hoch und runter und an ganz alten Bäumen vorbei, im Ort wechseln wir zur **518/Lieksa** und empfehlen wegen gutem See-Blick einen Pausenstopp auf der sonnigen Terrasse des ***Café Ahveninen*** oder Sie fahren noch 1,3 km weiter und gehen baden.

(335) WOMO-Badeplatz: Pielinen 3

GPS: N 62° 56' 58.3" E 30° 05' 45.3"
Max. WOMOs: 2-3.
Ausstattung: Ausgewiesener Caravan-Parkplatz auf Schotter, Spielplatz, sehr schöne Badestelle mit Sandstrand, Müllbehälter, Trockenklo.
Beschreibung: Sichtgeschützter Platz an wenig befahrener Straße.
Zufahrt: Siehe Text, am Ortsausgang von ***Ahveninen*** links.

Genau 4,8 km nach **(335)** bietet sich hinter einem Damm erneut eine Chance auf eine Picknickpause am See und 5 km danach geht es für uns links weg, denn im Bestreben um eine möglichst ufernahe Route halten wir uns Richtung **Vuonislahti**, nehmen ab ***Hotelli Pielinen*** [**336**: N 63° 04' 37.0" E 30° 01' 00.9"] – hier gibt es Stellplätze gegen Geld – sogar schlechte Wegstrecke in Kauf, werden schließlich mit einem Badeplatz belohnt und können dort mit Blick auf den ***Ukko-Koli*** abends im ***Pielinen*** schwimmen.

(337) WOMO-Badeplatz: Pielinen 4

GPS: N 63° 08' 30.1" E 30° 00' 02.6". **Max. WOMOs**: 1-2.
Ausstattung: Versteckter Platz unter Bäumen, Kiesstrand, Mülleimer.
Beschreibung: Platz bitte dezent nutzen. **Campingverbot**.
Zufahrt: Nach 8,7 km Schotterpiste, direkt vor Beginn der Asphaltstraße links, 2. Einfahrt der Badestelle, schon hinter dem Strandbereich.
Alternative: 600 m weiter, hinter der Brücke links, kleiner Parkplatz mit Steg und Bootseinsetzstelle.

Hinter **Vuonislahti** empfehlen wir dringend einen Abstecher zum Besucherzentrum beim Atelier der berühmten Holzbildhauerin ***Eva Ryynänen*** (1915-2001) im Dorf **Paateri** (N 63° 09' 09.5" E 30° 02' 14.8"; 2022: 15.5.-15.9. tgl. 10-18 Uhr, Hundeverbot, Eintritt, auch Kombi-Ticket mit dem ***Pielinen-Museum***; Führungen auch in englicher Sprache, deutsches Info-Blatt; lieksa.fi/paateri). Hier kann man sich einen umfassenden Eindruck vom Werk dieser Künstlerin verschaffen, ihr

Wohnhaus, ihr Atelier und vor allem die von ihr wundervoll gestaltete Blockhauskirche besichtigen. Das alles in einer herrlichen Landschaft am See. Sogar ihren Grabstein findet man auf dem Areal und selbst die Gestaltung des gemütlichen Cafés trägt ihre Handschrift.

Wir fahren zum letzten Abzweig zurück, dort geradeaus weiter und biegen schließlich links auf die **73** nach **Lieksa** ab, der Kleinstadt mit dem entschlossenen Bogenschützen im Wappen, einer weiteren Perle am ***Pielinen***. Gleich hinter dem Bahnübergang geht es am Kreisverkehr nach links zum in der Saison meist gut gefüllten **Campingplatz Timitraniemi** [**338**: N 63° 18' 21.8" E 30° 00' 18.8"] und (gleich hinter TEBOIL) zum ***Pielisen museo*** (2021: 15.5.-15.9. tgl. 10-18 Uhr, deutschsprachige Broschüre, Dia-Show, Eintritt, auch Kombi-Ticket mit ***Paateri***, lieksa.fi/museo), dem sehenswerten ***Pielinen Museum*** mit einer großen Ausstellung zur Geschichte der Gegend und vielen historischen Holzgebäuden und Gerätschaften verschiedener Epochen im gepflegten Freigelände.

(339) WOMO-Stellplatz: Pielinen Museum

GPS: N 63° 18' 34.6" E 30° 02' 02.1". **Max. WOMOs**: 2-3.
Ausstattung: Geräumiger Besucherparkplatz mit Baum-Umrandung, Terrassencafé am Museum.
Beschreibung: Ziemlich nahe der Straße und der Tankstelle gelegen.
Zufahrt: Siehe Text.

Auf dem Weg zur **Keskusta** registrieren wir hinter der ***Lieksanjoki***-Brücke links eine interessante Kirche, dann rechts Hinweise zum **Satama,** wo man beim vormaligen Fähranlieger der Koli-Autofähre interessante Parkplätze findet.

(340) WOMO-Stellplatz: Lieksa Satama

GPS: N 63° 18' 32.3" E 30° 00' 48.5".
Max. WOMOs: >5.
Ausstattung: Großzügig angelegter Parkplatz mit Grün anbei, in der Nähe ***„Grill-Kiosk"***, Badestelle mit Liegewiese, Volleyballfeld, Müllbehälter.
Alternative: Parkplätze mit WC beim Bootshafen nebenan.
Beschreibung: Auch hier gibt es mehr Platz durch den Wegfall der Fähre. Genau gegenüber liegt Platz **(338)**.
Zufahrt: Siehe Text, durch die Straßenunterführung und dann auf einer gepflegten Birkenallee zum Bootshafen.

Im Zentrum des Städtchens finden wir Hinweise auf verlockende Angebote für mehrstündige ***Rafting-Touren*** auf den Stromschnellen im ***Ruunaa***-Wandergebiet! Wir wollen vor Ort nachschauen, verlassen dazu **Lieksa** auf der **73/Joensuu** und biegen zunächst auf die **522** ab, wo eingefleischte ***Alvar Aalto***-Fans in **Pankakoski** das von ihm designte und 1962 gebaute Wasserkraftwerk suchen und bestaunen können. Dann biegen wir auf die **5224** nach **Ruunaa** ab und fahren auf solider Asphaltstraße durch den Wald, wo man 2,3 km und 4,7 km nach dem letzten Abzweig zu zwei geschotterten Wanderparkplätzen vom ***Reposuo***-Vogelparadies nach links reinfahren kann (**Reposuo 1** [**341**: N 63° 19' 27.5" E 30° 13' 01.0"] und **Reposuo 2** [**342**: N 63° 20' 08.4" E 30° 14' 49.5"] mit Trockenklo). Nach 7,9 km passieren wir die Brücke über den ***Naarajärvi*** und biegen direkt dahinter, noch vor der ***Ruunaan Tupa*** (mit Gastronomie), wo man sich über die Rafting-Touren informieren und diese auch buchen kann (ruunaanmatkailu.fi), zu unserem heutigen Nachtlager ab, das wir nach 900 m Schotterpiste im Hochwald rechts erreichen. Das ist einer unserer absoluten Lieblingsplätze, wir parken zwischen Bäumen direkt am Seehang, gleich brennt das Feuer und wir verbringen einen wunderschönen Abend bei andächtiger Stille inmitten traumhafter Natur.

(343) WOMO-Picknickplatz: Naarajärvi

GPS: N 63° 22' 40.9" E 30° 20' 45.7".
Max. WOMOs: 3-5.
Ausstattung: WOMO-/Caravan-Buchten im Hochwald direkt am See, Badestellen, Feuerstellen mit Holzvorrat, Trockenklo, Müllbehälter.
Beschreibung: Herrlich ruhige Lage, viel Platz. **Zufahrt**: Siehe Text.

Wir stoßen weiter in das ***Ruunaa***-Wandergebiet vor, kehren dazu zur Straße zurück, fahren nach rechts weiter und treffen nach 8 km flotter Asphaltpiste auf den zentralen **Campingplatz** mit Info-Zentrum und Gastronomie inmitten urwüchsiger Natur und noch 3 km dahinter, letzlich auf Schotterpiste, auf einen Wanderparkplatz, 500 m entfernt von den großartigen ***Haapavitja***-Stromschnellen.

(344) WOMO-Campingplatz: Ruunaan retkeilikeskus ***

GPS: N 63° 23' 27.4" E 30° 27' 08.3". **Öffnungszeiten**: 1.5.-31.10.

Ausstattung: Schotterplätze in Hochwaldnischen, 30 Stellplätze mit Strom, 20 ohne, Outdoor-Laden, Gastronomie mit ordentlichem Lounas-Büfett, vorbildliche Sanitärausstattung, Grillplätze, Angelplätze. ruunaa.fi
Beschreibung: Sehr schöne Lage in der Nähe der ***Neitikoski***, dort Podest-Wege zum Wildwasser mit Picknickplätzen und Feuerstellen.
Zufahrt: Siehe Text.

(345) WOMO-Wanderparkplatz: Haapavitja

GPS: N 63° 23' 40.9" E 30° 29' 36.0".
Max. WOMOs: 2-3.
Ausstattung: Schotterparkplatz, Trockenklo, Info-Tafel, Wanderwege.
Beschreibung: Nach 500 m durch den Wald und dann am Fluss noch 500 m nach links erreicht man eine stolze Hängebrücke. Wenn man Glück hat, dann sieht man dort die Rapid-Boote durchrauschen. Kraxelt man beim Brückenkopf den Steilhang hinauf, findet man noch ein feines Picknick-Areal mit Trockenklo.
Zufahrt: Siehe Text, bei **(344)** noch 3 km weiter, links halten.

Für einen Tagesaufenthalt parkt man 400 m hinter dem Campingplatz rechts (N 63° 23' 17.0" E 30° 27' 32.9"), kann von dort aus bequem zu den örtlichen Rapids namens ***Neitikoski*** gehen und den Rafting-Booten bei ihrem Ritt durch das Wildwasser zuschauen. Wenn diese Holz- und Schlauch-Boote hier vorbei kommen, sind sie schon eine ganze Weile unterwegs auf dem abschnittsweise heftig schäumenden Fluss, der

sich hier durch die grenznahe Wildnis schlängelt. Heute findet vor einer Hand voll Zuschauer ein Freestyle-Wettbewerb statt, bei dem junge und alte Starter beiderlei Geschlechts gegeneinander antreten und mit ihren Stummel-Kajaks atemberaubende Kunststücke in der Wildwasserwalze vollführen. Muss man mal live gesehen haben!
Nun zurück zur **522**, auf der es mit unserer ***Karelien***-Tour nach **links/Ilomantsi** weiter geht, die uns nun im großen Bogen in die östlichste Randzone der ***Europäischen Union*** führt. Wir rollen mal wieder auf der ***Via Karelia***, die uns zumindest für 38 km bis zu unserem nächsten Abzweig noch ganz ansprechende Straßenverhältnisse bietet. Uns interessiert der ***Patvinsuon kansallipuisto***, der ***Patvinsuo Nationalpark***, wir folgen dazu den Hinweisen nach rechts und streben auf der **5202** für die nächsten 20 km zuerst auf Asphalt- und später auf zuletzt ziemlich gruseliger Lehm-Piste durch den Wald unserem Ziel entgegen. In diesem Nationalpark gibt es das größte zusammenhängende Moorgebiet Finnlands, das Landschaftsbild ist durch die Endphase der Eiszeit geprägt. Unterwegs registrieren wir noch den lauschigen Waldparkplatz **Surkansuo** [**346**: N 63° 08' 33.4" E 30° 39' 58.3"] mit Picknickbank, Wanderkarte und 3-km-Rundwanderweg mit Turm und erreichen 3 km danach den Abzweig zum **Info-Zentrum Suomu** (Saison tgl. 10-17 Uhr geöffnet) nach links, wo man uns

auf diesen letzten 800 m mit einer Asphaltstraße überrascht. In einem bescheidenen Holzhaus werden die Besonderheiten dieses Nationalparks auf sympathische Weise präsentiert, denn neben all den nützlichen Infos und Souvenirs gibt es noch eine kleine Ausstellung sowie Kaffee/Tee, dazu ein spezielles finnisches Gebäck und zudem Erläuterungen durch einen freundlichen Ranger.

(347-349) WOMO-Wanderparkplätze: Suomu

(347) Suomu 1
GPS: N 63° 07' 51.9" E 30° 43' 40.3".
Max. WOMOs: 2-3.
Ausstattung: Asphalt-Parkplatz beim Info-Haus, Müllbehälter, Wasserpumpe, auch für größere WOMOs geeignet.
Beschreibung: Der Besucherparkplatz vor dem Tor. **Zufahrt**: Siehe Text.

(348) Suomu 2
GPS: N 63° 07' 49.9" E 30° 43' 49.0".
Max. WOMOs: 2-3.
Ausstattung: Schotterparkplatz mit Wiese und Baumrand am Zaun vor dem Zelt-Areal, dort Wasserpumpe, Trockenklo, Grillstellen, Grill-/Koch-Hütte und Badestelle am ***Suomunjärvi***.
Beschreibung: Das ist der Parkplatz für die Autos der Zelter (Foto).
Zufahrt: Von **(347)** weiter durch ein Tor zu dem unteren Parkplatz.

(349) Suomu 3
GPS: N 63° 07' 53.0" E 30° 43' 49.7".
Max. WOMOs: 3-5.
Ausstattung: Großer Schotterparkplatz mit Baumrand.
Beschreibung: Dieser Parkplatz wurde neu gebaut, hier ist viel Platz.
Zufahrt: Hinter dem Haus vom Info-Zentrum links halten.

Eine Übersichtskarte weist noch 2 weitere Caravan-Parkplätze am landschaftlich reizvollen ***Suomunjärvi*** aus, die wir nun inspizieren wollen. Dazu fahren wir die kurze Asphalt-Zufahrt zurück und dann nach links auf schlimmen Schotter weiter.

(350) WOMO-Wanderparkplatz: Surkanpuro

GPS: N 63° 07' 12.4" E 30° 43' 37.7". **Max. WOMOs**: 2-3.
Ausstattung: Schotterparkplatz, Picknickbänke, Trockenklo, Info-Tafel mit Wanderzielen.
Beschreibung: Durch den Wald gegenüber geht es zur Badestelle am See, dort Feuerstellen.
Zufahrt: Am Abzweig zu **(347)** noch 1,3 km weiter, hinter einer Holz-Brücke rechts.

(351) WOMO-Badeplatz: Kurkilahti

GPS: N 63° 07' 06.4"
E 30° 44' 36.6".
Max. WOMOs: 2-3.
Ausstattung: Schotterparkplatz, Trockenklo, durch den Blaubeerwald zur Badestelle am See, dort Picknickbänke, Feuerstellen und ein Picknickhaus mit Herd.
Beschreibung: Sehr schöner Platz zum Baden, kurzer Weg zum Strand.
Zufahrt: 900 m hinter **(350)** links.

Auf gleicher Grusel-Strecke zurück zur **522/Ilomantsi** wollen wir auf keinen Fall fahren, so machen wir den „Abstecher“ zu einer „Schlaufe“ und fahren nach links auf Schotter weiter. Diese Piste erweist sich als durchaus gnädig und nach 40 Minuten sind die 20 km zur **522** Geschichte. Schöner Nebeneffekt: Auf diese Weise sind uns auch fast 21 km von der schlimmen Tourstrecke, die man eigentlich nicht empfehlen kann, erspart geblieben, doch wir haben immer noch 25 km der fürchterliche Piste vor uns. Die Hoffnung, dass dieser Abschnitt der **522** mal erneuert wird, haben wir inzwischen aufgegeben. So geht es also auf unerfreulicher Straße durch einsames karelisches ***Oser***-Land mit bewaldeten Sandhügeln, Flüssen und Seen, wo wir auch nur einen nennenswerten WOMO-Platz finden: 9,4 km nach Abbiegen auf die **522** links vor einer Brücke mit Laavu, Feuerstelle (mit Holz) und Trockenklo am ***Louhikoski*** [**352**: N 63° 06' 29.1" E 31° 07' 28.1"]. Gleich hinter dem Ortseingang von **Hattuvaara** kann man rechts beim vormaligen Kaufladen parken (N 62° 55' 57.5" E 31° 16' 55.3") und sich ***Finnlands*** älteste ***Tsasouna***, die kleine weiße orthodoxe Kapelle ***Peter und Paul*** von 1790 (Mitte

Juni bis Mitte Juli Di-So 12-17 Uhr, Spende) rechts voraus anschauen. Bei unserem letzten Besuch hat uns sogar eine Gästeführerin erwartet, so dass wir auch den schmucken Innenraum besichtigen konnten. Wer hier am 28./29. Juni vorbei kommt, kann sich an der farbenprächtigen Prozession zum orthodoxen ***Praasniekka-Fest*** erfreuen. Gegenüber von unserem Notparkplatz geht es zum **Östlichsten Punkt der EU**, den man nach 19 km ganz passabler Lehmpiste durch Sumpf und Wald erreicht. Wir folgen also immer den Hinweisen **Itäpiste**, finden unterwegs beim Sprudelfluss ***Koitajoki*** noch einen idyllischen Parkplatz bei den ***Polvikoski*** [**353**: N 62° 56' 23.0" E 31° 26' 02.7"] links mit Trockenklo und Feuerstelle und landen dann an der finalen Parkplatz-Schlaufe (N 62° 54' 32.3" E 31° 34' 51.4") mit Info- und Picknick-Hütte, Trockenklo und Müllbehälter, von wo aus man die 200 m zum Holzpodest am Ufer des ***Virmajärvi*** schreitet, um von dort ein kleines Inselchen mit den Grenzpfählen von ***Finnland*** und ***Russland*** zu sehen! Insgesamt wenig spektakulär, aber immerhin ein Muss einer ***Finnland***-Reise, denn weiter östlich kommt man in der ***Europäischen Union*** nicht. Bitte beachten Sie die Betretungsverbote im Grenzgebiet, die finnischen Grenzschützer nehmen ihre Aufgabe ernst und sollen ziemlich humorlos sein.

Zürück zur **522** brauchen wir keine halbe Stunde, es geht nach links weiter und sogleich erreichen wir das ***Hotel „Taistelijan talo“*** (2021: Juni bis August Mo-Fr 10-18 Uhr, Sa/So 10-16 Uhr, taistelijantalo.fi). Es ist von wehrhafter Gestalt, trägt den resoluten Namen ***„Das Haus des Kämpfers“*** und wurde 1988 zu Ehren der Kriegsveteranen errichtet. Das Haus bietet außer Geschützen und Unterständen im Garten, dem Kriegsmuseum im Keller und einem ordentlichen ***Lounas***-Büfett sogar WOMO-Plätze vor dem Haus mit Strom und das zu einem fairen Preis [**354**: N 62° 55' 48.6" E 31° 16' 45.3"].

Die Straße nach **Ilomantsi**, dem Zentrum der orthodoxen Kultur in ***Finnisch-Karelien***, ist erfreulicherweise ganz gut in Schuss, man fährt durch Wald, sieht unterwegs viele Kriegsdenkmäler mit Geschützen, gelegentlich trockengelegte Moore zum industriellen Torfabbau, und wer aufpasst, findet auch zu unserem richtig schönen Badeplatz am torfbraun getönten, aber glasklaren ***Ortimolampi***.

(355) WOMO-Badeplatz: Kallioniemi

GPS: N 62° 45' 40.6" E 31° 00' 27.7". **Max. WOMOs**: 1-2.
Ausstattung: Kleiner Parkplatz im Grünen, Trockenklo, Picknickbänke, Badestelle, Feuerhütte, Bootseinsetzstelle.
Beschreibung: Am Info-Kasten hängt ein selbstgebasteltes, schwer zu deutendes WOMO(Verbots?)-Schild. Dezenter Aufenthalt ist geboten.
Zufahrt: In **Kallioniemi** vor der ***Ortimolampi***-Brücke rechts rein (**Kallioniemen Venesatama**), nach 400 m dann zum **Bootshafen** nach links.

Nach 11 km ist man in **Ilomantsi**, dieser abgeschiedenen und weit verstreuten Gemeinde mit ihren zweckmäßigen Flachbauten neueren Ursprungs und dem obligatorischen Wasserturm. Die Highlights für den Besuch sind mal wieder Kirchen, Kultur, Geschichte und regionaltypisches Essen. Beginnen wir mit den Kirchen. Zu den wichtigsten Sehenswürdigkeiten im Ort zählt ohne Zweifel die orthodoxe ***Kirche des Heiligen Elias*** (Ende Juni bis Mitte August tgl. 11-17.30 Uhr, N 62° 40' 51.1" E 30° 55' 09.4"), die größte orthodoxe Holzkirche ***Finnlands***. Wer einmal die ganze Pracht orthodoxer Religion erleben möchte,

sollte zum ***Praasniekka-Fest*** zu Ehren des Kirchenpatrons am 19./20.Juli hier sein, dann gibt es das komplette Programm mit festlicher Liturgie, feierlicher Prozession, Wasserweihe und anschließendem karelischen Volksfest. Auch die ***Evangelisch-lutherische Kirche*** (2021: 28.6.-8.8. tgl. 11.30-17.00 Uhr, N 62° 40' 32.3" E 30° 54' 58.0"), ein Holzbau mit extra Glockenturm von 1796 ganz in der Nähe verdient einen Besuch. Das außen rotbraune Gotteshaus mit dem Kreuzgrundriss auf dem Birken-Hügel überrascht mit seiner farbenfrohen Innenausstattung. Für das vollständige **Ilomantsi**-Programm bliebe neben dem ***Viinitorni*** (N 62° 40' 15.5" E 30° 55' 08.3"), dem ***Hermanni***-(Obst-)Weinladen mit Café und Aussicht oben im Was-

serturm, vor allem aber noch der ***Parppeinvaara*** (N 62° 39' 28.0" E 30° 56' 19.2", parppeinvaara.fi) zu erwähnen, der Hügel mit einem geballten Angebot an karelischer Folklore. Im ***„Haus des Runensängers“*** (Juli tgl. 10-18 Uhr, August tgl. 11-17 Uhr, Eintritt), einem schmucken karelischen Blockhaus kann man eine ständige ***Kalevala***-Ausstellung besichtigen und sich von wunderschön melancholischen, zu Herzen gehenden Weisen zur ***Kantele***, der karelischen ***Zither*** verzaubern lassen, von denen **Ilomantsi** gleich drei Stück im Wappen trägt. Ergänzt wurde dieses Ensemble von einigen historisch wertvollen Holzhäuschen sowie einem ***Tiermuseum*** mit Präparaten der einheimischen Fauna, einer kleinen ***Orthodoxen Kapelle*** und der ***Hütte des Grenzgenerals***, die Kommandostelle des berühmten ***Erkki Raappana*** mit interessanter Ausstellung zu seinem Wirken im Zweiten Weltkrieg. Komplettiert wird das Angebot auf dem Traditionshügel mit dem ***„Parppeinpirrti“***, dem Restaurant im beeindruckenden Groß-Blockhaus gleich gegenüber mit einem besonders opulenten ***Karelischen Büfett*** von 12-16 Uhr (2021: 25 EUR p.P.). Hier hat der Gast die Möglichkeit, die Herstellung der berühmten

wie verführerischen Piroggen Schritt für Schritt zu verfolgen, denn gleich zwei Frauen arbeiten fleißig und behände in der klitzekleinen gläsernen Bäckerei im Gastraum. Die ofenwarmen Gebäcke werden regelmäßig im Büfett nachgelegt und umgehend von den Gästen mitsamt der dazugehörigen Eibutter verzehrt. Einfach köstlich!

Wir verlassen **Ilomantsi** zu einem 20-km-Abstecher in Richtung russischer Grenze auf der **500/5004** nach **Möhkö**. Unterwegs treffen wir auf brauchbare Pausenplätze, vor allem bei Kriegsdenkmälern und am Ziel auf Zeugen der frühindus-

(356-359) WOMO-Stellplätze: Unterwegs nach Möhkö

(356) Ilomantsi
GPS: N 62° 39' 13.3" E 30° 56' 56.4". **Max. WOMOs**: 1-2.
Ausstattung: Kleiner Schotterparkplatz.
Beschreibung: Große Wanderkarte, Fußweg in den Ort.
Zufahrt: Noch in **Ilomantsi**, 500 m hinter dem **Parppeinvaara**-Abzweig, gegenüber dem nach **Markunvaara**, 100 m rechts rein.

(357) Issonjärvi
GPS: N 62° 38' 35.3" E 31° 04' 01.4". **Max. WOMOs**: 2-3.
Ausstattung: Asphalt-Parkplatz, Picknickbank, Treppen zum See, Badestelle, Wanderkarte, straßennah.
Beschreibung: Etwas unterhalb der Straße, Blick auf den See.
Zufahrt: 6,3 km hinter dem Abzweig zu **(356)** links.

(358) Taivallampi
GPS: N 62° 37' 35.8" E 31° 06' 23.2". **Max. WOMOs**: 1-2.
Ausstattung: Asphaltierter Denkmal-Parkplatz rechts unten bei einem Sumpfsee, Gedenkstein oberhalb.
Beschreibung: Hier könnte sich etwas ändern: Wald am See gerodet.
Zufahrt: 2,8 km nach **(357)** links hinunter, 50 m von der Straße.

(359) Oinassalmi
GPS: N 62° 37' 19.6" E 31° 11' 46.7". **Max. WOMOs**: 1-2.
Ausstattung: Asphalt-Parkplatz mit Picknickbank, Bootseinsetzstelle mit Bademöglichkeit, Info-Tafel, straßennah.
Beschreibung: Nettes Areal mit Seeblick, Anglerplatz.
Zufahrt: 5 km nach **(358)** rechts, vor einer blauen Stahl-Brücke.

triellen Epoche, denn hier wurde im 19. Jahrhundert eine der bedeutendsten Eisenhütten des Landes betrieben. Daran erinnert nicht nur das ***Möhkön ruukimuseo*** (2022: 1.6.-31.9. tgl. 11-17 Uhr, Eintritt, mohkonruukki.fi), das ***Eisenhüttenmuseum*** rechts, sondern auch das Freigelände links mit historischer Kanal-Schleusen-Kaskade und ***„Manta“***, dem Wohnschiff aus den 1950er Jah-

ren, das gleich neben dem ***Koitajoki*** auf dem Trockenen liegt und ein originelles Sommer-Café beherbergt (10-18 Uhr, mohkonmanta.net). Auch ein Sommertheater mit einer Holz-Tribüne für exakt 531 (!!!) Besucher, einen Bootsverleih und sogar Rafting-Touren gibt es hier. Doch der immer noch ausgewiesene Campingplatz am Ende des Ortes ist leider schon seit Jahren geschlossen. Nun gut, dann ist neuer Träger des Superlativs ***„Östlichster Campingplatz der Europäischen Union“*** wohl nachfolgender. Zu diesem fahren wir 6 km Richtung ***Ilomantsi*** zurück, biegen kurz hinter **(359)** links ab und folgen den Hinweisen zum ***Petkeljärven kansallipuisto***, dem ***Petkeljärvi Nationalpark***. Es geht auf zuweilen mühsam befahrbarer Schotterpiste über einen Landrücken in ein Seen- und Osergebiet, unterwegs gibt es kleine Parkplätze, wie den rechts mit Info-Karte und ein Stück weiter links beim ***Rangers Hut***, doch unser Ziel ist das **Petkeljärvi Center** am Ende der Straße, wo es alle Informationen zum Nationalpark, Gastronomie und ein Campingareal gibt.

(360) WOMO-Campingplatz: Petkeljärven Retkeilikeskus

GPS: N 62° 34' 44.5" E 31° 10' 31.6". **Öffnungszeiten**: 1.5.-31.10.

Ausstattung: 17 Stellplätze für Wohnmobile bis mittlerer Größe in Nischen im Hochwald mit Strom + 5 Plätze für größere Wohnmobile (über 8 m Länge) ohne Strom, Café-Restaurant mit Frühstück (11-18 Uhr), gute Sanitäranlagen, ordentliche V/E, Sauna, Badestelle, Bootssteg, Grillstellen, Picknickbänke, Zeltareal im Hochwald (hier Grillhütte und Feuerstellen), Wan-derwege, Fatbike-, Angelkahn- und Bootsverleih. In der Hochsaison sollte man einen Platz reservieren lassen: petkeljarvi.com/leirintaalue.
Beschreibung: Die sympatische Chefin spricht deutsch.
Zufahrt: 6 km ab Abzweig von der **5004**.

Dieser kleine Nationalpark besticht durch seine Naturschönheiten mit Landrücken in einem Seengebiet, hier kann man

wandern oder einfach nur genussvoll ausspannen. Die Besonderheiten dieses Gebietes sind die restaurierten Schützengräben und Unterstände, die an den 2. Weltkrieg erinnern. Sogar einen unterirdischen Bunker kann man testen.
Nun die 6 km zurück und dann nach **links/5004** weiter. Kurz vor **Ilomantsi** geht es links auf die **74** nach **Joensuu**, doch die ereignisarmen 73 km mit Torfabbau, Moorseen und dem Skigebiet am ***Mustavaara*** mit einem verschwiegenen Schlummerplatz [**361**: N 62° 36' 57.7" E 30° 07' 41.5"] sind schnell abgespult und wir erreichen **Joensuu**, die einstige Provinz-Hauptstadt ***Kareliens*** am großen ***Pyhäselkä***, die uns mit einem Autobahnkreuz empfängt. Wir lassen uns Richtung **Keskusta** leiten, fahren auf einer neuen Brücke über den ***Pielisjoki*** und parken gegen Gebühr hinter dem Backstein-Koloss ***Kaupingtalo*** (N 62° 35' 58.6" E 29° 45' 57.7"), dem ***Rathaus*** von 1914, womit das imposanteste Gebäude der Stadt schon genannt ist. Sogleich schlendern wir über den bunten ***Wochenmarkt***, lassen uns eine ordentliche Portion gebratene Fischlein schmecken und besuchen die auffallend schlecht besuchte Hauptattraktion der insgesamt nicht sonderlich aufregenden Innenstadt: das ***Carelicum*** (Mo-Fr 10-17 Uhr, Sa/So 12-17 Uhr, joensuu.fi/carelicum), das vor allem bei Schlechtwetter willkommene Kultur- und Tourismus-Zentrum zum Thema ***Nord-Karelien***. Während sich die Großen der aufwändig gestalteten Ausstellung zuwenden, können sich die Kinder in der ebenfalls kostenpflichtigen Spielstraße vergnügen.

Wir halten uns dann an die Hinweise zum städtischen **Campingplatz**, doch so komfortabel brauchen wir es hier gar nicht und biegen direkt vor dessen freundlichem Grün-Areal links auf die **Länsikatu** ab, passieren eine öffentliche wie kostenlose **Ver-/Entsorgungs-Station** links (N 62° 35' 32.9" E 29°

44' 26.8") und erreichen nach 80 m das freundliche WOMO-/Caravan-Quartier bei der Marina beim großen ***Pyhäselkä***.

(362) Offizieller WOMO-Stellplatz: Jokiasema Joensuu

GPS: N 62° 35' 28.3" E 29° 44' 19.0". **Max. WOMOs**: >5.

Ausstattung: Stellplätze an der Marina gegen **Gebühr** (2021: 17/15 EUR + 2 EUR p.P. + 4 EUR für Strom), geöffnet von 1.6.-15.8., schönes Wiesen-Areal am Wasser mit Bäumchen, Gastronomie mit Seeterasse und gelegentlicher Life-Musik, Laden, Spielplatz, V/E in der Nähe.

Beschreibung: Bei unserem letzten Besuch kam es zu massiver nächtlicher Ruhestörung. Siehe unten. **Zufahrt**: Siehe Text.

Nächtliche Ruhestörung in Joensuu

Es ist offenbar eine Spezialität mittelgroßer finnischer Städte, der etwas andere „Willkommengruß“ an die Gäste, der uns besonders bei unserem Besuch Ende Juli 2021 in **Joensuu** die Nachtruhe geraubt hat. Eine kleine Gruppe junger Einheimischer mit besonders lauten Autos hat nicht nur die Camper an der Marina, sondern ganz sicher auch hunderte Gästen des nahen Groß-Campingplatzes bis früh 6 Uhr mit massivem Lärm terrorisiert. Aufheulende Motoren, fröhliches sinnbefreites Umherfahren und das immer so laut wie es irgendwie geht und so dicht wie möglich bei den Gästen der Stadt. Manch einer vor Ort mag das als Folklore bezeichnen („Ach ja, die Jugend. Haben wir früher auch gemacht“), doch mich macht das wütend. Natürlich sind Ordnungskräfte oder die Polizei nicht zu sehen oder gar eingeschritten und ich hätte gerne gewusst, ob irgendjemand in **Joensuu** glaubt, dass schlecht gelaunte, weil unausgeschlafene Touristen gut für's Geschäft sind. Ich habe den Bürgermeister der Stadt per E-Mail über unsere Erlebnisse informiert und gehe davon aus, dass er sich im Rahmen seiner Möglichkeiten darum kümmern wird, derartige Ruhestörungen in Zukunft zu unterbinden. Auch er hat sicher ein Interesse daran, dass sich Wohnmobil-Gäste in **Joensuu** wohl und willkommen fühlen.

Fährt man am **Campingplatz**-Eingang vorbei und folgt der Straße noch ein Stück weiter, kommt man zum ***Botania*** (2021 Fr-So 10-18 Uhr, Eintritt, Parkplatz N 62° 36' 00.6" E 29° 43' 38.2", botania.fi), dem ***Botanischen Garten***. Hier kann man auch bei Dauerregen etwas für die Bildung tun und sich dort im Tropenhaus vom sprechenden ***Kakadu*** und bunten ***Schmetterlingen*** verzaubern lassen.

Aus der Stadt heraus geht es auf der Autobahn **9/23/Kuopio**, unterwegs sind riesige Stapel von Birkenstämmen zu bestaunen, rechts begleitet uns bald beharrlich die Bahnlinie und 21 km hinter **Joensuu** bittet links, direkt an der Straße, ein geräumiger Picknickplatz am glasklaren ***Kuorinka*** (N 62° 37' 47.2" E 29° 24' 33.9") mit Kiosk, SUP-Verleih, Toilette und Badestelle zur gepflegten Rast. Zu unserem nächsten Ziel, dem alten ***Kupferbergwerk*** in **Outokumpu** bleiben wir nach dem Abzweig der **573** noch für 1,5 km auf der **9**, nehmen dann die **5030/Outokumpu** und folgen geduldig den Hinweisen zur ***Vanha kaivos/Old Mine*** (Juni bis August tgl. 11-18 Uhr, Eintritt, vanhakaivos.com), wo uns ein großzügig angelegter Besucher-Parkplatz empfängt. Hier gibt es nicht nur das ***Alte Bergwerk*** für Erwachsene zu besichtigen, sondern auch ein ***Kinder-Bergwerk*** mit Indoor- und aufwändigem Freiluft-Spielgelän-

de, ein Paradies für die Kleinen. Wir sind schon mal mächtig beeindruckt von den monströsen Industriebauten aus vergangenen Zeiten, die hier besichtigt werden können. Die ganze Gegend lebt schon lange vom Bergbau und der heute weltweit agierende Metallurgiekonzern ***Outokumpu Oy*** hat hier seine Wurzeln. Alles begann 1908 mit einem Zufallsfund: Etwa 50 km von hier wurde ein 5-Kubikmeter-Block reichhaltiges Kupfererz ausgegraben. Bei der Suche nach der dazugehörigen Lagerstätte wurde man schließlich genau in dieser Gegend fündig, doch es gab bei den Betreibern regelmäßig wirtschaftliche Schwierigkeiten. Schließlich wurde die Grube 1924 verstaatlicht, grundlegend modernisiert und dann bis 1989 betrieben. Heute ist das Bergwerk ein Besuchermagnet, man stiefelt behelmt und mit Routenplan zuerst durch den langen feuchten Museumstunnel, besichtigt die Stein-Ausstellung und die Aufarbeitungsanlagen, um dann als Krönung den Bergwerksturm zu besteigen, wo man mit einem sensationellen Rundum-Ausblick ins Land belohnt wird. Von Mitte Juni bis Mitte August fährt stündlich eine kleine Besucher-Bahn übers Gelände und auch gastronomisch fehlt es an nichts: Vom Restaurant bis zu verschiedenen Cafés, es bleiben keine Wünsche offen.

(363) WOMO-Stellplatz: Vanha kaivos Outokumpu

GPS: N 62° 43' 53.2" E 29° 00' 19.0".
Max. WOMOs: >5.
Ausstattung: Geräumiger Asphalt-Parkplatz auf mehrere Terrassen. Frisbee-Golf-Areal anbei.
Beschreibung: Die obere Reihe beim Grün hat sich zum WOMO-Hotspot entwickelt.
Zufahrt: Siehe Text.

Wer es etwas abgeschiedener wünscht, der folgt uns in ein bezauberndes Naturgelände ganz in der Nähe. Dazu verlassen wir die Stadt in nordwestlicher Richtung, fahren auf der ***Rikkarannanatie*** wie auf einer Wellenschaukel, biegen 3 km nach **(363)** rechts ab und folgen den Hinweisen zum ***Erä- ja Luontokeskus Virkisteyskalastus***. Der grob geschotterte Fahrweg ist etwas unerfreulich, wir halten uns nach 400 m links, 1,8 km später erneut links und erreichen unseren Platz im Grünen schon 2,7 km nach dem Ende des Asphalts. Der ***Wildnis- und Naturpark Outokumpu*** ist ein wunderbares Freizeitgelände mit schmalem Oser-Landrücken zwischen zwei malerischen Seen, wo man sogar gegen Gebühr angeln darf.

(364) WOMO-Wanderparkplatz: Mustantammi

GPS: N 62° 45' 29.2" E 28° 56' 48.8".
Max. WOMOs: 2-3.
Ausstattung: Schotterparkplatz-Areal im Wald bei einem (zuletzt geschlossenen) Wildnis-Café, Trockenklo, Picknickbank, Info-Tafel, Wanderwege, 200 m weiter Laavu mit Feuerstelle und Müllbehälter, hier Boots-Umtrage- und Einsetzstelle mit Badesteg, einsam, außerorts.
Beschreibung: Wunderschöne Gegend zum Wandern und Träumen.
Zufahrt: Siehe Text.

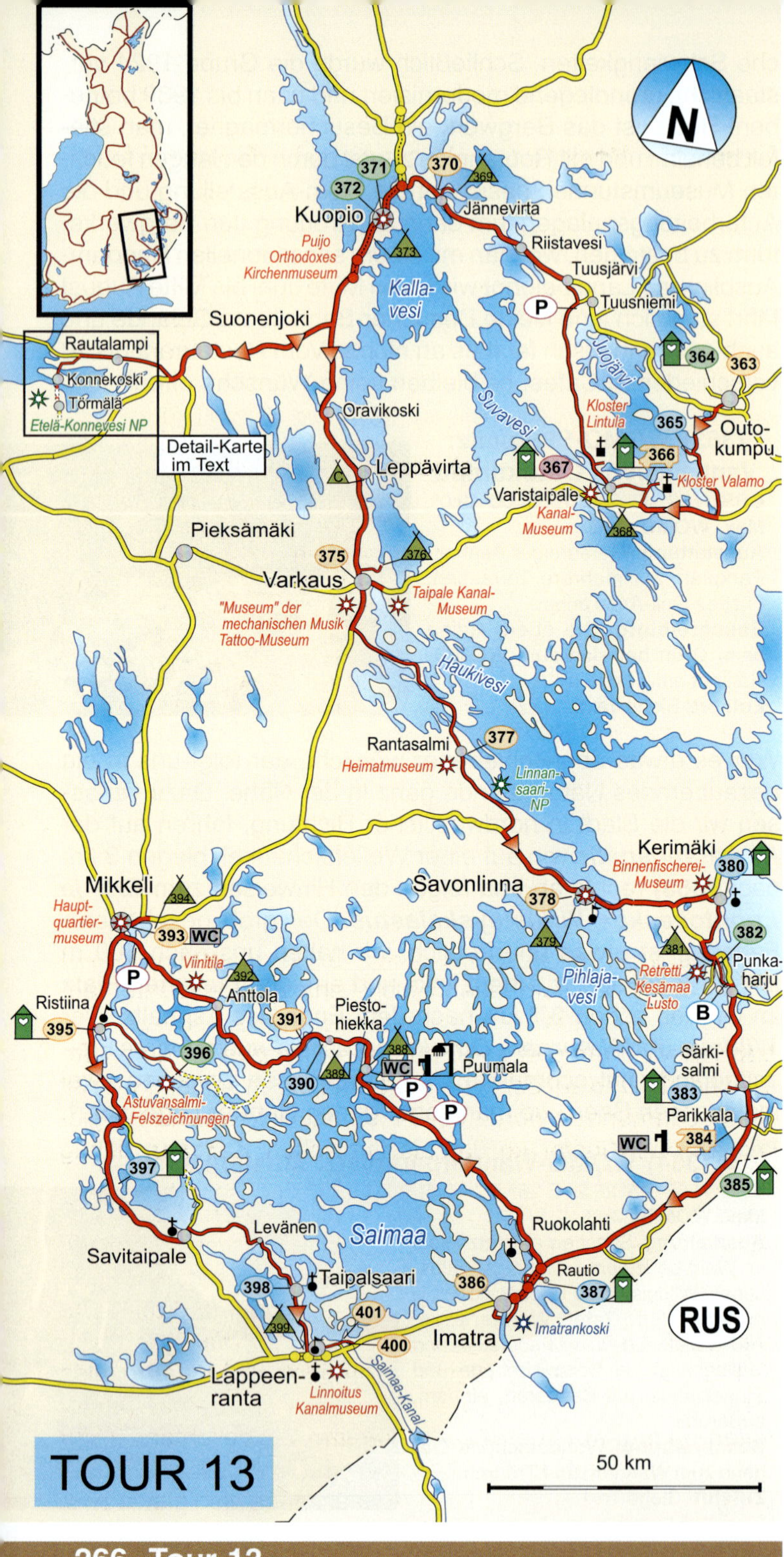
N
Kuopio
Puijo
Orthodoxes
Kirchenmuseum
Kalla-
vesi
Jännevirta
Riistavesi
Tuusjärvi
Tuusniemi
Juojärvi
Outo-
kumpu
Kloster
Lintula
Kloster Valamo
Varistaipale
Kanal-
Museum
Suvavesi
Suonenjoki
Rautalampi
Konnekoski
Törmälä
Etelä-Konnevesi NP
Detail-Karte
im Text
Oravikoski
Leppävirta
Pieksämäki
Varkaus
"Museum" der
mechanischen Musik
Tattoo-Museum
Taipale Kanal-
Museum
Haukivesi
Rantasalmi
Heimatmuseum
Linnan-
saari-
NP
Kerimäki
Binnenfischerei-
Museum
Savonlinna
Mikkeli
Haupt-
quartier-
museum
Viinitila
Anttola
Ristiina
Piesto-
hiekka
Puumala
Pihlaja-
vesi
Retretti
Kesämaa
Lusto
Punka-
harju
Särki-
salmi
Parikkala
Astuvansalmi-
Felszeichnungen
Levänen
Saimaa
Ruokolahti
Rautio
Savitaipale
Taipalsaari
Imatra
Imatrankoski
RUS
Lappeen-
ranta
Linnoitus
Kanalmuseum
Saimaa-Kanal
TOUR 13
50 km
364 363 365 366 367 368 369 370 371 372 373 375 376 377 378 379 380 381 382 383 384 385 386 387 388 389 390 391 392 393 394 395 396 397 398 399 400 401
WC
P
B
C

TOUR 13: Die großen Seen (770 km)

Kuopio - Varkaus - Rantasalmi - Savonlinna - Kerimäki - Imatra - Mikkeli - Lappeenranta

Freie Übernachtung:	Juojärvi, Valamo, Varistaival-Kanal, Jännevirta, Kuopio, Kalaja, Varkaus, Rantasalmi, Savonlinna, Kerimäki, Lusto, Halaja, Parikkala, Siikalahti, Imatra, Immalanjärvi, Piestohiekka, Lietvesi, Astuvansalmi, Ristiina, Kiesilä, Taipalsaari, am Saimaa-Kanal.
Campingplätze:	Karvio, Alatalo, Kuopio, Varkaus, Savonlinna, Punkaharju, Koskenselkä, Sahanlahti, Lakeistenranta, Mikkeli, Lappeenranta.
Baden:	Juojärvi, Varkaus, Rantasalmi, Kerimäki, Punkaharju, Halaja, Parikkala, Immalanjärvi, Piestohiekka, Astuvansalmi, Kieselä, Taipalsaari.
Besichtigen:	Klöster Valamo und Lintula, Varistaival-Kanal-Museum, Orthodoxes Kirchenmuseum in Kuopio, „Museum" der mechanischen Musik, Kanalmuseum und Tattoo-Museum in Varkaus, Olavinlinna in Savonlinna, Kirche in Kerimäki, Retretti taide, Forstmuseum Lusto, Imatrankoski-Show, Kirchenhügel in Ruokolahti, Hauptquartiermuseum in Mikkeli, Festung und Saimaa-Kanal-Museum in Lappeenranta.
Wandern:	Puijo in Kuopio, Kajalan kierros, Punkaharju, Lusto, Siikalahti, zu den Felszeichnungen von Astuvansalmi.

Der Tourismus im heute russischen Teil ***Kareliens*** registriert erfreuliche Wachstumsraten. Auch finnische Reiseunternehmen bieten Ausflüge zum östlichen Nachbarn an, so auch zum ***Ladogasee***, dem größten Binnensee ***Europas*** mit dem ***Kloster Alt Valamo*** auf der Insel ***Laatokka***. Nach seiner Blütezeit im 19. Jahrhundert wurde es mit der finnischen Unabhängigkeit für das Kloster im damals finnischen ***Karelien*** richtig schwierig: Die Pilger aus ***Russland*** blieben aus. Doch diese Probleme waren bald vergessen, denn nach dem Waffenstillstand von 1940 (***Finnland*** musste sich nach ersten Erfolgen im ***Winterkrieg*** der Gegenoffensive beugen) hatte sich die ***Sowjetunion*** weite Teile ***Kareliens*** einverleibt und die Mönche kurzerhand vertrieben. So wurde in ***Finnland*** am Ufer des ***Juojärvi*** ein neues Kloster gegründet: ***Usi-Valamo***, also ***Neu Valamo***. Heute heißt es der Einfachheit halber wieder ***Valamon luostari*** oder ***Kloster Valamo***, ein beliebtes Ziel für Besucher aus nah und fern, vor allem für Pilger aus ***Russland***. So kann's gehen! Da gibt es heutzutage also gleich zwei

Klöster Valamo zu besichtigen! Wir fahren zum finnischen und nehmen dazu in **Outokumpu** die **504/Kuopio**, dann die **477/Varkaus**, entdecken unterwegs in **Viurunniemi** (nach einem 2,3-km-„Ausritt" nach rechts) noch einen versteckten Badestrand am glasklaren ***Juojärvi*** [**365**: N 62° 37' 33.2" E 28° 52' 49.3"] (Foto oben), folgen dann der **23/Varkaus** und 16 km finnische Birkenlandschaft später den Hinweisen zum ***Valamon luostari***, das wir nach 4 km erreichen. Der von uns seit Jahren als „Geheimtipp" empfohlene WOMO-„Hafen" wurde inzwischen vorbildlich umgestaltet, ein schönes Beispiel für die Kraft des Faktischen!

(366) Offizieller WOMO-Stellplatz: Valamo

GPS: N 62° 33' 34.0" E 28° 47' 12.8". **Max. WOMOs**: 6.

Ausstattung: 4 abgeteilte Stellplätze unter Birken und evtl. noch 2 Notplätze gegenüber. Picknickbänke, Dixi-Klo, Müllbehälter, Feuerstelle, Bootseinsetzstelle, Bootshafen anbei.

Beschreibung: Falls man hier abends nach dem Kloster-Tag übernachten möchte, sollte man schon bei Ankunft hier parken und den 200-m-Fußweg zum Ziel nicht scheuen, denn das freundliche WOMO-Quartier ist schnell voll. Bitte die Bototseinsetzstelle nicht blockieren!

Zufahrt: Vor dem Brückchen zum Klosterareal links.

Jeder interessierte Besucher ist im ***Kloster Valamo*** (valamo.fi) sehr herzlich willkommen, am Pförtner-Häuschen werden aber die orthodoxen Benimm-Regeln durchgesetzt: Keine Hunde, nicht rauchen und keine unzüchtige Bekleidung! Also sollte jeder selbst seine Anzugsordnung auf mögliche Anstößigkeit hin überprüfen, denn ansonsten erhalten Damen mit schulterfreien Sommerkleidern und Herren mit kurzen Hosen leihwei-

se unvorteilhaft gemusterte Tücher zur Bedeckung ihrer partiellen Blöße. Von besonderer Bedeutung ist die 1977 im byzantinisch-russischen Stil neu gebaute ***Klosterkirche „Verklärung Christi“*** (Besichtigung Mo-Sa 10-17 Uhr, So 12-17 Uhr, Innen-Fotos ja, aber Handys aus): außen eher schlicht blütenweiß mit goldschimmernden Türmen und drinnen geschmückt mit prachtvollen wie wertvollen Ikonen und einem gewaltigen, mit reichlich Gold versehenen 800-kg-Kronleuchter. Außer dem Shop mit Weinladen (Im Kloster hergestellter Beerenobst-Wein!) und dem Museum (Eintritt) sollte sich der Besucher auch dem Café-Restaurant ***Trapesa*** zuwenden, wo wildfremde Besucher zusammen mit den Pilgern an langen Tafeln sitzen und sich am günstigen wie leckeren ***Lounas***-Büfett laben. Unten am Steg bei der kleinen ***Tsasouna*** startet gerade die ***„M/S Sergei“*** zu einer 2-Stunden-Rundfahrt (26 EUR) und wir sind dabei. Bei herrlichem Wetter genießen wir diesen Ausflug auf dem Oberdeck, es geht über Seen, durch den historischen ***Taivallahden kanava*** und alte Schleusen. Nebenbei testen wir den Klosterwein der „Bordbar“ und küren den weißen Johannisbeer-Wein („dry“) zum Sieger.

Ganz beseelt von diesem schönen Tag gehen wir am Abend noch zum alten orthodoxen ***Waldfriedhof*** mit sehenswerten kleinen karelischen Grabhäusern ganz in der Nähe vom WOMO-Quartier:

200 m die Straße entlang, dann rechts weg zum Hintereingang, vorbei an einem Johannisbeer-Garten für den Kloster-Wein.
Auf dem Weg zum Nachbar-(Frauen-)***Kloster Lintula*** geht es nach 700 m rechts weg und wir erreichen nach etwa 8 km nicht mehr ganz glatter und zudem schmaler Straße zunächst die 4-Kaskaden-Kanalschleuse von **Varistaipale** (***Kanal-Museum*** Mitte Juni bis Mitte August 10-18 Uhr, Eintritt frei) mit 14,5 m Höhenunterschied die größte ***Finnlands***, in der sich gerade einige Sportboote dieser langwierigen, immer wieder gleichen und dennoch unvermindert publikumswirksamen Prozedur unterziehen.

(367) WOMO-Picknickplatz: Varistaival-Kanal

GPS: N 62° 32' 46.4" E 28° 38' 25.5".
Max. WOMOs: 1-2.
Ausstattung: Kiosk-Café, Picknickbänke, Trockenklo, Mülleimer, Info-Tafeln, Kanal-Museum gegenüber, „Schleusen-Show".
Beschreibung: Gepflegte Anlage, ruhiger Nacht-Platz.
Zufahrt: Vor der Brücke halblinks hinunter Richtung **Karvio**, dann Parkplatz rechts.

Wer gerade ein komfortableres Quartier braucht, findet etwas Passendes nur 4,7 km von hier: **Camping Karvio** [**368**: N 62° 30' 44.4" E 28° 38' 08.9"] (karvionleirentira.fi).
Nunmehr auf der **542** führt uns keine 5 km hinter der Schleusenbrücke eine schmale glatte Straße nach rechts durch den Wald (rechte Straße) zum Parkplatz vom ***Lintulan luostari***, dem ***Kloster Lintula*** (Parkplatz: N 62° 34' 16.0" E 28° 35' 25.9"; lintulanluostari.fi). Das ursprüngliche Kloster in der ***Karelischen Landenge*** musste im Oktober 1939 wegen des ***Winterkrieges*** eilig evakuiert werden und die Nonnen fanden schließlich, genau wie ihre Kollegen vom ***Ladogasee*** hier in der finnischen Seenlandschaft eine neue Heimat. Als Haupteinnahmequelle des Klosters gilt eine kleine Kerzenfabrik, die alle orthodoxen Kirchen ***Finnlands*** mit verschiedenfarbigen Bienenwachs-Kerzen versorgt. Die findet man (neben verführerischen Honig-Gläsern) natürlich auch im Souvenir-Shop (10-17 Uhr) gegenüber der weißen Klosterkirche (Juni bis September tgl. 10-17 Uhr), von der ein besonders schöner, von Birken gesäumter Weg hinunter zum Café (10-16 Uhr) führt. Hier kann man in einem bezaubernden Pavil-

lon oder auf Picknickbänken im Freien mit Blick auf den nahen Klostergarten und die alten Bäume ringsum den hausgebackenen Kloster-Kuchen probieren und sich nach dem Trubel in ***Valamo*** von der ausgesprochen angenehmen und entspannten Atmosphäre von ***Lintula*** verzaubern lassen.
Die Strecke nach **Kuopio**, unserer nächsten Station führt auf der **542** durch liebliche Landschaft mit Birken, Seen und vor allem viel Wald und 9 km hinter dem einzigen **Picknickplatz** (N 62° 47' 53.0" E 28° 22' 52.7"), also kurz nach dem Abzweig nach **Tuusniemi** wechseln wir in **Tuusjärvi** auf die **9/Kuopio**. Nun rollen wir auf einer teilweise 3-spurig ausgebauten Superpiste weiter, dann bei **Riistavesi** durch zwei Seen hindurch und fahren kurz vor der neuen Brücke rechts ab, um einem klaren Hinweis zu folgen und landen nach etwa 3 km auf dem **Club-Camping Alatalo** [**369**: N 62° 58' 36.8" E 27° 53' 08.6"] mit überwiegend Langzeit-Gästen, aber einer schönen Lage am ***Juurusvesi***.

Nun zurück zur spektakulären Straßen-Brücke, die 2018 die alte Klapp-Brücke abgelöst hat. Drüben in **Jännevirta**, nehmen wir die erste Ausfahrt und treffen auf eine Gruppe quietschvergnügter Menschen, denn bei der ***„Kauppa Baari“*** (N 62° 58' 20.2" E 27° 49' 28.4") ist gerade ländlicher Flohmarkt. Vielleicht liegt's am ***Olvi*** oder es stimmt tatsächlich: Die Menschen aus dieser Gegend sollen unter den sonst eher schweigsamen Finnen durch ihr offenes Naturell auffallen und gelten

quasi als die ***Rheinländer Finnlands***. Am Brückenkopf der alten Brücke endet die alte Asphaltstraße genau hier: [**370**: N 62° 58' 17.9" E 27° 49' 39.2"]. Man steht quasi ziemlich genau unter der stolzen ***Jännervirran silta***, also etwas für robuste Schläfer und Leute ohne Angst vor Dingen, die aus Autos geworfen werden könnten, hat aber einen schönen Blick aufs Wasser und sogar einen kleinen Bootsanleger unterhalb.
In einer Links-Biege steuern wir nun auf **Kuopio** zu, genießen den Blick über den ***Kallavesi*** zu beiden Seiten, verlassen dann die Stadtautobahn an der **Ausfahrt 70** und folgen den Hinweisen zum ***Puijon torni*** (2021: Mo-Sa 10-20 Uhr, So 10-18 Uhr) dem ***Puijo-Aussichtsturm*** auf dem grünen Hügel hoch über der Stadt. Zum Schluss geht es dort richtig steil hinauf und dann (mit Fernglas und Karte) gegen Eintritt per Lift hoch auf die Aussichtsplattform über dem Café. Das folgende un-

gläubige Staunen weicht schnell einer euphorischen Begeisterung: Ein überwältigender Rundblick auf **Kuopio** und die grün-blaue Landschaft der Umgebung mit viel Wald und inselreicher Seenplatte, so weit das Auge reicht!

(371) WOMO-Wanderparkplatz: Puijo

GPS: N 62° 54' 34.0" E 27° 39' 24.8".
Max. WOMOs: 2-3.
Ausstattung: Oberster Parkplatz unterm Aussichtsturm, nettes Restaurant ***„Puijon maja"*** mit empfehlenswerten Lounas-Büfett, Müllbehälter, Wanderwege, Fitness-Areal, nachts ruhig.
Beschreibung: Oben ist voll ? Dann etwas unterhalb parken: N 62° 54' 31.6" E 27° 39' 32.0".
Alternative: **(372)** und von dort mit dem Sessellift hier hinauf.
Zufahrt: Siehe Text, ausgeschildert.

(372) WOMO-Wanderparkplatz: Kuopio Schanzen

GPS: N 62° 54' 34.7" E 27° 38' 46.4".
Max. WOMOs: >5.
Ausstattung: Großer, neu angelegter Asphalt-Parkplatz mit Grün-Rand zu Füßen der Schanzen, Wanderwege, ruhig, .
Beschreibung: Von hier mit dem Lift oder die Treppe hoch zum ***Puijo***.
Zufahrt: Keine 500 m Luftlinie von **(371)**, aber 3,5 km zu fahren: Die Auffahrt wieder runter, dann rechts und beharrlich **Puijon Laakso**, dann dem **Skilift-Zeichen** folgen, hinter 2 Skibrücken dann Parkplatz links.

Wer nun seinen Eindruck von der Orthodoxen Kirche in ***Finnland*** mit der Besichtigung wertvoller Ikonen und anderer Kirchenschätze krönen möchte, biegt vom ***Puijo*** kommend unten an der ersten Ampelkreuzung rechts ab, fährt dann rechts/links über die Autobahnbrücke und besucht das ***Ortodoxinen kirkkomuseo „Riisa“*** (29.6.-31.8. Di-Sa 10-16 Uhr, sonst verkürzt, Eintritt, riisa.fi), das einzigartige ***Orthodoxe Kirchenmuseum*** beim Sitz vom ***Erzbischof Leo***. Die Orthodoxe Kirche ist nach der Evangelischen die zweitgrößte Kirche in Finnland und ihre 60.000 Mitglieder entfalten ein lebendiges Gemeindeleben. In der umfangreichen Ausstellung haben uns neben den prächtigen Ikonen die wertvollen Gewänder am meisten beeindruckt. Eines aus Goldbrokat ist mit hunderten winziger Perlen bestickt, die aus karelischen Bach-Muscheln stammen.

Wer gleich nach **Kuopio-City** möchte, rollt den „Hausberg“ hinunter, mit viel Schwung und Ampelglück geradeaus über die Kreuzung, sucht sich im Umfeld vom ***Tori/Marktplatz*** einen Parkplatz (Wir standen zuletzt gegen Geld hier: N 62° 53' 31.4" E 27° 40' 29.7") und erkundet die quirlige Innenstadt zu Fuß. Dies sollte man aber möglichst an einem Werktag tun, denn dann kann man zwischen dem schmucken ***Rathaus*** und der Jugendstil-***Markthalle*** über den bunten ***Wochenmarkt*** schlendern.

(373) WOMO-Campingplatz: Rauhalahti*****

GPS: N 62° 51' 51.7" E 27° 38' 29.2". **Öffnungszeiten**: Ganzjährig.
Ausstattung: Sehr großer Platz mit allem Komfort, 266 Stellplätze mit Strom, Restaurants, Fastfood-Laden, Sauna, Sportstätten, Bootsausleih, Spielplätze, Badestrand am ***Kallavesi,*** viel Grün, sehr gepflegt, Schiffchen-Shuttle nach **Kuopio-City**. visitrauhalahti.fi.
Beschreibung: Während des Tanzfestivals Mitte Juni sehr gut besucht.
Zufahrt: 6 km südlich vom Zentrum von Kuopio, an der **5/Mikkeli** unübersehbar ausgeschildert.

Wir fitzen uns aus der Stadt heraus, düsen auf der zunächst 4-spurigen **5/9/Mikkeli** nach Süden, doch auf dem Weg nach **Varkaus** unternehmen wir einen kräftigen „Tour-Seitensprung" 58 km westwärts. Da wir immer neugierig auf neue interssante Ziele sind, gehen wir einem Tipp (Danke Dieter und Riitta!) nach und besuchen den ***Etelä-Konnevesi Nationalpark***. Dieser wurde erst 2014 gegründet und bietet eine grandiose Landschaft mit Wald, Felsen und Seen. Wir verlassen also die Autobahn an der Ausfahrt **61** und rollen auf der **9** Richtung **Jyväskylä**, kommen durch **Suonenjoki**, wo es die besten Erdbeeren Finnlands geben soll, und wechseln dann auf die **69** nach **Rauttalampi.** Hinter diesem gepflegten Örtchen (Achtung! Böse Ramps!) biegen wir **links/Törmälä** ab, wo schon die ersten Hinweise zum Nationalpark zu sehen sind. Hinter der Brücke in **Konnekoski** bekommen wir dann Schotter und

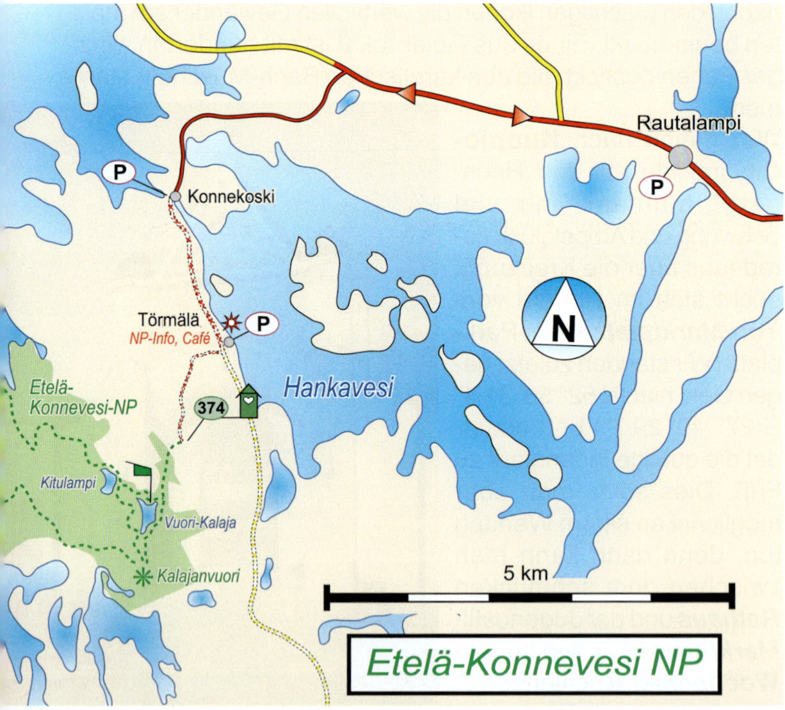

leider nicht von der feinen Sorte. Gegenüber vom Café und Info-Punkt in **Törmälä** geht es rechts rein und wir haben noch 1,3 km auf bösem Geläuf zu unserem Basislager. War doch gar nicht so schlimm, oder?

(374) WOMO-Wanderparkplatz: Kalaja

GPS: N 62° 35' 32.4" E 26° 42' 32.5". **Max. WOMOs**: 2-3.
Ausstattung: Geräumiger Schotterparkplatz am Waldrand, Trockenklo, Wander- und Info-Karte.
Beschreibung: Tagsüber kann der Parkplatz schon mal voll werden, denn die kleine Rundwanderung ist sehr angesagt. Abends stehen hier nur noch ein paar WOMOs und die Autos der Fernwanderer/Zelter. **Zufahrt**: Siehe Text.

Kalajan kierros (4,6 km, vom und zum Parkplatz 5,3 km, 3 ½ h)
Diese kleine Wanderung kann fast jeder – jung wie alt – schaffen, sie bietet bei übersichtlicher Länge tolle Aussichten und am Ende eine Badestelle mit Picknickareal, so dass sich abschließend jeder belohnen kann.
Zuerst einmal müssen wir zum Rundwanderweg hinkommen und dafür einen 900-m-Anmarsch absolvieren. Der führt

durch hohes Kraut, später über ein kleines Brückchen, an einem Waldsee entlang, dann auf breitem Fahrweg schließlich zum ***Vouri-Kalaja***, dem wunderschönen See, um den die Wanderung herum führt. Wer sich schon mal die finale Raststelle anschauen möchte, biegt bei Ankunft am Bretterweg nach rechts ab, die Wanderung geht aber links herum, somit im Uhrzeigersinn und

zum Aussichtspunkt sollen es 1,3 km sein. Also auf schmalem Bohlenweg am See entlang, dann kraxelt man 10 Minuten bergauf und schon steht man oben am Abgrund und hat schon mal eine irre Aussicht auf den See. Nun geht es einen Wurzel-Felsen-Weg hinauf und wir sind froh, dass wir Bergstiefel tragen. Dann das Schild: 600 m bis zum Gipfel! Gut auf Betriebstemperatur kommen wir oben auf dem Felsenplateau beim ***Kalajanvuori*** an, man hat hier zur

Sicherheit Absperrseile angebracht und den Hinweis, Kinder besser an die Hand zu nehmen. Ein toller Ort mit fantastischer Aussicht für ein Picknick und viele Fotos. Dann geht es weiter dem „Gelben Punkt“ nach über Felsenplatten hin zu einem weiteren Aussichtspunkt, aber in die andere Richtung: Wald und See bis zum Horizont. Nun der Abstieg: Für 30 Minuten lang steil und steinig hinunter! Man ist echt dankbar für die „Handlauf-Seile“ am Wegesrand, an denen man sich entlanghangeln kann. Unten angekommen sind es noch 600 m bis zum Rastplatz, wir kommen an den Zeltstellen im Wald und hinter dem Laavu raus und freuen uns wie verrückt auf die ausführliche Pause am Feuer und das erfrischende Bad im glasklaren See.

Den Rückweg zum Parkplatz kennen wir ja schon, der ist also zügig absolviert, bietet zum Schluss noch Himbeeren am Wegesrand und wir resümmieren: **Eine sehr schöne Wanderung!**

Tipp: Keine Turnschuhe sondern besser richtige Bergschuhe tragen. Reichlich Wasser, genug Proviant und Grillwürste mitnehmen! Badesachen nicht vergessen!

Wir sind also wieder auf der **5** südwärts unterwegs stoppen mal auf einem Parkplatz bei **Oravikoski**, um den Flößern links (N 62° 35' 36.5" E 27° 36' 20.9") eine Weile bei der Arbeit zuzuschauen. In **Leppävirta** schaukeln dicht neben der Straße die Yachten im Hafen, registrieren dort den straßennahen **Campingplatz Mansikkaharju** und erreichen 23 km später **Varkaus**, eine Stadt durchzogen von Seen und irgendwie so ganz anders! Wie als Status-Symbol präsentiert man den Gästen stolz die städtische Industrie mitten im Zentrum, man fährt praktisch direkt auf das Werk zu, wenn man die **5** nach links zur **23** verlässt. Folgt man der **23** nach rechts und den eindeutigen Hinweisen, gelangt man zu einer ungewöhnlichen Sehenswürdigkeit, dem ***Mekaanisen musiikin „museo“*** (Juli tgl. 11-18 Uhr, sonst außer Mo und verkürzt, letzter Einlass 1 Stunde vor Schließung, Eintritt inklusive (auch) deutschsprachiger Führung, mekaanisenmusiikinmuseo.fi), das ***„Museum“ der mechanischen Musik***, das gar keins sein will. Herz und Seele dieser Pflicht-Station war ***Jürgen Kempf***, ein kauziger Hesse aus **Darmstadt**, der seit vielen Jahren mit seiner finnischen Frau und Sohn in **Varkaus** lebte. Als ech-

ter Entertainer präsentierte der Herr des Hauses überaus schwungvoll wie launig seine üppige Sammlung von Grammofonen über Leierkästen bis zum größten Automatischen Orchester der Welt, dem ***Popper's Goliath***. 2019 ist ***Jürgen Kempf*** leider verstorben und so führt nun sein Sohn ***Pawel*** diesen spannenden „Klimperladen" weiter. Dieser residiert in einer Villa in einem schönen Park mit riesengroßen kerzengeraden Tannen und über der Szenerie schwebt ein Hauch von Boheme. Überall lauert tiefsinniger Schabernack wie die goldene Hindu(?)-Figur im Park, versehen mit dem Hinweis ***„Es gibt ein Leben vor dem Tod"***. Denken Sie mal drüber nach! Auch mit ***Pawel*** haben wir einen WOMO-Bonus vereinbart: Jeder, der diesen WOMO-Führer vorzeigt erhält **10 % Ermäßigung auf den Eintrittspreis**. Wem der einladende Parkplatz vor dem Tor [**375**: N 62° 17' 57.7" E 27° 51' 23.9"] als Nachtquartier nicht zusagt, findet Vollkomfort bei einem Wellnesshotel im Norden der Stadt.

(376) WOMO-Campingplatz: Kuntoranta

GPS: N 62° 20' 47.0" E 27° 53' 19.2"; Kontorantatie 14.
Öffnungszeiten: Ganzjährig.
Ausstattung: WOMO-/Caravan-Plätze am See bei einem Sport- und Wellness-Hotel, sehr gute Sanitäranlagen und V/E beim Hotel, sehr schöner Spielplatz, Badestelle, Sauna, Hotel-Restaurant und Shop anbei, **Buslinie 27** ins Zentrum.
Beschreibung: Der Platz wird nicht mehr vom Hotel betrieben, die Rezeption befindet sich 2021 im 3. Caravan rechts nach der Einfahrt. Perspektive ist unklar, weil der Verkauf des Hotels ansteht. kuntoranta.fi/camping.
Zufahrt: Von der **5** am ***Warkauden Portti*** abbiegen, der ***Kiertotie*** und dann den Hinweisen zum Hotel folgen.

Doch in **Varkaus** gibt es noch einige Sehenswürdigkeiten mehr! Im Ortsteil **Taulumäki** wurde 1954 das höchste Wohngebäude ***Finnlands*** gebaut und zwar im Verbund mit einem Wasserturm. Im Café-Restaurant ***Terassikahvila Torni*** (Nakskovinkatu 8, N 62° 35' 36.5" E 27° 36' 20.9", kisapuisto.fi) ganz oben kann man heute die Aussicht genießen und dabei lecker essen und trinken. Dieses überaus praktische Konzept sorgte damals mächtig für Furore, hat sich aber dennoch nicht flächendeckend durchgesetzt. Übrigens war der Wohn-Wasserturm 1954 genau einen Tag lang das höchste Wohngebäude ***Finnlands***, dann wurde in **Helsinki** ein höheres fertiggestellt. Aber immerhin!

Auch bei der ausgewachsenen Schleusenanlage am ***Taipaleen kanava***, dem ***Taipale-Kanal*** (Parkplatz ***Kanal-Museum***: N 62° 18' 06.4" E 27° 54' 37.0", tgl. 10-18 Uhr, Eintritt frei, mit Musik-Café) tut sich was! Jedenfalls dann, wenn mal wieder ein randvoll beladener Birken-Frachter aus der Nähe zu bestaunen ist, denn **Holz** ist das Lebenselixier dieser Gegend, es wird geflößt, verschifft, mit langen Güterzügen und schweren Sattelzügen transportiert, mit denen wir uns hier regelmäßig die Straße teilen.

Und nun noch eine **Varkaus**-Attraktion, eine ganz spezielle: das ***Tattoo-Museum*** (2021: Mo-Fr 11-18 Uhr, Sa 11-16 Uhr, Eintritt) von ***Willy Robinson*** in der Savontie 117 (Parken beim Friedhof gleich um die Ecke: N 62° 20' 34.9" E 27° 51' 35.9").

Pikten vor 2000 Jahren in Schottland

Der wuselige Engländer spricht ein lustiges Brit-Deutsch, denn er hat einige Zeit in Hamburg gelebt. Beim Rundgang durch das kleine Haus, in dem es auch ein ***Tattoo-Studio*** gibt, sprudelt es nur so aus ihm raus, wir lernen viel über diese Kunst, erfahren etwas über ***Christian Warlich*** und ***George Burchett***, die Ikonen dieser Branche und sehen eine einzigartige Sammlung mit einer Vielzahl an Exponaten, zu denen es immer auch eine interessante Geschichte zu erzählen gibt. Lassen Sie sich überraschen!

Wir ziehen weiter auf der **5/Mikkeli**, zweigen nach 8 km an der **Abfahrt 43** auf die **464/Rantasalmi** ab, bewegen uns nun in einem Gebiet mit mehr Wasser als Land, sehen aber vor allem viel Wald, freundliche Wiesen-Landschaft, einzelne Felsen, die wie Wal-Rücken aus dem Acker ragen und rote Häuser am Wegesrand. Diese faszinierende Inselwelt mit Felsen und Klippen im großen ***Haukivesi*** gehört zum ***Linnansaaren kansallispuisto***, dem ***Linnansaari Nationalpark***. Ziemlich genau 1.000 m nach dem Ortseingang von **Rantasalmi** biegen wir links ab und parken im Grünen beim Sportboothafen und der Badestelle in der Nähe vom Heimatmuseum.

(377) WOMO-Stellplatz: Rantasalmi

GPS: N 62° 03' 59.3" E 28° 18' 22.5". **Max. WOMOs**: 1-2.

Ausstattung: Kleiner Asphalt-Parkplatz mit Wiesenrand, Parkdauer max. 24 h, Müllbehälter, Badestelle, Freiluft-Museum, Restaurant „Anatolia“ und Frisbee-Golf-Parcour und Freizeitsport-Areal anbei.

Beschreibung: Sehr gepflegte Parkanlage am See. Nachts ruhig, da mehr als 100 m neben der Straße und etwas unterhalb gelegen.

Zufahrt: Siehe Text, am Restaurant vorbei hinunter zum See.

Besonderen Schutz genießt die vom Aussterben bedrohte ***Saimaa-Robbe*** im Nationalpark, die in ihrem seit der Eiszeit und der Landhebung von der ***Ostsee*** abgeschnittenen Lebensraum im Süßwasser der Binnenseen gut zurecht kommt. Die verbleibenden 19 km auf der **464** rollen wir durch Wald und Felder, zum Schluss leicht bergab, haben am Abzweig auf die **14** noch 23 km bis nach **Savonlinna** und genau 20 km bis zum Abzweig zu unseren WOMO-Quartieren schon vor der Stadt rechts.

(378) WOMO-Stellplatz: Pihlajavesi

GPS: N 61° 52' 18.4" E 28° 49' 30.8".
Max. WOMOs: 3-5.
Ausstattung: Schotterfläche rechts der *Poukkusalmentie*.
Beschreibung: Freigelände am See, Seezugang über eine Felsplatte.
Zufahrt: Richtung **Kesamonsaari/Campingplatz** nach rechts abbiegen, nach ca. 1000 m, vor einer Brücke, rechts. Orientierungspunkte: Markante 2-stämmige Kiefer und weißer Fahnenmast.

(379) WOMO-Campingplatz: Sun Camping****

GPS: N 61° 51' 50.5" E 28° 48' 24.2". **Öffnungszeiten**: 14.5.-15.9. (2021)
Ausstattung: Stellplätze in mehreren Abteilungen, Plätze unter hohen Bäumen oder in Seenähe, gute Sanitäranlagen und V/E, freies WiFi, Restaurant/Café, Sauna, Badestelle, Minigolf, Busverbindung nach Savonlinna.
Beschreibung:Großzügig angelegter Platz am ***Pihlajavesi***.
suncampingsavonlinna.sportum.info
Zufahrt: Wie **(378)**, dann den Hinweisen nach.

In der Stadt bleiben wir strikt auf der **14**, sehen rechts den ***City-Market*** mit großem Parkplatz dahinter, dann den bunten **Wochenmarkt** (kurze Schrägparkplätze gegen Gebühr) und den **Hafen** mit dem hinteren Bezahl-Parkplatz-Areal (N 61° 51' 56.7" E 28° 53' 14.4") für einen Tagesaufenthalt. Insgesamt

deftige Parkgebühren im Kernbereich: 3 EUR/Stunde. Wir standen zuletzt kostenfrei in der ***Punkaharjuntie*** etwa hier: N 61° 52' 00.9" E 28° 53' 54.2".

Am Rande des Wochenmarktes locken einige Restaurants, wir rücken ein ins ***„Kalastajan Koju“*** und genehmigen uns (Na, was wohl?) je einen Teller mit den gebratenen Fischlein nach Art des Landes. Höchst lecker!

Nun gehen wir gemessenen Schrittes auf der lebendigen Uferpromenade an einer gut frequentierten Badestelle mit Eis-Kiosk vorbei zur stattlichsten aller finnischen Burgen: ***Olavinlinna*** (2021: Juni/August tgl. 11-18 Uhr, Juli tgl. 10-18 Uhr, Führungen, Eintritt). Die schwedischen Ursprünge dieses wehrhaften Baus auf der kleinen Insel stammen aus dem Jahre

1490, die Russen haben später aufgestockt und die Finnen zelebrieren hier heutzutage jedes Jahr im Juli das publikumswirksame ***Opernfestival*** im Burghof, ein gesellschaftliches Großereignis, das „Bayreuth des Nordens“, nur eben bodenständiger und ohne Pomp, aber mit durchaus aufwändigen Inszenierungen. Für die nächste Saison im Juli 2022 stehen u.a. ***Verdi*** (***Aida***) sowie ***Puccini (Tosca)*** und ***Bizet (Carmen)*** auf dem Programm. Tickets und weitere Infos gibt es hier: operafestival.fi. In direkter Nachbarschaft kann man das ***Saimaa-Provinz-Museum*** im alten Getreidespeicher und mehrere Museumsschiffe besichtigen, doch wir entfliehen dem bunten Treiben über eine lange Brücke, nehmen stadtauswärts die **14/Lappeenranta** und verlassen diese nach 11 km für einen Abstecher auf der **71** nach **Kerimäki**. Eigentlich ein Städtchen wie andere auch in dieser Seenlandschaft, wäre da nicht ein Bauwerk der Superlative, das wirklich aus dem Rahmen fällt: die ***Kerimäen kirkko*** von 1847 (P: N 61° 54' 45.4" E 29° 17' 00.4", 10-18 Uhr), die ***„Größte Holzkirche der Welt"***. Dieses gigantische Bauwerk (Innen: 45 m lang, 42 m breit und bis zur Kuppel 37 m hoch) ist nun wirklich nicht zu über-

sehen, es bietet bis zu 5.000 Besuchern Platz und man fragt sich: Ist das nicht etwas zu groß geraten? Gelegentlichen Spekulationen, hier hätten die eifrigen Bau-Handwerker, vor allem Bauern und ihre Frauen, die Bau-Pläne vom Architekten ***Anders Frederik Granstedt*** damals gründlich missverstanden und nicht in Fuß sondern in Meter gebaut, werden vor Ort heftig dementiert. Alles Absicht, denn auch an Markttagen sollten alle, auch die Besucher, dem Wort Gottes lauschen können. Wenn man aber heute als Tourist gegen Gebühr den Glockenturm gegenüber (Zuletzt leider geschlossen!) auf 54 steilen XXXL-Holz-Stufen (Abstand 35 cm!) erklimmt, um sich einen wirklich guten Blick auf das Gesamtkunstwerk und die Seen-Landschaft ringsum zu genehmigen, kommen einem so gewisse Zweifel: Vielleicht doch falsche Maße? Wenn einem das rustikale Turm-***Café „Ellion"*** nicht zusagt, dem empfehlen wir das ***Café Kaivopirtti*** (kaivopirtti.fi) gegenüber vom Kirchenparkplatz, überregional berühmt für seine Kuchen und Torten. An warmen Tagen kann man danach ganz gepflegt in der Nähe baden gehen.

(380) WOMO-Badeplatz: Kerimäki

GPS: N 61° 55' 01.7" E 29° 18' 36.5".
Max. WOMOs: 1-2.
Ausstattung: Schotterparkplatz, Badesteg, Dixi-Klo, Umkleidekabinen, Mülleimer. **Kein Camping!**
Beschreibung: Hier kann man herrlich baden im glasklaren Wasser.
Zufahrt: An der Kirche vorbei den Krankenhaus-Schildern folgen, dann noch 1,7 km zum Badeplatz hinter der ersten Brücke links.

Zurück zur **14** nehmen wir die etwas rumplige **4794** nach links und biegen dann ab nach ***Punkaharju***, ein beliebtes Ziel für den perfekten finnischen Familien-Urlaub für alle, die kein eigenes ***Mökki*** am See besitzen. Doch die einzigartige ***„Finnische National-Landschaft“*** dieses Moränenrückens durch den See ist es nicht alleine, sondern die vielfältigen Attraktionen machen diese Gegend so interessant. So hat das jahrelang geschlossene ***Retretti taide*** (P1: N 61° 48' 10.6" E 29° 17' 22.9"; 2021: Juni und August tgl. 10-18 Uhr, im Juli außerdem Fr-Sa bis 20 Uhr, Eintritt) wieder geöffnet, eine faszinierende Kunsthöhle, in der man im Rahmen einer Führung ganz be-

sondere Lichtinstallationen mit Musik und bewegten Bildern bestaunen darf: den ***Kalevala-Epos*** in Farbe. Ganz in der Nähe wartet die Kinder-Bespaßungs-Zentrale, der Vergnügungspark ***Kesämaa*** (N 61° 48' 05.0" E 29° 17' 16.4") mit Badepark, Wasserrutsche und passend gleich nebenan ein freundlicher **Campingplatz**.

(381) WOMO-Campingplatz: Punkaharju****

GPS: N 61° 48' 00.7" E 29° 17' 26.2". **Öffnungszeiten**: Ganzjährig.
Ausstattung: Sehr gute Ausstattung, Sommer-Paradies für Kinder, Restaurant/Laden, schöne Wiesenplätze.
Beschreibung: Großzügige und sehr gepflegte Anlage. punkaharjuresort.fi
Zufahrt: Siehe Text, vor Ort ausgeschildert.

Kurz nachdem uns die **14** neben den Bahngleisen auf einem kurzen Stück Damm übers Wasser führt, folgen wir der **4792/Harjualue** nach rechts und halten kurz links auf einem Picknickplatz mit Info-Tafel. Keine 50 m weiter geht es rechts weg zu einem besonderen Ort für Auge und Gaumen, denn sofort berührt einen die wunderschöne historische Holzarchitektur des ***Hotelli Punkaharju*** (N 61° 48' 03.6" E 29° 18' 29.1", hotellipunkaharju.fi, erster Bauabschnitt 1845 unter Mitwirkung von ***Zar Nikolai I.***), des ersten Touristen-Hotels ***Finnlands***, und für anspruchvolle Mittagsgäste wartet hier ein hochwertiges ***Lounas***-Büfett, man sagt das beste weit und breit. Kurz darauf nehmen wir den Abzweig links nach ***Lusto*** (zu deutsch: ***Jahresring***, 1.5.-1.10. 10-17 Uhr, deutsches Info-Blatt, Eintritt), dem ***Finnischen Forstmuseum***. Hier wird der nationale Hauptrohstoff **Holz** in einem extravaganten, extrem holzlastigen Gebäude, das in den letzten Jahren mit einem

Anbau erheblich erweitert wurde, mit einer wirklich sehenswerten Ausstellung inklusive Bildungsfaktor ausführlich gewürdigt: von der Kettensägensammlung über verschiedene Modelle und Video-Wände zur Waldwirtschaft bis zu Holzspielzeug und Möbeln.

(382) WOMO-Wanderparkplatz: Lusto

GPS: N 61° 47' 57.4" E 29° 19' 10.3". **Max. WOMOs**: 3-5.
Ausstattung: Freundlich gestalteter Besucherparkplatz, mit Baumreihen unterteilt, Lehrpfade rings um das Museum zu verschiedenen Themen, Sommer-Freilufttheater in der Nähe, preiswertes Restaurant im Neubau.
Beschreibung: Die hintere Abteilung liegt geschützt im Grünen.
Zufahrt: Siehe Text, zum hinteren Parkplatz fahren.

Nun aber zurück zur **4792** und links rum, wo uns eine sensationelle Strecke über einen extra schmalen, manchmal nur straßenbreiten Höhenrücken erwartet, der den ***Puruvesi*** im Norden vom ***Pihlajavesi*** im Süden trennt. Bei genüsslicher Langsamfahrt durch selten schöne Landschaft, die schon ***Zar Alexander I.*** vor 200 Jahren verzückt hat, sollte man auf den folgenden 6 km keine der Parkbeulen und Aussichtsparkplätze auslassen. Wenn man links voraus einen Kiosk erblickt, ist der ***Punkaharju***-Spaß vorbei, man kann hier noch ein gepflegtes Abschiedspicknick zelebrieren und sogar an zwei Stränden zweier verschiedener Seen baden gehen. Schließlich klinken wir uns wieder bei der **14** ein und wechseln nach 23 km zur **6** nach **Imatra**. Unterwegs locken jedoch drei interessante WOMO-Plätze zum Verweilen:

(383) WOMO-Badeplatz: Haljaka

GPS: N 61° 35' 56.6" E 29° 27' 03.8". **Max. WOMOs**: 1-2.

Ausstattung: Naturnaher Parkraum an einer Badestelle am ***Simpelejärvi***, Steg, Wasserwander-Rastplatz, Hunde- und Pferdeverbot, Trockenklo, alter Wasserwerk-Bunker, Steinzeitfunde in der Nähe.
Beschreibung: Gern genutzte Badestelle der Einheimischen, nachts still.
Zufahrt: 2 km von der Tourstraße zur Badestelle: Gleich nach dem Abzweig auf die **6** zur **4052** nach rechts, dann Richtung **Melkoniemi**, kleines braunes Schild **Kivikautinen asuinpaikka/Haljakan Uimaranta** nach links, nach 200 m „Kulturschild" rechts rein, dann 200 m Waldweg zum See hinunter.

(384) Offizieller WOMO-Stellplatz: Parikkala

GPS: N 61° 33' 21.2" E 29° 29' 52.8". **Max. WOMOs**: 12.

Ausstattung: Schotterparkplatz beim Bootshafen, Strom gegen Geld (Schlüssel am Kiosk), Wasser am Marktplatz, Müllbehälter, WC an der Badestelle (100 m), dort Spielplatz, Picknickwiese mit Häuschen und Sportplätze. Gastronomie in der Nähe.

Beschreibung: Vorbildlicher für Wohnmobile (*Matka-Parkki*) ausgewiesener geschützter Stellplatz in schöner Lage.

Zufahrt: 2 km nachdem die **14** auf die **6** stößt letztere nach **rechts/Parikkala** verlassen, nach 3,6 km bzw. 600 m nach dem Ortseingang rechts abbiegen und den Hinweisen **Rantapuisto/Uimaranta** folgen, nach 170 m ist rechts das Ziel.

(385) WOMO-Wanderparkplatz: Siikalahti

GPS: N 61° 33' 57.8" E 29° 33' 26.5". **Max. WOMOs**: 3-5.

Ausstattung: Großer Schotterparkplatz, Trockenklo, Info-Karte zum Vogelsee, dem „besten Finnlands", 1 km Fußweg durch den Wald und über den Steg durch den verlandeten See zum Vogelturm, unterwegs Info-Haus (Ausstellung) und Picknickplätze mit Feuerstellen.

Beschreibung: Schöner Pfad zum Steg mit Obst am Wegesrand.

Zufahrt: 5,5 km nachdem die **14** auf die **6** stößt letztere nach **links/Siikalahti/Lintujärvi** verlassen, dann nach 2,8 km rechts. Von **(384)** kommend in **Parikkala** rechts/links zur **6** fahren und diese kreuzen.

Unsere Tourstrecke südwärts auf der **6** führt recht dicht an russischem Territorium entlang. **Achtung!** Genau 800 m nach dem Abzweig **Ristimäki** (rotes Haus, weißes Haus und Grenzturm voraus) sieht man von der Brücke aus **links** die Grenzpfähle im Wasser. **Imatra** grüßt schon von der Ferne mit seinen rauchenden Schloten, unsere Tour geht noch vor der Stadt auf der **62/Mikkeli** weiter, doch wir fahren auf einen Abstecher nach **Imatra** hinein, um uns eine besondere Attraktion dieser Stadt anzuschauen: die ***Imatrankoski*** vom ***Vuoksi***-Strom, einst die gewaltigsten Stromschnellen ***Europas***, wo der ***Saimaa*** streckenweise besonders heftig in den ***Ladogasee*** abfließt. Wir bleiben also zunächst auf der autobahnartigen **6**, folgen dann der unübersehbaren Beschilderung nach rechts hinunter, biegen links ab, fahren am Ostufer des ***Vuoksi*** nach Süden, schließlich rechts über eine kleine Brücke zur anderen Fluss-Seite und dabei gerade über eben diese berühmten

Rapids hinweg. Von denen sieht man in der Regel heutzutage nichts als eine felsige Schlucht, außer für die 30 Minuten ***„Imatra Rapids Show“*** am Tag (Mitte Juni bis Mitte August tgl. 18 Uhr), wenn temporär auf die Wasserkraft des ***Vuoksi*** zur Stromgewinnung verzichtet wird und der wilde Fluss in einer beeindruckend dramatisch-festlichen Inszenierung mit Musik wie vormals in schäumenden Katarakten zu Tale donnert. Extra wegen der reichen Wildwasser-Touristen aus **Sankt Petersburg** hat man damals ein richtig schickes Jugendstil-Grandhotel, das ***Imatran Valtionhotelli*** an die Felsenkante gebaut. Gegenüber diesem Prachtbau kann man auf einem Spazierweg mit Pavillon ein Stück der Schlucht erkunden, die ohne Wasser allerdings nicht sehr viel hergibt. Hier findet man viele historische „Ich-war-hier“-Nachrichten mehrheitlich russischer Art aus vergangenen Jahrhunderten im Fels. Als Tagesparkplatz oder auch für nachts haben wir etwas abseits ein halbwegs lauschiges Plätzchen gefunden.

(386) WOMO-Stellplatz: Imatra

GPS: N 61° 10' 05.2" E 28° 46' 00.1". **Max. WOMOs**: 2-3.
Ausstattung: Asphalt-Parkplatz mit Grünrand, schöner Park und Koski-Rundweg anbei, Tennisplatz und Sommertheater in der Nähe.
Beschreibung: Zur elganten Treppe zu den Koski hinab überquert man das weiße Holzbrückchen im Park und hält sich dann rechts.
Zufahrt: Hinter der Koski-Brücke an der Straßen-Kreuzung links weg, nach 180 m links rein, nach 50 m nach rechts auf die Torkkelinkatu, dann nach 280 m Parkplatz links.

Die Stadt **Imatra** mit ihren mehrheitlich schlichten Zweckbauten ist wenig sehenswert. Die meisten Läden dienen vor allem dazu, mit den zahlreichen russischen Touristen Geld zu ver-

dienen. Für unsere Lunch-Pause haben wir jedoch ein seriöses Lokal gefunden: das Traditionsrestaurant ***Buttenhoff***. Schönes Ambiente, gute Küche, alles bestens.
Weil wir ungern eine Strecke doppelt fahren, kehren wir auf der westlichen Fluss-Seite zur **6/Joensuu** zurück, doch bevor wir dann auf der **62/Mikkeli** mit unserer großen Runde um den ***Saimaa***, den größten See ***Finnlands*** beginnen, verraten wir noch ein Plantsch-Quartier ganz in der Nähe.

(387) WOMO-Badeplatz: Immalanjärvi

GPS: N 61° 14' 08.4" E 28° 53' 39.1". **Max. WOMOs**: 2-3.

Ausstattung: Schotterparkplatz mit Grünrand und Birken oberhalb der gut ausgestatteten Badebucht, Kabinen, Steg, Müllbehälter, Bootseinsetzstelle, Trockenklo.
Beschreibung: Die Zufahrt zum unteren Parkplatz ist verboten und auch die marode Mole darf man nicht mehr betreten.
Zufahrt: Die **6/Joensuu** an der Ausfahrt **67** verlassen, die Autobahn queren, nach **rechts/160/Joensuu** weiter und den nächsten Kreisel nach **rechts/Rautio** verlassen, wieder die Autobahn queren und nach 1 km dem *„Bademännchen"* nach rechts folgen, noch 600 m auf Schotter zum Ziel.

Nun geht es zur **62/Mikkeli** und damit weiter mit der Tour. Wer schon wieder Lust auf Kirchen hat, kann gleich in **Ruokolahti** etwas Feines finden und hier ein gut erhaltenes Ensemble von historischen Gotteshäusern und einen besonders schönen achteckigen hölzernen Glockenturm mit Schindeldach von 1752 besichtigen (Parken: N 61° 17' 08.9" E 28° 49' 38.4") und nebenan das ***Café „Kaiku"*** im urigen Blockhaus beehren.

Viel sehen wir erst mal nicht vom großen ***Saimaa***-See, es geht kurvenreich durch den Wald, mal mit Felsen und mal ohne, gelegentlich schimmern Gewässer durch die Bäume und genau zwei wassernahe Picknickplätze bieten sich für Pausen an: der erste am ***Joutsijärvi*** (N 61° 27' 52.1" E 28° 23' 20.6") und 12 km danach noch einer am ***Haapaselkä*** (N 61° 30' 35.2" E 28° 11' 03.5"), sogar schon mit Blick auf die stolze ***Saimaa***-Brücke voraus. Kurz danach rollen wir da auch schon drüber, erhaschen erhabene Ausblicke über den See und durchqueren die quirlige Sommerfrische **Puumala**, das ***„Gibraltar vom Saimaa"*** mit buntem Markt und Schiffchen im Hafen. Dieser liegt direkt unter der Brücke und für die erste Übersicht parkt man hier (N 61° 31' 17.8" E 28° 10' 34.2") mit Scheibe 60 Minuten frei. Es gibt Gastronomie und allerlei Serviceeinrichtungen für die Marina-Gäste, die auch für WOMO-Fahrer von Nutzen sind wie WC und Wasserhahn. Wir lieben dieses Hafen-Ambiente, bewundern das Dampfschiff ***„Wenno"***, die Büdchen, den kleinen Gastro-Dampfer ***„Juno"*** und

das alles zu Füßen dieser gigantische Brücke. Ein gläserner Lift bringt uns hoch auf Brückenstraßen-Niveau, wo man die ganze Szenerie von oben überblickt. Fährt man dann unter der Brücke durch, findet man am Yachthafen noch ein Service-Gebäude (N 61° 31' 11.3" E 28° 10' 49.9") mit WC, Sauna und Duschen (8-22 Uhr, 3 EUR), zu zahlen beim Kiosk am Brückenturm. Unser Tagesziel ist der örtliche Campingplatz am nördlichen ***Saimaa***, wir verlassen den Hafen nordwärts, fahren an einem hübschen Kirchen-Ensemble vorbei und folgen dann dem eindeutigen Hinweis nach links.

(388) WOMO-Campingplatz: Koskenselkä***

GPS: N 61° 32' 21.9" E 28° 09' 33.7". **Öffnungszeiten**: 14.5.-5.9.

Ausstattung: Schöne Stellplätze im Hochwald mit Wiese, in der ersten Reihe am See auf Sand-/Wurzel-Boden, gute Sanitärausstattung und V/E, Camperküche mit überdachter Terrasse und Feuerstelle, Badestrand, Bootssteg, Café, Laden, Minigolf, koskenselka.fi.
Beschreibung: Sehr schöner Platz am See, Surfer-Paradies,
Zufahrt: Siehe Text, vom Abzweig in **Puumala** noch 2,4 km.

Zurück auf der **62** geht es links weiter und wir dringen nun zu einigen interessanten Zipfeln dieses Riesensees vor. Ganz nebenbei Finnisch für Anfänger: ***tulli*** = ***Wind***, ***mylly*** = ***Mühle***. Unterwegs gibt es am Wegesrand zur Dekoration eine historische ***Tullimylly***, wir pausieren dann im Restaurant ***Sahanlahti***, genießen ausführlich das gute ***Lounas***-Büfett (12-15 Uhr) auf der sonnigen Terasse mit See-Blick und freuen uns über das WOMO-Quartier auf diesem weitläufigen Gelände.

(389) WOMO-Campingplatz: Sahanlahti Resort

GPS: N 61° 34' 29.4" E 28° 08' 46.9". **Öffnungszeiten**: Ganzjährig.
Ausstattung: 20 Stellplätze im Wäldchen mit Strom, gute Sanitärausstattung, Restaurant, Badestelle und Strand-Gaststätte, Grill- und Picknickplatz, Bootsanleger, Sauna, Heimatmuseum. sahanlahtiresort.fi.
Beschreibung: Die Stellplätze sind leider etwas eng und schief.
Zufahrt: 8 km nach der Saimaa-Brücke links.

Ein wahres WOMO-Paradies finden Sie knapp 9 km danach. Möge es recht lange erhalten bleiben!

(390) WOMO-Badeplatz: Piestohiekka

GPS: N 61° 33' 39.9" E 28° 00' 00.0" (Einfahrt). **Max. WOMOs**: >5.

Ausstattung: Schöne Plätze im Hochwald, Badestelle mit 100 m Sandstrand, Feuerstellen, besonders schöne Plätze ganz rechts hinter dem Felsen.
Beschreibung: Zuletzt waren hier Uferabbrüche zu sehen. Es bleibt zu hoffen, dass keine Sperrung droht.
Zufahrt: Siehe Text, 200 m hinter dem Ortseingang von **Piestohiekka**, direkt hinter dem vormaligen Campingplatz-Gelände links.
Alternative: Sollte der Platz belegt sein, findet man 500 m davor weiteren Parkraum in Seenähe links: N 61° 33' 36.4" E 28° 00' 34.0".

Jetzt kommt die echte ***Saimaa***-Kulisse, auf die wir schon lange warten: Auf Dämmen über den See durch eine malerische Felsenlandschaft mit baumbestandenen Inselklöpsen im Was-

ser links und rechts. Schon 3 km nach dem letzten WOMO-Strand kann man links beim Kiosk halten und zum Aussichtspavillon hinauf steigen oder gegenüber sehr spitz nach rechts abbiegen und am Pier unterhalb der Brücke noch einen WOMO-Platz mit Seeblick finden [**391**: N 61° 33' 00.5" E 27° 57' 41.9"]. Nun wird Parkraum knapp, jeder schwebt ganz versonnen durch diese verzauberte Welt und die Laser-Polizisten (60 km/h!) auf dem nächsten Parkplatz haben überhaupt nichts zu tun. Schwierigkeiten bekommen hier höchstens jene

(392) WOMO-Campingplatz: Lakeistenranta

GPS: N 61° 36' 06.8" E 27° 38' 46.4". **Öffnungszeiten**: 15.6.-31.8.
Ausstattung: Wunderschöner, idyllisch an einer Saimaa-Bucht gelegener „Wohlfühl-Platz", weitestgehend naturbelassenes Gelände, einfache aber gepflegte Sanitärausstattung, Badestelle mit Sandstrand, Bootsverleih, Grill- und Picknick-Hütten, Sauna, gute V/E-Einrichtung, kleiner Laden mit Café. lakeistenranta.fi
Beschreibung: Israfil und Tarja sind ausgesprochen herzliche Gastgeber.
Zufahrt: Die 3. Einfahrt nach **Anttola** rechts rein, dann den Hinweisen nach links folgen. Insgesamt 2,7 km nach Abzweig von der **62**.

Kandidaten, die lustvoll und mit Vollgas Richtung **Anttola** düsen, um sich im Obstweingut ***Ollinmäen Viinitila Oy*** (N 61° 35' 52.2" E 27° 31' 41.9", Mo-Fr 10-20 Uhr, Sa/So 10-18 Uhr, ollinmaenviinitila.fi) mit leckerem Stoff zu versorgen. Rechts oberhalb der Straße thront das gepflegte Gehöft, wo man verschiedene Apfel- und Beerenweine bekommt und sich in der gläsernen Abfüll-Station mit den finalen Abläufen einer Obstwein-Manufaktur vertraut machen kann. Hier ist man schnell viel Geld los und jeder Kunde trägt deshalb mit dem gebotenen feierlichen Ernst seinen wertvollen Einkauf zum Auto.

Am nördlichen Wendepunkt unserer ***Saimaa***-Runde wollen wir **Mikkeli**, der Provinzhauptstadt von ***Ostfinnland*** einen Kurzbesuch abstatten. Nach dem Picknickplatz mit Vollausstattung auf der **62** vor der Brücke links biegen wir dann zur **13/15/Mikkeli** und anschließend zur **5/Kuopio** nach rechts ab, folgen gleich darauf den Hinweisen zum **Satama** und finden gegenüber vom Bootshafen (Hier: Gelbes Servicegebäude mit WC, Bezahlung per App) einen geräumigen Parkplatz, ausgewiesen für Caravans/Wohnmobile mit 12-h-Limit [**393**: N 61° 41' 14.8" E 27° 16' 45.6"]. Das ist der perfekte Ausgangspunkt in **Mikkeli**, denn über die Fußgängerbrücke sind es nur 500 m bis zum ***Tori***, dem ***Marktplatz***. Von hier

starten wir an einem richtig warmen Sommertag zu einem Stadtrundgang und lassen uns gleich auf dem Wochenmarkt zur Pause unter den Sonnenschirmen nieder. Das bunte Sortiment der Verkaufsstände reicht von Birkenspan-Artikeln über Blumen bis hin zu ***Piiraka***, den Broten mit den eingebackenen Fischchen. Überrascht hat uns die Neu-Interpretation des Prinzips ***Markthalle*** in Form eines luftigen Neubaus, wo man z.B. in gut sortierten Bäcker-Läden sehr ordentliche Kaffee-Spezialitäten genießen kann. Während des ***Bürger-***, ***Winter-*** und des ***Lapplandkrieges*** hatte ***General Mannerheim*** in der Volksschule von **Mikkeli** sein ***Hauptquartier*** und gleich nebenan im Berg seine Nachrichtenzentrale ***Lokki***. Beides wurde wieder original hergerichtet und wartet als ***Päämajamuseo*** (2.5.-31.8., 10-17 Uhr, Eintritt) auf interessierte Besucher. Vom Markt aus sind es 15 Fußminuten auf der *Maaherrankatu* und dann nach links Richtung ***Naisvuori***, dem städtischen Aussichtsturm. Wer seinen Kindern einen Gefallen schuldet, könnte auf dem **Campingplatz** im Norden der Stadt einen Vergnügungstag einlegen und sich damit richtig beliebt machen.

(394) WOMO-Campingplatz: Visulahti***

GPS: N 61° 42' 11.0" E 27° 20' 39.0". **Öffnungszeiten**: Ganzjährig.
Ausstattung: Gute Ausstattung, sehr gepflegter Rasen mit Bäumen, nette Anlage. visulahti.fi.
Beschreibung: Rundum-Verwöhn-Platz mit angrenzendem Vergnügungspark (Dino-Park, Mini-Land, Spaßbad u.v.m.).
Zufahrt: Mikkeli auf der **5/Kuopio** verlassen, dann den Hinweisen folgen.

Wir verlassen die nach dem Krieg vor allem mit viel Beton wieder aufgebaute Stadt in Richtung **5/13/Lappeenranta** und unternehmen 20 km später in **Ristiina** einen Abstecher auf der **4323**. Nach 1,2 km scheren wir aber erst einmal aus und präsentieren einen neuen Stellplatz, gleich rechts am Bootshafen.

(395) WOMO-Stellplatz: Ristiina Bootshafen

GPS: N 61° 30' 19.7" E 27° 15' 26.7". **Max. WOMOs**: 2-3.
Ausstattung: Großer Schotterparkplatz am Bootshafen, Trockenklo, Müllbehälter.
Beschreibung: Schön am ***Käenniniemenselkä*** gelegen. Ein schönes Ziel für einen Abendspaziergang ist die 1,4 km entfernt auf der Halbinsel gelegen Burgruine ***Brahelinna*** (1640) auf dem Hügel ***Pyrrhölä***.
Zufahrt: Siehe Text.

Dann kurven wir auf schmaler Achterbahnstraße durch Wald, Seen und Felder und landen 500 m nach dem Traditionshof ***Pieni-Toijola*** (links) auf dem Wanderparkplatz [**396**: N 61° 27' 36.2" E 27° 32' 26.5"] rechts, dem Startpunkt zu den ***Astuvansalmen kalliomaalaukset***, den überregional bekannten

Felszeichnungen von Astuvansalmi

Für die kleine Wanderung durch die malerische Landschaft aus Wald, Felsen und Seen sollte man eine ordentliche Brotzeit mit sich führen und zumindest bei schönem Wetter die Badesachen nicht vergessen. Gleich nach dem Start darf man den Hinweis nach links nicht übersehen, wo unser Weg zuerst für 200 m am See entlang und danach über Stock und Stein hoch und runter durch den Blaubeerwald führt. Die vormals 16 Stationen mit Schautafeln zu Besonderheiten der Natur waren zuletzt stark ausgedünnt, auch die Picknickbankdichte hat gelitten. So freuen wir uns umso mehr über den wunderschönen Pausenplatz auf der Felsenplatte mit Blick auf den verträumten See. Dann queren wir auf einem Bretterbrückchen einen Bach, marschieren an einem stillen Waldsee entlang und bewundern dabei eine extrem fotogene bewaldete Felseninsel. Am Ende geht es erst steil hoch, dann über Treppchen steil hinunter zum Ziel an der ***Saimaa***-Bucht ***Astuvansalmi*** mit Trockenklo, Bootsanleger, Badesteg und den bis zu 4500 Jahre alten Felszeichnungen in luftiger Höhe über dem

Weg. Zum Glück sind die frühen Kunstwerke auf einer Tafel gründlich erläutert und beschrieben, sonst würde man die verblassten roten Strichmännchen, die Frau mit dem Jagd-Bogen und die Boote dort oben glatt übersehen (Bestes Licht: später Nachmittag). Bei unserem Felsenpicknick am glasklaren See kommen und gehen die Besucher, die meisten mit dem Boot, wir können uns nur schwer trennen von diesem wunderschönen Fleckchen Natur, tun es schließlich doch, marschieren zum WOMO zurück und haben für den ganzen 4,6-km-Ausflug 2 Stunden gebraucht.

Zurück auf der **13/Lappeenranta** durchquert man auf den nächsten 31 km hügelige Landschaft mit baumbewachsenen Felsen, auch mal ländliche Gegend und findet vor **Savitaipale** einen Platz zum Bleiben.

(397) WOMO-Badeplatz: Kiesilä

GPS: N 61° 16' 30.3" E 27° 24' 37.2". **Max. WOMOs**: 1-2.
Ausstattung: Parkplatz mit Picknickbänken im Wald, Trockenklo, Mülleimer, Fahrweg zu einer Landzunge mit Bootseinsetzstelle und Badestelle (Hier selbstgebasteltes Halteverbotsschild der Bootsfahrer. Verständlich, aber sicher nicht rechtswirksam), hinter der Brücke rustikales Gasthaus ***„Kiesilän Kievari“*** (2021: Mo-Fr 7-18 Uhr, Sa/So 9-18 Uhr). Während wir 2021 hier Kaffee trinken läuft im Fernsehen Olympia: ***Alexander Zverev*** gewinnt grade Gold.
Beschreibung: Nebenan kleiner Obst-/Gemüse-Regionalmarkt im Zelt.
Zufahrt: 9 km nach Abzweig **381/Mäntyharju** vor der Brücke links.

Ein Stück weiter in **Savitaipale** gibt es nicht nur eine stämmige Kirche aus ***Granit***, sondern auch eine Firma, die dem sprichwörtlich harten finnischen Urgestein zu Leibe rückt und diese tonnenschweren, ideal runden Steinkugeln schleift, die dann weltweit in Hotelfoyers auf einem Wasserfilm rotieren. Weiter geht es nun auf der **408** durch Wald, wir sehen Bauernland mit roten Häusern, Kühen auf der Wiese und den See mit Felseninseln im Hintergrund. Nach dem Damm bei **Levänen** erreichen wir **Taipalsaari**, wo sich nicht nur ein Besuch der gelben Kuppel-Kirche empfiehlt, sondern auch ein mehr oder weniger langer Badestopp [**398**: N 61° 09' 33.7" E 28° 03' 29.1"] mit Zufahrt genau gegenüber, hinunter zum See. Auf dem letzten Stück nach **Lappeenranta** – hier spielt die finnische Krimiserie ***Bordertown*** (Netflix) – gibt es noch einmal wie zum Abschied ***Saimaa*** satt, es geht über einen Damm in die Stadt hinein, die grüßt mit Hochhäusern und Industrieanlagen, wir biegen hinter der ersten Bahnbrücke zweimal links ab, holpern schließlich über fürchterliches, aber sehr historisches Pflaster bergauf, dann durch ein enges Tor mit Kanonen in die alte russische Festung ***Linnoitus*** hinein und parken am (Schlimm-)Straßen-Rand (2-Stunden mit Parkkarte) gratis. Hier kann man ***Museen*** besuchen, die älteste ***Orthodoxe Kirche*** der Stadt (9.6.-30.8. Di-So 10-15 Uhr) besichtigen und im wunderschön alt-

modischen ***„Café Majurska“*** (10-20 Uhr) mal so richtig stilvoll konditern gehen. Oder man geht zu den Wallanlagen, um dort herumzuschlendern, das geschichtsträchtige Areal zu erkunden und sich am Blick hinunter auf die Hafen-Bucht und das muntere Treiben mit den vielen Restaurant- und Ausflugsschiffen zu ergötzen. Wir fahren vorsichtig die Festungsstraße durch, kommen am Nordende raus, registrieren dort am Ufer wieder das ***Sandskulpturen-Festival***, biegen rechts zum Hafen ab, finden hier viel WOMO-Parkraum links (N 61° 03' 58.3" E 28° 11' 12.6") und nehmen bei der Fahrt entlang der Hafenbucht die Parade ab: Cafés, Kurpark, der Passagierhafen für Saimaa-Kanal-Touren (Infos und Tickets: saimaatravel.fi) und Riesen-Marina. Ganz in der Nähe befindet sich der städtische Campingplatz für all jene, die gerade entsprechenden Komfortbedarf verspüren.

(399) WOMO-Campingplatz: Lappeenranta***

GPS: N 61° 03' 14.8" E 28° 09' 08.5"; Kuusimäenkatu 18.
Öffnungszeiten: Ganzjährig.
Ausstattung: Schöne Wiesenplätze unter Bäumen, angenehme Lage am ***Saimaa***-Hang, ordentliche Sanitäranlagen, sehr gepflegtes Gelände, Badestelle. campinglappeenranta.fi
Beschreibung: Geräuschbelästigungen durch die nahe Straße sowie den benachbarten Flughafen und das ***Fazer***-Werk sind möglich.
Zufahrt: Von der Festung ***Linnoitus*** kommend auf der **408** stadteinwärts , dann auf der **3821** noch 1,6 km nach Westen, dann rechts.

Auf unserem Weg durch die Stadt halten wir uns Richtung **3821/Lauritsala** und überqueren dann auf der **4071** mit den Schienen zur Rechten schließlich den ***Saimaa-Kanal***, eine wichtige Wasserstraße mit einer bewegten Geschichte.

Der Saimaa-Kanal

Schon lange hatte man geplant, mit einer schiffbaren Verbindung die Handelswege von der ***Ostsee*** in das finnische Binnenland mit seiner weitverzweigten Seenplatte zu verbessern. Schließlich ist es vollbracht, ***Zar Alexander II.*** weiht 1856 den ***Saimaa-Kanal*** ein: 58 km von **Lappeen-**

ranta nach **Viipuri** mit 28 Schleusen für eine Höhendifferenz von 76 m, eine technische Meisterleistung. Nach dem ***Winterkrieg*** fällt die ***Karelische Landenge*** an die ***Sowjetunion*** und damit auch die Hälfte des Kanals, der dann lange Jahre geschlossen bleibt. Mit viel finnischer Diplomatie des damaligen Staatspräsidenten ***Urho Kekkonen*** kommt es 1968 zu folgendem Deal: Die ***Sowjetunion*** verpachtet ihr Kanalstück samt Uferstreifen für 50 Jahre an ***Finnland***, das im Gegenzug für Instandsetzung und Ausbau dieser Wasserstraße zuständig ist. Heute wird mit dem hochmodernen ***Saimaa-Kanal*** ein Großteil des Warenverkehrs von und nach **Sankt Petersburg** über den leistungsfähigen Freihafen in **Lappeenranta** abgewickelt und auch Touristen können sich zu Ausflügen ins heute russische **Vyborg** schippern lassen.

(400-401) WOMO-Stellplätze: Saimaa-Kanal

(400) Kanavan museo

GPS: N 61° 04' 22.7" E 28° 18' 10.1". **Max. WOMOs**: 3-5.
Ausstattung: Parkplatz mit 2 Abteilungen, beim ***Kanalmuseum*** (2021: 7.6.-8.8., 11-18 Uhr, freier Eintritt) und an der Schleuse, historische und moderne Schleusenanlagen.
Beschreibung: Schöner Rundweg mit Info-Tafeln durch die Parkanlage mit Denkmälern und Resten historischer Bausubstanz. Besondere Höhepunkte: Schleusung von großen Frachtern.
Zufahrt: 600 m hinter der Kanalbrücke rechts abbiegen und den Museums-Hinweisen folgen.

(401) Kanavansuu

GPS: N 61° 04' 43.7" E 28° 16' 34.1". **Max. WOMOs**: >5.
Ausstattung: Riesenareal mit Birkenhain an der Kanalmündung, Spazierweg am ***Saimaa-Kanal*** entlang, schöne Plätze direkt am Kanal auf Fein-Schotter, beliebte Jogging- und Hundeausführ- Strecke, Busanbindung (Linie 1) in die Stadt.

Beschreibung: Achtung! Nicht erschrecken! Die Schiffe fahren auch nachts!
Zufahrt: 600 m hinter der Kanal-Brücke links abbiegen, dem Hinweis **Kanavansuu** folgen, die ***Suolavuoentie*** bis zum Ende fahren und dann links hinunter bis zum Kanal.

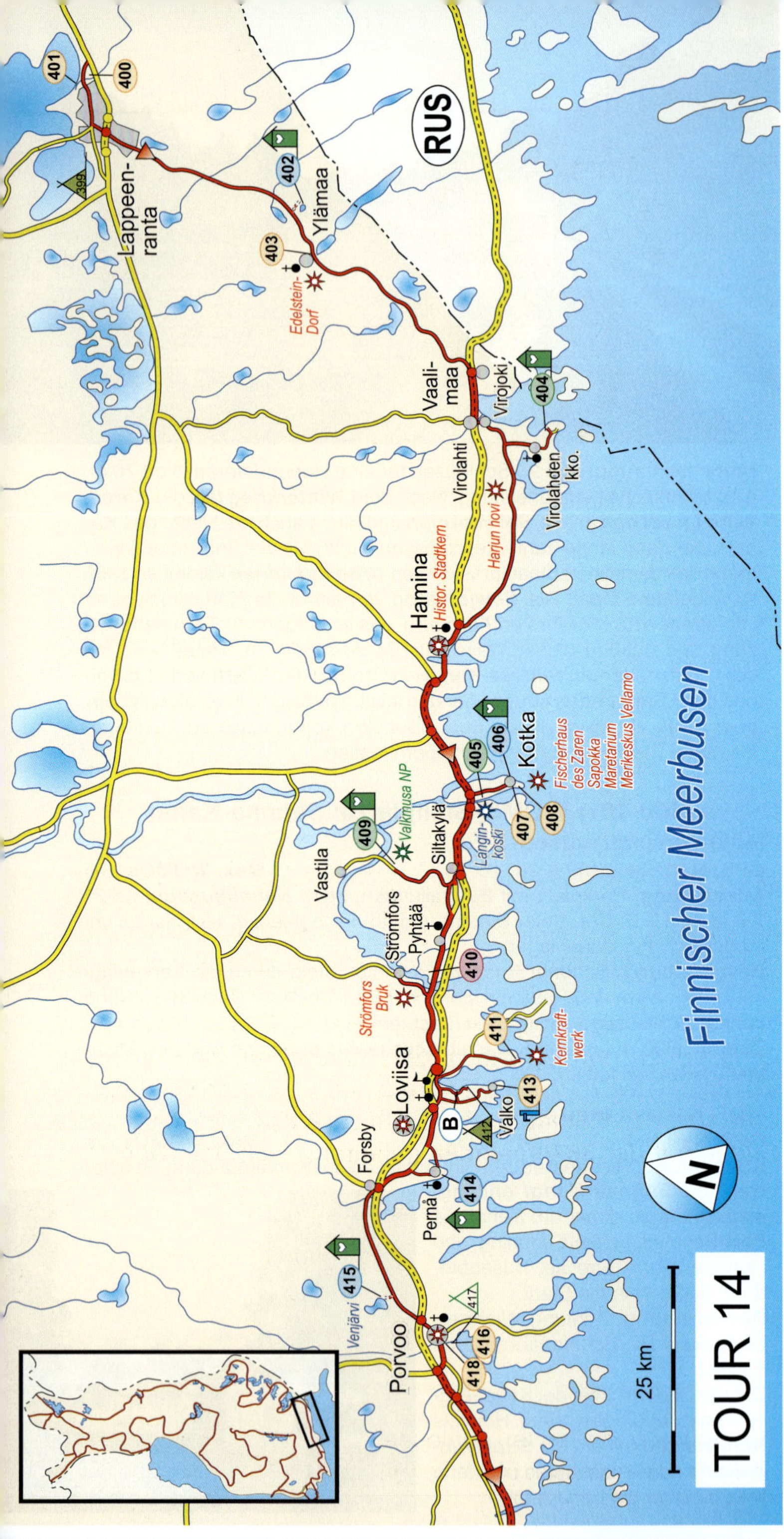
TOUR 14
25 km
N
Finnischer Meerbusen
RUS
Lappeen-
ranta
Ylämaa
Edelstein-
Dorf
Vaali-
maa
Virojoki
Virolahti
Virolahden
kko.
Harjun hovi
Hamina
Histor. Stadtkern
Kotka
Fischerhaus
des Zaren
Sapokka
Maretarium
Merikeskus Vellamo
Langin-
koski
Siltakylä
Valkmusa NP
Vastila
Strömfors
Pyhtää
Strömfors
Bruk
Kernkraft-
werk
Loviisa
Valko
Forsby
Pernå
Venjärvi
Porvoo
399
400
401
402
403
404
405
406
407
408
409
410
411
412
413
414
415
416
417
418
B

TOUR 14: Auf der Königsstraße (350 km)

Ylämaa - Hamina- Kotka - Loviisa - Porvoo

Freie Übernachtung:	Sianeteinen, Edelsteindorf Ylämaa, Vogelsee Virolahti, Kotka , Valkmusa NP, Savukoski-Brücke, Hästholmen, Valko, Pernå, Venjärvi, Porvoo.
Campingplätze:	Loviisa, Porvoo.
Baden:	Sianeteinen, Kotka, Hästholmen, Loviisa, Pernå, Venjärvi.
Besichtigen:	Edelsteindorf Ylämaa, Kirchen u. Bastionen in Hamina, Fischerhaus des Zaren, Merikeskus Vellamo, Maretarium und Wassergarten Sapokka in Kotka, Strömfors, Bastionen und Museen in Loviisa, Svartholm, Kirche in Pernå, Altstadt, Runeberg-Museum und Dom in Porvoo.
Wandern:	Virolahti, Langinkoski in Kotka, Valkmusa NP.

Die Experten-Delegation aus ***Ägypten*** war hell begeistert von dem Plan, den sie hier in ***Südkarelien*** mit den Verantwortlichen schon vor Jahren besprachen, ein echter Hingucker könnte das werden: die ***Pyramide*** aus Granitblöcken in **Ylämaa**! Alle Seiten würden von dem ehrgeizigen Vorhaben profitieren: Die Ägypter bringen den Nordländern ihre Kulturgeschichte näher und leisten fachliche Baubetreuung und die Finnen errichten einem ihrer Nationalsymbole, dem ***Granit***, der in dieser Gegend in vielen Steinbrüchen abgebaut wird, ein würdiges Denkmal. Doch das Projekt kommt leider nicht recht in Gang, obwohl man schon in den Prospekten davon liest! Auch das zaghaft wachsende, aber immer noch unscheinbare ***Jalokivikylä***, das ***Edelsteindorf*** in **Ylämaa** könnte einen echten Besuchermagneten in der Nähe gebrauchen, um mehr Beachtung als Touristenziel zu erlangen. Wir sind von **Lappeenranta** nach **Ylämaa** zunächst auf der **6/Kouvola**, dann nach Süden auf der **387/Vaalimaa** gefahren, doch unterwegs folgen wir an diesem Hochsommertag zunächst einem verlockenden Hinweis, biegen also nach knapp 24 km auf der **387** nach **links/ Peräkorpi** ab und erreichen nach 1,7 km Schotter den kleinen Parkplatz an der höchst erfreulichen Badestelle mit landestypischer Ausstattung am idyllischen Waldsee namens ***Sianeteinen*** [**402**: N 60° 49' 53.3" E 28° 08' 09.4"].

Die restlichen 8 km bis nach ***Ylämaa*** sind nun zügig absolviert, hier schauen wir uns im ***Spectrolite Gem Centre*** die „Gläsernen Edelsteinschleifereien" an und sehen uns in den Shops mit den verlockenden, weil zeitlos schönen Schmuckstücken um, wo sich alles nur um eines dreht:

Spektrolith

Das Besondere an dem edlen Feldspat von **Ylämaa** ist die Variationsbreite seines metallischen Glanzes. Man sagt, er schillert in allen Spektralfarben, deshalb gab ihm der finnische Geologieprofessor ***Aarne Laitakari***, der sogar zusammen mit seinen kleinen Söhnen Such-Expeditionen unternahm und lange Zeit vergebens der vermuteten Lagerstätte nachspürte, den Namen ***Spektrolith***. Sein Vorkommen beschränkt sich praktisch ausschließlich auf ***Finnland*** und auch hier nur auf die Gegend um **Ylämaa**, weshalb er als „National-Edelstein" gilt. Die Entdeckung dieses regional begrenzten Vorkommens ist recht kurios und kann getrost als Nebenprodukt der Landesverteidigung angesehen werden. Als der junge Offizier ***Pekka Laitakari*** in den vierziger Jahren beim Bau der ***Salpa-Linie*** im Felsgestein der Panzersperren von **Ylämaa** Einschlüsse dieser speziellen ***Labradorit***-Variante entdeckte und die Herkunft des Materials zurückverfolgte, konnte er seinem Vater stolz über den Fundort berichten, der uns heute diese wunderschönen Souvenirs beschert.

(403) WOMO-Stellplatz: Jalokivikylä (Edelsteindorf)

GPS: N 60° 47' 25.1" E 28° 00' 37.9".
Max. WOMOs: 3-5.
Ausstattung: Parkplatz im Grünen hinter dem Rasthaus, Tankstelle, Picknickwiese, Müllbehälter, Spielplatz, Edelsteinmuseum (12-16 Uhr, wenig Eintritt) Shops (Mo-Fr 8-18 Uhr, Sa/So 10-18 Uhr), ylamaa.fi.
Beschreibung: Der Platz ist auch nachts nicht still, weil straßennah.
Zufahrt: Siehe Text.

Religiös und mineralogisch Interessierte schauen noch in der markanten, aus rotem Backstein gebauten Kirche von **Ylämaa** (N 60° 47' 56.1" E 28° 00' 22.3", zuletzt geschlossen) mit ihrem ***Spektrolith-Taufbecken*** vorbei, die **387** führt uns nun an besagten Steinbrüchen mit Bergen von ***Granit*** und Abraum vorbei, dann auch durch liebliche Landschaft und Felsen-Schneisen, bevor wir bei **Vaalimaa** zur **7/Helsinki** abbiegen. Linkerhand liegt der nahe Zollhof, denn die russische Grenze ist nicht fern, nach **Vyborg** sind es nur 60 km. Auf der Autobahn bleiben wir aber nur für 5,8 km, dann verlassen wir diese an der Ausfahrt **87**, rollen auf der **384** nach **Virojoki** und streben auf der schmalen wie kurvenreichen **3513** durch ländliches Gebiet gen **Virolahti**. Für einen Abstecher zum Wandern und Vögel gucken folgt man der **3511/Virolahti kko** nach links, sollte sich aber unterwegs unbedingt das grünbedachte Kirchenensemble (N 60° 30' 32.2" E 27° 41' 13.0") anschauen.

(404) WOMO-Wanderparkplatz: Vogeltürme Virolahti

GPS: N 60° 30' 24.2" E 27° 43' 17.3". **Max. WOMOs**: 1-2.

Ausstattung: Picknickbank, Feuerstelle mit Holzvorrat, Müllbehälter, zum Trockenklo 50 m auf der ***Tillintie*** weiter, dann 20 m links rein, etwas versteckt im Wald.

Beschreibung: 330 m auf der ***Tillintie*** weiter findet man einen kleinen Schotterparkplatz, dem Startpunkt für die Wanderung zum Aussichtsturm ***Vilkkilän turan torni*** am Vogelsee ***Viikiläntura***.

Zufahrt: 100 m hinter der Kirche von **Virolahti** links rein, dem Hinweis **Tilli** nach, auf kurviger Straße durch Wald und Feld, kurz nach dem nächsten Abzweig dann Parkplatz links unter Kiefern.

Zurück zur **3513** – wieder an der Kirche vorbei – geht es **links/Klamila** weiter und wir bewegen uns auf der ***Museotie***, der historischen ***„Kuninkaantie“*** oder dem ***„Kungsvägen“*** oder der ***„Königsstraße“***, der alten Handelsroute von ***Norwegen*** bis zum ***Baltikum*** und späteren Postweg von **Stockholm** nach **Sankt Petersburg**. Heute ist diese Strecke mit dem Kronen-Logo markiert und führt den historisch Interessierten an vielen Sehenswürdigkeiten vorbei. Die rumplige und geflickte Straße windet sich kurvenreich durch Wald und ländliche Idylle und links hinter den Feldern blinkt das Wasser. In ***Harjun hovi*** kriegt man einen Eindruck vom Gutshof-Milieu vergangener Zeiten, wir rollen auf einer Birkenallee auf das Anwesen zu, bewundern dort ein besonders schönes Holzhaus mit Wetterhahn von 1907 und erfreuen uns an den Leckereien im Sommercafé ***„Kiessi“*** (Saison tgl. 14-19 Uhr). Die **3513** führt durch reizende, kleine Ortschaften, man sollte diese unübersichtliche Strecke ausgeschlafen und in gemächlicher Langsamfahrt ohne Hast genießen, bevor es auf der **170** nach **Hamina** hinein geht. Die alte Garnisonsstadt wurde von Schweden und Russen im 18. Jahrhundert zur Bastion ausgebaut und auch heute ist die Stadt militärisch geprägt: Reichlich Kasernen und das ***„Hamina Tattoo“***, die Militärmusik-Woche in den geraden Jahren Anfang August, die in der von einem riesigen Zeltdach überspannten Zentral-Bastion zelebriert wird. Wir parken zentrumsnah vor der ***Marienkirche*** (N 60° 34' 11.2" E 27° 12' 02.9") und erwischen gerade noch so das vielfältige Lounas-Büfett im ***Lounashoune Kerho*** (10.30-14.30 Uhr, lounashuone.fi), dem alten Offiziers-Club in der Kadettikoulunkatu 3. Anschließend wird der historische Stadtkern zu Fuß erkundet. Von deren Mittelpunkt gehen 8 Straßen strahlenförmig in alle Richtungen weg, hier hat man auch die dominanten und farbenfrohen Gebäude der Stadt dicht bei-

einander: die ***Orthodoxe Kirche*** mit Glockenturm von ***Louis Visconti*** (links/rechts oben) sowie das ***Rathaus*** (unten rechts) und die neoklassizistische ***Johanneskirche*** von ***Carl Ludwig Engel*** (unten links).

Die 25 km nach **Kotka**, der nächsten Station unserer Küstentournee, düsen wir auf auf der Autobahn **7**, verlassen diese an der Ausfahrt **74**, rollen auf der **15** in die Stadt, lassen uns zu den ***Langinkoski*** führen und landen auf dem urigen Felsenplatten-Parkplatz der ***Kaisariinen kallastusmaja*** (1.6.-5.9. tgl. 11-18 Uhr, Eintritt, Café anbei), dem ***Fischerhaus des Zaren***. Durch ein verziertes Holztor gehen wir den breiten Weg

hinunter zu den rauschenden Stromschnellen des ehemals lachsreichen ***Kymijoki***, wo man 1889 für ***Zar Alexander III.*** und seine Familie ein formidables Angelquartier baute. Nach umfassender Rekonstruktion erstrahlt dieses Touristen-Ziel nun im neuen Glanz.

(405) WOMO-Wanderparkplatz: Kotka Langinkoski
GPS: N 60° 29' 26.0" E 26° 53' 13.3". **Max. WOMOs**: 2-3.
Ausstattung: Geräumiger Parkplatz auf einer nicht ganz geraden Felsenplatte im Wald beim ***Fischerhaus des Zaren***, schöner Waldpark mit Wanderwegen bei den Stromschnellen.
Beschreibung: Kaiserin-Café am Parkplatz (Saison Di-Sa 10-17 Uhr).
Zufahrt: Siehe Text.

Wir kehren zurück zum Abzweig, halten uns rechts Richtung **Keskusta**, überqueren mit der **15** eine Brücke mit Aussicht und rollen dann zum **Kantasatama**, dem Zentralhafen. Der gute ***„Tarmo“***, der älteste Eisbrecher der Welt, ist kaum noch zu sehen hinter dem gigantischen und futuristisch anmuten-

den Neubau des ***Merikeskus Vellamo*** (Di,Do-So 10-17 Uhr, Mi 10-20 Uhr, Eintritt, unter 18 Jahre frei, Mi 17-20 Uhr für alle frei, ***„Tarmo“*** kostet extra, merikeskusvellamo.fi, WOMO-P: N 60° 28' 21.6" E 26° 56' 44.3") dem ***Meereszentrum*** mit großem Museum, Kongress-Zentrum u.v.m., einem architektonischen Highlight des modernen ***Finnland,*** dem man sogar aufs Dach steigen kann. Eine Riesenskulptur in Form der Meeresbrandung. Nun halten wir uns Richtung **Katariina**, fahren immer der Hauptstraße entlang zum Südzipfel der Inselstadt, passieren den wunderschönen ***Wasserpark Sapokka***, finden einen Parkplatz neben der **Badestelle** und erfreuen uns am

(406) WOMO-Badeplatz: Kotka

GPS: N 60° 27' 07.0" E 26° 56' 57.2". **Max. WOMOs**: 1-2.

Ausstattung: Feinschotterparkplatz mit Meeresblick, Hundeauslauf-Zone, Teppichwaschanlage, Felsenküste.
Beschreibung: Nebenan Badestelle mit Steg und kleinem Sandstrand, Trockenklo, Spielplatz und Sportanlagen.
Zufahrt: Siehe Text, beim Rechtsknick der Straße Parkplatz geradezu.

Meer-Panorama mit Felseninseln und dem ***Fort Elisabeth*** auf der Insel ***Varisaari***. Seit 2002 kann die Hafenstadt **Kotka** mit dem ***Maretarium*** (10-19 Uhr, reichlich Eintritt, maretarium.fi, N 60° 27' 39.4" E 26° 57' 05.9") auch ein standesgemäßes ***Aquarium*** mit allen Fischen der Heimat vorweisen, zu finden beim Bootshafen ***Sapokanlahti*** etwa 1 km Luftlinie NNO von hier. Dort kommt man direkt vorbei, wenn man zum Damm fährt, der zur Insel ***Kuusinen*** führt. Hier im Fischereihafen gibt es ein rustikales Fischrestaurant ***„Kalamaja“*** (9-18 Uhr), einen Fischverkauf (Kalakauppa, Mo-Fr 9-17 Uhr, Sa 8-15 Uhr) und unterwegs spannende WOMO-Plätze mit Aussicht.

(407-408) WOMO-Stellplatz: Kotka Kuusinen

(407) Kuusinen Damm

GPS: N 60° 27' 31.5" E 26° 57' 46.3". **Max. WOMOs**: 1-2.

Ausstattung: Parkplatz auf dem Damm, Meerblick, von 8-16 Uhr max. Parkdauer 2 Stunden.

Beschreibung: Neue Bänke mit Lehnen am Parkplatz.

Zufahrt: Am Maretarium links vorbei, Straße am Yachthafen entlang, nach dem Halblinks-Knick noch 400 m, dann rechts.

(408) Kuusinen Insel

GPS: N 60° 27' 31.6" E 26° 57' 53.0". **Max. WOMOs**: 1-2.

Ausstattung: Asphalt-Parkplatz, von 8-16 Uhr max. Parkdauer 2 Stunden, Picknickbänke aus Stein, Müllbehälter, Felseninsel für Entdecker.

Beschreibung: In der Nähe steht eine Skulptur: Denkmal für die gefallenen russischen Marine-Soldaten bei der Schlacht in ***Ruotsisalmi*** 1789/90.

Zufahrt: Von **(407)** noch 100 m weiter auf die Felseninsel.

Uns ist **Kotka** mittlerweile richtig sympathisch geworden, diese grüne Stadt am Meer mit ihren besonderen Sehenswürdigkeiten und den vielen gepflegten Parkanlagen, für deren Erkundung man sich ausreichend Zeit nehmen sollte.

Immer der **15/7/Helsinki** nach verlassen wir die Stadt, nehmen die Autobahn-Ausfahrt **71/Siltakylä/Broby**, rollen schließlich auf der **3562** nordwärts und entführen Sie zu Ihrer körperlichen und seelischen Erbauung in den ***Valkmusan kansallispuisto***, den ***Valkmusa Nationalpark***, einen der jüngsten im Land mit einem freundlichen Rundweg durch Wald und Moor.

(409) WOMO-Wanderparkplatz: Valkmusa

GPS: N 60° 34' 19.0" E 26° 42' 18.7".
Max. WOMOs: 2-3.
Ausstattung: Geschotterter Parkplatz, Info-Tafeln zur Natur und zum 40-Minuten-Rundwanderweg mit Picknickbänken, bunten Schmetterlingen und Vogelturm, Trockenklo,
Beschreibung: Ausgesprochen ruhiger Platz, außerorts.
Zufahrt: Siehe Text. Nach Abzweig Richtung **Vastila** noch 9 km.

Zurück zum letzten Abzweig geht es auf der ***Königsstraße*** mit dem Krönchen nach rechts teilweise holperig bis schotterig nach **Pyhtää kk.**, wo man unbedingt die ***Pyhän Henrikin kirkko*** (2021: tgl. 10-15 Uhr, N 60° 29' 35.6" E 26° 32' 32.0") aus dem

15. Jahrhundert besichtigen sollte, eine für ***Südfinnland*** typische Scheunendachkirche aus Feldsteinen. An warmen Sommertagen wie heute tropft Teer vom Holzschindeldach, drinnen ist es erfrischend kühl, so dass wir uns ausgiebig den restaurierten Deckenmalereien hingeben.
Wir rollen parallel zur Autobahn für 4,7 km auf der **170/Helsinki** weiter, wo wir auch bald zum nächsten Picknickplatz nach rechts weggelockt werden, zur ***Savukosken silta***, einer Museumsbrücke von 1928.

(410) WOMO-Picknickplatz: Savukoski-Brücke

GPS: N 60° 29' 44.4" E 26° 27' 37.7". **Max. WOMOs**: 1-2.

Ausstattung: Pavillon, Info-Tafel, Mülleimer, Asphalt-Parkbeule vor der Brücke rechts, links auf der Landzunge im Uferwäldchen ein Spezialplatz für kleine WOMOs, Brücke macht nicht viel her, aber nette Landschaft ringsum und ungestörte Nachtruhe, Anglerplatz, Zelten verboten.

Beschreibung: Wer seine Fahrräder dabei hat, ist jenseits der Brücke auch bald in **Strömfors**.

Zufahrt: Von der **170** nach rechts, dann 700 m bis zum Straßenende bei der Brücke (die nur für Fußgänger und Radfahrer passierbar ist).

Nach weiteren 1,3 km auf der **170** zweigt die Straße **1792** nach **Ruotsinpyhtää/Strömfors** ab, wo wir nach 4 km die ***Ruukki Strömfors Bruk*** (Parken: N 60° 31' 26.8" E 26° 28' 29.3", stromforsinruukki.com) erreichen, den Komplex der ältesten Eisenhütte ***Finnlands***, die ursprünglich 1695 gegründet wurde. In schmucken schwedisch-roten Holz-Häusern präsentieren sich nicht nur das ***Schmiedemuseum*** und die anderen im Gelände verteilten historischen Gebäude, sondern

auch das regionale Kunsthandwerk mit seinen Produkten vom Gemälde über Töpferware bis hin zu Bau-Recycling und altem Hausrat, komplettiert mit stimmungsvoller Gastronomie wie dem Gasthaus ***„Ruukimylly“***, wo wir uns am Wochende an einem reichhaltigen Pauschal-Büfett erfreuen. Dies hier ist ein überaus romantisches Areal mit stillem Teich, weißen Brückchen, alter Wassermühle und dem besonderen Flair zum Verlieben.

Auch in **Loviisa**, das wir über die **170**, die **Autobahn 7** und die **Abfahrt 67** erreichen, wandelt man auf den Spuren der Geschichte. Als sich Mitte des 18. Jahrhunderts nach dem

Frieden von Turku die Grenze des schwedischen ***Finnland*** nach Osten verschob und die Russen die Festungen in **Hamina**, **Lappeenranta** und **Savonlinna** einkassierten, beschlossen die Schweden, das damalige **Degerby** zur Festung auszubauen. So begrüßen uns am Ortsanfang rechts die Bastionen ***Ungern*** und ***Rosen*** mit ihren wuchtigen Bögen und dem gepflegten Picknickareal drinnen hinter dicken Mauern. Bevor wir uns nun in der Innenstadt den anderen Attraktionen nähern, können diejenigen, die nicht fundamental-ökologisch geprägt sind, gleich gegenüber auf der **1583** einen Abstecher auf die wunderschöne Halbinsel mit der vorgelagerten Insel ***Hästholmen*** unternehmen und bis vor die Tore des ersten und bekanntesten finnischen Kernkraftwerkes (Bj. 1976), des ***Loviisa Power Plant***, vordringen.

(411) WOMO-Stellplatz: Kernkraftwerk Loviisa

GPS: N 60° 22' 25.0" E 26° 20' 04.1"; Atomitie. **Max. WOMOs**: 3-5.
Ausstattung: Eine Parkplatz-Abteilung mit Asphalt, eine mit Schotter. Hier parken auch Bootstrailer. Naturpfad, schöne Umgebung, Badestellen.
Beschreibung: Einen weiteren Parkplatz findet, wer vor dem Empfangshäuschen rechts rein zum Parkplatz vom Bootshafen fährt. Dort hat man einen freien Blick auf die Reaktoren.
Zufahrt: Asphalt-Straße durch Felsen-Wald, nach 6 km dem Abzweig nach **rechts/Voimalaitos** folgen, am Ende Parkplatz links mit Birkenreihen.

In **Loviisa** selbst gibt es Bauten verschiedener Stilepochen: Von den Holzhäusern der Altstadt aus dem 17. Jahrhundert rund um das historische Nobel-Restaurant ***„Degerby Gille“*** bis zum neoklassizistischen ***Rathaus*** von 1856 mit dem bunten Wochenmarkt (7-14 Uhr) davor. Fährt man den Hinweisen zum **Hafen/Camping** nach, erreicht man zuerst den quirligen ***Bootshafen Laivasilta*** (Parken: N 60° 27' 05.5" E 26° 14' 02.4") bei den malerischen roten Salzspeicherhäusern mit allerlei

Läden und Gastronomie (Test ***„Skeppsbron“***: Gute Burger!), dem ***Seefahrtsmuseum*** sowie den Ausflugsschiffen zur Festungsinsel ***Svartholm*** und gleich danach hinter der Badestelle einen schön am Wasser gelegenen und liebevoll gepflegten Campingplatz.

(412) WOMO-Campingplatz: Loviisa***

GPS: N 60° 26' 30.1" E 26° 14' 14.8"; Kapteenintie 1.
Öffnungszeiten: 30.4.-15.9.
Ausstattung: Schöner, gepflegter Platz am Wasser, durch Hecken getrennte Abteilungen, Kapazität der Sanitäranlagen etwas knapp, eigenwillige Entsorgung, Badesteg.
Beschreibung: Platz in einem Parkgelände am Meer mit klassizistischen Holzvillen, wird für sein bezauberndes Ambiente gepriesen.
Zufahrt: Siehe Text, ausgeschildert.

Auch für eingefleischte Freisteher haben wir noch einen Platz im Angebot, zu diesem müssen sie aber noch ein ganzes Stück südwärts auf die Halbinsel vorstoßen.

(413) WOMO-Stellplatz: Sportboothafen Valko

GPS: N 60° 24' 10.1" E 26° 15' 13.6". **Max. WOMOs**: 2-3.
Ausstattung: Schotter-Parkplatz beim Bootshafen mit Blick auf die Bucht und Industrieanlagen, Wasserhahn, Müllbehälter, Teppichwaschanlage.
Beschreibung: Etwas unstrukturierter, aber geräumiger Parkraum.
Zufahrt: Bei der Badestelle landeinwärts auf der ***Antinkyläntie*** zur **178** fahren, auf dieser 3,7 km nach links weiter und dann 400 m nach dem Ortsschild **Valko rechts/Valkolampi** abbiegen. Nun an Werften entlang, dann links vom Felsbrocken vorbei Richtung **Trollhamnen**, nach 140 m nochmal links zum Ziel.

Bevor wir **Loviisa** verlassen, beehren wir den bunten Wochenmarkt, kaufen dort frische Erdbeeren, gehen dann die Straße rechts vom Rathaus bis zur nächsten Kreuzung ***Kunninggattarenkatu/Itäinen Tullikatu*** und besuchen das ***Societätshaus*** (11-18 Uhr) der Stadt, wo es restaurierte Deckenkassetten mit Darstellungen der Musen zu bewundern gibt. Die heutige Bibliothek/Mediathek war ursprünglich ein Versammlungs- und Festsaal und wurde 1997 gründlich restauriert.

An der beeindruckenden neogotischen Kirche vorbei geht es auf die **170/Pernå/Pernaja**, die wir nach 5 km nach links zur **1581**, der ***„Königsstraße"*** folgend verlassen, um uns auf einer Wellenschaukelstraße dem Geburtsort des finnischen Reformators ***Mikael Agricola*** (1509-1557) zu nähern und dort die vielgerühmte Feldstein-Kirche ***St. Michael*** (Parken: N 60° 26' 23.8" E 26° 02' 28.0"; 2021 8.6.-14.8. Di-Sa 10-17 Uhr) aus dem 14. Jahrhundert zu besichtigen. Das imposante Bauwerk ist nicht zu übersehen, mit der Büste davor ehrt man den großen Sohn der Stadt und das Innenleben zeigt sich von ergreifend harmonischer Schönheit. Die Backstein-Ornamente am weißen Giebel wurden nach dem Vorbild vom ***Dom*** in **Porvoo** gestaltet. Nach dem Badestopp hier ganz in der Nähe sind wir auch schon auf dem

(414) WOMO-Badeplatz: Pernå Bäston

GPS: N 60° 25' 56.5" E 26° 02' 13.4". **Max. WOMOs**: 1-2.
Ausstattung: Schotterparkplatz umgeben von Grünland, Liegewiese und Picknickbank an der Badestelle, Sandstrand und Badesteg, Kabinen, Spiel- und Sportplatz, Dixi-Klo, Mülleimer. Zelten verboten.
Beschreibung: Ruhige Lage in der Natur.
Zufahrt: Kurz vor der Kirche dem Hinweis **Backsten Strand** folgen und 700 m später nach rechts 600 m Richtung **Bäston** (zuletzt rechts halten) auf Fahrweg zum naturellen Badestellen-Parkplatz rechts.
Alternative in der Nähe: Backstensstrand
GPS: N 60° 25' 36.9" E 26° 02' 49.0". **Max. WOMOs**: 1-2.
Ausstattung: Badesteg mit Leiter, schöne Picknickbänke, Kamin-Feuerstelle, Müllbehälter, Bootseinsetzstelle, **sehr wenig Parkraum**.
Beschreibung: Man sollte niemals auf die Idee kommen, an einem sommerlich warmen Wochenende hierher zu fahren.
Zufahrt: Wie zu **(414)**, aber nicht nach **Bäston** abbiegen, sondern geradeaus weiter bis zum Ende.

Weg zum Original, kehren dafür zurück zur **170** und fahren Richtung **Porvoo**, halten uns also von der Autobahn fern. Unterwegs dokumentieren wir noch einen schönen Badeplatz am ***Venjärvi*** [**415**: N 60° 28' 23.8" E 25° 46' 52.2"] (Foto rechts) nur 300 m rechts der Tourstrecke mit Vollausstattung, unterqueren die Autobahn und sind auch schon in **Porvoo**, unserer nächsten Station, eine der attraktivsten Touristenziele ***Finnlands***. Vor Ort registrieren wir einen regelrechten Bauboom, bei dem wohl auch die WOMO-Plätze unter die Räder kommen. Hier die Situation der vorgefundenen Übernachtungsplätze, Stand Sommer 2021:

(416) WOMO-Stellplatz: Bikerpark Kokoniemi

GPS: N 60° 23' 05.7" E 25° 39' 33.9". **Max. WOMOs**: 3-5.
Ausstattung: Schotter-Areal, das Basislager der Downhill-Biker bei der Talstation vom Lift. Rad-Ausleihe, Rad-Waschanlage, Entertainment, im Winter Ski-Zentrum.
Beschreibung: Das Geländes in der Nähe eines schon abgesperrten Baufeldes beim alten Bootshafen sieht recht provisorisch aus. Wie man hört, soll hier das ***Sportzentrum Kokoniemi*** entstehen, das ehrgeizige Bauvorhaben der Stadt. Die Perspektive des Platzes ist also ungewiss.
Zufahrt: In ***Kokoniemi*** im Süden der Stadt, in der Nähe vom ***Porvoonjoki***. Bei der Zufahrt zu **(417)** rechts.

(417) WOMO-Campingplatz: Kokonniemi***

GPS: N 60° 22' 47.3" E 25° 39' 59.0". **Öffnungszeiten**: 4.6.-31.8.
Ausstattung: Gepflegter Wiesenplatz am Hang, auch terrassierte Einzel-Buchten, ordentliche Ausstattung, kein Fluss-Zugang.
Beschreibung: Nach Angaben der Betreiber wird der Platz Ende der Saison 2021 geschlossen, die Stadt hat das Areal verkauft. Was mit dem Gelände geschieht, ist unklar. Man könnte vermuten, dass hier hochpreisige Wohnbebauung erfolgt. Ein neuer Campingplatz ist nicht geplant. Aber man weiß ja nie...suncampingporvoo.sportum.info.
Zufahrt: Wie **(416)**, dann noch 1,5 km weiter den Hinweisen nach.

(418) WOMO-Stellplatz: Vanha Porvoo

GPS: N 60° 23' 44.5" E 25° 38' 47.9". **Max. WOMOs**: >5.
Ausstattung: Schotterparkplatz mit 10-h-Begrenzung, nur 500 m bis zur historischen Altstadt. Gegenüber noch ein 24-h-Parkplatz gegen Geld.
Beschreibung: Erfahrungsgemäß ist mit nächtlicher Lärmbelästigung von der nahen Straße zu rechnen.
Zufahrt: Man wird im großen Bogen um den städtischen Friedhofshügel herum geführt. Von der **170** auf die ***Vanha Helsingintie*** abzweigen (Hinweis ***„Gamla Borga/Vanha Porvoo“***), nach 750 m links.

Porvoo ist als Stadt nicht nur schön anzuschauen, sondern auch besonders geschichtsträchtig und bedeutsam für das finnische Nationalbewusstsein. Die nach ***Turku*** zweitälteste Stadt in ***Finnland*** wurde 1346 gegründet, war im 18. Jahrhundert ein gut frequentierter Handelsplatz und erlebte am 29. März 1809 hier im ***Dom*** quasi die Geburtsstunde des Finnischen Staates, als ***Zar Alexander I.*** beim ***Landtag zu Porvoo*** den autonomen Status ***Finnlands*** in Form eines russischen Großfürstentums verkündete. Für unseren gemeinsamen Stadtrundgang empfehlen wir bequemes Schuhwerk und starten mit dem Besuch im ***Wohnhaus*** von ***Johan Ludvig Runeberg*** (Aleksanterinkatu 3, N 60° 23' 25.6" E 25° 39' 48.4", Mai-September tgl. 10-16 Uhr, Eintritt), des schwedisch schreibenden finnischen Nationaldichters, der hier seine letzten 25 Lebensjahre verbrachte. Unten am Fluss-Boulevard „steppt der Bär": Restaurantschiffe und Cafés, Himmel und Menschen! Wir nehmen den Fußgängerdurchgang unter der Brücke, stolpern geradezu in eines der originellen Gasthäuser, dem alten Backsteinmagazin am Fluss und schlendern dann durch die stimmungsvolle Altstadt hinauf zum ***Dom***. Unterwegs besuchen wir eine stilvolle Konditorei und probieren zum Kaffee die örtliche Spezialität, die ***„Runeberg-Törtchen"***, die wohl doch nur zu seinem Geburtstag am 5. Februar in Original-Rezeptur mit Punsch und Apfelkompott-Haube gereicht werden. Das Gastronomie-Angebot in der Altstadt ist ausgesprochen vielfältig.

Das alte Rathaus (Bj.1764), heute Museum

Suchen Sie sich etwas Passendes aus. Über historisches Katzenkopfpflaster erklimmen wir die Gasse hinauf zum ***Dom*** (Mai-September Mo-Fr 10-18, Sa 10-14, So/Fei 14-17 Uhr), bewundern am Giebel die Backstein-Ornamente und drinnen die feierliche Pracht mit der Rokoko-Kanzel und der prunkvollen Orgel. Dieses imposante Bauwerk wurde in seiner Geschichte immer mal zerstört und wieder aufgebaut. Zuletzt im Frühjahr 2006 durch Brandstiftung, doch die Restaurierung ist schon längst wieder vollendet.

Wir nehmen die schmale Straße zur kleinen Brücke hinunter, um dann auf der anderen Fluss-Seite die Stadtansicht aus der Postkartenperspektive zu genießen: Hoch droben über allem der hübsch gemusterte ***Dom***-Giebel und ihm zu Füßen die berühmten roten ***Salzspeicher-Häuser*** aus der Hansezeit mit den geschickt geschachtelten Grundstücken, so dass möglichst viele Händler am Fluss laden konnten. Fußlahme, Pflastermüde und Tagesbesucher können hier auch hinfahren, denn direkt gegenüber vom Domberg gibt es ein Parkplatzareal (N 60° 23' 46.5" E 25° 39' 15.5") zu dem man vom Stadtrand im weiten Bogen (Hinweise zu ***„Gamla Borga/Vanha Porvoo“***) herangeführt wird.

Bei unserem letzten Besuch in **Porvoo** haben wir den Eindruck gewonnen, dass Wohnmobil-Gäste nicht mehr zur Tourismus-Zielgruppe der Stadt gehören. Auch die „Ritter der Nacht“ waren hier unüberhörbar unterwegs, die geistigen Verwandten der Irren von **Joensuu** (siehe auch S. 263), hier zu „genießen“ in der Variante mit maximal lauten Motorrädern. Also so richtig willkommen haben wir uns hier nicht gefühlt. Vielleicht tut es ja auch ein Tagesaufenthalt. **Porvoo** ist ein sehr begehrtes Ausflugsziel für Besucher aus **Helsinki**, die sehr romantisch mit dem historischen Dampfschiff ***M/S J.L. Runeberg*** (2021: 10 Uhr Helsinki-Porvoo, 16 Uhr Porvoo-Helsinki, msjlruneberg.fi) anreisen.

TOUR 15
Turku
Ruissalo
Pargas
L
Salo
Kimito
Perniö
Vikstrand
441
Fiskars
432
Pohja
Karis
Lohjansaari
Lohja
Kalkbergwerk
Gas-
flaschen-
Füllung
Museum Igor
Degerby
Kirkko-
nummi
Kantvik
425
426
427
431
428
429
430
Porkkala
Espoo
Helsinki
423
424
419
420 WC
421
422 WC
Gasflaschen-
Tausch
Zoo
Suomen-
linna
Ekenäs
433
434
435
B
436
437
Frontmuseum
Lappvik
439 WC
438
440
Hanko
zur Insel Bengtskär
Finnischer Meerbusen
Stockholm - Helsinki
Travemünde - Helsinki
Tallinn - Helsinki
25 km
N

TOUR 15: Von Helsinki nach Turku (500 km)

Helsinki - Porkkala - Lohja - Hanko - Turku

Freie Übernachtung:	Helsinki, Porkkala, Fiskars, Ekenäs, Hanko, Vikstrand.
Campingplätze:	Helsinki, Ekenäs, Hanko.
Baden:	Helsinki, Porkkala, Kantvik, Lappvik, Hanko, Ekenäs.
Besichtigen:	Sehenswürdigkeiten in Helsinki und Umgebung, Kirche in Kirkkonummi, Museum Igor in Degerby, Kalkbergwerk Tytyri und Kirche in Lohja, Ekenäs, Frontmuseum und Ortslage Hanko, Hauensoli, Bengtskär.
Wandern:	Stadterkundung in Helsinki, Porkkala.

Helsinki, wir kommen! **Doch Halt!** Wer schon einmal mit dem Wohnmobil in einer fremden europäischen Hauptstadt herumgegondelt ist und versucht hat, sich auf diese Weise einen freundlichen Überblick zu verschaffen, wird im günstigsten Fall in Würde an diesem unmöglichen Vorhaben scheitern und im schlimmsten Fall einen ordentlichen Familienkrach an Bord bewerkstelligen. Um diese beiden Varianten auszuschließen, haben wir zwei wunderbare Ausgangspositionen für einen entspannten Besuch von **Helsinki** in petto, die beide über schnelle Nahverkehrsverbindungen in die City verfügen:

(419) WOMO-Campingplatz: Rastila*****

GPS: N 60° 12' 24.2" E 25° 07' 16.7"; Karavaanikatu 4.
Öffnungszeiten: Ganzjährig.
Ausstattung: Sehr gute Ausstattung, Badestelle, Toiletten-Bodenentleerung, freies WLAN, Restaurant, Supermarkt in der Nähe, 16 Minuten mit der Metro in die ***City***. hel.fi/rastila.
Beschreibung: Großes Gelände direkt zu Füßen von Wohnhäusern, gepflegte Anlage mit blühenden Hecken, umsichtige und professionelle Organisation, in den Ferien gut besucht. In der Nähe vom ***Finnlines***-Hafen.

Zufahrt: Auf der **7** nach **Helsinki** hinein, im eleganten Linksbogen zur **4**, zur **101/ Ring I / Itäkeskus** abbiegen, den Hinweisen zum **Campingplatz** folgen, dann **nicht** rechts **170/Keskusta,** sondern links einreihen, geradeaus nach **Vuosaari** und schließlich hinter den Gleisen rechts hinunter.

Kippari-Caravan OY (kippari-caravan.fi) gibt es immer noch! Früher auf dem Vorplatz vom Rastila Camping zu Hause, residiert die Firma nun 1,8 km Luftlinie entfernt hinter einem PRISMA-Markt: Vanhanlinnantie 15, 00900 Helsinki , Mo-Fr 9-17.45 Uhr, Sa 10-14 Uhr (N 60° 12' 54.7" E 25° 05' 33.6"). Es werden deutsche graue 11-kg-Gasflaschen getauscht, zuletzt gab es sogar deutsche Alu-Flaschen im Tausch.

(420) WOMO-Stellplatz: Zoo Korkeasaari

GPS: N 60° 10' 55.9" E 24° 59' 26.3". **Max. WOMOs**: >5.
Ausstattung: Nett gestalteter Terrassen-Parkplatz mit Heckenrosen und Wasserblick, bei der unteren Terrasse Café und Bar. Sportplatz und WC in 200 m, Baumkletterpark, Kiosk und Badestelle anbei, ***Zoo*** (Mai-August tgl. 10-20 Uhr, sonst verkürzt, Eintritt, korkeasaari.fi) auf der nahen Insel ***Korkeasaari***.
Beschreibung: Die Bus-Linie 16 fährt zur Metro-Station **Herttoniemi/Hertonäs**, von dort 5 Stationen in die ***City***, oder 20 Minuten Fußweg immer der Stromfreileitung folgend zur Metro-Station **Kulosaari/Brändö**, von dort 4 Stationen in die ***City***.
Zufahrt: Wie **(419)**, doch rechts der **170/Keskusta** folgen, die Ausfahrt **Kulosaari/Brändö/Zoo** nehmen und zum ***Zoo***-Parkplatz auf die Insel ***Mustikkamaa*** leiten lassen (**Vorsicht! *Ramps*** im Wohngebiet!).
Alternative: An der Zufahrt zum **Zoo** gibt es einen kleinen Parkplatz rechts vor der Brücke: **Marsalkantie**: N 60° 11' 01.6" E 24° 59' 48.7". Wenig Platz, aber schön am Wasser gelegen.

Helsinki

Helsinki oder **Helsingfors** wurde 1550 gegründet, die Entwicklung der Stadt kam lange Zeit nicht recht in Gang, sie geriet nach dem großen Stadtbrand von 1808 fast in Vergessenheit, doch ***Zar Alexander I.*** hatte **Helsinki** 1812 zur neuen Hauptstadt auserwählt, hübsch weit weg von **Stockholm**, dicht bei **Sankt Petersburg** und viel Platz für modernen Städtebau. Eine bedeutende Rolle spielte der Berliner Architekt ***Carl Ludwig Engel***, der den Auftrag zur Stadtgestaltung erhielt und dessen Ensemble neoklassizistischer Bauten seitdem das Gesicht der Innenstadt prägt. Heute ist **Helsinki** eine moderne europäische Metropole mit viel Grün, einem Hafen mitten in der Stadt und verschiedenen Beinamen wie ***„Weiße Stadt des Nordens“*** oder ***„Tochter der Ostsee“***. Mit den Städten **Vantaa/Vanda** im Norden und **Espoo/Esbo** im Westen wächst **Helsinki** so langsam zu einem Ballungsraum mit 1 Million Einwohnern zusammen: Hier wohnt jeder fünfte Finne!

Das Besichtigungsprogramm für **Helsinki** wird wohl jeder nach seinen eigenen Vorstellungen gestalten, weil sich die Prioritäten individuell unterscheiden. Doch wir wollen helfen, berichten von unserer Stadterkundung und stellen vor:

Helsinki in 3 Tagen

1. Tag: Schnuppertour durch die City

Wir fahren mit der **Metro** (Tagesticket 8 EUR/ 2-Tage-Ticket 12 EUR/3-Tage-Ticket 16 EUR p.P.) bis **Rautatientori** und sind am ***Rautatieasema***, dem ***Hauptbahnhof***: Wuchtiger Bau von 1919, letzte Phase der Nationalromantik, monströse Lampenträger von ***Emil Wikström***, imposanter Uhrturm, funktionale Gestaltung, damals einer der modernsten Kopfbahnhöfe Europas. Im Westflügel vom Hauptbahnhof findet man (nicht so leicht, weil ziemlich versteckt) die ziemlich unterdimensionierte **Touristen-Information** der Hauptstadt, wo man sich mit nützlichem Material ausstatten kann: Stadtplan, Jugendstil-Stadtführer (auf deutsch), Faltblatt zum ÖPNV, Informationen zur Festungsinsel ***Suomenlinna*** einschließlich Fahrplan-Zettel. Nur wer besonders viele Ziele mit Eintritt besichtigen will, für den empfiehlt sich der Kauf der ***Helsinki Card*** (für 1, 2 oder 3 Tage) mit freiem Eintritt zu vielen Attraktionen und Museen und freier Fahrt im Nahverkehr. Gleich neben dem ***Hauptbahnhof***: das ***Kansallisteateri***, das ***Nationaltheater*** aus dem Jahre 1902, auch im Stil der Nationalromantik mit dem Denkmal für den Dichter ***Aleksis Kivi*** in grüblerischer Pose. Nun auf der ***Mikonkatu*** nach Süden, dann

auf der ***Yliopistonkatu*** nach Osten zum ***Senaatintori***, dem ***Senatsplatz***: Gesamtkunstwerk von ***Carl Ludwig Engel*** mit dem gigantischen ***Dom*** (9-18 Uhr), der Freitreppe, den flankierenden Gebäuden der ***Universität*** und vom ***Regierungspalast*** und einem zentralen Platz mit der Statue von ***Zar Alexander II.*** Vom ***Dom*** aus gesehen nehmen wir die rechte Straße hinunter zum ***Kauppatori***, dem ***Marktplatz***. Hier unten herrscht ein buntes Treiben, man verzettelt sich leicht, doch das macht nichts: Einfach eintauchen und wirken lassen! Wir schlendern über den quirligen ***Wochenmarkt*** (Mo-Fr 7-18 Uhr, Sa 7-16 Uhr, So 9-17 Uhr), schauen beim damals als sündig gegeißelten Springbrunnen von 1908 mit der nackten Jungfrau, genannt ***„Havis Amanda“*** vorbei und besuchen die alte ***Markthalle*** (Mo-Sa 8-18 Uhr). Im Hafenbecken

herrscht ein ständiges Kommen und Gehen: Riesige Fähren von ***Silja Line*** und ***Viking Line*** parken mitten in der Stadt, große Kreuzfahrtschiffe sind hier genauso zugange wie Ausflugsschiffe und Wasserbusse. Man sollte unbedingt noch hinüber zur orthodoxen ***Uspenski-Kathedrale*** (Di-Fr 9.30-16 Uhr, Sa 10-15 Uhr, So 12-15 Uhr) marschieren, die größte orthodoxe Kirche Westeuropas.

Wir schleichen über die schön begrünte ***Esplanade*** nach Westen: Hier gibt es gerade Katzen-Zirkus, Musik-Darbietungen auf der Freilicht-Bühne, Restaurants und viel fröhliches urbanes Leben, auch auf den Grünflächen. Jetzt rechts vorbei am ***Schwedischen Theater***, dann halbrechts die ***Mannerheimtie*** hoch geht es beim alten ***Studentenhaus*** hinein zur verdienten Stärkung ins ***„Zetor“*** (ab 12 Uhr), **der** Kultkneipe in **Helsinki**. Gemäß dem Grundsatz „Finnen lieben Traktoren“ kriegt man hier alkoholische Getränke und fantasievolle Speisen der finnischen Küche (Speisekarte in Tageszeitung-Format in 23 Sprachen) und das in einem Lokal mit echten Exemplaren der legendären tschechischen Traktor-Marke mit Bar-Tischen drumherum, liebevoller Dekoration aus der ländlichen Milchwirtschaft, Küchenreiben als Lampenschirme und einer ordentlich prolligen Ausschmückung im Männer-Klo. Wenn man sich erstmal an die knappen Lichtverhältnisse im ***„Zetor“*** gewöhnt hat, fühlt man sich super hier. Die Auswahl an Speisen ist erfreulich übersichtlich, die Qualität ist hervorragend und so testen wir nach den Hauptgängen (Männer-Essen: Pfannen-Allerlei, Frauen-Essen: Ren-Geschnetzeltes) noch raffinierte Nachspeisen wie ***Leipäjuusto-Käse in Karamelcreme mit Moltebeeren*** und ***Mustikkakukko, ein Traum von gerösteten Heidelbeeren in einem Biskuitküchlein mit Vanilleeis***. Noch Fragen? Bei so einer flotten wie freundlichen Bedienung nimmt man doch gerne ein Bier mehr: ein prima Ort zum Versacken. Von hier ist es dann zum Glück nicht mehr weit zur **Metro**-Station am **Hauptbahnhof**: Rückfahrt nach **Herttoniemi, Kulosaari** Richtung **Itäkeskus/Mellunmäki** oder nach **Rastila**, dann aber Richtung **Vuosaari**.

2. Tag: Straßenbahn-Stadtrundfahrt mit Unterbrechungen

Heute sind wir mit Tagestickets für den städtischen Nahverkehr am Start und unternehmen eine Etappen-Fahrt mit der **Straßenbahn-Linie 2** (siehe auch hsl.fi). Wir starten am ***Marktplatz***, fahren Richtung **Pasilan asema**, sogleich über den ***Senatsplatz***, steigen am ***Lasipalatsi*** erstmals aus und gehen zu Fuß weiter: ***Mannerheim zu Pferd*** vor dem modernen Gebäude des ***Museums für Zeitgenössische Kunst*** und dann hinter der Brücke rechts hinunter zum ***Finlandiatalo*** (Café und Galerie Mo/Di 9-16

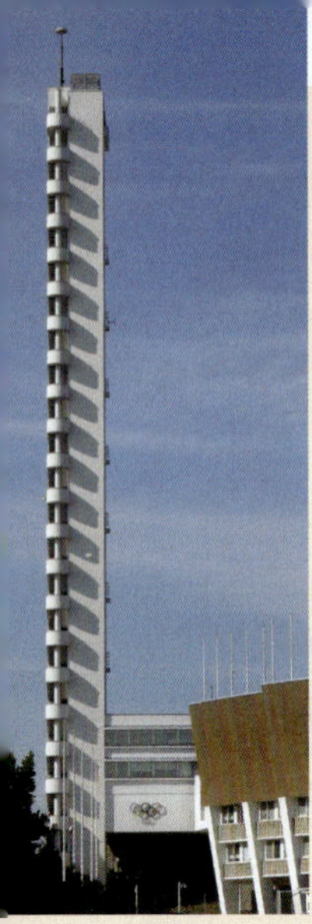

Uhr, Mi-Fr 9-18 Uhr), der ***Finlandia-Halle*** von ***Alvar Aalto***, Tagungsort der KSZE-Schluss-Konferenz von 1975. Von hier kann man hübsch durch den Park am See entlang zur ***Finnischen Nationaloper*** spazieren und kommt schließlich am ***Olympia-Stadion*** raus. Das wurde 1938 für die Spiele 1940 gebaut, die dann aus bekannten Gründen ausfielen und 1952 nachgeholt wurden: Letzter Fackelträger bei der Eröffnungsfeier war damals der Nationalheld und Wunderläufer ***Paavo Nurmi***. Berühmte Sportler wie er kriegen natürlich lebensechte Denkmäler verpasst. Das seine wirkt aber im Gegensatz zu dem für ***Lasse Viren*** deutlich gelungener. Ein Besuch im ***Urheilumuseo***, dem ***Finnischen Sportmuseum*** (Mo-Fr 10-18 Uhr, Sa/So 11-17 Uhr; Eintritt, urheilumuseo.fi) mit wachgehaltenen Erinnerungen an nationale Sportgrößen wie die schon genannten Langstreckenläufer aber auch ***Matti Nykänen***, ***Jari Litmanen*** und ***Mika Häkkinen*** lohnt sich genauso wie der Blick vom 72 m hohen ***Stadion-Turm*** (Eintritt, Kombi-Ticket mit Museum).
Schon etwas pflastermüde schleppen wir uns von hier aus Richtung Südwest zum ***Sibelius-Park***, denn wir möchten uns das berühmte, quasi begehbare Denkmal für den National-Komponisten ansehen. Beschauliche Momente dafür sind rar, denn regelmäßig kommen Besuchergrup-

pen vorbei. Zurück zur Straßenbahn geht es von der Station **Töölön halli** dann 5 Stationen Richtung **Olympiaterminal** bis zur Station **Hanken**, von der es nur ein kurzer Weg zur ***Temppeliaukion Kirche*** (Mo-Fr 10-17 Uhr, Eintritt) hinauf ist, die inmitten eines Karrees von Wohnhäusern in den Fels gesprengt wurde. Wenn hier nicht

gerade Busladungen einfallen, kann man sich dem ganz besonderen Flair dieses einzigartigen und anrührenden Bauwerkes von 1969 mit dem Rundum-Oberlicht und dem endlosen Kupferband an der Decke einfühlsam widmen. Zuletzt hat das an einem besucherarmen Spätnachmittag wunderbar funktioniert, unterstützt durch leise Klaviermusik. Das ist mal wieder ein schönes Beispiel zum Thema: „Die Finnen und ihr Fels!“ Uns reicht das für heute! Keinen Schritt mehr als nötig! Von hier aus sind es nur 2 Stationen Richtung **Olympiaterminal** zum ***Latsipalatsi*** und dann geht es von der nahen **Metrostation am Hauptbahnhof** nach Hause!

3. Tag: Ausflug nach Suomenlinna
Heute brauchen wir erneut ein Tagesticket für den städtischen Nahverkehr, zu dem auch die ständige Schiffsverbindung vom **Marktplatz** zur Seefestung ***Suomenlinna*** gehört, die gerade an freundlichen Sommertagen ab Mittag heftig frequentiert wird. Also möglichst früh los, mit einem ordentlichen Picknick und Badezeug im Gepäck zu einem unvergesslichen Ausflug hinaus auf die kleine Inselgruppe, die vor 250 Jahren

zur Festung ausgebaut wurde. Für die Finnen heißt sie ***Suomenlinna*** = ***Finnenburg*** und für die Schweden ***Sveaborg*** = ***Schwedenburg***, je nach Sicht der Dinge. Über die wechselhafte Geschichte dieses beliebten Ausflugszieles, zu der auch noch eine russische Ära gehörte, erfährt man alles in einer gut gemachten Ausstellung einschließlich eindrucksvoller

Audiovisions-Show im ***Museum*** beim Besucherzentrum. Auf dem weitläufigen Areal gibt es noch einige Museen mehr zu besichtigen, davon eines über ***Augustin Freiherr Ehrensvärd*** (samt seinem originellen Sarkophag vor der Tür), dem Planer dieser Festung wie auch der Anlagen von ***Loviisa*** und ***Svartholm***. Außer Cafés und Restaurants – wir saßen nett und mit sehr ordentlichem Essen im ***Café Adlerfelt*** (adlerfelt.fi) – findet man noch eine ***Badestelle***, reichlich Kinderbelustigung und ausreichend Gelegenheit, auf den Festungsanlagen herumzustromern und sich alte Kanonen anzugucken. Besonders spannend wird es, wenn sich

eine der Riesen-Fähren nähert und sich haarscharf zwischen Festung und Nachbarinsel durchschiebt, so dass man sich mit den Leuten an Deck fast unterhalten kann. Dieses Spektakel kann man prima vom Pier der ***Königspforte*** aus beobachten.
Zurück in der Stadt kann man den Nachmittag mit einem vertiefenden Stadtrundgang abschließen, zum Beispiel zum Shoppen ins ***Stockmann*** gehen, dem größten Kaufhaus ***Skandinaviens*** und anschließend noch mal im benachbarten ***„Zetor“*** nach dem Rechten sehen.

Wer nun schon am ***Zoo*** (Mai-August tgl. 10-20 Uhr, sonst verkürzt, Eintritt) übernachtet hat, sollte vor der Weiterreise dort auch mal reinschauen. Hinter dem Kassenhäuschen führt eine Fußgängerbrücke zur hügligen Insel rüber, auf der das gängige Sortiment an Tierwelt zu besichtigen ist und überall diese ***Wildgänse*** frei herumlaufen. Ihren Kindern wird's gefallen.

Hier noch eine kleine Auswahl nützlicher Freisteher-WOMO-Plätze für einen gelungenen **Helsinki**-Aufenthalt.

(421) WOMO-Stellplatz: Porvarinsilta

GPS: N 60° 13' 31.7" E 25° 10' 36.1".
Max. WOMOs: 1-2.
Ausstattung: Grüner Hügel mit leicht schiefer Wiese mit Blick auf den Fähr-Hafen der ***Finnlines*** in ***Vuosaari***.
Beschreibung: Interessanter Platz für ***Finnlines***-Kunden. Fußgängerbrücke zum Terminal. Hafen-Geräusche sind auch nachts zu erwarten.
Zufahrt: Vom Navi zum Waypoint führen lassen.

(422) WOMO-Badeplatz: Kallviksudden

GPS: N 60° 11' 16.8" E 25° 08' 41.9".
Max. WOMOs: >5.
Ausstattung: Gräumiger Asphalt-Parkplatz für Badegäste auf der Halbinsel ***Kallvik***. Schöner Sandbadestrand, Sommer-Kiosk, Wald, Spielplatz, WC, Picknickgelände und Müllbehälter.
Beschreibung: Sehr gepflegte Freizeit-Halbinsel mit Grünanlagen und Sportstätten.
Zufahrt: Vom Navi zum Waypoint führen lassen.

(423) WOMO-Stellplatz: Bootshafen Pysäköintialue

GPS: N 60° 11' 32.2" E 25° 00' 51.6". **Max. WOMOs**: 1-2.
Ausstattung: Schotter-Parkplatz unter Bäumen bei einem Bootshafen auf der Halbinsel ***Kivinokka***. 24-Stunden-Parkdauer-Limit.
Beschreibung: Der Platz liegt 300 m Luftlinie von der Stadtautobahn **170** entfernt. Trotzdem ruhig. In der Nähe ein Herrenhaus und ein ***Kesäteatteri*** (Freilichtbühne).
Zufahrt: **Brändö gård/Kulusaaren kartano** folgen, 30 m nach dem Abzweig von der ***Kipparlahdensilmukka*** geradeaus bleiben. Vom Navi zum Waypoint führen lassen.

(424) WOMO-Wanderparkplatz: Kulusaaren Kartano

GPS: N 60° 11' 39.3" E 25° 00' 44.5". **Max. WOMOs**: 2-3.
Ausstattung: Geräumiger Schotterparkplatz unter Bäumen im Grünen auf der Halbinsel ***Kivinokka***. In der Nähe Kleingärten, ein ***Kesäteatteri*** (Freilichtbühne) und eine Badestelle. Info-Tafel zu Wanderwegen.
Beschreibung: 250 m Luftline nordwestlich von **(423)**.
Zufahrt: Wie zu **(423) Brändö gård/Kulusaaren kartano** folgen, 30 m nach dem Abweig von der ***Kipparlahdensilmukka*** rechts halten, dann nach 500 m zum Parkplatz nach links. Achtung! Von Platz **(423)** aus kann man nicht zu **(424)** durchfahren.

Nun lassen Sie sich vom Navi zum nächsten Ziel dieser Tour, dem Platz **(425)**, führen und wie Sie erstaunt bis erleichtert feststellen werden, geht es nicht durch die wuselige Innenstadt, sondern entspannt auf dem **Ring I** und auf der **101** autobahnmäßig um die City herum, kurz auf der **1/Turku,** weiter auf dem **Ring II/102/Hanko** und **51/Hanko** und dann an der **Abfahrt 17** raus in das Gebiet von ***Porkkala***.

Parenthese, das finnische Nachkriegs-Trauma

Die ***Halbinsel Porkkala*** war seit jeher von großer Bedeutung für die Seefahrt und als engste Stelle vom ***Finnischen Meerbusen*** auch von militärischem Interesse. Die Arbeiten an der ***„Seefestung Peters des Großen"*** wurden im ersten Weltkrieg zur Verteidigung der damaligen Hauptstadt **Sankt Petersburg** vorangetrieben, konnten aber wegen der Revolution nicht vollendet werden, so dass die Anlagen an das mittlerweile unabhängige ***Finnland*** gingen. Im Ergebnis des Waffenstillstands von 1944 musste schließlich ein 380 km² großes Territorium rund um die ***Halbinsel Porkkala*** von ***Finnland*** geräumt und für 50 Jahre an die ***Sowjetunion*** verpachtet werden, was in der Praxis einer Besetzung entsprach und wohl neben dem Verlust von ***Karelien*** die bitterste Pille war, die ***Finnland*** zu schlucken hatte. Für die Umsiedlung der 7.000 Bewohner hatte man gerade zehn Tage Zeit, dann war das Gebiet gesperrt, wurde von den Sowjets zu einer großen Kriegsmarine-Basis ausgebaut und das in unmittelbarer Nähe von **Helsinki**. Ab 1947 durften wieder Personenzüge durch die Militär-Zone fahren, zwischen den Bahnhöfen **Kauklahti** und **Tähtelä** jedoch mit sichtdicht verschlossenen Fenstern. Schließlich verlor ***Porkkala*** seine strategische Bedeutung, die ***Sowjetunion*** wollte ihre Beziehungen zum Westen verbessern und gab das zwangsverpachtete Gebiet 1956 schon nach 11 Jahren an ***Finnland*** zurück. Diese von den Finnen stoisch ertragene schmachvolle Episode ihrer Nachkriegsgeschichte wird heute sehr geheimnisvoll ***Parenthese*** genannt, doch meistens wird dieses unangenehme Thema freundlich übergangen, heruntergespielt oder einfach weggeschwiegen.

Nun wollen wir einmal nachschauen, ob sich Spuren der 11-jährigen Zwangsverpachtung finden lassen, starten zur Erkundung der Halbinsel, biegen links nach **Porkkalanniemi** ab und kurven ausführlich durch ländliches Gebiet mit Hügeln, Wald und Wiese. Unterwegs gönnen wir uns Kaffee und Munkki im ***Café Porkkala*** links (N 60° 00' 27.4" E 24° 27' 19.0"), erreichen 3,6 km danach schließlich eine Gabelung und fahren erleichtert nach rechts weiter: **Friluftsområde**. Dieses freundliche Wort kennen wir, es klingt zwar nicht finnisch, aber auch nicht nach Bunker und Kriegsmarine! Die folgende Lehmpiste bringt uns zu lauschigen Plätzen an der grandiosen Schärenküste der Halbinsel ***Porkkalanniemi***.

(425) WOMO-Wanderparkplatz: Vetokannaksen taival

GPS: N 59° 59' 14.7" E 24° 24' 56.7". **Max. WOMOs**: 3-5.

Ausstattung: Geräumiger Schotterparkplatz, Info-Tafel, Mülleimer, Trockenklo in der Nähe, Zeltstellen im Wald, Kraxelfelsen, Grillhütte mit Holzvorrat in der Nähe, 250 m durch den Wald zur Badebucht mit Steinstrand und Panorama auf die Schäreninseln. Maximale Aufenthaltsdauer: 2 Tage.
Beschreibung: Das ist der beste Platz der Gegend für eine WOMO-Übernachtung: Ruhig, im Grünen und nicht weit hinauf zu den Felsenplatten.
Zufahrt: 400 m hinter der Gabelung Parkplatz rechts.

Nach 1000 m Schotterpiste durch den Wald gabelt sich der Fahrweg erneut: nach rechts gehts bis kurz vor das Tor der **Lotsenstation** [Plätze **(426)** und **(427)**] und nach links (in Richtung **Porkkalan merivatioasema**) dringen wir bis zu einer Schärenbrücke vor [Plätze **(428)** bis **(430)**].

(426) WOMO-Wanderparkplatz: Hirvinitty

GPS: N 59° 58' 48.5" E 24° 24' 14.8". **Max. WOMOs**: 2-3.
Ausstattung: Geräumiger Schotterparkplatz am Wald, Info-Tafel, Trockenklo, Müllbehälter.
Beschreibung: Ausgangspunkt für Wanderungen, weniger frequentiert.
Zufahrt: Siehe Text, 120 m nach der Gabelung links.

(427) WOMO-Wanderparkplatz: Telegrafberget

GPS: N 59° 58' 40.5" E 24° 23' 41.1". **Max. WOMOs**: 1-2.

Ausstattung: Neu gestaltete Parkplätze links und rechts, feines Picknickgelände im Wald seewärts mit Bänken, Feuerstelle mit Holzlager, Zeltplatz und Trockenklo; Wanderkarte, Wanderwege, Aussichtspunkte auf Felsenplatten. Ein Stück Richtung Lotsenstation gibt es eine rollstuhlgerechte Abteilung mit Trockenklo und Weg zu einer Aussichtsplattform.
Beschreibung: Faszinierende Schärenküste mit kiefernbewachsenen Riesenfelsen. Gut frequentierter Parkplatz, deshalb ziemlich unruhig.
Zufahrt: 600 m hinter **(426)**, etwas knapper Parkraum 100 m vor dem Tor zur Lotsenstation links und rechts.

(428) WOMO-Wanderparkplatz: Porkkalanportti 1

GPS: N 59° 58' 38.6" E 24° 24' 13.8". **Max. WOMOs**: 2-3.
Ausstattung: Schotterparkplätze links und rechts, Trockenklo in 50 m, Müllbehälter, Wandertafel und -wege. Maximale Aufenthaltsdauer: 2 Tage.
Beschreibung: Ausgangspunkt für Wanderungen.
Zufahrt: 350 m nach der Gabelung.

(429) WOMO-Wanderparkplatz: Porkkalanportti 2

GPS: N 59° 58' 32.0" E 24° 24' 09.7". **Max. WOMOs**: 1-2.
Ausstattung: Kleiner Schotterparkplatz, Info-Tafel, Müllbehälter, Trockenklo. Maximale Aufenthaltsdauer: 2 Tage.
Beschreibung: Ausgangspunkt für Wanderungen.
Zufahrt: 200 m hinter **(428)** rechts.

(430) WOMO-Picknickplatz: Tullandintien silta

GPS: N 59° 58' 26.7" E 24° 24' 13.2". **Max. WOMOs**: 1-2.
Ausstattung: Kleiner Schotterparkplatz vor einer Schärenbrücke links (hinter der Brücke offenbar Privatareal), gegenüber Feuerhütte mit Holzvorrat, Picknickbank, Trockenklo, Angelstege, Bootsanleger.
Beschreibung: Schöner Platz, der aber schnell/meist belegt ist.
Zufahrt: 250 m hinter **(429)** links.

Auf dem Rückweg von unserem Abstecher haben wir endlich wieder Asphalt unter den Reifen (Dennoch Achtung! Fiese ***Ramps!***), biegen 12,4 km nach diesem ersehnten Ereignis links nach **Kantvik** und dann zur **1191/Kirkkonummi** ab, finden unterwegs noch eine gepflegte Badestelle [**431**: N 60° 06' 02.0" E 24° 25' 20.5"] mit guter Ausstattung samt Sommerkiosk, queren dann die **51** und fahren nach **Kirkkonummi** hinein. Nein, diese Stadt ist nicht schön, aber ein Stück moderne, wenn auch gewagte Architektur fällt ins Auge: Die neue Bibliothek sieht aus wie ein riesiges eckiges Schuppentier, das gleich neben der Kirche ***St. Michael*** liegt. Dort erzählt uns die Pastorin, wie es 1956 hier aussah. Die finnischen

Rückkehrer waren geschockt! Die meisten Häuser waren verschwunden, die restlichen unter Verwendung von Grabsteinen umgebaut und die Kirche diente den „Pächtern" als Offiziers-Kasino: Alle Einrichtungsgegenstände waren weg, auch Fenster und Gemälde! Erst 3 Jahre später konnte ***St. Michael*** geweiht und wieder als Kirche genutzt werden. Mehr zu erfahren über diese Zeit gibt es im ***Museum Igor*** (N 60° 05' 03.4" E 24° 10' 29.1"; Furuborgintie 6, Juni-Aug Di-Sa 11-16 Uhr, Info-Tafeln auch auf deutsch, Eintritt. degerby.fi. Man parkt entspannter bei der nahen Kirche: N 60° 05' 05.7" E 24° 10' 36.9") in **Degerby**, 16 km auf der **51/Hanko** weiter. Wenn Sie Glück haben, treffen Sie dort auf ***Lena Selén***, die gut deutsch spricht und zusammen mit ihrem Mann das Museum gegründet hat. Sie musste mit ihrer Familie als 3-Jährige ihre Heimat verlassen und kehrte mit 15 hierher zurück. Das Haus der Oma gab es nicht mehr. Das kleine Museum sammelt Erinnerungen und dokumentiert persönliche Schicksale, die Besucher ihr zutragen, davon auch viele aus der alten Sowjetunion, die ***Porkka-***

la als ihre Heimat ansehen, weil sie hier geboren sind. In diesem Museum wird auch an weitgehend unbekannte Tragödien erinnert, wie an die Katastrophe des deutschen Zerstörers ***Z 35***, der hier in den Seegewässern am 12.12.1944 mit 660 Mann an Bord durch Navigationsfehler auf eigene Minen lief. Die 67 Soldaten, die sich retten konnten, kamen in russische Kriegsgefangenschaft. In der Baracke kann man eine kleine Ausstellung mit vielen interessanten Exponaten besichtigen, wie z.B. ein grünes Motorrad der Marke ***Ural***, der Nachbau einer ***BMW***.

Wir kehren auf der **51** zum Abzweig zur **115/Lohja/Lojo** zurück, fahren auf guter Straße durch liebliche Landschaft mit Seen und Feldern, später dann auf der **116**, folgen immer den Hinweisen zu **Lohja/Keskusta**, danach jenen zum ***Tyterin Elämykaivos*** und landen auf dem 2017 neu gestalteten Besucherparkplatz der ***Tytyri Elämys Kaivos*** (N 60° 15' 47.5" E 24° 04' 05.2"), dem ***Besucherbergwerk der Tytyri-Kalkgrube***. Mit einem hochmodernen Aufzug von **KONE** geht es 110 m in die Tiefe (warme Sachen mitführen: 8 °C!), wo den Besucher kenntnisreiche Erläuterungen zum Bergwerk und eine wunderschöne Lichtinstallation mit Musik erwarten. Besichtigungen sind nur im Rahmen von

Führungen möglich. Wann diese genau stattfinden, erfährt man hier: tytyrielamyskaivos.fi. Und Tickets kauft man dort: nt.fi/visitlohja. Auf dem Berwerksgelände befindet sich auch das ***High Rise Laboratory*** der Firma **KONE**, wo Schnell-Aufzüge für Hochhäuser in bis zu 380 m Tiefe getestet werden. Ein kurzes Stück nördlich – genau da: N 60° 15' 54.5" E 24° 04' 00.6" – kann man fast bis an den Zaun heranfahren und einen Blick in die alte (offene) Grube werfen. Wieder unten in **Lohja** lohnt sich ein Besuch der stolzen ***Pyhän Laurin Kirkko***, der katholischen ***St.-Laurentius-Kirche*** aus dem 15. Jahrhundert (Kirkkokatu 1, N 60° 15' 12.7" E 24° 04' 01.0", Mai-Sep 9-16 Uhr, deutsches Info-Blatt), die besonders durch ihre üppigen Kalkmalerein besticht.

Auf der **25/Hanko** verlassen wir die Stadt, biegen 12 km später rechts nach ***Lohjansaari*** ab und präsentieren noch eine **Gasflaschenfüllstation: *Virkkala Presso Center OY*** (N 60° 10' 47.2" E 23° 58' 13.8"; Kirkniementie 5, Mo-Fr 8-15.30 Uhr). Mit dem Chef hatten wir vor Jahren über „Mondpreise" für Gas in ***Finnland*** gesprochen und 2015 mal **20 EUR** für die 11-Kilo-Flasche als angemessen vereinbart. Diesen Preis haben wir auch beim Selbsttest 2021 gezahlt. Die haben Wort gehalten, wenn auch leicht seufzend. Respekt! Also immer dieses Buch vorzeigen!

Wir klinken uns wieder in die **25/Hanko** ein, rollen auf glatter Straße durch den Wald, biegen aber schon nach 19 km rechts weg, zum Abstecher nach **Fiskars**, einem historischen Dorfensemble, wie aus der Zeit gefallen. Man könnte natürlich einwenden, dass abgesehen vom musealen Aspekt hier Töpfer,

Designer sowie andere Kunsthandwerker und die Gastronomen im verkaufsfördernden Antik-Ambiente schlicht ihre aktuellen Produkte feilbieten, doch wer sich hier mal etwas umschaut, wird dieses Areal frühin-

dustrieller Eisenverarbeitung schnell ins Herz schließen. Der Hobbygärtner kennt die Marke ***Fiskars*** sowieso und findet hier auch einen gut sortierten Werksverkauf von diversem Arbeitsgerät sowie ein großes Sortiment an Messern und Scheren für den Hausgebrauch, wenn auch – so sagen die Auskenner in der Leserschaft – zu überhöhten Preisen. Neuerdings gibt es hier sogar einen speziell für Wohnmobile ausgewiesenen Übernachtungsplatz:

(432) Offizieller WOMO-Stellplatz: Pesula Fiskars

GPS: N 60° 07' 46.6" E 23° 32' 37.4". **Max. WOMOs**: 2-3.

Ausstattung: Schotterparkplatz neben dem Gasthaus ***„Pesula“***, Dixi-Klo, Stromboxen. **Gebühr 2021: 15 EUR für 24 h**. pesulafiskars.fi.

Beschreibung: Lassen Sie sich nicht verwirren! Für einen Tagesbesuch parkt man auch weiterhin kostenlos auf dem Großparkplatz weiter hinten: N 60° 07' 50.2" E 23° 32' 43.4".

Zufahrt: Kurz nach dem Uhrturm-Haus nach rechts über die Brücke. Vor Ort unübersehbar ausgeschildert.

Die **25/Hanko** bringt uns nun umgehend zu unserem nächsten Ziel, nach **Ekenäs/Tammisaari**. Hier sind die schwedischsprachigen Finnen deutlich in der Überzahl (Auf gar keinen Fall sind sie deshalb Schweden!!!), deshalb steht der finnische Stadtname an zweiter Stelle. Für die Soldaten der Garnison dieser lieblichen Kleinstadt inmitten des Schärengebietes ist Schwedisch Amtssprache, einzigartig im heutigen ***Finnland***! Im 16. Jahrhundert noch vor **Helsinki** von ***König Gustav Wasa*** gegründet, hat **Ekenäs** im Gegensatz zur aktuellen

Hauptstadt eine recht beschauliche Entwicklung genommen und präsentiert den vielen Sommer-Touristen nunmehr eine gut erhaltene Altstadt mit Holzhäusern aus

mehreren Epochen, eine bemerkenswerte Feldsteinkirche, der ***Ekenäs kyrka*** (10-18 Uhr) drinnen im kühlen Stile des ***Neoklassizimus***, also in den Farben ***Weiß*** und ***Gold***, einen großen Yachthafen, einen Riesen-Badestrand, ein informatives Naturzentrum (10-20 Uhr) und dort gegenüber ein ganz spezi-

elles Restaurant: Weil es im Ort nur ein Gasthaus geben durfte (was es schon gab) wurde das ***„Knipan“*** auf Pfähle ins Wasser gebaut. Dieses Kuriosum bietet Gaumenfreuden, so auch ein preiswertes ***Lounas***-Büfett (tgl. 11-15 Uhr) und das mit einem maritimen Ambiente.
Sie haben beim Stadtrundgang schon Wohnmobile auf Parkplätzen stehen sehen? Dann waren es wohl diese hier:

(433) WOMO-Stellplatz: Ekenäs Södra Hamngatan

GPS: N 59° 58' 20.6" E 23° 26' 05.8". **Max. WOMOs**: 2-3.
Ausstattung: Parkplatz mit Bäumen bei einem Sportboothafen.
Beschreibung: Nahe der historischen Altstadt, aber ruhig. Buchtblick.
Zufahrt: 150 m südlich der ***Ekänäs kyrka***. Vom Navi zum Waypoint führen lassen, aber Achtung: Schmale Straßen!

(434) WOMO-Stellplatz: Ekenäs Barckens udde

GPS: N 59° 58' 17.4" E 23° 25' 44.3". **Max. WOMOs**: 2-3.
Ausstattung: Parkplatz unter Bäumen bei einem Bootshafen.
Beschreibung: Der Platz liegt 330 m Luftlinie westlich von **(432)**. Nahe der historischen Altstadt, aber ruhig. Blick aufs Wasser. Badestelle anbei.
Zufahrt: Vom Navi zum Waypoint führen lassen. Aber Achtung: Schmale Straßen!

Sie haben auch schon die Hinweise zum örtlichen Campingplatz registriert? Für einen **Ekenäs**-Aufenthalt eine gute Wahl, aber achten Sie bitte bei der Anfahrt auf die bösen ***Ramps!***

(435) WOMO-Campingplatz: Ormnäs***

GPS: N 59° 57' 57.5" E 23° 27' 00.5"; Ormnäsvägen 1.
Öffnungszeiten: Ganzjährig.
Ausstattung: Sehr schöne Anlage am Wasser, Wiesenplätze, ordentliche Sanitärausstattung, Sandstrand, Restaurant ***„BossaNova"***.
Beschreibung: Im Sommer schnell mal ausgebucht. Reservierung wird empfohlen: ek-camping.com.
Zufahrt: Ausgeschildert, im Süden der Stadt.

Nun weiter auf der **25** nach **Hanko**, vorbei am Abzweig der **52/Salo** (die brauchen wir erst später) auf flotter Straße zum ***Süd-Zipfel Finnlands***. Diese Halbinsel war seit jeher strategisch wichtig und deshalb stets sehr begehrt. Nach Fertigstellung der Eisenbahnlinie 1873 war **Hanko** lange der einzige Winterhafen ***Finnlands*** und es entwickelte sich ein reger Bade- und Kurbetrieb. Zuletzt musste dieses Gebiet 1940/41 im Ergebnis des ***Winterkrieges*** als Flottenstützpunkt an die ***Sowjetunion*** zwangsverpachtet werden. Die 8000 Einwohner hatten 10 Tage Zeit, das Gebiet zu beräumen. Nach Veränderung der Kriegsprioritäten begann im Herbst 1941 der heimliche Abzug der sowjetischen Truppen, doch das letzte Evakuierungsschiff sank am 2.12.1941 nach einem Treffer der finnischen Küstenartillerie. Ergebnis: Fast 4000 tote Sowjetsoldaten. Es begann der Wiederaufbau des ziemlich zerstörten und von den Sowjets gründlich verminten Gebietes und damit der wirtschaftliche Aufschwung, besonders getragen vom Fremdenverkehr und vom Hafen, über den heute fast jedes Import-Auto nach ***Finnland*** gelangt. Mehr und mehr wird auch der Außenhandel ***Russlands***, speziell für den Ballungsraum **Sankt Petersburg** hier abgewickelt, bei dem der leistungsfähige Hafen und unzählige Speditionen mittlerweile gut im Geschäft sind. Die Auto-Transporter kommen uns hier zuhauf entgegen, wir fahren erst-

mal bei der mit dem bekannten Symbol angekündigten Sehenswürdigkeit rechts raus zum ***Rintamamuseo/Frontmuseum*** (N 59° 54' 26.0" E 23° 14' 54.7", Juni-August Di-So 11-18 Uhr, sonst verkürzt, Eintritt, frontmuseum.fi), wo der jüngeren Geschichte gedacht wird. Gleich an der Straße steht das englische Riesen-Geschütz ***„Loordi“*** (also der ***„Lord“***), das einzige noch erhaltene dieser Art weltweit. Hier, beim damaligen Frontverlauf von 1941 sind im Wald Schützengräben, Bunker und getarnte Baracken, sowie verschiedene Ausstellungen zum Thema „Krieg in Hanko“ zu besichtigen. Bei unserem letzten Besuch haben wir ***Martin Grünwald*** kennengelernt, der Besucher kenntnisreich auf deutsch (na ja: auf bayrisch) durch die Ausstellung führt. Sehr zu empfehlen!

Wer in 600 m dem Abzweig nach **Lappvik** folgt, gelangt nach 1,7 km zu nachfolgendem Badeplatz, andere Freisteher und Campingfreunde bleiben auf der Rennpiste nach **Hanko** und biegen zu ansprechenden Quartiere nach 14 bzw. 15 km nach rechts ab.

(436) WOMO-Badeplatz: Lappvik Strand

GPS: N 59° 53' 45.7" E 23° 13' 14.6". **Max. WOMOs**: 3-5.
Ausstattung: Parkplatz im Wald, 50 m links der Straße (wenig Verkehr), Info-Tafel, Müllbehälter, Trockenklo, .
Beschreibung: 400 m durch den Hochwald zum Sandstrand.
Zufahrt: Siehe Text, Parkplatz links.

(437) WOMO-Badeplatz: Trollberget

GPS: N 59° 51' 37.2" E 23° 01' 31.8". **Max. WOMOs**: 3-5.
Ausstattung: Schöne Parkplatz-Wiese mit Waldrand, 200 m zum lange flachen Sandstrand, Info-Tafel, Laavu und Trockenklo in 700 m, Wanderwege. Zelten verboten.
Beschreibung: Der Platz ist ein Stück vom Strand entfernt, aber ruhig.
Zufahrt: 13,6 km hinter dem Abweig nach **(436)**, genau gegenüber dem Abzweig **Oriongatan/LKW-Parkplatz** rechts abbiegen, gleich auf der Parallelstraße 400 m zurück, dann links rein.

(438) WOMO-Campingplatz: Silversand

GPS: N 59° 51' 02.6" E 23° 00' 05.3". **Öffnungszeiten**: Ganzjährig.
Ausstattung: 160 Plätze mit Strom, schön im lichten Kiefernwald und direkt am Strand gelegen, gepflegte Anlage, ordentliche Sanitärausstattung, Grillstellen, Sauna, Camperküche, Waschmaschinen/Trockner, WiFi, Gaststätte. silversand.fi.
Beschreibung: Surfer-Paradies, im Sommer gelegentlich gut gefüllt.
Zufahrt: Siehe Text.

Ende des vorletzten Jahrhunderts war **Hanko** nicht nur Sommerfrische für die Reichen aus dem zaristischen ***Russland***, sondern Ort des Abschieds für 250.000 finnische Auswanderer, die sich über ***England*** in die weite Welt verteilten, um dort ihr Glück zu suchen. Von den vornehmen Holz-Villen aus jener Zeit sind heute nur noch einzelne Exemplare erhalten, an die Auswanderer erinnert ein symbolträchtiges Denkmal mit **3** Kranichen, die den „Abflug" machen. Das Gegenstück dazu steht in **Lake Worth/Florida**, wo **2** Kraniche landen. Einer ist wohl nach ***Australien*** geflogen.
Hanko hat sich in den letzten Jahren prächtig entwickelt und die reichen Russen sind auch wieder da. Die Perle an der Südspitze ***Finnlands*** präsentiert sich als quicklebendiges Urlauberstädtchen mit Tennis-Stadion und Yacht-Hafen, wie am ***Itäsatama/Östra Hamn,*** dem ***Osthafen*** zu besichtigen. Von hier fahren die Ausflugsschiffe hinaus zur Insel ***Bengtskär*** mit dem höchsten Leuchtturm Nordeuropas (Saison tgl. 11 Uhr, marinelines.fi). Heute passt das Wetter, wir buchen kurzentschlossen diese Tour und haben es nicht bereut.

Bootstour nach Bengtskär

Wir sind beizeiten am Kassenhäuschen und bekommen so auch ohne Reservierung noch Tickets für heute. Danach setzen wir erstmal das WOMO um, denn das vom irrwitzigen Bauboom gezeichnete Hafenareal ist 2021 total unübersichtlich. So parken wir also final auf einem Schotterareal bei einem Café neben einer Golfanlage: N 59° 49' 14.3" E 22° 57' 41.8". Die ***M/S Summersea*** ist gut gebucht und startet ziemlich pünktlich 11 Uhr. Schon bald verziehen sich die ersten Gäste unter Bord, denn bei sonnigem Wetter macht das Schiffchen ordentlich Tempo, so dass es beim Durchpflügen der Wellen gelegentlich hübsch spritzt. Trotz schwankender Planken holen sich alle in der Kombüse ihr ***Light Lunch*** ab: Lachssuppe + Knäcke mit Butter + Sirup-Saft. Nette Geste! Beim Blick voraus ist noch nichts von einem Leutturm zu sehen, aber es sind ja fast 30 km zum Ziel und die flotte Fahrt dauert immerhin 1 ½ Stunden.

Schließlich landen wir in ***Bengtskär*** (Alle Infos: bengtskar.fi), schlüpfen auf schmaler Gasse durch die runden Strandfelsen und sind ausgesprochen beeindruckt von den Dimensionen des riesigen Leuchtturms nebst mehrstöckigem Wohntrakt. Während im Freilicht-Auditorium die meisten Besucher den umfassenden Erläuterungen zur Location lauschen, erklimmen wir schon mal den Turm: 252 Stufen hinauf zur verglasten Plattform. Was für ein Ausblick! Im ersten Stock nehmen wir **Kaffee und Pulla** (Hefeteilchen), erkunden dann das klitzekleine Eiland, lassen uns schließlich auf den Schärenfelsen nieder, schauen auf die Brandung und beobachten die Eiderenten, die hier in Massen zu Hause sind. Übrigens Vorsicht vor dem „WC", denn es ist keins und es stinkt dort wie im Raubtierhaus. Geschenkt! Nach reichlich 2 Stunden Aufenthalt geht es 15 Uhr wieder auf's Schiffchen und gegen 16.30 Uhr sind wir zurück in **Hanko**. Ein unvergesslicher Ausflug! Was für ein perfekter Tag! **Empfehlung!**

Für eine freie Übernachtung in **Hanko** kann man wählen: einen Parkplatz am rummeligen Hafen oder ein kleines Stück abseits einer mit Badestrand. Wir empfehlen letzteren.

(439) WOMO-Picknickplatz: Hanko Östra Hamn

GPS: N 59° 49' 16.0" E 22° 57' 59.4". **Max. WOMOs**: 1-2.
Ausstattung: Spielplatz mit Wiese, Restaurants in roten Holzhäusern und Läden anbei, Toilette bei der Info, Maximale Parkdauer 24 h.
Beschreibung: Parkverbot für Caravans 22-7 Uhr.
Zufahrt: Vor Ort ausgeschildert, bei der Hafeneinfahrt.

(440) WOMO-Badeplatz: Hanko Tullstranden

GPS: N 59° 49' 28.4" E 22° 55' 48.6".
Max. WOMOs: 2-3.
Ausstattung: Plätze im Hochwald mit Sandstrandblick, Dixi-Klo, Müllbehälter, Café. Nahe bei den Autoverladern im Hafen, evtl. gelegentlich laut.
Beschreibung: Parkverbot für Caravans 22 - 7 Uhr.
Zufahrt: In der Stadt den Hinweisen **Yttre Hamn/Free Hamn**, auf der **Esplanadi** länger westwärts, dann **Tulliranti/Tullstranden** folgen, zuletzt links/rechts der Beschilderung nach zum Strand in die Sackgasse hinein.

Nun verlassen wir diese schöne Halbinsel auf der **25/Helsinki**, biegen zur **52/Salo** links ab und rollen dann auf etwas schmalerer aber glatter Piste weiter. Falls es nun gerade sommerlich warm sein sollte, widerstehen Sie dem Badestellenschild nach links zum **Ekenäs Port**, machen Ihre verdiente Pause auch nicht am folgenden Wanderpark-/Picknickplatz am Wasser, sondern gedulden sich noch einen kleinen Moment, fahren ein kurzes Stück weiter durch Elchwald mit Felsen bis zur Kreuzung nach **Pohja/Pojo** und lesen sorgfältig den nachfolgenden Kasten:

(441) WOMO-Badeplatz: Vikstrand

GPS: N 60° 03' 55.6" E 23° 15' 32.3". **Max. WOMOs**: 2-3.

Ausstattung: Topfebener Parkplatz, besonders schöne und gepflegte Badestelle mit Riesenwiese, Spielplatz, Trockenklo, Umkleidekabine, Müllbehälter.
Beschreibung: Nur für agile und kletterfreudige WOMOs geeignet.
Zufahrt: Dort wo die Straße rechts nach **Pohja/Pojo** abzweigt nach links für etwa 1000 m den Hinweisen zur Badestelle folgen. Die letzten 100 m schraubt sich ein Asphaltsträßchen links einigermaßen steil hinunter. Besser vorher abschreiten und prüfen, ob man da auch wieder hoch kommt!

Wir fahren diesen „Bypass-Bogen" zu Ende, rollen durch **Vikstrand**, stoßen wieder auf unsere **52/Salo** und folgen dieser nach links. Nun hat uns die ***„Königsstraße"*** wieder (siehe auch **Tour 14**), aber nur bis **Perniö**, denn dort geht es für uns links weg zur **183/Kimito/Kemiö**. Abwechslungsreiche Landschaft in stetem Wechsel von Land- und Forstwirtschaft fliegt an uns vorbei, über eine Klappbrücke queren wir den ***Strömma-Kanal***, erreichen **Kimito/Kemiö** und verlassen den Ort nach rechts auf der **181/Paimo**. Ein wahrer Farbenrausch aus roten Häusern, gelben Rapsfeldern, sattgrünen Baumgruppen, blauem Himmel mit schneeweißen Wolken kommt über uns und bringt beste Laune. Klare Luft, ein frischer Wind, dazu die Super-Straße: So macht ***Finnland*** zum Finale noch einmal richtig Spaß! Nach der Brücke über den glitzernden ***Lappdalsfjärden*** folgen Felshügel mit Baumbestand und gepflegter Ackerbau, dann auch bald der Abzweig nach links, wahlweise auf die **110** oder kurz dahinter auf der **1** nach **Turku/Åbo**, also auf unsere Zielgerade in die alte Hauptstadt. Gleich kommen die Hinweise zur **180/Korpo/Korppoo**, da könnte man doch glatt wieder mit **Tour 1** beginnen. Auf gehts! Eine weitere Runde durch den ***Turkuer Schärengarten*** auf dem ***Skärgårdens Ringväg/Saariston Rengastie!***
Was denn? Ihr Urlaub ist zu Ende? Dann kommen Sie halt mit uns nach **Turku** oder **Naantali** zur Fähre und freuen sich wie wir auf das nächste Mal, denn nach ***Finnland*** fährt man sowieso immer wieder!

Man sieht sich!

ADRESSEN

Finnische Zentrale für Tourismus
visitfinland.com

Hier finden Sie ein umfassendes Sortiment an allgemeinen und ganz speziellen Informationen über ***Finnland***. Sehr ergiebige Quelle!

Botschaft der Republik Finnland
Rauchstraße 1
D-10787 Berlin
FON: 030-50 50 30, FAX 030-50 50 33 33
sanomat.ber@formin.fi und konsulat.ber@formin.fi; finnland.de

Botschaft der Bundesrepublik Deutschland
Krogiuksentie 4b
FIN-00340 Helsinki
FON: +358-(0)9-458580; FAX: +358-(0)9-45858590
helsinki.diplo.de

Deutsch-Finnische Gesellschaft e.V.
Scherlstraße 52
D-04103 Leipzig
Fon: +49-(0)341-9999 7450
Fax: +49-(0)341-9999 7451
deutsch-finnische-gesellschaft.de; dfg@dfg-ev.de

ANGELN

Einfaches Angeln mit Wurm ist durch das „Jedermannsrecht" abgedeckt, damit für jeden frei und immer erlaubt. Für Wurfangeln, das Benutzen von Blinker, Fliegen und anderen künstlichen Ködern müssen Personen im Alter zwischen 18 und 65 Jahren
1.: eine staatliche Fischerei-Abgabe (***kalastuksenhoitomaksu***) und
2.: eine regionale Angelgenehmigung (***viehekalastusmaksu***) bezahlen bzw.
3.: die Erlaubnis des Gewässereigentümers einholen.

Die genannten Angelscheine gibt es für ein Jahr und für eine Woche.

ARZT Notruf: 112

In ***Finnland*** ist die medizinische Versorgung auf hohem Niveau sichergestellt. Bei Erkrankung oder Unfall greift das deutsch-finnische Sozialversicherungsabkommen. Es beinhaltet die Versogung in den in ***Finnland*** üblichen Gesundheitszentren (***Terveyskeskus***), Krankenhäusern und Polikliniken. Auf jeden Fall muss die persönliche Chipkarte vorgelegt werden. Die geforderten Gebühren werden jedoch von der eigenen Krankenversicherung zurückerstattet. Bei Inanspruchnahme von frei praktizierenden Ärzten muss man die Behandlungskosten zunächst selbst bezahlen, bekommt sie dann später zumindest teilweise zurückerstattet.
Eine zusätzliche Reisekrankenversicherung ist allerdings sehr sinnvoll, da sich im Ernstfall einiges unproblematischer abwickeln lässt. Bei manchen Kreditkartenanbietern ist diese im Paket mit enthalten.

AUSRÜSTUNG

Boot

Mit einem Faltboot im Gepäck oder dem Kajak auf dem Dach eröffnen sich dem WOMO-Reisenden in manchen Gebieten traumhafte Möglichkeiten, seinen Aktionsradius auszuweiten. Die vielen Binnenseen und Flüsse, aber auch geschützte Küstenregionen wie die Schärenlandschaft laden den versierten Paddler zu Exkursionen ein. WOMOs mit reichlich Stauraum können sogar ein ausgewachsenes Schlauchboot mit Außenbordmotor mitnehmen.

Fahrrad

Man sollte sich vorher sehr genau überlegen, ob und wofür man seine Fahrräder in einem Finnland-Urlaub brauchen könnte. Nur so für alle Fälle lohnt sich die Mitnahme der Räder nach unserer Erfahrung nicht. Im Extremfall bleiben sie 4 Wochen auf dem Fahrradträger geschnallt und werden anschließend zu Hause wieder in den Keller geschoben.
Für echte Fahrradfahrer gibt es im Land allerdings sehr gute Möglichkeiten von der entspannten Kurztour bis zu mehrtägigen Ausflügen.

Zelt

Unser Berg-Zelt ist immer dabei! Sei es für eine Bootstour, eine Bergwanderung mit Übernachtung in der freien Natur oder eine mehrtägige Trekking-Tour, unser Zelt möchten wir nicht missen. Schlafsäcke sind sowieso an Bord und ISO-Matten auch. Dann braucht man nur noch einen Topf für die Feuerstelle, vernünftige Schuhe, für jeden einen Rucksack und geeignetes Wetter!

AUTOFAHREN

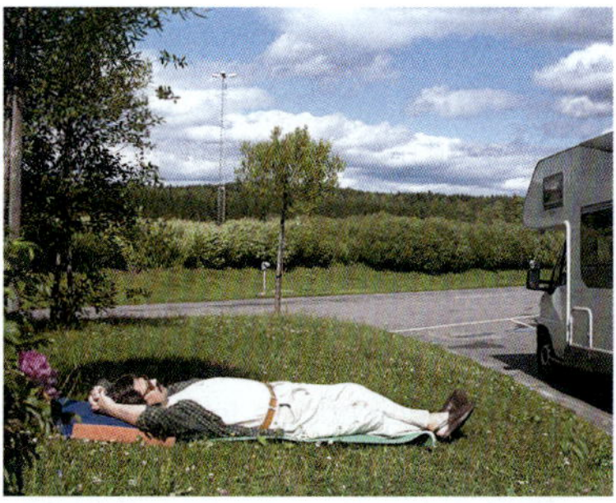

Regelmäßige Pausen nicht vergessen!

Es gelten die in weiten Teilen Europas üblichen Verkehrsregeln, es herrschen Rechts-Verkehr und Gurtpflicht, die Promille-Grenze liegt bei 0,5 und auch tagsüber ist Abblendlicht vorgeschrieben.
Vorfahrt: Wenn nicht anders geregelt, gilt **„Rechts vor Links"**.
In **Helsinki** haben Straßenbahnen jedoch immer Vorfahrt.
Höchstgeschwindigkeiten:
Für Wohnmobile 50 km/h innerhalb, 80 km/h außerhalb von Ortschaften.
Das Tankstellen-Netz ist gut ausgebaut, doch gerade für Reisen in den dünnbesiedelten Norden empfehlen wir einen vollen 10-l-Reservekanister (siehe auch Einreise/Zoll). Weit verbreitet sind „unbemannte" Tankstellen, die mit Bargeld oder Kartenzahlung funktionieren. Vor Jahren hat immer nur das „Scheineschlucken" am Automaten geklappt, an modernen Anlagen funktioniert das nun auch mit VISA-Karte tadellos.
Den **AdBlue**-Abhängigen sei gesagt, dass dieser Stoff in ***Finnland*** erheblich teurer ist, als daheim. Vielleicht lohnt es sich, einen Kanister davon mit auf Reisen zu nehmen.

Unfall

Immer die Polizei verständigen: **Notruf 112**

Wildunfall

Die Rentier- und Elch- Warnschilder bitte ernst nehmen! Nicht nur in der Dämmerung findet Wildwechsel statt, man muss immer und (fast) überall damit rechnen. Eine Kollision mit einem Elch wünscht sich wohl niemand, sollte es dennoch passieren und das Tier ist am Verenden, verständigt man am besten einen Einheimischen und/oder die Polizei, **Notruf 112**, selber schlachten und mitnehmen ist nicht erlaubt. Während ***Elche*** als „herrenlos" gelten, haben ***Rentiere*** immer einen Eigentümer. Deshalb ist es bei einem Rentier-Unfall in jedem Fall erforderlich, die Polizei zur Protokollierung heranzuziehen. Schadensersatzforderungen drohen dem Autofahrer **nicht** (wird vom Staat reguliert), aber schlachten und mitnehmen wäre hier Diebstahl und Entfernen vom Unfallort kann ernste Konsequenzen nach sich ziehen. In Rentiergebieten sollte man prinzipiell besonders vorsichtig fahren.

CAMPING-GAS

Volle Gasflaschen mitnehmen

Bevor Sie zur Urlaubsreise nach ***Finnland*** aufbrechen, lassen Sie sich Ihre Gasflaschen zu Hause füllen. Wenn Ihre „Propan-Tanke" keine halb vollen Flaschen füllen kann oder mag, suchen Sie sich eine andere. Nach unserer Erfahrung reichen zwei volle 11-kg-Flaschen für 4 bis 6 Wochen. Nach Experten-Rat ist es entgegen anderslautenden Meinungen durchaus erlaubt, weitere Gasflaschen im WOMO zu transportieren, wenn diese mit der üblichen Schutzkappe versehen und im Fahrzeug z.B. mit einem Gurt gesichert sind.

Gas sparen

Verwenden sie Ihren Gasvorrat bewusster! In kühlen Nordland-Nächten können Sie Ihren Kühlschrank getrost ausstellen. Die Heizung muss nicht ständig für T-Shirt-Temperatur im WOMO sorgen. Ziehen Sie sich etwas Warmes an! Sie heizen manchmal sogar nachts? Dann brauchen Sie bessere Betten oder dickere Schlafsäcke!

Nach eigener Vor-Ort-Recherche können wir in der 7. Auflage dieses Buches leider nur noch 2 gesicherte, weil getestete Möglichkeiten weitergeben, wo graue deutsche 11-kg-Flaschen in ***Finnland*** gefüllt bzw. getauscht werden:

Kippari-Caravan OY (S. 316)
Virkkala Presso Center OY (S.328)

Tankflasche

Leider gibt es in ***Finnland*** keine Auto-Gas-Tankstellen. Falls sich an dieser unerfreulichen Situation etwas ändern sollte, bitte melden.

Finnische Gasflaschen

Ungeprüfter Leser-Tipp: Eine finnische 11-kg-Gasflasche (Anschluss ist mit dem deutscher 11-kg-Flaschen identisch, aber möglicherweise ist ein spezieller Adapter erforderlich) kaufen, Beleg aufheben und am Ende des Urlaubs zurückgeben, so dass nur eine „Leihgebühr" anfällt. Diese Flaschen können überall in Finnland getauscht werden.

CAMPINGPLÄTZE

In ***Finnland*** gibt es etwa 350 Campingplätze, davon sind etwa 200 im nationalen Verband organisiert und klassifiziert. Einige empfehlenswerte Campingplätze haben wir auf unseren Touren benannt. Für eine noch bessere Orientierung schaut man bei: www.camping.fi
Hier kann man „online" in der ***Campingplatz-Broschüre*** blättern, einzelne Plätze anschauen oder alles im pdf-Format herunterladen.
Für jene Kandidaten, die zumindet gelegentlich Campingplätze besuchen werden, lohnt sich die ***„Camping Key Europe"*** (Gültigkeitsmarke 2021: **16 EUR**). Diese bringt folgende Vorteile: Unfallversicherung während des Aufenthaltes auf dem Campingplatz, schnelles Ein- und Auschecken sowie eine Reihe von

Vergünstigungen und Rabatten. Für eine Campingplatz-Übernachtung spart man i.d.R. 2 EUR.

EINREISE / ZOLL

EU-Bürger benötigen den Personalausweis oder den Reisepass, für Kinder unter 16 Jahren reicht der Eintrag im Reisepass der Eltern. Es gibt keine Vorschriften zu Dokumenten für mitgeführte Fahrzeuge, doch die ***„Grüne Versicherungskarte“*** wird empfohlen. Der nationale Führerschein reicht aus.
Für Besucher aus EU-Ländern sind im Zuge der Harmonisierung mit EU-Recht seit dem 1.1.2004 die speziellen Einfuhrbeschränkungen nach ***Finnland*** aufgehoben worden. Nunmehr gelten für Erwachsenen ab 20 J. folgende Freimengen:
10 Liter Spirituosen, 20 l bis zu 22%, 90 Liter Wein, 110 Liter Bier usw.
Beachten Sie das Einfuhrverbot von Spirituosen über 80% Alkoholgehalt.
Es darf Treibstoff in tragbaren Behältern (also z.B. Reservekanistern) nur bis zu einer Menge von 10 Litern pro Fahrzeug zoll- und steuerfrei eingeführt werden.
Nicht-EU-Bürger informieren sich über die aktuellen Bestimmungen bei ihrer Botschaft oder hier: tulli.fi.

GELD

Finnland ist EURO-Land. Wer mit einer Direkt-Fähre an- und abreist, hat mit dem Thema „Geld umtauschen“ nichts mehr zu tun. Beim Transit durch ***Skandinavien*** oder durch ***Polen*** und das ***Baltikum*** wird halt bei Bedarf in Banken oder Hotels Bargeld getauscht, oder man zieht es mit VISA oder sonstigen Karten aus dem Automaten. Wir bezahlen seit jeher z.B. an Tankstellen, Supermärkten und Gaststätten soweit möglich immer mit Karte!

Der komplette Satz finnischer EURO-Münzen mit Moltebeeren, Schwänen und Wappenlöwen ist übrigens ein nettes Souvenir und begehrtes Objekt der Sammler! Die 1- und 2-Cent-Münzen sind allerdings nicht im Umlauf (In ***Finnland*** wird gerundet!) und werden überteuert in Touri-Souvenir-Tütchen verhökert.
Die Bargeldbeschaffung in ***Finnland*** ist unproblematisch, das Zauberwort heißt **„Otto“**. Mitten in der Hauptstadt wie im entlegendsten Winkel sind diese erfreulichen Bank-Automaten rund um die Uhr zu Diensten und haben mit EC-Karte + Geheimnummer stets tadellos funktioniert. So können wir dem bekannten Versandhauswerbeslogan beipflichten.

GPS / GEOCACHING

Das **GPS** (Global Positioning System) ist ein vom US-Verteidigungsministerium entwickeltes Satellitensystem zur weltweiten Standortbestimmung. Das Sortiment an handlichen und mittlerweile sogar erschwinglichen Geräten in den Outdoor-Läden oder gar bei den Discountern wächst rasant, man kann sich sehr schnell daran gewöhnen, sich täglich dieser faszinierenden Technik zu bedienen und sich bei Nacht und Nebel zu einem Ort führen zu lassen, von dem man die Koordinaten kennt.

In diesem Reiseführer sind für alle Übernachtungsplätze und einige sonstige Ziele die Koordinaten im Kartenbezugssystem **WGS 84** im Positionsformat **hddd°mm'ss.s"** angegeben. Wir haben zur Daten-Erfassung verschiedene **Garmin-Geräte** verwendet, ein großes (**Nüvi 3598**) im WOMO und ein robustes (**Dakota 20**) für die Wanderungen. So hat man immer dabei, was man gerade braucht, von der sprachgeführten Navigation in der Großstadt bis zur optimalen Orientierung bei Wanderungen und Bootsfahrten mit Geschwindigkeitsmessung und Höhenangaben.
Die in diesem Buch enthaltenen Koordinaten sollten vor dem Urlaub in das eigene GPS-Gerät eingelesen werden, was recht elegant über den PC und kostenlose Programme aus dem Internet (z.B. www.easyGPS.com) erledigt werden kann. Wer es noch bequemer haben möchte, erwirbt beim **WOMO-Verlag** die Download-Rechte und kann so mühelos alle GPS-Daten vom PC auf sein GPS-Gerät überspielen.
Geocaching ist ein neues Spiel für GPS-Freunde! Man versteckt einen „Schatz" (wettergeschützt in einer Plastik-Schachtel) und veröffentlicht die Koordinaten des Versteckes. Wer den Schatz findet, trägt sich im beiliegenden Heftchen ein, entnimmt dem „Schatz" ein Teil, legt etwas aus seinem „Fundus" hinein, verschließt alles wieder sorgsam und versteckt das Ganze wieder an der gleichen Stelle. Wir haben für Sie zwei „Schätze" in ***Finnland*** versteckt und sind schon ganz gespannt, ob sie jemand findet.

HAUSTIERE

Nach den neuen, EU-einheitlichen Regeln ist bei Reisen innerhalb der Europäischen Union für Hunde, Katzen und Frettchen(!) seit 1. Oktober 2004 ein **EU-Heimtierpass** vorgeschrieben. Dieser Pass muss dem Tier eindeutig zugeordnet werden können, das Tier muss also mittels Tätowierung oder Mikrochip gekennzeichnet und die Nummer im Pass eingetragen werden. Der Pass muss neben Angaben zum Besitzer und seinem Haustier außerdem insbesondere den tierärztlichen Nachweis erhalten, dass eine Behandlung gegen Fuchsbandwurm erfolgt ist und ein gültiger Impfschutz gegen Tollwut besteht. Aktuelle Infos bitte bei der Botschaft erfragen.

KARTENMATERIAL

Neben einem hinreichend genauen Europa-Atlas bzw. extra Karten der Transit-Länder für die Hin- und Rückfahrt empfehlen wir für ***Finnland*** folgendes Kartenmaterial:

Freytag & Berndt: Finnland 1:500.000 (gibt's beim **WOMO-Verlag**)
Michelin Nr. 711: ***Skandinavien / Finnland 1:1,5 Mio***
Kümmerly+Frey: ***Finnland auf 3 Karten 1 : 400.000***
GT-Serie: ***Finnland auf 4 Karten 1 : 250.000***
Wanderkarten: Für das jeweilige Zielgebiet bekommt man vor Ort sehr gutes Material, i.d.R. im Maßstab 1 : 50.000

Die Karten der o.g. **GT-Serie** sind supertoll, lassen an Detailtreue und Übersichtlichkeit kaum Wünsche offen und sind deshalb sehr wertvoll. Lesern aus der Region in und um **Berlin** sei noch unser Lieblingskartenladen ans Herz gelegt: **SCHRO*PP***, Knesebeckstr. 20/21, 10623 Berlin, sehr gutes Fachgeschäft, Auswärtige bestellen hier: landkartenschropp.de.

KLEIDUNG

Für einen ***Finnland***-Urlaub braucht man natürlich wetterfeste Kleidung. Vor allem moderne Funktionskleidung (Gore-Tex o.ä.) hat sich bei uns bestens bewährt, Jeans weniger. Auch im Sommer sollte ein warmer Pullover und eine Regenjacke dabei sein. Für den Fall der Fälle haben wir natürlich für jeden einen XXL-Regenschirm an Bord.
Den Varianten beim Schuhwerk sind keine Grenzen gesetzt, je nach Urlaubs-

gestaltung. Für Ausflüge in feuchte Regionen (Sümpfe, Fjäll) sind geländegängige Gummistiefel zu empfehlen, für Bergtouren auf alle Fälle wenigstens mittelschwere Bergschuhe.
Vergessen Sie auf keinen Fall die Badesachen! Selbst wenn die Wassertemperaturen nicht Mittelmeer-Niveau erreichen, ist bei freundlichem Wetter ein Sprung in die Fluten immer drin. FKK ist nicht verbreitet, in Finnland badet man „mit“. Für den ungetrübten Badespaß in unbekannten oder steinigen Gewässern schützt man sich sinnvollerweise mit Badeschuhen.
Insgesamt kleiden sich die Finnen und Finninnen eher leger, doch wenn im Sommer die Nächte durchgetanzt werden, trägt man auch schon einmal recht elegante Garderobe.

KLIMA / WETTER

In ***Finnland*** herrscht Kontinentalklima mit kalten Wintern und warmen, trockenen Sommern. Lang anhaltende Regenperioden kennt man hier nicht, die Luft ist klar und zumeist weht ein frischer Wind. Hier werden die höchsten Durchschnittstemperaturen ***Skandinaviens*** erreicht, an der sonnigen Westküste wird die Ostsee so warm wie in ***Deutschland*** und ein richtig heißer karelischer Sommer schafft es locker auf 30°C.

LEBENSMITTEL / GETRÄNKE / GASTRONOMIE

Insgesamt findet der Urlauber im Supermarkt und auch im Dorf-Laden den heimatlichen Standard vor. Sogar das Brot-Sortiment gestaltet sich für skandinavische Verhältnisse mit seinen Roggen-Spezialitäten geradezu paradiesisch. Sehr angenehm und verlockend präsentiert sich auch das umfangreiche Fischsortiment: vom Frischfisch über Räucherware bis zu den unzähligen Sorten eingelegter Hering. Alkoholfreie Getränke der bekannten Sorten gibt es überall zu kaufen, auf alle Flaschen und Getränkedosen ist Pfand!
Als Bordproviant geht immer ein Grundsortiment mit auf Reisen: ein paar Fleisch- und Gemüsekonserven, Heimat-Ketchup, Nudeln, Reis, Getränke und der gesamte Bohnenkaffee-Bedarf. Ansonsten versorgen wir uns gerne mit den frischen Sachen vor Ort und probieren in ***Finnland*** alles Mögliche aus.

Besonders spannend ist der Gang über die **Wochenmärkte**! Neben frischem Obst (vor allem Erdbeeren), Gemüse (vor allem Erbsenschoten) und Fisch findet man die regional angesagten Snacks und die wundervollen Stände mit Korbwaren und Spanartikeln.

Lieblingsbier

Alkohol ist in ***Finnland*** ein heikles Thema. Im Supermarkt gibt es nur Soft-Produkte bis zu mittelstarkem Bier. Dagegen erhält man Wein, Sekt, Liköre und Spirituosen nur in staatlichen ***ALKO***-Läden und dort für viel Geld, oder in der entsprechend lizenzierten Gastronomie. Man hofft auf eine Lockerung der Bestimmungen im Zuge der europäischen Harmonisierung.
In ***Finnland*** findet man eine Vielfalt an gastronomischen Einrichtungen. Für WOMO-Urlauber besonders interessant

ist das in vielen Besucherzentren, Gaststätten und Supermärkten angebotene ***„Lounas-Büfett"***, ein SB-Mittags-Menü mit warmen Gerichten, Salaten, Brot, Getränken und Kaffee, für das man je nach Opulenz zwischen 8 und 24 EUR pro Person bezahlt.

LENINGRAD COWBOYS

„Die schlechteste Rock'n'Roll-Band der Welt" mit skurrilen Riesen-Tollen, Extrem-Schuhen und Schrammel-Musik ist eine Schöpfung von **Aki Kaurismäki** (siehe dort), sein Film ***„Leningrad Cowboys Go America"*** ist schlicht Kult und dessen sparsame Dialoge brillieren vor allem durch klare Ansagen wie: „Study this!" Die Band hat sich emanzipiert, tourt „in echt" seit vielen Jahren bis heute durch die Welt und hatte legendäre Auftritte wie den von 1993 auf dem Senatsplatz in **Helsinki** zusammen mit einem Chor der ***Roten Armee***.

LOSSI / LAUTTA

Die überall im Land, aber besonders häufig an der Schärenküste anzutreffenden (gelben) Kurzfähren werden als Teil des Straßennetzes angesehen. Deren Benutzung ist deshalb kostenlos.

MÖKKI

Das Sommerhaus, vorzugsweise einsam gelegen, mit Sauna und Steg am See gehört fest zur finnischen Lebensphilosophie. Hier kann man an den Wochenenden und im Urlaub die ersehnte Freiheit genießen, die man sonst in der Stadtwohnung vermisst. Man findet nicht selten die Städte am Wochenende verwaist, so dass man glaubt, hier wurde evakuiert.

Jeder gestaltet sich dieses Refugium ganz nach seinen persönlichen Vorstellungen. So kann es passieren, dass der Bankdirektor seine Freizeit nach dem Motto „Zurück zur Natur" in einem extrem schlichten Mökki genießt, während sich sein Hausmeister am nächsten See ein kleines Schmuckkästchen aufgebaut hat.

MÜCKEN

Dem böswilligsten aller wilden Tiere ***Finnlands*** begegnet man glücklicherweise nur in einem recht kurzen Zeitraum um Anfang bis Mitte Juli herum. In den Sümpfen und Wäldern wird es dann ungemütlich, wenn diese Plagegeister ihre blindwütigen Angriffe zum hemmungslosen Blutsaugen starten. Viele der üblichen Abwehrmaßnahmen helfen wenig, wir verbrauchen dann immer große Mengen von ***Autan*** als Spray aus der Pumpflasche. Man sollte in dieser Zeit eher die offenen und windigen Fjälls bevorzugen und sich lieber erst Ende Juli in die Mücken-Gebiete begeben, nachdem die ersten Nachtfröste deren Aktivitäten schlagartig beendet haben.

NATIONALE NATURSYMBOLE

Die Finnen haben genau sechs nationale Natursymbole auserwählt, die ihre besondere Verbindung zur Heimat und deren Gegebenheiten unterstreichen: der ***Singschwan***, der heilige Vogel; der ***Braunbär***, der König des Waldes; die ***Rauhbirke***, der häufigste Baum im Lande; das ***Maiglöckchen*** als duftender Vorbote des nahen Sommers; der ***Barsch***, der meistverbreitete Fisch Finnlands; der ***Granit***, das feste Grundgestein.

NATIONALPARKS

Die nunmehr 40 ***Nationalparks*** (finnisch: ***kansallispuisto***) sind Perlen der finnischen Landschaft und ein Paradies für Wanderer und Naturfreunde. Die Mehrzahl von ihnen wird verwaltet und betreut vom ***Amt für Staatswälder***.

Meist gibt es ein Besucherzentrum und ein ausgebautes Wegenetz mit Schutzhütten und Feuerstellen. Eine ganze Reihe der Parks stellen wir im Rahmen unserer 15 Touren durch ***Finnland*** vor, wie auch einige der ***Naturreservate*** und ***Nationalen Wandergebiete***.

OSER

Langgestreckte Kies-Höhenrücken aus der letzten Eiszeit, eine charakteristische Landschaftsform im nördlichen ***Finnland***.

OUTDOOR-KÜCHE

Bei uns wird sehr gerne im Freien gegrillt und gebraten. Bei der Rast an der Feuerstelle sind die „Saunawürste" (ähnlich unserer Bockwurst) unerlässlich. Nach langjährigen Selbstversuchen haben sich die PERENTEINEN (die traditionellen) von WILHELM bei uns durchgesetzt. Längs und quer halbiert auf

den Spieß gesteckt und nach Erreichen des individuell bevorzugten Bräunungsgrades mit Senf drauf verspeist. Gerne als Sandwich mit Röggelchen.

Außerdem haben wir einen Außenkocher von CAMPINGAZ und eine Eisenpfanne an Bord. Nach Lust, Laune, Wetter- und Mückenlage wird regelmäßig vor der WOMO-Tür gebrutzelt. Unsere Lieblingsgerichte: Herzhafte Kartoffelpuffer mit Schinkenspeck und Zwiebeln, Bauernfrühstück, Bratfisch vom Hafen und immer wieder gerne Spiegeleier mit Speckstreifen zum Frühstück.

PAASILINNA, ARTO

Der 1942 in ***Lappland*** geborene Journalist und Schriftsteller gehört zu den beliebtesten Autoren Finnlands. Seine Bücher, die auch in deutscher Übersetzung vorliegen, haben schon einige Literaturpreise eingeheimst und das nicht nur in ***Finnland***. Er gilt als Meister des skurrilen Humors. Zum Probieren empfehlen wir: ***„Im Wald der gehenkten Füchse"***, ***„Nördlich des Weltuntergangs"*** und ***„Die Rache des glücklichen Mannes"***.

PREISE

Der Preisvergleich im EURO-Zeitalter ist ja nun ein Klacks: ***Finnland*** ist insgesamt vom Preisniveau etwas teurer als ***Deutschland*** ; vor allem Alkohol und Diesel sind deutlich teurer.

REISELITERATUR

Außer dem Büchlein ***„Mit dem Wohnmobil nach Finnland“***, in dem Sie gerade schmökern, möchten wir Ihnen ein paar andere Reiseführer und darüber hinaus noch weitere Literatur empfehlen, die Sie zur optimalen Vorbereitung hinzuziehen sollten.

Reiseführer

Baedecker: *Allianz Reiseführer Finnland*
Kruse-Etzbach: *Finnland Reisehandbuch*
DuMont: *Richtig Reisen*

Sonstiges

Knaurs Kulturführer Finnland
Hinstorff: *Kalevala, das Nationalepos der Finnen* (gekürzt)
Langenscheidt: *Taschenwörterbuch Finnisch*
Kauderwelsch Band 15: *Finnisch Wort für Wort* (gibt's bei **WOMO**)
Klett: *PONS Reisewörterbuch Finnisch*

SIBELIUS, JEAN

Der bekannteste, wahrscheinlich sogar überhaupt der einzig bekannte finnische Komponist der Klassischen Musik lebte von 1865 bis 1957 und brachte es mit seinen sieben Sinfonien, sinfonischen Dichtungen, Chorwerken und einer Oper zu Ruhm und Ehre. Er war das musikalische Genie der Nationalromantik und konnte die Stimmungen der finnischen Natur in seiner Musik ausdrücken. Nach seinem frühen Werk ***„Kullervo“*** gelang ihm dann 1900 der internationale Durchbruch mit ***„Finlandia“*** und nach seinem Erfolg auf der Pariser Weltausstellung dirigierte er in ***England*** und ***Deutschland***. Später wurden er und auch seine Musik immer schwermütiger und nach seiner Bühnendichtung ***„Valse triste“*** folgte bald die **„Stille Zeit von Järvenpää“**. Er war auf Grund seiner Alkoholabhängigkeit am Ende seines fruchtbaren Schaffens angelangt, starb schließlich verarmt und wurde im Garten seiner **Villa Ainola** beigesetzt. Auch heute wird **Sibelius** in ***Finnland*** sehr verehrt, unzählige Denkmäler, Musikhallen und Museen an seinen Lebensstationen erinnern an ihn.

SPEZIALITÄTEN

Fisch	*Graavi lohi*	gebeizter Lachs
	Muikkupata	Maränen-Topf mit Zwiebeln
	Lasimestarin silli	süßsauer eingelegter Hering
	Rapu	Flusskrebse (ab 20. Juli)
	Halstratut muikut	geröstete (kleine) Maränen
Suppen	*Kesäkeitto*	Sommersuppe mit Gemüse und Kräutern
	Kalakeitto	Fischsuppe mit Milch oder Sahne, Kartoffeln und Dill
	Lohikeitto	wie vor, nur mit Lachs
Regionales	*Kalakukko*	Fisch mit Fleisch und Speck in Roggenbrot eingebacken
	Karjalan piirakat munavoilla	karelische Piroggen mit Eibutter
	Karjalan paisti	Karelischer Fleischtopf (siehe Rezept auf S. 211)
	Poronkäristys	Rentiergeschnetzeltes
	Poronpaisti	Rentierbraten
	Kylmäsavustettu	Kaltgeräuchertes Rentierfleisch
	Hirvipaisti	Elchbraten

Nachtisch/ zum Kaffee	*Leipäjuusto lakkojen kanssa*	Gegrillter Frischkäse mit Moltebeeren
	Mansikoita ja kermavaahtoa	Erdbeeren mit Schlagsahne
	Jäätelöä	Eis
	Munkki	Fettgebäck
	Pulla	Hefeteilchen
	Wiineri	Kopenhagener, Plunderteilchen
	Mustikkapirakka	Blaubeer-Kuchen
Getränke	*Vichyvesi*	Mineralwasser
	Kahvi	Kaffee
	Maito	Milch
	Kotikalja	hausgemachtes Bier (alkoholfrei)
	Olut	Bier (*III-Olut* entspricht unserem Schankbier)
	Glögi	Glühwein
	Valkoviini/Punaviini	Weißwein/Rotwein
	Lakkaliköõri	Moltebeeren-Likör
	Puolukkaliliköõri	Preiselbeer-Likör
	Karpaloliliköõri	Moosbeeren-Likör
	Mesimarjaliliköõri	Likör der arktischen Himbeere

SPRACHE

Für 93% der Bevölkerung ***Finnlands*** ist Finnisch die Muttersprache. Allerdings sprechen nur 0,05% der Weltbevölkerung diese Sprache, die mit der Estnischen und ganz entfernt mit der Ungarischen verwandt und die ausgesprochen schwierig zu lernen ist. Als Besucher ist man von dieser wohlklingenden, aber richtig komplizierten Sprache komplett überfordert, kommt aber mit Deutsch und Englisch meist gut zurecht, doch es kann nicht schaden, einige Grundregeln zu wissen:

1. Man sollte sich niemals auf die Finnische Grammatik einlassen, die 15 Fälle kriegt man beim besten Willen nicht auf die Reihe, sogar der Wortstamm wird gelegentlich heftig entstellt.
2. Es wird alles genau so gesprochen, wie es geschrieben wird, das „r" wird gerollt, das „v" ist ein „w", Doppelvokale spricht man lang, das "h" wie „ch" bei „Bach" und man betont <u>immer</u> die erste Silbe.

Es kommt aber natürlich besonders gut an, wenn man ein paar Grundbegriffe beherrscht, was wiederum gar nicht so schwer ist.

Allgemein

Ja	*Kyllä, Joo*	Nein	*Ei*
Bitte	*Olkaa hyvä*	Danke	*Kiitos*
Verzeihung	*Anteeksi*	Achtung!	*Huomio!*
Hallo!	*Terve!*	Guten Tag	*Hyvää päivää*
Willkommen	*Tervetuloa*	Prost!	*Kippis*
Tschüss!	*Hei, Hei!*	Auf Wiedersehen	*Näkemiin*
finnisch	*suomea*	deutsch	*saksaa*

Zahlen

1	*yksi*	2	*kaksi*	3	*kolme*
4	*neljä*	5	*viisi*	6	*kuusi*
7	*seitsemän*	8	*kahdeksan*		
9	*yhdeksän*	10	*kymennen*		

Unterwegs

Stadt	*kaupunki*	Laden	*kauppa*
Unfall	*onnettomuus*	Krankenhaus	*terveyskeskus*
Norden	*pohjoinen*	Osten	*itä*

Süden	*etelä*	Westen	*länsi*
Zentrum	*keskusta*	Markt	*tori*
Bahnhof	*rautatieasema*	Hafen	*satama*
Apotheke	*apteeki*	Bank	*pankki*
Restaurant	*ravintola*	Badestrand	*uimaranta*
Selbstbedienung	*itsepalvelu*	Ufer	*ranta*
Haus	*talo*	Brücke	*silta*
Straße/Weg	*tie*	Pfad	*polku*
Campingplatz	*leirintäalue*	Wohnmobil	*matkailuauto*
geöffnet	*avoinna*	geschlossen	*suljettu*
Propangas	*nestekaasu*	Mülltrennung	*ekopiste*
Stromanschluss	*sähköliitäntä*	Trinkwasser	*juomavesi*
Schule	*koulu*	Schulkinder	*lapsia*
Langsam fahren	*Aja hitaasti*	Information	*opastus*
verboten	*kielletty*	Umleitung	*kiertotie*
Überholen verboten	*Ohittaminen kielletty*		
Parken verboten	*Pysäköinti kielletty*		
Rauchen verboten	*Tupakointi kielletty*		
Herren	M = *miehille*	Damen	N = *naisille*

TELEFONIEREN

Zum Telefonieren nach ***Deutschland*** wählt man die 49 + Ortsvorwahl (ohne die erste 0) + Rufnummer.
Nach ***Finnland*** wählt man die 00358, dann die Ortsnetznummer ohne 0 und dann die Rufnummer. Bei innerfinnischen Gesprächen muss die 0 mitgewählt werden.
Die meisten telefonieren sowieso mit dem ***Handy,*** die ***Roaming-Gebühren*** entfallen nunmehr, für Telefongespräche und SMS gilt nun **„Roam-Like-At-Home"**. Das Handy-Netz in ***Finnland*** ist (ziemlich) flächendeckend ausgebaut.
Achtung beim Telefonieren auf den **Fähren**! Das kann mitunter teuer werden, da hier gelegentlich außereuropäische Netzbetreiber ins Spiel kommen.

TRINKWASSER / ABWASSER / ENTSORGUNG

Die Versorgung mit Trinkwasser ist unproblematisch. Zwar gibt es relativ selten öffentliche Wasserhähne oder Brunnen (in den Tourentexten beschrieben), doch an **Tankstellen** ist das Wasserbunkern fast immer möglich. Dafür ist das Mitführen eines Wasserschlauches (1x10 m und 1x5 m, bei Bedarf koppelbar = 15 m) sowie von 1/2 - und 3/4 -Zoll Adaptern nützlich. Für ungewöhnliche Hahn-Dimensionen verwenden wir einen im Durchmesser variablen Anschluss-Stutzen aus dem Garten-Center und für „schwere" Fälle hat man den von ***Reinhard Schulz*** erfundenen ***Fahrradschlauch-Adapter*** dabei! Manchmal kann man beim besten Willen nicht an die „Wasserstelle" heranfahren. Für diese Variante haben wir einen 20-Liter-Wasserkanister an Bord, mit dem man dann schrittweise seinen Tank füllen kann.
Etwas problematisch stellt sich die **Abwasserentsorgung** dar. Außerhalb der Campingplätze, die i.d.R. über Entsorgungseinrichtungen verfügen, sind uns in ***Finnland*** immer noch zu wenige Entsorgungs-Stationen bekannt. Doch dazu später mehr. Wenn man sein Abwasser also lupenrein entsorgen möchte, ist man gezwungen, regelmäßig einen Campingplatz in Anspruch zu nehmen. Auch wenn man nicht dort übernachten möchte, kann man sich erkundigen, ob eine Nutzung der Entsorgungs-Anlage (evtl. gegen Gebühr) möglich ist. Alternativen, sein Abwasser loszuwerden, gibt es nicht viele. Bliebe noch die Einleitung des meist nur gering verschmutzten Abwassers in Abflüsse von Autowaschanlagen, doch auch das nur nach der Zustimmung des Betreibers. Die Empfehlung, das Abwasser in einen Regenwassergully oder auf Ödland zu entsorgen, werden wir hier nicht geben, weil dies ökologisch nicht korrekt

ist und dem Ansehen der gesamten WOMO-Gilde schadet, obwohl die Natur, wie Biologen bestätigen, davon keinen Schaden nähme.
Landesweit gibt es in einer durchaus erfreulichen Dichte **öffentliche Toiletten**. Die entsprechenden Häuschen findet man meist an Picknickplätzen und anderen Parkplätzen. Wenn es sich einrichten lässt, sollte man vorzugsweise diese Toiletten benutzen und nicht das Bordklo unnötigerweise behelligen, Ihre Mitreisenden werden es Ihnen danken.
Zum Thema **„Ver- und Entsorgung"** gibt es aus ***Finnland*** Erfreuliches zu berichten: In den letzten Jahren sind eine Vielzahl von entsprechenden Stationen entstanden, vornehmlich an Tankstellen, vor allem der Kette **ABC**. Die

Zauberworte heißen **Septipiste** (Kennen Sie schon von den Campingplätzen), **WC-TYHJENNYS** (WC-Entleerung) und **VESI** (Trinkwasser). Diese öffentlichen Anlagen sind gut ausgestattet, gepflegt und deren Benutzung allermeist kostenlos. Eine aktuelle Übersicht finden Sie, wenn Sie im Internet nach **WC-TYHJENNYS + ABC** suchen. Dann sehen Sie bei „...-maps" eine Übersicht und Adressen der Staitionen und deren Ausstattung.
Nachfoldend geben wir Ihnen die Korrdinaten jener Stationen, die wir 2021 geprüft haben:

Tour 01	ABC Raisio	N 60° 30' 23.0" E 22° 09' 32.0"
Tour 02	Teboil Pirkanhovi	N 61° 15' 22.1" E 23° 50' 20.7"
	ABS Lahti	N 60° 56' 03.6" E 25° 38' 01.8"
Tour 03	ABC Viitasaari	N 63° 04' 28.4" E 25° 51' 53.7"
Tour 04	ABC Kokkola	N 63° 49' 46.5" E 23° 08' 51.4"
Tour 11	Kuhmo Stadtwerke	N 64° 07' 26.2" E 29° 30' 05.7"
Tour 12	ABC Joensuu	N 62° 37' 04.1" E 29° 46' 34.0"
	Joensuu Bootshafen	N 62° 35' 32.9" E 29° 44' 26.8"
Tour 13	ABC Särkisalmi	N 61° 36' 14.2" E 29° 28' 50.9"
	ABC Savonlinna	N 61° 52' 38.3" E 28° 49' 34.1"
	ABC Lappeenranta	N 61° 03' 10.2" E 28° 15' 47.8"
Tour 14	ABC Kuninkaantie	N 60° 29' 05.2" E 25° 53' 26.5"
Tour 15	Teboil Kivihovi	N 60° 22' 49.5" E 23° 37' 02.8"

Hier noch kurz zum Thema **Chemie im Klo**. Probieren Sie doch einmal eines der Tankentlüftungssysteme oder benutzen Sie Essig. Chemie im Klo haben wir noch nie gebraucht. Wenn Sie solche Zusätze unbedingt verwenden müssen, dann dosieren Sie wenigstens gewissenhaft. WOMO-Mieter lassen sich zum **Thema Toilette** bitte alles ganz genau erklären.
Und: Kippen Sie niemals den Inhalt Ihres Bordklos verstohlen in die freie Natur, denn das ist schlichtweg eine Schweinerei!

ÜBERNACHTUNGSPLÄTZE

Für das „Freistehen" von WOMOs sind uns für ***Finnland*** keine klaren Regelungen bekannt. Grundsätzlich gilt als Erlaubnis das „Jedermannsrecht" (ohne die damit verbundenen Pflichten zu vergessen), bei Plätzen auf privatem Land sollte man die Erlaubnis des Eigentümers (also ggf. des Museums oder der

Sehenswürdigkeit) einholen. Wir interpretieren das Jedermannsrecht für WOMO-Touristen in ***Finnland*** wie folgt:

- Das Abstellen von WOMOs (und das Übernachten darin) ist für einzelne Tage auf Parkplätzen und an Straßenrändern erlaubt.
- Bei öffentlichen Parkplätzen ist das Übernachten im WOMO überall dort erlaubt, wo es nicht ausdrücklich verboten ist.
- Schilder mit ***Caravan-Verbot*** gelten nicht für **WOMOs**, sondern sollen die Unsitte unterbinden, Wohnwagen die gesamte Saison lang an Badestellen oder sonstigen besonders schönen Plätzchen als Wochenend-Quartiere abzustellen.
- ***Leiriytyminen kielletty*** (meint: ***Camping verboten)*** bedeutet, dass man kein Campingleben entfalten sollte, Markise und Möbel bleiben drin. Über Nacht ***Parken*** ist erlaubt. Schilder mit durchgestrichenen Zelten verbieten das Zelten, oder?

Das ist eindeutig, aber selten!

In diesem Reiseführer werden jedenfalls ausschließlich Übernachtungsplätze an der Tourenstrecke beschrieben, an denen bei der Recherche keine für WOMOs zutreffenden Verbote erkennbar waren. Das bedeutet aber nicht, dass nicht irgendwo von heute auf morgen neue Schilder aufgestellt werden können. Mit Veränderungen ist immer zu rechnen, vor allem dann, wenn WOMO-Urlauber vergessen, sich an den Stellplätzen rücksichtsvoll und dezent zu bewegen. So können zunehmende Verbotsschilder vermieden werden, wenn Massenzusammenkünfte unterbleiben und auch keine Müllberge oder gar Schlimmeres zurück gelassen werden.

WOHNMOBIL-VERMIETER

Mit dem Flieger nach ***Finnland*** und dort ein **WOMO** mieten? Nachfolgend eine Auswahl der Vermieter:
campstar.com, camperdays.de, bestcamper.de, mcrent.de, camperboerse.de, autoeurope.de, paulcamper.de (mieten von privat).
matkailoautovuokraus.fi, vuokraauto.com.
Üblicherweise muss der Mieter 23 Jahre alt und seit mindestens einem Jahr im Besitz des Führerscheins sein.

WOMO-FORUM – der Treff für Wohnmobilurlauber

Seit 2002 gibt es das WOMO-Forum, einen kostenlosen Service unseres Verlages, unter: **forum.womoverlag.de**
Wer sich unter: forum.womoverlag.de einklickt und nach einem Thema sucht, wird wohl kaum ohne Antwort bleiben.
Natürlich lebt das Forum von einem regen Erfahrungsaustausch. Deshalb ist es in vielerlei Rubriken aufgeteilt, in denen man gezielt Fragen stellen oder versuchen kann, die Fragen anderer zu beantworten.
Weiter geht es mit Fragen und Antworten zu Urlaubszielen, Reiseberichten und Korrekturen für alle WOMO-Bücher.
Also: Klicken Sie sich ein, machen Sie mit – es lohnt sich für Sie und andere!

ZEITZONE

In ***Finnland*** gilt **Osteuropäische Zeit**, also **Deutsche Zeit + 1 Stunde**. Darüber hinaus gibt es zwischen Ende März und Ende Oktober wie in ***Deutschland*** die **Sommerzeit**.

Zum Schluss:
IN EIGENER SACHE - ODER DER SACHE ALLER!?

Urlaub mit dem Wohnmobil ist etwas ganz besonderes. Man kann die Freiheit genießen, ist ungebunden, dennoch immer zu Hause, lebt mitten in der Natur - **wo man für sein Verhalten völlig selbst verantwortlich ist!**

Seit mehr als 30 Jahren geben wir Ihnen mit unseren Reiseführern eine Anleitung für diese Art Urlaub mit auf den Weg. Außer den umfangreich recherchierten Touren haben wir viele Tipps allgemeiner Art zusammengestellt, unter ihnen auch solche, die einem WOMO-Urlauber eigentlich selbstverständlich sein sollten. Weil wir als Wohnmobiler die Natur in ihrer ganzen Schönheit und Vielfalt hautnah erleben dürfen, haben wir auch besondere Pflichten ihr gegenüber, die wir nicht auf andere abwälzen können.

Jährlich erhalten wir viele Zuschriften, Grüße von Lesern, die mit unseren Reiseführern einen schönen Urlaub verbracht haben und sich herzlich bei uns bedanken. Wir erhalten Hinweise über Veränderungen an den beschriebenen Touren, die von uns bei der Aktualisierung der Reiseführer Berücksichtigung finden.

Aber: Wir erhalten auch Zuschriften über das Verhalten von Wohnmobilurlaubern, die sich **egoistisch, rücksichts- und verantwortungslos** der Natur und ihren Mitmenschen - nachfolgenden Urlaubern und Einheimischen - gegenüber verhalten. In diesen Briefen geht es um die Themen Müllbeseitigung, Abwasser- und Toilettenentsorgung. Es soll immer noch Wohnmobilurlauber geben, die ihre Campingtoilette nicht benutzen, dafür lieber den nächsten Busch mit Häufchen und Toilettenpapier "schmücken", die den Abwassertank nicht als Tank benutzen, sondern das Abwasser unter das WOMO trielen lassen, die ihren Müll neben dem Wohnmobil liegenlassen und davondüsen, alles frei nach dem Motto: **"Nach mir die Sintflut!"**

Liebe Leser!

Wir möchten Sie im Namen der gesamten WOMO-Familie bitten: Helfen Sie aktiv mit, diese Schweinereien zu unterbinden! Jeder Wohnmobilurlauber trägt eine große Verantwortung, und sein Verhalten muss dieser Verantwortung gerecht werden.

Sprechen Sie Umweltferkel an, weisen Sie sie auf ihr Fehlverhalten hin und machen Sie mit dem WOMO-Urlaubs-Aufkleber deutlich:

Ich verhalte mich unweltgerecht!

Der nächste freut sich, wenn er den Stellplatz sauber vorfindet, denn auch er hat sich seinen Urlaub verdient! Vor allem aber: Wir erhöhen damit die Chance, dass uns unsere über alles geliebte Wohnmobil-Freiheit noch lange erhalten bleibt.

Helfen Sie mit, den Ruf der Sippe zu retten! Verhindern Sie, dass einzelne ihn noch weiter in den Schmutz ziehen!
Wir danken Ihnen im Namen aller WOMO-Freunde -

Ihr WOMO-Verlag

Stichworte

Unser WOMO-Online-Service

Passend zu unseren Reiseführern bieten wir in unserem Shop unter **www.womo.de** an:

- Die **GPS-Koordinaten** zu allen Stell- und Campingplätzen unserer WOMO-Reiseführer.
- Die besten **Autokarten**, die garantiert die komplette Reiseroute abdecken.
- Von jedem Reiseland mindestens einen Rother-**Wanderführer** über die schönsten Wanderregionen.

WOMO-Verlag
An der Liethe 4
36452 Kaltennordheim
OT Mittelsdorf
verlag@womo.de
www.womo.de
036946/20691

Der WOMO-Knackerschreck

- ist die universelle und sofort sichtbare Einbruchssperre.
- Wird einfach in die beiden Türarmlehnen eingehängt, zusammengeschoben und abgeschlossen.
- Passend für Ducato, Peugeot, Renault Master, MB Sprinter bis 2018 und VW (alle Typen).
- Krallen aus 10 mm massivem, einbrennlackiertem Stahl, d. h. nahezu unverwüstlich.

Nur **59,90 €** – und nur bei **www.womo.de**

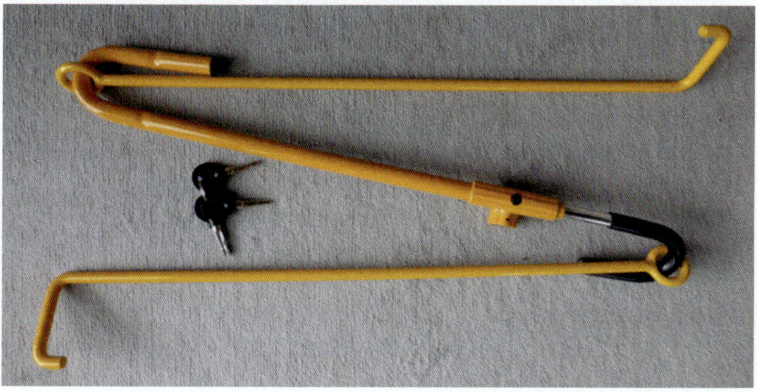

Alle WOMO-Reiseführer auf einen Blick

Wohnmobilhandbuch	Reinhard Schulz
Wohnmobilkochbuch	Waltraud Roth-Schulz
Albanien	Ulrike und Frank Staub
Allgäu	Heiner Newe und Heiderose Thomsen-Newe
Andalusien	Christian und Christina Winkler
Auvergne	Esther Vergenz
Baden-Württemberg	Heiner Newe und Heiderose Thomsen-Newe
Baltikum	Stefanie Holtkamp und Andrea Bergmann
Bayern Nordosten	Heiner Newe und Heiderose Thomsen-Newe
Bayern Nordwesten	Heiner Newe und Heiderose Thomsen-Newe
Bayern Südosten	Christian und Christina Winkler
Belgien/Luxemburg	Ulrike und Frank Staub
Bretagne	Anette Scharla-Dey und Franz Peter Tschauner
Burgund	Ralf Gréus
Dänemark	Anke Globi
Elsass	Ralf Gréus
England Norden	Christian und Christina Winkler
England Süden	Christian und Christina Winkler
Finnland	Uwe und Annegret Rohland
Französische Alpen	Heiner Newe und Heiderose Thomsen-Newe
Französische Atlantikküste Nord	Esther Vergenz
Französischer Jura	Heiner Newe und Heiderose Thomsen-Newe
Griechenland	Reinhard Schulz und Waltraud Roth-Schulz
Harz	Heiner Newe und Heiderose Thomsen-Newe
Heitere Wohnmobil Geschichten	Peter Simm und Silvia Sussmann
Hessen Teil 1	Anette Scharla-Dey und Franz Peter Tschauner
Hessen Teil 2	Anette Scharla-Dey und Franz Peter Tschauner
Hunsrück/Mosel/Eifel	Anette Scharla-Dey und Franz Peter Tschauner
Irland	Uwe und Annegret Rohland
Island	Alexander und Jutta Ramin
Korsika	Reinhard Schulz und Waltraud Roth-Schulz
Kroatien/Montenegro	Peter Simm und Silvia Sussmann
Languedoc/Roussillon	Ralf Gréus
Lothringen	Friedrich Riehl und Toshiko Riehl-Takada
Ligurien	Ralf Gréus
Lüneburger Heide	Heiner Newe und Heiderose Thomsen-Newe
Marokko	Ulrike und Frank Staub
Mecklenburg-Vorpommern Teil 1	Stefanie Holtkamp und Andrea Bergmann
Mecklenburg-Vorpommern Teil 2	Stefanie Holtkamp und Andrea Bergmann
Mittelitalien	F. Riehl und T. Riehl-Takada, Klaus Huber
Münsterland	Regina Stockmann
Namibia	Frank Linke und Ute Nast-Linke
Neuseeland Nordinsel	Dieter Giesen und Andrea Lossen
Neuseeland Südinsel	Dieter Giesen und Andrea Lossen
Niederlande	Friedrich Riehl

Weitere Informationen in unserem Buchshop unter www.womo.de

Nord-Frankreich	Esther Vergenz
Nord-Spanien	Reinhard Schulz und Waltraud Roth-Schulz
Normandie	Anette Scharla-Dey und Franz Peter Tschauner
Norwegen Norden	Reinhard Schulz und Waltraud Roth-Schulz
Norwegen Süden	Reinhard Schulz und Waltraud Roth-Schulz
Ostfriesland	Heiner Newe und Heiderose Thomsen-Newe
Ost-Spanien	Reinhard Schulz und Waltraud Roth-Schulz
Österreich Osten	Christian und Christina Winkler
Österreich Westen	Christian und Christina Winkler
Peloponnes	Reinhard Schulz und Waltraud Roth-Schulz
Pfalz	Ralf Gréus
Piemont/Aostatal	Ralf Gréus
Polen Norden	Nicola Kluftinger
Polen Süden	Helmut und Angelika Breidenbach
Portugal Norden	Stephanie Seufert
Portugal Süden	Stephanie Seufert
Provence Osten/ Côte d'Azur	Ralf Gréus
Provence Westen/ Côte d'Azur	Ralf Gréus
Pyrenäen	Andrea Bergmann und Stefanie Holtkamp
Rumänien	Christian und Christina Winkler,
Sachsen	Anette Scharla-Dey und Franz Peter Tschauner
Sardinien	Reinhard Schulz und Waltraud Roth-Schulz
Schleswig-Holstein	Heiner Newe und Heiderose Thomsen-Newe
Schottland	Uwe und Annegret Rohland
Schwarzwald/Bodensee	Ralf Gréus
Schweden Norden	Uwe und Annegret Rohland
Schweden Süden	Reinhard Schulz und Waltraud Roth-Schulz
Schweiz Osten	Andrea Bergmann und Stefanie Holtkamp
Schweiz Westen	Andrea Bergmann und Stefanie Holtkamp
Sizilien	Christian und Christina Winkler
Slowakei	Ulrike und Frank Staub
Slowenien	Peter Simm und Silvia Sussmann
Südafrika	Frank Linke und Ute Nast-Linke
Süditalien Osten	Reinhard Schulz und Waltraud Roth-Schulz
Süditalien Westen	Reinhard Schulz und Waltraud Roth-Schulz
Südtirol	Reinhard Schulz und Waltraud Roth-Schulz
Südwest-Frankreich	Stefanie Holtkamp und Andrea Bergmann
Thüringen	Katja Eisenschmidt
Toskana/Elba	Ralf Gréus
Trentino/Gardasee	Peter Simm und Silvia Sussmann
Tschechien	Steffen und Eva Peuker
Umbrien/Marken	Ralf Gréus
Ungarn	Peter Simm und Silvia Sussmann
Venetien/Friaul	Christian und Christina Winkler
Wales	Christian und Christina Winkler

Info-Blatt aus dem WOMO-Buch: Finnland '22

Lokalität Seite Datum
(Stellplatz, Campingplatz, Wandertour, Gaststätte, usw.)
unverändert gesperrt/geschlossen folgende Änderungen:

Lokalität Seite Datum
(Stellplatz, Campingplatz, Wandertour, Gaststätte, usw.)
unverändert gesperrt/geschlossen folgende Änderungen:

Lokalität Seite Datum
(Stellplatz, Campingplatz, Wandertour, Gaststätte, usw.)
unverändert gesperrt/geschlossen folgende Änderungen:

Lokalität Seite Datum
(Stellplatz, Campingplatz, Wandertour, Gaststätte, usw.)
unverändert gesperrt/geschlossen folgende Änderungen:

Lokalität Seite Datum
(Stellplatz, Campingplatz, Wandertour, Gaststätte, usw.)
unverändert gesperrt/geschlossen folgende Änderungen:

Lokalität Seite Datum
(Stellplatz, Campingplatz, Wandertour, Gaststätte, usw.)
unverändert gesperrt/geschlossen folgende Änderungen:

Meine E-Mail:

Rückmeldung bitte per Post oder an die Autoren-E-Mail:
Autoren-E-Mail: **rohland@womo.de**